HISTORIAS DE MASONES

De El Escorial a Banesto

1577-1993

HISTORIAS DE MASONES

De El Escorial a Banesto

1577-1993

Manuel Ayllón

BELACQVA

Tavern, 40, 08021 Barcelona
Primera edición: noviembre 2001
Diseño de colección: Compañía
Ilustración de cubierta: Getty Stone
ISBN: 84-95894-00-9
Depósito legal: S. 1.459-2001
Impresión: Gráficas Varona. Polígono «El Montalvo». Salamanca

Impreso en España – Printed in Spain

Prólogo

Este libro presenta un conjunto de peripecias vitales de unos hombres que se pasean por momentos muy singulares de la historia española y la interpretan desde la clave que les da su común afiliación a la mistérica Hermandad de los Hombres Libres o de los Hijos de la Viuda, como a ellos gusta decir.

Cuando Ayllón me pidió un prólogo para su libro le dije que no podría escribírselo, que me era muy difícil hacerlo porque es casi imposible dar opinión objetiva de lo que se tiene por propio. Pese a ello acepté el encargo y sólo quiero escribir tres cosas al respecto.

La primera es ponderar el cuidado del autor en reseñar con precisión los aspectos ritualísticos de la Orden y aplaudir que utilice el rito masónico como parte importante del hilo conductor de estos relatos históricos. Esta fórmula novedosa de narrar la historia, nos permite saber de la masonería como si el lector viviera dentro de sus costumbres y conociera de propia mano lo que se ha tenido por secreto.

La segunda es aplaudir la selección que ha hecho de momentos históricos en que desarrollar estos estudios de la masonería española. Con ello, el autor transita por aquellas peripecias, considero que cruciales, en que la mala fortuna llevó a lastrar nuestra historia con las peores de las soluciones posibles.

La tercera, y no por ello la menos importante, es la dimensión íntima de sus personajes que van recorriendo casi todo el sentir de las emociones humanas. La obra tiene un inicio casi épico y dignísimo en lo que hace al protagonista. Después será el interés político, luego la desesperanza, para seguir con la traición antes de acudir a la ingenuidad, el pundonor o el recuerdo nostálgico lo que anime a los personajes históricos.

Estas *Historias de masones* lo son de una familia de hombres bien distintos en sus circunstancias e intenciones que tenían en común una sola cosa: haber pasado todos, humillados y descalzos, por la estrecha puerta de la iniciación. Todos, a su manera, perseguían la Luz y algunos se quemaron al buscarla y otros quedaron ciegos al descubrirla. Esta historia de historias es una inteligente aproximación a la historia pasada de la gran desconocida masonería española. Temida por algunos, denostada por los más, desconocida por casi todos y más celebrada que valorada. Ni fue para tanto como algunos dijeron ni para tan poco como otros nos quisieron hacer creer. Ayllón lleva las cosas a su justa medida y traza un relato agridulce como corresponde hacer a quien describe lo que aprecia y respeta por encima de cualesquiera que sean las circunstancias personales y en el tiempo de los que se acogieron a la sombra del compás y de la escuadra.

Lian O'Connally Paummell

1

La construcción de El Escorial. 1577

El final de la masonería operativa

Me llamo Juan de Minjares y soy aparejador de cantería en las obras de El Escorial desde abril de 1576. Mi trabajo es llevar el orden en las cuadrillas de destajeros y controlar el buen ajuste de los bloques de piedra labrada que forman los sillares con los que se están levantando las trazas de la basílica. El desempeño se lo debo a Juan de Herrera, el arquitecto de la obra, y debo decir que en esta responsabilidad fueron delante Pedro de Tolosa y Lucas Escalante, a los que destituyó el arquitecto por no estar conforme con sus maneras. No soy hombre de muchas palabras y sí de actos y trazas, y me gusta ver crecer las obras y tocar mi delantal manchado, cada día, con el polvo que da la talla del trabajo bien hecho.

El martilleo de los mazos en los buriles es para mí mucho más que un sonido vulgar: es mi vida. Y ésta, según coligo, la veo en grave riesgo. Los sucesos que acaecieron desde mi llegada a la Fábrica son los que a continuación transcribo, y en ellos quiero dar fe de mi comportamiento y del de nuestra logia para mayor gloria de Dios. También reflejo en ellos las andanzas y quehaceres de otras personas que, ajenas a nosotros, obreros de Logia, ponen en peligro el fiel desarrollo de las enseñanzas recibidas y transmitidas por los canteros de esta Fábrica.

Hechas las provisiones económicas con mis compañeros de Logia para atender al futuro de mi familia, guardo estos papeles en el compartimento oculto tras las columnas, en el lugar que sólo los otros maestros conocen, para que en el futuro ellos hagan con el escrito de mi testimonio lo que su juicio y proceder les dicte.

El Escorial, a siete de julio de mil y quinientos setenta y siete.

Mi primera iniciación, la única y verdadera, ocurrió el día en que me parió mi madre, allá por los años cuarenta de nuestro siglo.

Soy cantero y oriundo de la merindad de Voto, concretamente de San Miguel de Aras, en la comarca de Trasmiera, en lo profundo de los montes burgaleses, que es camino y puente de paso hacia otras comarcas cántabras. El Valle de Aras tiene por nombre el que se debe a nuestra pericia para cortar, desbastar y pulir aras de altar. Toda ella es tierra de excelentes canteros y nobles hijosdalgo, que es mérito que nos viene de antiguo.

Los canteros somos gente recia, sin muchas ganas de chanza, con las manos duras de desbastar y pulir la piedra y no somos amigos de estar mucho tiempo en un sitio, vamos allí donde hay piedra que pulir y contrato para hacerlo. Las más de las veces viajamos en solitario y otras, las menos, acompañados por vecinos del valle, sobre todo cuando la obra a realizar es grande y nos reclaman nuestros maestros. No nos importa estar largo tiempo fuera de casa, aunque de continuo añoremos nuestros hogares y el verdor de los pastizales de la montaña. Sólo los maestros más expertos se trasladan a las tierras del otro lado de los montes y se establecen allí con sus familias cuando la anchura de la obra lo requiere. El resto de los canteros viajamos sobre todo durante el estío, cuando el calor aprieta, y por eso nuestra piel se vuelve oscura y ese atezamiento nos delata, pues trabajamos a pie de obra y en los veneros próximos sin ningún resguardo del sol por encima de nuestras cabezas. Uno de esos canteros itinerantes fue mi padre, Gaspar de Minjares, nacido como yo en San Miguel de Aras. En este pueblo pasé mi infancia y en sus alrededores fue mi primera iniciación, la que nos da la vida cuando nacemos en la Tierra.

Recuerdo especialmente los veranos pasados en compañía de Juanillo, el hijo chico de Juan de la Cajiga, cuando nuestros padres marchaban al otro lado de los montes a trabajar en las fábricas que les contrataban los cabildos. En esas épocas de estío siempre jugábamos a ser canteros y no quedaba piedra, ni pequeña ni mediana, que no trastocáramos o intentáramos cincelar con otras más afiladas. Teníamos por tesoro guardar las gangas que el molino ferrero arrojaba al río, inservibles para el herrero pero para nosotros una verdadera hacienda y eso cuando no podíamos utilizar buriles viejos, sacados a escondidas de los talleres de nuestros vecinos. En San Miguel se era ganadero trashumante o se era cantero, que poca tierra había para sembrar y aún menos posibilidades de comer de ella. El suelo era bueno para construir, no para cultivar, que ni aun el simple trigo de escanda se daba bien en nuestros parajes. Del comercio entre los valles y de las mercancías de la costa se llenaba de alimentos nuestro escaso tabuco.

La más honda impresión de mi infancia, y tanto que la guardo con precisión en el recuerdo, es la contemplación de las cuevas del valle, aquellas grutas prohibidas y llenas de espíritus que a mí me gustaba explorar junto con mis amigos, y en especial con Juanillo. La cueva de Cobrantes, más que las de Otero o la Chara, de muy difícil acceso, era mi preferida. Aquella oquedad me sobrecogía y se me clavaba en la entraña de tal manera que soñaba por las noches con sus entrantes y salientes, y con sus sombras espectrales adornadas con los sonidos del agua cayendo en su fondo. Nunca he olvidado las figuras representadas en sus paredes. De aquellas largas observaciones guardo el amor por los ciervos y el constante tesón por imitar en mis trabajos los curvos perfiles de osamenta de ese animal que nunca lacé en partidas de caza. Para mí era sagrado y siempre que lo veía pastando encontraba la excusa para asustarlo y que se marchara del peligro. Las otras líneas de la cueva, las que aparentemente no significaban nada, eran los misterios preferidos de mi fantasía. Esas líneas que, sin orden aparente, estaban esparcidas por las paredes, como la herramienta del cantero en el suelo cuando talla una figura, no marcaban figura alguna, pero eran huellas dejadas por hombres, o tal vez por niños, mucho antes que nosotros para que los recordáramos. Yo imitaba esas marcas, ensayaba sus figuras en los caminos del estío y dibujaba con un palo de avellano sus misterios en el fondo del verdín de las muchas fuentes que encontrábamos en nuestras correrías infantiles. Juanillo siempre me reprendía y decía que mis dibujos traían mala suerte, pero yo no escuchaba a nadie, sólo me guiaba la mano la imitación de algo que no dejaba de transcurrir por mi interior como el chorro de plomo ardiente corría por el canal de la colada tras abandonar el crisol del horno del herrero.

–Juan –me decía mi padre–, no des una oportunidad nunca por perdida, ni una piedra por mala, hasta que aprecies sus grietas y sus aristas. Por las primeras entenderás sus debilidades, por las segundas su cortadura.

Qué útil fue ese consejo en mis posteriores aprendizajes de cantero. Siempre evitaba las aristas y concentraba mi esfuerzo en las grietas. Así me hice con la fama de cantero certero: para mí ver la piedra y saber su utilidad eran cosa hecha. Escasos y seguros golpes me atrajeron nombradía en la merindad: yo era el de la mano rápida y diestra. Después, me ayudaron a salir de ella.

Más tarde, en la juventud, tras la muerte de mi padre en una peste que le prendió por las tierras castellanas, tuvo lugar mi iniciación en la Logia y en el Arte, el de saber sacar el alma de la piedra. Esto ocurrió bajo el amparo del maestro Juan Alonso de Santaolalla, en la localidad de San Pantaleón de Aras. No hubo pruebas, no hubo examen, no hubo contrariedades, sólo un saludo de bienvenida trenzando mi mano derecha con la derecha de quien me espera en el oficio. Después, un grato acogimiento en la hermandad de los canteros de las distintas Juntas de Cudeyo, Ribamontán, Siete Villas, Cesto y Voto. Como hijo de cantero no se esperaba de mí otra cosa más que seguir con la tradición; además era el hijo mayor y heredaba título del padre, sus escasas herramientas y su Arte, algo transmitido con paciencia y en silencio en las horas que pasamos trabajando juntos y observando a la roca cuando se mostraba innoble o se resistía, por rebelde, a la doma del cincel.

Los años de trabajos fueron haciendo edad en mí y al cabo de un decenio me consideraban maestro cantero, con carta de capacitación para ejercer el oficio. En el tiempo que alcancé la maestría, las cosas y las personas anduvieron en continua mudanza. El arte de la cantería conocido por nuestros padres y abuelos desde generaciones atrás también lo hacía. Ya no había grandes obras que efectuar y los maestros, sólo los más selectos, se establecían fuera de la comarca para trabajar en alguna fábrica que les ocupara varios años. Más fácil era ser contratado por cabildos y escolanías para rematar o ampliar obras anteriores, y en especial casonas y palacios que hidalgos y burgueses enriquecidos tenían a bien construir con los buenos dineros ganados mediante el trasunto del ganado o por el comercio de madera desde las costas.

Los contratos de obra, una vez admitida la petición de licencia, imprescindible para la tasación y el visto bueno final, ya no eran como en tiempos anteriores, cuando el proceso podía durar años o décadas, si no siglos, como contaban de nuestros mayores: los maestros canteros constructores de catedrales. Para conseguir la licencia, mis compañeros me mostraron cómo destacar la necesidad de la obra en beneficio de la fama o la prosperidad del lugar. Siempre había que destacar las ganancias del lugar y su realce para conseguir una nueva obra. En caso de remodelación de una construcción vecinal, en atención de ampliaciones o mejoras, igualmente era obligatorio aludir al inminente estado de ruina y los desperfectos y desventajas tan gravosos para la familia y su mayorazgo. Cuando el asunto concernía a convento o abadía, las obras podían durar más y había que contar con nuevas trazas y un más nutrido grupo de canteros. Estas últimas eran las que más gustaban al gremio por su importancia y duración, pero también eran las de tramitación más ardua y costosa. Las licencias de nueva planta debían ser transferidas a Roma para que concediera una bula aprobatoria. Este trámite era imprescindible, bajo pena de excomunión y multa de diez mil maravedíes. Nadie de los gremios, dentro del conocimiento que me alcanza, pasó por encima este trámite, y mucho menos se quiso enemistar con cabildos catedralicios o sínodos obispales.

La contratación de la obra era la parte más enjundiosa del proceso, y para mí la más distraída. Se escogían trazadores y maestros canteros y el maestro principal realizaba las trazas y precios de ejecución. Asímismo, se ponía en contacto con el gremio para dar a conocer sus necesidades de oficiales y peones, así como de cualquier otro menester para llevar a buen término la fábrica. En ocasiones, y cuando la envergadura de la obra lo requería, se pregonaba la necesidad de mano de obra por los lugares donde se conocía que había canteros trabajando, aunque estuvieran a leguas de distancia.

¡Cuántas veces cambió mi vida la escucha de este pregón! Era la señal esperada para partir junto con otros compañeros de Logia a demostrar nuestra habilidad en el arte de labrar y desbastar. No importaba dónde ir: a La Rioja, a Burgos o a Palencia, siempre que el laborar estuviera garantizado y la paga asegurada. Nuestro ímpetu juvenil nos hacía adelantarnos a los maestros más maduros, y más de una vez llegábamos en el momento del remate de obra, el cual se realizaba tras la postura de los distintos maestros pujadores. Era emocionante mezclarse en el concurso de adjudicación con el resto de la gente. En las pujas, mi atención principal estaba puesta en ver consumirse con lentitud la vela que señalaba el final del remate; mientras tanto, mis oídos se recreaban con la fiesta de voces, susurros y palabras que atropelladamente todos pronunciaban para conseguir la presa, que no era otra que trabajar en la obra. ¡Pardiez, qué emocionante era ver reunidos a muchos compañeros del gremio y la holganza que ello podía suponer en ese día de puja! Igualmente era muy alentador ver cómo llegaban a un buen entendimiento los distintos maestros para no competir entre sí cuando la obra era adjudicada a la baja o con un presupuesto mínimo. Así se aprendía la solidaridad.

Los maestros de nuestra Logia trasmerana nunca daban por perdida una obra, no por ganas de medrar, sino por su deseo de dejar rastro de sus trabajos a las generaciones posteriores. Lo importante siempre era la obra, no las personas que la ejecutaban. Las huellas que ellos dejaban, como había ocurrido durante muchos años antes que ahora, eran sus marcas. En nuestra merindad las preferíamos triangulares, para distinguirlas de la Junta de Cesto, que eran rectangulares, y de las de Cudeyo, que eran quebradas.

El maestro comprometía su hacienda y fama en el buen oficio y término de la tarea y para nosotros, los que íbamos con él, era obligado asumir ese compromiso. En esas ocasiones, nuestra promesa de lealtad, socorro y ayuda mutua no necesitaba probarse, ni por nosotros ni por exigencia de nadie, no había ninguna duda en nuestra conducta respecto a lo que sabíamos que era obligación principal. Y esto era así siempre teniendo en cuenta, además, las necesidades más urgentes de cada uno de los compañeros. Los compañeros se distribuían como mejor convenía a la realización de la obra según los modos y maneras necesarias para cumplir con las diferentes partes contratadas. Su independencia de trabajo era plena, y en las reuniones en la Logia se adivinaban los problemas y del mismo modo su solución. El maestro mayor de la Logia conocía bien a sus obreros y los distribuía con criterio de prudencia y, por ello, siempre juntaba a los más avezados con otros que no lo eran. Los primeros aprendían de los segundos, recordando su reciente ignorancia; los segundos aprendían de los primeros a perderla.

No se aceptaba con facilidad gente foránea en la obra; había que probar su valía, lo que sólo se demostraba de una forma: yendo al tajo con los demás y siendo el primero en cortar la piedra y desbastarla. Después había que asentar los sillares y utilizar la paleta sobre las juntas perfectas de la piedra. Una vez demostrada la pericia sucedía que cualquiera, aunque fuese de fuera, era aceptado, pues las normas de la Logia no discriminaban a nadie. Antes de eso, de nada valían los signos externos y documentos que portaran para ratificar de pertenencia a nuestro gremio cantero. Tampoco se podía acreditar sus muchos conocimientos nombrándonos a maestros de fama reconocida por todos. Su principal valimiento era su demostración personal con la paleta y la llana, así como con el escoplo, el cincel y el mallete.

Desbastar la piedra es mucho más que pulirla. Los golpes deben ser certeros y medidos. No hay que hacer demasiado ruido ni aspavientos para dar señal de buen cantero. Hay que saber operar en silencio, no guiados tanto por el propio interés en destacar como por obedecer las leyes universales que el maestro se encarga de mostrarnos en cada traza que hace con los consiguientes puntos de corte y las precisas angulaciones basadas en el tres, el cinco y el siete, marcadas en el panel de yeso y borradas tras las explicaciones. Nuestro Señor nos ha escogido para cantar sus glorias y alabanzas en el libro imperecedero que la naturaleza por Él creada pone en nuestras manos: el arte de labrar la piedra, con la facultad de señalar en ella la forma perfecta del triángulo, enmarcado por el cuadrado y coronado por el círculo.

Tampoco se hace diferencia en nuestra Logia con las obras civiles. Éstas no tienen la importancia de las obras sacras, pero no por ello se desdeñan ni se atienden mal. En ellas, la contratación se hace directamente con un maestro determinado, el cual hace pronto su oferta por si otros maestros, en peores condiciones que las suyas, la quisieran realizar. Estas obras se circunscriben a la comarca donde esté el maestro. En nuestros valles cántabros no pocas hemos hecho en casonas, molinos, ferrerías y puentes de vadeo que guardan para mí el grato recuerdo de los que fueron inicios y mis primeras experiencias como aprendiz cantero con los amigos y compadres de mi difunto padre, a la sola edad de catorce años.

En aquellos años jóvenes, antes de ser iniciado en la Logia, asimilé la camaradería y lealtad de las gentes del oficio. De mis mayores aprendí que un maestro, cuando se comprometía en obra, nunca dejaba de realizarla, y si él no podía terminarla, otro maestro de Logia lo haría, respetando su traza, condiciones de tasación y plazos acordados. E, igualmente, esta función valía para admitir cualquier traspaso o cesión incumplida por cualquier maestro en caso de muerte repentina, para que sus deudos y viuda no tuvieran por qué avergonzarse y su honor quedara a salvo, como corresponde a la hidalguía de nuestros títulos y heredades y a las costumbres transmitidas por nuestros antecesores. Tampoco, en caso de que varios maestros de la Logia desarrollen su trabajo conjuntamente, he visto jamás descaros, pendencias, malos tratos o palabras altisonantes entre ellos. Siempre he comprobado cómo manda la armonía, y en las raras ocasiones en que discuten, no es para hacer desmedro uno de otro, sino para perfeccionar aún más el trabajo realizado con detalles que lo embellezcan o hagan que el conjunto tenga más luz y sea más fuerte.

Cuántas veces fui advertido por el maestro de obra, Juan Sánchez del Pozo, para que puliera y perfeccionara aún más mi trabajo, indicándome y refrescando en mi memoria el consejo recibido por mi padre: vigila las aristas, observa las grietas. En mis trabajos a pie de cantera, antes de que la piedra se llevara al cuadrado formando un sillar perfecto, con qué admiración veía manejar el cincel y el martillo y con qué precisión el compañero me mostraba la falla en la piedra que había que trabajar y pulir hasta ser domeñada. Cuántos desbastamientos se malograron por mi impericia y cuánta paciencia y tesón tuvo que usar para conmigo el compañero que me tenía asignado la Logia para cincelar la piedra bruta de mi intelecto.

Recuerdo aquel domingo lluvioso en el que, aliado con la soledad, y tras numerosos años de trabajos, me atreví a entrar con las primeras luces en el taller de Logia y dibujé el círculo para desbastar y el cuadrado para operar dentro de un cubo perfecto. Mis manos, temblando al principio, no se atrevían a hacer ruido. Encendí la tea que iluminaba la piedra y comencé la labor, tras ponerme el mandil. Sujeté el cincel con fuerza y valor y el martillo hizo su faena. Poco a poco, la piedra fue cobrando vida bajo mis manos. Las angulosidades de los pómulos, la curva seca de los labios y la insinuación de las orejas se fueron apuntando hasta quedar exhausto tras casi tres horas de trabajo sin respiro. Para mi sorpresa, aquella cara y los labios que desde ella me sonreían eran los de mi padre. Así me brindaba su aprobación, o al menos, yo así entonces lo quise creer. Cuando me llamó mi compañero para ir a misa de domingo, yo quise destruir aquella pequeña obra sin dejar más rastro que mi satisfacción y, cuál no fue mi sorpresa cuando sentí que el maestro me sujetaba el brazo con que iba a destruir el trabajo: él quería observar lo que había hecho. Lo hizo con detenimiento y se calló. No dijo nada, pero en el siguiente estío, en la fiesta de San Juan, fui nombrado maestro de Logia con la aprobación de los demás. Aquella ceremonia, aunque de eso tenía poco, acreditó mi dominio del arte de la cantería. Mis pasos se encaminaban de modo seguro por el camino trazado en mi infancia frente a las cenizas de la lumbre del hogar paterno. Tenía yo siete años cuando pregunté: «Padre, ¿podré algún día trabajar las piedras como vos?» Él, sin responderme pero mirándome muy fijamente, dibujó con su dedo índice una marca triangular en el suelo. Con sus ojos me indicó que mirara y guardara en mi memoria lo dibujado. Lo hice y él, con rapidez, borró con la palma de la mano el dibujo que había hecho. Después, para mi sorpresa, no se limpió la mano de cualquier manera. Traspasó el umbral del hogar y siguió caminando hasta el regato que lo circundaba, se agachó y se lavó las manos con cuidado en la corriente de agua. Me mandó llamar de modo quedo y, con mis manos en su corazón, dibujó sobre mi frente la señal de la Cruz, pero no con dos trazos, sino con tres, y después trazó un triángulo que la enmarcó.

Posteriormente vi poco a mi padre. Sólo durante dos años. Cuando yo tenía nueve, él partió para el otro lado de los montes, como tantas veces había hecho, pero esta vez no volvió. La peste se lo llevó, y a mí me obligó a abandonar la casa paterna camino de San Pantaleón a casa de mi tío, también cantero. Volví a salir de nuevo catorce años después. Y ahora, otra vez, he dejado los trabajos en la catedral de Sigüenza llamado por el maestro Gregorio de la Puente, que se encuentra trabajando en los pórticos laterales de El Escorial. Aquí hago Logia con otros maestros establecidos en el lugar desde el inicio de las obras y que trabajan en paz y armonía para mayor gloria de Nuestro Señor y satisfacción de Su Majestad el Rey Felipe.

* * *

La llegada a El Escorial me hizo bien, venía esperanzado y con ilusión. Venía a trabajar en la obra más importante del reino, donde estaban los mejores maestros. Por mi compromiso de Logia con el maestro tenía la estricta obligación de compartir con mis compañeros canteros cualquier asunto concertado por ellos en aquel lugar, tanto en lo material, que ahora mi salario pasaba a ser de veinte ducados anuales, como en cualquier otra cosa que quisieran solicitarme. Igualmente, ellos estarían comprometidos conmigo a socorrerme en todo lo relacionado con nuestro oficio y a resolver cualquier problema que se presentara.

Mi aprendizaje no variaba mucho de las enseñanzas transmitidas por todo el gremio durante los tiempos anteriores. Ahora, en la Fábrica de El Escorial, la abundancia de maestros de otros gremios y la calidad de su trabajo me ofrecían una oportunidad, tal vez irrepetible, para mi aprendizaje. El contrato que me ligaba con otros maestros de la Logia era de atadura personal, no sólo el de un compañero a un taller, sino el de un compañero a toda la Logia. Mi noviciado consistiría en comprender a la perfección la interpretación y lectura de los trazados de los maestros de obras para poder, llegado el caso, sustituirlos en sus ausencias ejerciendo el cargo de cantero aparejador.

Esto era lo que me esperaba cuando me encaminé con mi esposa, Casilda, y con los dos hijos de mi matrimonio, Juan y Enrique, por el Camino Real que conducía por Alcalá de Henares y Arganda a Madrid camino de El Escorial.

La primera sorpresa que me aguardaba al llegar a la Fábrica de El Escorial era que la organización gremial estaba bastante relajada en nuestra rama, así como en otros gremios relacionados con la construcción. El aprendizaje estaba perdiendo importancia y la disciplina ya no tenía la importancia que tuvo en mi época de primer novicio en el Arte.

Nuestro gremio se comportaba como una cuadrilla de compadres de taberna en cuanto a la seriedad y cumplimiento de la palabra dada y como una cofradía religiosa en cuanto a la mínima asistencia material. Habían olvidado por completo o, al menos, se habían relajado tanto que las severas normas de la Logia no las cumplían nada más que un número pequeño de maestros. Había un interés extendido entre los grupos de canteros por el trabajo a destajo, hecho sin primor y casi sin atención al detalle. Habían olvidado que la perfección de las manos va unida a la humildad del aprendizaje y a la mansedumbre del corazón para atender los consejos de los expertos. Y lo más importante: no sabían o no querían recordar que la palabra dada en Logia es sagrada y que el compromiso con el maestro es tan importante como la vida misma. Habían olvidado que los tres principios del Arte, emanados del principio de la armonía, se asentaban en tres pilares inamovibles: sabiduría, fuerza y belleza. Sabiduría para entender las claves de nuestro arte. Fuerza para representarlo. Belleza para adornarlo. Estos tres pilares eran las tres luces, colocadas en perfecto triángulo equilátero en los trabajos en Logia, amén de ser las constantes guías personales de la vida de cada día.

Es más, los maestros pugnaban entre sí por los títulos de capataz, encargado, agrimensor o cualquier otro adorno que no hiciera al mandil. Especulaban sobre trazas imaginarias, irrealizables en la práctica, y defendían sus postulados sin importarles el desprestigio en que ellos mismos caían, arrastrando con ello a nuestra Logia. No tenían en cuenta las consideraciones intelectuales o matemáticas o el saber escogido y refinado, anunciado por Alberti en *De re Aedificatoria*, necesario para ser maestros en el arte de construir.

Esta situación me alarmó sobremanera. Sin embargo, mis conversaciones con García de Alvarado, Juan de Bocerraiz, García de la Carrera y Juan de la Dehesa, maestros trasmeranos como yo, levantaron mi ánimo. Los cinco, reunidos en Logia y en acuerdo secreto, decidimos mezclarnos con todos los demás gremios y maestros de la Fábrica para averiguar el porqué de esta situación tan desastrosa para nuestro oficio y para el futuro del gremio. Yo, personalmente, les hice saber a mis compañeros de Logia que nos reuniríamos con asiduidad para saber todos de nuestras averiguaciones. Mientras tanto, nos juntaríamos con la industria de la Fábrica, nos haríamos maestros itinerantes dentro de ella. Nuestros compañeros y aprendices, tanto en las canteras como en la Fábrica, estaban cometiendo la peor falta de todas: el desinterés, claro hijo de la desidia y la molicie, que no conduce a nada bueno.

A mí se me encomendó conocer a fondo las canterías y los trabajos que en ellas se desarrollaban y a ello me apliqué con ganas. A García de Alvarado se le encomendó conocer a fondo las ferrerías. A Juan de Bocerraiz la carpintería y a Juan de la Dehesa todo lo relacionado con el gremio de la albañilería.

Las canteras no estaban lejos de la Fábrica. Esto facilitaba en gran medida el traslado de las piedras y, además, cumplía la finalidad de ahorrar, en lo posible, el considerable gasto de transporte y jornales de la mano de obra. Los mayorales de carretería, Pedro Ramos y Sebastián Serrano, habían protagonizado frecuentes períodos de desobediencia en el acarreo de materiales, motivados por las malas condiciones en que se trabajaba en las canteras, por la escasez de su paga y por el precio del cargo, que ascendía a cuatro reales. Controlaban más de trescientos carros, y el agotador esfuerzo de hombres y bestias provocaba continuos castigos y despidos que retrasaban mucho sus labores. El resultado era que los envíos a la Fábrica no podían ser bien atendidos.

La Real Ordenanza de mil quinientos y setenta y dos, año de mi llegada, previno esta situación y reguló de manera cabal el corte de la piedra para descargar de sus tareas a los peones y oficiales carreteros. Los moldes y contramoldes de corte y desbaste debían ser preparados en la propia cantera. Sus medidas eran exactas. Con ello se ahorraría tiempo y desgaste de la ganadería de tiro al limitar al máximo el peso de transporte. La cantera principal, situada en la Alberquilla, era la que proporcionaba la mejor calidad de piedra granítica. Su grano era mediano y su cantidad en mica, escasa. El material de esta cantera fue frecuentemente utilizado en escaleras principales para sus largos travesaños, en las pilastras de los claustros, en los pilares de la basílica y en los marcos de las principales puertas y ventanas.

El trabajo en las otras canteras, como en la de Fresneda, situada en el camino de Campillo, así como las del prado de Navaltorneo, junto al Camino Real de Madrid, ocupaban a los canteros sacadores de piedra. Los canteros aparejadores de obra tenían bajo su cometido el preparar los moldes y contramoldes que fijaban la forma y las medidas de las piedras a sacar. Los canteros laborantes, normalmente destajeros, labraban y colocaban la piedra en la Real Fábrica.

Esta labor la vigilaba fray Antonio de Cuéllar, hombre regañero y excesivamente controlador que originó abundantes disputas con los canteros y un gravoso desorden entre obreros laborantes y sacadores, de manera que terminaron por marchar más de veinte de los primeros de la Fábrica, originando un gran prejuicio a la buena marcha de la obra. Sucede ahora que esta labor se halla vigilada por Pedro Sánchez, un hombre franco con el que el entendimiento de los diversos grupos de canteros no resultaba difícil. Su mucha tarea en las canteras no le amedrentaba; por el contrario, trabajaba con buen ánimo y revisaba con esmero toda la piedra sacada y labrada para dar cuentas a la Congregación Jerónima.

Yo, como aparejador de cantería, recibía la piedra en el claustro del monasterio. Las carretadas y el continuo trasegar de obreros dificultaban mucho mi vigilancia de las partidas recibidas y su exacta distribución, según corte y medidas acordadas. La labra de la piedra y las tallas de las molduras eran los trabajos más precisos y delicados que efectuábamos. Otro trabajo que requería el concurso de varios maestros era la realización de moldes para usarse en las canteras, como medida de corte exacto de los bloques de piedra. Estos trabajos los realizábamos en la Logia, en el extremo de poniente del claustro, con la ayuda de varios maestros. En estos diseños era fundamental el trabajo de la escuadra y el compás. Con estos sencillos instrumentos controlábamos el impulso y la tensión de los granos de cuarzo y mica que, para nosotros, son materia viva de la piedra. El ritmo y la cadencia de los trazos siempre respetaban la composición interior de la piedra. Calculábamos la dirección más eficaz del escoplo para no malograr el desbaste, conociendo de antemano que el ciclo entero de cortes para moldear la piedra guardaba una proporción exacta con las medidas supuestas. De mucha importancia era la utilización de los números fuertes; el tres, expresión de la totalidad cósmica y de la unión intelectual y espiritual con Nuestro Señor Jesucristo en la obra terminada; el cinco, número central de la decena y expresión de la armonía y el equilibrio sustentante de cualquier construcción, y el siete, como correspondencia suprema con las siete esferas en las que transitaban los planetas celestes, haciendo referencia expresa a la última de ellas, el planeta Saturno, señor de la tierra y de sus riquezas minerales. Estos números eran nuestros guías y maestros matemáticos. Las proporciones derivadas de ellos daban como resultado las medidas exactas de corte, para el posterior asentamiento en el conjunto geométrico de la obra. Las líneas que las representaban, dibujadas en el suelo de la Logia sobre la pizarra trazada de yeso, contenían la fuerza que amaina las tensiones y proporciona a la materia bruta la belleza necesaria, que no puede ser otra que la emanada de la sabiduría de los conocimientos heredados de canteros y constructores del Arte, nuestros antecesores.

Las cuadrillas de obreros a mi cargo, juntamente con los herreros encargados de suministrar el material de labra y pulido, eran los más prestigiados y a mí me correspondía seleccionarlos. Por eso, por mi responsabilidad sobre su trabajo, no cesaba de pedirles esfuerzo y vigilar sus modos de continuo. Era inevitable entonces que me mostrara exigente para que las costumbres no se relajaran y se prestara la máxima atención.

En las copias de memoriales que guardo de aquellos años del comienzo de la década de los setenta reflejo mi labor de entonces. Las piedras se traían por las carretadas de bueyes y mulas, que en su trasiego por la Fábrica estropeaban mucho material. Era peor en los días de lluvia, cuando los animales y los carros, embarrados en mucho grado, ensuciaban los carriles de transporte de piedra y se perdían muchas horas de trabajo limpiándolos y haciéndolos utilizables de nuevo. Mis disputas con los carreteros eran comunes, puesto que, cortos de entendederas, no se avenían a razones cuando corregía sus usos para un mejor laboreo de la obra. Siempre que se les abroncaba sacaban a relucir, para su descargo, que ellos estaban aquí traídos por Herrera y que era con él con quien debiera entenderme si no estaba yo conforme con su trabajo. Se decía en las obras que Herrera los había contratado por razón de que sus jefes eran contraparientes de su mujer y que algo de su beneficio terminaba en la bolsa del arquitecto.

Los obreros a mi cargo labraban y repasaban muchas piedras en la propia Fábrica, dejando los sillares limpios y enlucidos, después de raspar cuidadosamente toda la tosquedad que traían de las canteras. Otros obreros de nuestro gremio, instalados en la Fábrica desde la primera época del inicio de las obras, pero no de los valles trasmeranos, cortaban y labraban jambas, ventanas, puertas y perpiaños. Desbastaban y pulían plintos, losas, aceras, dinteles y el remate de conteras.

El sistema de asiento de los bloques era de mi especial incumbencia. Actué en los pilares y cadenas de la Iglesia, así como en la construcción de la Portada principal del Monasterio, siendo las piezas del dintel y de las jambas enteras y de un solo bloque. Si hago referencia ahora, años después, a ese detalle, es por la conmoción que causó en la obra la construcción de un enorme carro tirado por cuarenta bueyes para transportarlas. Yo nunca había visto desarrollarse tal empresa y también estuve muy atento e interesado en el desarrollo del transporte. Éste era digno de verse, no sólo por el continuo ir y venir de los boyerizos picando a sus reses, sino también por el bestial resoplar y esfuerzos de semejante cantidad de bueyes para arrastrar tal carga sin malograrla, al precio de dos reales la arroba. Precio excepcional, sin duda, debido a que también este transporte lo era.

Para el asiento de los bloques utilizábamos el sistema de acera y tizón. Su Majestad en persona había dictaminado que fuera de un tizón por cada dos aceras, colocándose entre ellos atajos de piedra de repartido tosco. Las juntas se rellenaban de ripio menudo, o fragmentos de la labra y pulimento de los grandes bloques. Los obreros recogían esos fragmentos en canastas especiales y los guardaban en la puerta de la Logia al cuidado de Diego de Matienzo, mi mejor ayudante de esa época y trasmerano como yo. Se apoyaban por pares, formando columnas, para su mejor recuento y mayor protección de nuestra entrada al taller de Logia. Ese material era básico para dar un acabado justo y perfecto al trabajo de entalle, desgaste y colocación de los sillares. Ya antes de mi llegada se utilizaba con largueza la mampostería destinada al relleno de agujeros, huecos y nichos dejados al cavar y para preparar los asientos de los principales cimientos, así como de los vanos dejados por los perpiaños al ligar los bloques de sillares en los muros.

El Obrero principal o maestro de obras de la Fábrica era fray Francisco de Villacastín. Con él tenía largas conversaciones pues, para los dos, la piedra y el arte de su trabajo nos parecían partes principales de nuestras vidas. Me contó los inicios de esta obra y algunas de sus peculiaridades. Él decía que no me creyera que el Real Monasterio de El Escorial debiera su construcción a la conmemoración de la victoria en la batalla de San Quintín, que fue el día de San Lorenzo de 1557, que esa era una razón para los necios. La verdadera razón, decía, era otra, pero nunca me la desveló. También me explicó que el que fueran ellos, los jerónimos, los encargados de sostener el Monasterio no era sólo por la especial afición que tenía Su Majestad Felipe II hacia la orden, tanta como la tuvo su padre, el emperador Carlos V, sino por ser una orden exclusivamente española y no estar emponzoñada por las tendencias luteranas que asolaban Europa.

Mucho se discurrió sobre su emplazamiento hasta que se decidió que el mejor sitio era el actual, aunque me malicio que algo tuvo que ver en ello la vieja herrería que por allí anduvo, pues bien sabemos en el Arte que nosotros, los Hijos de la Viuda, algo entendemos del secreto oficio del fuego de los antiguos cainitas. Se eligió, digo, el lugar no sólo por la claridad de sus aires sino tanto más por la abundancia de piedra en sus contornos. Eso era cierto, ya que la piedra con que trabajábamos era hermosa: cárdena de buen grano, no exenta de blancura y con pequeñas manchas blanquinegras. Para mí, como cantero, era ideal para el trabajo ya que tenía bastante dureza para ser firme pero no tanta como para que fuera inservible para nuestro arte.

El primer arquitecto de la Fábrica fue Juan Bautista de Toledo, que cobraba quinientos ducados al año. Casi desde el principio de las obras aparece junto a él Juan de Herrera. Fue su discípulo, que ya lo era desde Roma, y le ayudó en los trabajos de trazas y construcción de maquetas y que cobraba, por aquel entonces, cien ducados anuales. El 23 de abril de 1563 se colocó la primera piedra de esta gran Fábrica bajo la silla prioral del refectorio. En ella iban apuntados los nombres de Felipe II y el de su arquitecto Juan Bautista. Remarco y subrayo esta fecha en mis escritos porque todo inicio o comienzo recibe unas influencias y está marcado por unas armonías celestes que harán cumplir sus destinos. En nuestro caso concreto, ese día el signo de Cáncer ascendía por el horizonte este, con Saturno situado en él. Júpiter subía en el firmamento situado en el signo de los Gemelos. En el cenit, en el signo del Carnero, estaban situados Mercurio, el Sol y la Luna. Venus, el planeta de la belleza, estaba descendiendo en el signo de los Peces, y Marte, el planeta de la guerra y la sangre, se ubicaba en el horizonte oeste, en el signo del Aguador Celeste. Estas dos últimas configuraciones, según me predijo fray Juan de San Jerónimo, versado en esta ciencia, no presagiaban nada bueno para el desenvolvimiento de las obras de la Fábrica, pues, según decía, Amael, el ángel del amor, y Samael, el ángel de la destrucción, estaban demasiado cercanos en el firmamento y no ayudaban a una armonía en los trabajos. No podía yo saber entonces cuánta verdad encerraban sus palabras. Fray Juan me anunció, además, que el año mil quinientos y setenta y siete tendría unos efectos peligrosos para mi vida. Yo desprecié sus comentarios, pero sus palabras no se me olvidaron nunca. He de reconocer que la sutileza de esta ciencia astrológica la hace difícil y abstrusa de conocer, pero no por eso era objeto de desprecio por mi parte. Fray Juan me confió que el mismísimo Rey había consultado a unos astrólogos conocidos suyos y de origen judío el favor de dichas posiciones celestes y que ellos le anunciaron lo que yo ahora conocía.

Esta Real Fábrica, me explicó el maestro cantero Gregorio de la Puente, en su trazado original guarda el principio de simetría, principio caro para nosotros, en sus equivalencias, correspondencias y estructura de conjunto. En ella se repiten las formas de bloques con la estricta proporción de la igualdad a los dos lados de un eje central.

«Si estudias la traza, Juan –me dijo–, comprobarás la libertad de acción operativa de su primer trazador, Juan Bautista». Éste perseguía mucho la sencillez y la comodidad en el desarrollo de las obras y no buscó un centro irradiante para todo el edificio, como estamos acostumbrados a ver en otras obras basilicales. Su planteamiento fue lineal. Su traza emplea el rectángulo como base y cuerpo de todo el conjunto, añadiendo cuadrados a ese rectángulo en forma de patios laterales. «Observa su finalidad –insistía–, es muy clara la búsqueda de una simetría en cruz. Con ello rinde pleitesía a la gloria de Nuestro Señor y ejecuta la obra de forma simple, pero con contundencia. Tras la muerte de Juan Bautista –continuaba Gregorio–, que fue hace un año, en mayo del setenta y seis, las obras entraron en un gran desconcierto y trastorno, siendo tantos y tales los retrasos y pérdidas de dineros que Su Majestad pasó a dirigir la Fábrica directamente. Hasta los años de tu llegada a la Fábrica no entraron las obras en su aparejo definitivo, y fue también entonces cuando Juan de Herrera se hizo cargo de ellas, pero, curiosamente, su entrada no la hizo como trazador, sino como arquitecto».

Juan de Herrera era poco querido por los oficiantes del gremio de canteros debido a que había cambiado sus métodos de trabajo, obligando a los canteros a desbastar y pulir la piedra directamente en la cantera y no a pie de Fábrica, como se solía hacer hasta su llegada. Esta nueva idea y su puesta en razón trastocaron en gran manera los usos y costumbres de la obra, creando numerosas tensiones entre los más de ochocientos obreros que en ella laboraban. Sin embargo, en los meses siguientes a mi llegada esta idea me pareció ingeniosa y no tuve el menor reparo en apoyarla. Esto me hizo, al principio, ascender en la consideración y simpatía del arquitecto y, a la vez, ganarme los odios de otros maestros de distintos gremios, que no estaban dispuestos a abandonar usos y costumbres antiguos. Yo reconocí de inmediato el ahorro efectuado en tiempo de trabajo y gasto de material. Además, mi admiración por el arquitecto ascendió en mucha estima al comprobar lo ingenioso de uno de sus inventos, la cabrilla. Consistía en una pequeña grúa que descargaba los bloques de piedra directamente de los carros, sin lastimarlos en absoluto, y los colocaba en su sitio de destino. Era una maravilla verla trabajar, y tengo por seguro que ingenio semejante era el más útil que había conocido en todos mis años de cantero.

La labor del arquitecto Herrera se centró en buscar un centro irradiante del que carecía el edificio hasta su llegada y eso hacerlo sin menoscabar lo que ya estaba levantado. Unió el círculo a la recta e implantó la esfera sobre una base lineal, formada por la gran cruz de todo el complejo de la Fábrica. Para esta labor escogió la figura del octógono, el doble cuatro, formado por un cuadrado que circunscribe dieciséis triángulos. Esta figura, en su trazo majestuoso, resumía, según él mismo me dijo, y ensalzaba la forma dada por su maestro y primer trazador de las obras de la Fábrica, Juan Bautista de Toledo.

Herrera, hombre despierto, me explicó que su acercamiento al monarca como arquitecto se basó en el hecho de que para Su Majestad Felipe II el orden era fundamental, y él intentó plasmar ese orden de manera matemática. El arquitecto pulió y delimitó las superficies externas del conjunto de la Fábrica. Su finalidad era que fuera percibido con toda crudeza el trazo geométrico. La proporción de las partes del conjunto fue su guía y la articulación de las medidas en la Fábrica su expresión externa. La ordenación de la Fábrica debía conseguir un resultado de líneas y ángulos que armonizaran lo colosal de su extensión con el principio de la armonía. Se concentró sin ningún reparo para conseguirlo en la proporción numérica de tres a dos, siendo su caja de resonancia el gran octógono central, a semejanza de una bola girando sobre un cuadrado pero sin encontrar esquinas en las que se pudiera tropezar.

Su pasión por la esfera coincidía con el respeto que habíamos aprendido en Logia al hilo de tan excelsa figura. El compás representa en su trazo completo la construcción de la esfera: cerrada y perfecta por excelsa. Como figura geométrica expresa como ninguna otra la unidad y la quietud de lo perfecto. Es el universo en la palma de la mano de Nuestro Señor Jesucristo como clave y resumen de las leyes cósmicas que rigen las tareas de los hombres. Es la representación de todos los que nos antecedieron en el parteluz del Pantocrátor divino como Arquitecto del Universo.

En la primera reunión mantenida en Logia, un mes después de nuestro acuerdo, hice saber toda esta información a mis queridos compañeros para que, conociéndola como yo, supieran apreciarla y la tuvieran como guía en sus actuaciones en la Fábrica. A esta reunión no pudo acudir el maestro García de Alvarado, aquejado de unos extraños mareos y vómitos cuyo origen no pudo precisar Francisco Gómez, el médico sanador de la Fábrica. En secreto nos avisó de unas extrañas manchas que aparecían en las manos y el torso de nuestro compañero, las cuales, según nos dijo nunca había visto anteriormente, dijo que habría que esperar para ver cómo evolucionaba ese extraño morbo que parecían quemaduras sin fuego.

Nos preocupó la noticia y, deseando de todo corazón que la luz acompañara a nuestro hermano en ese tránsito de espera, dimos paso a la lectura del informe de García de Alvarado, escrito con su peculiar letra picuda, sobre la función y fines de los herreros en la Fábrica. Él había podido cumplir con lo prometido, pero nos dolía sobremanera que no estuviera allí relatando su experiencia, pues su tono de voz y sus gracejos hacían amena y franca cualquier conversación.

No quise retrasar más la información recopilada por él y en su honor dimos lectura sin dilación a sus papeles. «Como todos conocéis, queridos compañeros –comenzaba relatando García de Alvarado–, los herreros están estrechamente unidos a nosotros los canteros y eso ha hecho más fácil mi tarea. Sus maestros principales son Gonzalo del Castillo, Alonso de Cruz y Robert Horner, todos con un salario de veintiún mil maravedíes y el trabajo de todos consiste en reponer todas las herramientas que se nos estropean, bien sean cuñas, dolobres, picos, punteros, uñeras, cinceles, limas o martillos, que de tanto picar, labrar y recuñar como era menester en la obra se desportillaban con facilidad. Otro tanto ocurre con las almádanas, camartillos y pisones, utilísimos en el compactado de las masas de piedra en las canteras, así como de las palancas para moverlas. He de confesaros que he hecho gran amistad con Lorenzo Ruiz, fundidor–cincelador de la Fábrica. Éste procede de Palencia y comparte conmigo edad y gustos. Me ha enseñado todo lo que os comuniqué de los secretos de los hornos y fundición de hierro. Con él paso buenos ratos viendo trastocarse el hierro de albo a dulce, comparte conmigo la zozobra que significa que los trabajos requeridos no alcancen la perfección que a Lorenzo le gusta obtener para trabajar el hierro con facilidad».

«El hierro –seguía diciendo el escrito de nuestro amigo– se suministra a la Fábrica por la familia vasca de los Zumárraga, buena y honrada gente. Aquí llega en barras o barrones sin labrar. Lorenzo lo llama hierro carretil, ya que se adapta de forma excelente a ese modo de transporte. Las barras son de un grosor de cinco dedos de ancho y de uno de grueso y el quintal cuesta treinta y dos reales. Lorenzo mostraba continuamente su disgusto porque no se le permitía confeccionar la clavazón de la techumbre a partir de pizarra, material implantado por Su Majestad desde los tiempos en que conoció, en su juventud, los usos y maneras constructivos de Flandes. La clavazón proviene de Flandes, y la trabaja Juan Colin, un pizarrero de esas provincias. Toda su producción se transporta por vía marítima a Laredo, donde la recibe Pedro González Escalante y a Bilbao donde está Juan Núñez de Recalde».

«He pasado excelentes ratos con Lorenzo preparando los útiles de los vidrieros: tornillos, abrazaderas y moldes para vaciar el plomo. Además, Lorenzo se ufana, y con razón, de la destreza de sus operarios en la fundición de los grujidores de hierro, tan fundamentales para cortar el vidrio, así como las tenazas y las paletas para asentar las vidrieras en su lugar de destino. Su producción la hace toda en los hornos de vidrio situados en el Quexigal».

Terminaba anotando: «Para vuestro conocimiento, excepto mi amistad con el honrado Lorenzo y sus trabajadores, que ascienden a media docena, la calidad de los obreros y el parejo de su industria no me parecen malos, aunque podrían mejorarse en gran manera. Lo que sí me disgusta, como maestro cantero, es su poca gana de cumplir lo pretendido o de vivir en compañerismo como lo estamos nosotros. Es opinión general que los destajos han destrozado las maneras antiguas de trabajar y han cercenado las reuniones y ayudas que antes se daban unos a otros, así como la convivencia que en solaz y descanso les gustaba pasar por ser todos entendidos en el mismo oficio con sus familias».

Esto se discutió mucho, había puesto el dedo en la llaga. Yo estaba totalmente de acuerdo porque esas letras, en el fondo, coincidían enteramente con mis impresiones. Juzgamos no aventurar opiniones firmes, al menos de momento, y esperar a elevar un informe de quejas a Herrera, no sin antes meditar cada uno de nosotros sobre las soluciones para más adelante.

Una vez leído el informe, nos trasladamos a la casa de García de Alvarado para comprobar cómo estaba de salud y ofrecer nuestra ayuda en todo lo que fuera menester. Su mujer, Lucía, se lamentaba de su mala suerte. En verdad que el estado de nuestro compañero era tan depauperado que verle así nos sobrecogió a todos.

Juan de Bocerraiz y yo consultamos de nuevo al médico para hablar con él del remedio más acertado. El físico nos expuso con toda franqueza su opinión y no nos auguró nada bueno para nuestro amigo y compadre trasmerano. Entrada la noche volvimos de nuevo a serenar a la esposa de García de Alvarado y a ofrecerle cuanta ayuda pudiéramos allegar.

–Lucía –le dije–, hemos acordado, con tu permiso, que vuestros hijos se vengan con mi familia y con la de Juan Bocerraiz para que puedas concentrarte en el cuidado de tu marido, nuestro hermano. Además, así podrás descansar algo, antes de que tú también caigas enferma.

Al día siguiente hicimos fondo común con otros maestros y oficiales de nuestra Logia, y antes de la caída de la tarde fui a entregárselo a Lucía, para que su alacena estuviera bien llena. También le hice amonestaciones para que ante cualquier novedad, y fuera la hora que fuera, no dejara de mandarme recado para avisar a los otros compañeros y, en llegando, hacer más liviano el mal trago que estaba pasando. Después de todo eso me retiré preocupado a mi casa hablando con mi esposa sobre las malas nuevas que traía de la casa de los Alvarado y sobre el cuidado de uno de sus hijos para descargar a la buena de Lucía de tanto trabajo. Casilda sólo hizo que asentir y dijo que una boca más no causaría ningún problema, como tampoco la educación y estancia en nuestra casa de Julián, el hijo de Alvarado, que la diferencia de edad con nuestros hijos era poca. Yo, por mi parte, advertí a Casilda que en casa no se hablara del estado de salud del padre de Julián cuando él o nuestros hijos estuvieran presentes.

En el mes siguiente, antes de la Anunciación de Nuestro Señor Jesucristo, convocamos otra reunión y en ella habló en primer lugar Juan de Bocerraiz, encargado de presentar un informe sobre las actividades de los carpinteros en la Fábrica y sobre el estado de sus ánimos. Juan nos explicó con detalle todas sus averiguaciones. La madera, dijo, ese elemento sustentante tan propio de los constructores, era también fundamental en nuestra obra, aunque sólo fuera para ocupar la humilde función de mangos de tantas herramientas que eran empleadas por muchos de los obreros canteros. La más usada era la madera de pino, junto con las de encina y álamo. Detrás, las de fresno y roble, utilizadas como mástiles de herramientas y camones de carros. La madera provenía en su gran mayoría de Balsaín, en la ladera norte del Guadarrama; de Quejigar y Navaluenga, cerca de Ávila, y de los montes próximos a Cuenca. La presencia de la madera era continúa en nuestro trabajo en toda la Fábrica.

Mientras oía hablar de esto distraje mi atención y durante unos minutos me marché con la imaginación a mi casa de la infancia en la merindad de Voto. El olor a roble era mi preferido. Tal vez porque me hacía recordar el muérdago, liquen sagrado que anida en los robles y con ellos muere, en perfecta simbiosis. Los recuerdos también eran para mi padre, el primero en desbrozar con sus consejos las enseñanzas que guardaban los bosques para nosotros los montañeses. No había planta o árbol del que no me explicara sus ocultas razones y remedios. ¡Cuántas heridas, rozaduras y calenturas curaron las hierbas y hojas recogidas por sus manos!

La madera, continuó Bocerraiz, estaba presente en todos los tajos: vigas de cubiertas, enmaderamientos del suelo, andamios, ingenios y grúas, carros, sillas, taburetes y banquetas, mesas, estanterías y ventanas. El aparejador de carpintería, Francisco Puruxelo, que ganaba en la Fábrica cuarenta sueldos, gobernaba, por intermedio de los sobrestantes, a la mano de obra jornalera que asierra, labra, transporta y asienta cada madera en el sitio que le corresponde. La madera de encina, proveniente del Collado de Villalba, se utilizaba para la fabricación de las grúas y diversos ingenios tan útiles en el levantamiento y desplazamiento de piedra. De boj se hicieron las sillas del coro, y también de pino, como el que servía para los mangos de las palancas. Las medidas de las vigas y viguetas para la techumbre iban desde doscientos sesenta y seis hasta veintitrés pies, según se emplearan para cubrición o crujía. Su precio, a pesar de su calidad, era de treinta reales el cargo de cuarenta arrobas, que no era excesivo. La cubrición del edificio de pizarra la hicieron obreros de Flandes que usaban de las canteras de Bernardos, Guisando y Cebreros. En ellas había doce trabajadores más el sobrestante que los gobernaba durante la jornada que, como la de casi todos los obreros de la Fábrica, era desde las seis de la mañana hasta la puesta de sol de febrero a mayo, mientras que en invierno la jornada empezaba una hora más tarde y acababa antes por la natural declinación del sol, que escondía sus rayos más temprano.

Bocerraiz también había comprobado un gran descontento entre los obreros carpinteros en todas sus escalas. El asunto era recurrente: los destajos eliminaban la labor de la maestría, y con ello, la estructura gremial se desmoronaba. Bocerraiz sentenció:

–Compañeros, malos tiempos corren para defender los intereses gremiales. Nuestra forma y respeto hacia el trabajo está pasando, y algo tenemos que hacer, pues, de no reaccionar, la organización de nuestros oficios perecerá.

Suspendimos momentáneamente la reunión para informarnos del estado de nuestro compañero García de Alvarado. Su estado no remitía, y el mal aspecto de su apariencia lo decía bien a las claras. Retrasamos para una posterior reunión los problemas de traza que nos preocupaban sobre la basílica. La solución estaba en la construcción de unos moldes adaptables a cualquier medida de piedra que se pudiera presentar, con lo que ahorraríamos mucho tiempo en la construcción y mucho dinero a Su Majestad para ser destinado a otros fines más urgentes, como en conversación privada me había anunciado el mismo arquitecto Herrera. Esta idea no nos pareció mala y todos nos comprometimos a estudiar el asunto y presentar nuestros ingenios en la próxima reunión.

Antes de terminar, el maestro Juan de la Dehesa nos expuso sus averiguaciones sobre el gremio de albañilería. La cal, los ladrillos, las tejas y el yeso estaban a cargo del aparejador de albañilería de la Fábrica, Juan de la Maza. El precio de la cal, tan imprescindible para nuestros trazos de figuras y dibujos y para el estucado de la obra, era de treinta y cuatro maravedíes la fanega si era transportada al Monasterio y de treinta maravedíes a boca de horno. La cantera de cal estaba en el Encinar. Su transporte era, la mayoría de las veces, por oficio de carreteros particulares, porque las más de las caballerías se empleaban en el transporte de la piedra. Los ladrillos, imprescindibles en bóvedas y bovedillas, así como en el solado de dependencias de paso, costaban dos ducados y treinta y cinco reales el millar, precio muy similar al coste de las tejas, y los fabricaban en los hornos de la Dehesa en Fresneda. El yeso, utilizado como elemento de ligazón de piedras y en labores ornamentales, provenía de Valdemoro y Getafe y su coste era de a real la fanega. El mármol blanco o pardo procedía de las canteras de Estremoz y de Barba, en Portugal; de Macael, en la sierra de los Filabres, cerca de Almería, y de las Navas, cerca de Ávila. Las variedades más policromas, como los jaspes y los mármoles verdes y rojos, provenían de Espeja, en el Burgo de Osma. Doce piedras de mármol valían por entonces quinientos sesenta y cinco reales.

Todos estos materiales, su administración y economía estaban a cargo del tenedor de materiales, Rodrigo Pardo, cuyo salario era de cuatro reales diarios. En su labor era ayudado por los sobrestantes, encargados de poner al día las listas de cuadrillas de oficiales y peones, así como de vigilar el cumplimiento del horario laboral previsto. Los retrasos eran castigados con reducción de jornal.

Los trabajadores de esta Real Fábrica eran fundamentalmente maestros, oficiales y peones. Los de las dos primeras categorías eran fijos en su permanencia en la construcción del Monasterio. La organización de los cargos era piramidal, como en otras obras, y en la cúspide estaba Su Majestad. Todos dependían del Maestro Mayor de obras, que en la época de mi llegada era Fray Francisco de Villacastín, y los aparejadores de cada una de las áreas, sobre todo los maestros de cantería, podían actuar como sustitutos del Maestro Mayor.

Con este informe dimos por terminadas nuestras pesquisas acerca del desinterés y la falta de escrúpulos de muchos de los aprendices de aquella Fábrica. Nuestra conclusión no pudo ser más desalentadora. Los aprendices estaban dispuestos a romper el sistema tradicional y no querían pasar ningún examen requerido por las Logias para atestiguar de su honradez y buenas costumbres así como para demostrar ante una comisión de maestros el dominio conseguido en cada una de las artes para ascender a compañero oficial o maestro. La mayoría eran partidarios del destajo siempre que la paga fuera buena y el tiempo que se tuviera que trabajar más corto del indicado por los aparejadores de obra. Además, nos acusaban a los canteros, y sobre todo a los maestros, de guardar un excesivo rigor, no sólo en nuestras costumbres privadas, sino también en nuestros usos y métodos laborales. Igualmente se nos acusaba de excesivo secretismo en nuestros trabajos, prueba del cual, decían los más jóvenes, eran los impedimentos puestos para entrar en nuestra Logia a quienes no pudieran acreditar la maestría.

Relajar estas normas recibidas de nuestros antecesores significaba el fin de las Logias operativas. Los reglamentos de nuestra conducta, cuya finalidad era mantener la igualdad fraternal y la concordia por encima de cualquier otra diferencia dada por la región o país donde se hubiera nacido así como por la procedencia familiar, quedaban preteridos en los nuevos usos. En la vieja manera, cualquier hombre capacitado en su arte y con pericia demostrada podía medrar desde su condición de obrero hasta la maestría de su arte; bastaba seguir las normas y transitar con orden por los secretos del oficio. Algunos vindicaban ya la supresión del secreto y ello sin saber que aquello que desconocían y denostaban no eran más que soluciones de ingenio guardadas por las Logias y que no tenían nada que ver con la profanación de ninguna norma dictada, ya fuera por la Iglesia o por el Rey. Nuestros secretos sólo tenían que ver con la pertenencia al oficio, cual fuera éste de entre los de la construcción, y con la maestría alcanzada en él para poder subsistir y alimentar a nuestras familias.

Nuestros tribunales no tenían nada que ver con los de la justicia civil, porque nuestras sentencias eran inapelables, así lo aceptábamos, y la rectitud de los maestros que los componían eran el fundamento de la justicia al comparar la conducta juzgada con las viejas reglas y las normas del Arte. Nuestro secreto era pertenecer a una clase especial de maestros, los canteros, y entender de traza de edificios y labra de piedras para su correcto asentamiento y perdurabilidad para mayor gloria de Nuestro Señor Jesucristo. Nuestras pruebas eran todos los trabajos efectuados en muchos lugares, los cuales en su mayoría se erguían aun con nobleza en forma de grandes iglesias y catedrales. El uso de la escuadra, el nivel y el compás no eran sólo signos distintivos entre nosotros, sino los medios más perfectos de que nos servíamos para trazar y comprender la mensura de lo creado, a semejanza del Gran Arquitecto del Universo, Dios en su Excelsa Majestad, al que intentábamos imitar aun sabiendo todas las limitaciones a las que nos teníamos que enfrentar como hombres y como constructores. Nuestras marcas no son signos secretos que hagan al engaño; no son disfraz, sino una forma de reconocimiento entre maestros canteros y un aviso para todos de quien ha hecho el trabajo. El que en nuestras Logias no se pudiera entrar con armas o metales tenía su fundamento en que a las Logias íbamos como hombres de paz y con el respeto debido a nuestros compañeros y maestros, pudiendo ocurrir que, en caso de exaltación o de que la conciencia se le nublase temporalmente a cualquiera de los asistentes, no pudiera correr nunca la sangre, pues la Logia entendemos que es terreno sagrado donde nunca se verterá la sangre. Que en la ceremonia de iniciación casi se desnudase al postulante no era para rebajarlo ni humillarlo, sino para que recordara continuamente que sus trabajos dependían de la sabiduría ancestral que iba a conocer, y su mérito, por el cual había llegado hasta el dintel de la Logia, era comprender, amar y respetar tal ceremonia.

No había ningún otro secreto en nuestro trabajo operativo, y prueba de ello era que los maestros canteros, reunidos en asamblea en El Escorial, firmamos una carta que yo personalmente entregué a fray Francisco de Villacastín, maestro mayor de obras de esta Real Fábrica, para que quedara constancia de nuestro desacuerdo con los destajos incontrolados, que a nuestro parecer eran la causa de la falta de disciplina y el relajamiento de costumbres que observábamos todos los que allí llevábamos años trabajando y dejando nuestro sudor en la obediencia a Su Majestad el Rey.

Días más tarde, una vez leída mi carta, recibí mandato de fray Francisco de Villacastín para que fuera a verle. No demoré la visita y fui inmediatamente. Sus aposentos eran de lo más sencillo, como el adorno de su propia persona, de manera que, siendo el Obrero Mayor de la Obra, no hacía gala de lujos, a excepción de un precioso zafiro que lucía en su mano izquierda. Fray Francisco me rogó que me sentara para tratar los asuntos que yo había adelantado en mi carta y la manera de solucionarlos.

Comenzó el fraile jerónimo preguntándome por mi familia y por los males que aquejaban a García de Alvarado. Le respondí con alegría y esperanza a lo primero y con tristeza a lo segundo. Se lamentó con sinceridad y ofreció su ayuda en lo que pudiera valer para mejorar la salud de nuestro compañero y maestro.

–¿No creéis, don Juan –me preguntó a continuación con su voz aflautada–, que los tiempos han cambiado y las costumbres también desde el inicio de las obras en este Real Monasterio?

–Sin duda –le contesté–. Pero determinados usos y costumbres debieran permanecer indelebles en la conciencia de los hombres, no sólo por guiar su trabajo sino para conducir los derroteros del alma.

–Sí, estamos de acuerdo en eso, pero lo cierto es que ahora ya no se guarda el respeto a las reglas del común que antes se guardaba. Es más, hoy en día la individualidad se está imponiendo con mayor fuerza que en tiempos anteriores. Antes se imaginaban las vidas ajenas, hoy se sabe con certeza detalles prolijos de la intimidad de las personas, porque los medios para contarlas son más abundantes. Lo que antes era burda indiscreción, hoy es tomado por normal, y lo que antes se callaba, por íntimo, hoy es pública conversación en cualquier sitio.

El fraile se refería a la costumbre extendida en las obras de contarse unos a otros los sueldos que cobraban y que era cosa que en los gremios no se permitía, eran asuntos internos. Tampoco era decoroso la maledicencia sobre las riquezas de unos y otros y lo turbio del origen de alguna de ellas.

–Estoy de acuerdo –repliqué–, pero eso no debería significar un mérito; hay materias y situaciones que no deben ser aireadas vanamente, pues los que lo hacen no piensan con calma el efecto de lo que dicen. Siguen las modas o los impulsos del momento y ya conoce, fray Francisco, que los muchos hacen masa y ésta tuerce las buenas razones que llevan a los cambios, que comprendo se tienen que dar, pero no de una forma inconsiderada o sin el respeto debido a las costumbres heredadas de nuestros padres. Nosotros tenemos la esencia en la tradición y ella es guía de nuestra actuación en la vida.

–De todas formas, y siendo vos un hombre tan claro de luces, don Juan, no debería sorprenderos que las relaciones con los obreros tomen los derroteros por los que están yendo. El grupo familiar, la comunidad a la que casi todos pertenecían o el gremio eran mundos cerrados en los que los hombres se insertaban y donde intentaban buscar y encontrar la forma de definirse. Pocos eran los que se aventuraban a vivir en la ambigüedad, la revuelta o la aventura por ella misma, a no ser los ermitaños, los soldados o los aventureros. Hoy, la participación en las cosas de todos parece ser un deber del individuo que ha adquirido conciencia de sí mismo, provocada por la concentración de gentes en ciudades. El trabajo ya no es, hoy, una servidumbre para muchos de los obreros, hoy es un instrumento para acumular riqueza y destacar de otros.

–No niego estas premisas, fray Francisco, pero la pertenencia a una determinada clase o gremio es el orgullo de todo hombre justo y bien nacido. Es más, el éxito personal no es un mérito propio, sino de su familia, de su gente, que son los que verdaderamente han hecho posible su existencia. No niego la libertad de movimiento o los deseos de cambio en cualquier persona, pero siempre que sean en provecho propio y sin daño a otros y, siempre, ofrecidos al bienestar del grupo del que se es parte.

–Los tiempos no discurren ya por ese camino, don Juan. ¿Dónde se mantiene en nuestros días la solidaridad? Sólo en dos sitios está a buen seguro, en vuestras Logias y en nuestra Congregación. En ambas instituciones tenemos a bien elevar por encima de nuestros intereses privados los de la comunidad a la que pertenecemos, pero esa medida de vida ya no se lleva, y me temo que no se volverá a llevar más. Por eso no le debe extrañar, don Juan, que los obreros estén descontentos con sus gremios. Los más jóvenes creen que son órganos coercitivos que se empeñan en retrasar unos logros que son imparables. Y con nosotros pasa lo mismo; igual descontento genera la Congregación. Ambos nos regimos por unas normas de conducta basadas en unos principios de disciplina que afirman la propia identidad como fruto de un ejercicio solidario y comunitario.

–En eso estamos totalmente de acuerdo, fray Francisco, pero creo que es mucho más que eso. Hay unas creencias que fundan nuestras comunidades, de forma que los que no pertenecen a ellas es difícil que comprendan ese sistema de conductas y de símbolos, porque han perdido la fe en el ser humano y en la maduración de todas las cosas hasta llegar a su final. En el plan divino lo importante no son las personas, lo importante es la vida de todos, porque no hay salvación individual sino colectiva, y la comprensión individual de las claves que entraña el ejercicio de ese proyecto solidario de salvación ya que, estés activo o dormido, igualmente estás solo en medio de los demás y sólo tus ataduras con los otros te pueden acercar a la felicidad en esta y en la otra vida. Piensa que la aparente soledad no es para nosotros sinónimo de tristeza o desapego, sino de gozosa renuncia a las ataduras que hacen esclavos a los hombres del ensordecimiento que produce la necesidad continua de los demás para paliar su desnudez interior.

–Sabias palabras, don Juan.

–Fray Francisco, he venido aquí como firmante de una carta de la que quiero que deis vuestro parecer.

–No puedo hacerlo sin consultar primero, y bien a mi pesar, con don Juan de Herrera. Él, como bien sabéis, ha dictado estos cambios, y tendrá para ello sus razones, que debemos escuchar antes de tomar una solución. Vuestros argumentos son precisos y exactos, están expuestos desde el rigor, pero pensad mientras tanto que el ahorro de tiempo y dineros es considerable y Su Majestad no desea otra cosa que se cumplan sus mandatos, de los que don Juan de Herrera es el ejecutor perfecto. Ésa es su fuerza.

»–Por cierto, don Juan –continuó el fraile–, supongo que sabréis ya que Herrera está decidido a introducir más cambios para agilizar las obras y que Su Majestad ha dado el visto bueno para ello. Estos cambios van a afectarle a usted y a sus compañeros de modo directo. El desbastamiento de la piedra no se hará más en la propia Fábrica, sino en las canteras. Quiere agilizar todo el desarrollo y acabado de la parte norte de la Fábrica y de la Basílica, que cuenta con treinta pies de altura, como bien conoceréis. Se propone cambiar los mecanismos cerrados de las organizaciones de Logias por otros más abiertos que hagan más rápidos los ascensos de los obreros para provocar un mayor rendimiento, ya que el aprendizaje a pie de obra es tan importante para él como la pertenencia durante largos años al oficio a que se destine cada obrero. En otras palabras, no quiere más exámenes ni permisos de los maestros que interrumpan su labor. Desea que cualquier oficial con cierta experiencia pueda encargarse, como un maestro más, de los trabajos a destajo. Su interés no transcurre por el patrón tradicional de aprendizaje, sino por la eficacia que logra el dinero por un sistema de destajo. Esto, evidentemente, persigue una finalidad: formar su propio equipo de maestros destajeros que le obedezcan a él sobre todo, y evitar la intromisión de otros maestros gremiales, tanto de fuera como de dentro de la Fábrica. También en estas medidas sale perjudicada la Congregación, porque corta de raíz nuestro control sobre la obra. Para demostrar esto, va a dividir la ejecución de la obra en doce partes. Y abundando en sus deseos, quiere sobre todo que los maestros aparejadores de cantería no intervengan en el proceso de selección de los nuevos maestros. Es en definitiva su deseo el que los maestros destajeros contraten a los oficiales y peones del destajo, sin pasar por ninguna Logia, y su número estará en función de las propias necesidades y no de las del conjunto de la obra. Su paga será librada cada mes y estará en función de la labor realizada.

Era justo lo contrario de lo que quería oír. No sólo no encontraba aquí soluciones a nuestras demandas, sino que me sentía amenazado en lo más profundo. Las prerrogativas de Herrera no dejaban lugar a dudas, y si se confirmaban las palabras de fray Francisco, nuestras costumbres de canteros se trastocarían por entero.

Nuestra conversación tocaba a su fin. Ambos nos miramos a los ojos y nos interrogamos mutuamente. El silencio fue la respuesta por su parte y por la mía. Sabía que no tardaría en tener noticias de Herrera. Todavía me quedaba una posibilidad, tal vez, la última, de enmendar la desaparición de los gremios.

Nos despedimos con un saludo corto y sin cumplidos, los dos sabíamos lo que estaba en juego. Salí de su cuarto detrás de él.

* * *

La construcción de El Escorial no siempre mantuvo sus finanzas saneadas. Después de la gran quiebra de dos años atrás, la situación no había sido nada provechosa para los obreros. Gonzalo Ramírez, contador de la Real Fábrica y bajo cuyo control estaban las pagadurías de los ochocientos veinte obreros de la Fábrica, me indicó que tanto la familia Spínola como los Fugger habían sido los únicos en cobrar sus deudas, más de tres millones en su caso. Los diversos impuestos, como el de rajas sobre los paños, el de puertos secos o el de pases de frontera entre Castilla con Navarra, Aragón y Valencia, no llegaron a cubrir las mínimas necesidades de las arcas reales. Solamente la alcabala daba algunos dineros, pero resultaban a todas luces insuficientes. Mi sueldo en la Fábrica, después de mi reciente ascenso, ascendía a cincuenta mil maravedíes anuales y siete reales diarios de jornal por día trabajado.

No soy hombre de hacer públicos los dineros, ni tampoco de entrometerme en las funciones de otros trabajadores de la obra, pero si escribo ahora estos pormenores es para comprender lo que ocurrió desde mi llegada al cargo de aparejador, y por lo que tengo miedo incluso de perder la vida.

Mi mujer, Casilda, y mis hijos, Juan y Enrique, habían salido para mi tierra hacía un mes. No quería tenerlos conmigo, sino bajo la protección de las Logias trasmeranas, por si los sucesos que iban a acontecer en la Fábrica pudieran afectarme en el grado que temía. Sucesos que sin más dilación paso a transcribir.

Nuestro compañero y amigo García de Alvarado murió la semana anterior. Sufrió padecimientos y dolores que no había visto nunca anteriormente, ni cuando los obreros se accidentan por la caída de piedras o por otras heridas provenientes del manejo de las masas pétreas que nos ocupan. La noticia de su muerte conmovió a todos los maestros y compañeros de la Logia, en especial a Gregorio de la Puente y a su hijo Juan, así como a Juan de Nates, todos paisanos de los valles. Los dos primeros eran de San Miguel de Aras como yo y el segundo de Secadura.

Nos reunimos en Logia, con el ara enlutada y con los tres candelabros uncidos con crespones negros para hacer nuestros trabajos y afirmar de viva voz, por cada uno de los que le conocíamos, la laudatoria de sus méritos. Después hicimos fervorosos deseos por el descanso eterno en la conquista de la Luz suprema, junto al Gran Arquitecto del Universo. Ninguno de nosotros quería abandonar el suelo de la Logia, pero yo me decidí a borrar nuestros trazos y símbolos de la pizarra de yeso, situada entre las tres luces, para dar por terminada la reunión.

Me encargué de seguir con las investigaciones que había emprendido para averiguar el porqué de la muerte de García de Alvarado y quedé comprometido a informar a mis compañeros en la siguiente reunión de Logia. Mis pesquisas me llevaron a encontrarme con el fontanero y reparador de fuentes y cañerías de la Fábrica, don Francisco de Montalbán. Él fue quien me informó del extraño ingenio que Juan de Herrera había mandado construir en las afueras de la obra, en el camino norte en una finca cercana al Quexigal, con la anuencia y consentimiento de don Diego de Villalba, el propietario de la finca en que estaba instalada la fábrica de vidrio.

Aquel ingenio constaba de tres partes, ubicadas en distintos corrales, y allí, un grupo de obreros ajenos a las logias llevaban a cabo unos trabajos que más parecían tener que ver con el arte de la alquimia que con el de la construcción. Mucho se encendió la curiosidad de mis compañeros de Logia con estas revelaciones, pero no pude especificar más detalles porque mi ignorancia era grande acerca de lo que de verdad se hacía en aquellos corrales. Juan de la Dehesa me contó también su conversación con el médico, Francisco Gómez. El médico le había contado que había tenido que acudir a los citados corrales a curar unas pústulas en manos y pecho de varios obreros allí instalados y cómo a dos de ellos tuvieron que enterrarles en secreto, bajo promesa de no revelarlo a nadie. Así se lo había exigido el propio Juan de Herrera. A tres más se hubo de licenciar por el mal estado de su salud y se fueron a su pueblo, que eran de La Alcarria.

Juan de Nates me dijo sus temores sobre lo que acontecía. No hacía más de dos años que había llegado él a las obras, allá por el año mil quinientos setenta y cinco, y no conocía una forma de trabajar como la que nosotros habíamos aceptado. Gran conocedor de nuestros usos y costumbres era ya, pese a su juventud, un consumado maestro en el arte de la cantería, con excelentes ideas propias sobre trazas y trabajo de la piedra bruta. Él fue el que nos dijo que esos obreros de los corrales no eran controlados más que por Herrera y sus ayudantes. Nadie sabía mucho más que nosotros de lo que sucedía, pero sí había un gran descontento por la ausencia de Herrera en los aparejos y facturas de la obra, a veces durante muchos días. Sus otros trabajos, también encomendados por Su Majestad, no eran excusa suficiente para tenerle tan alejado de nosotros, «sus amados canteros», como él afirmaba.

Yo no pude añadir nada a este respecto. Pero me comprometí a tranquilizar a mis compañeros bajo promesa de escribirle al arquitecto esa misma noche haciéndole saber nuestro descontento y la necesidad de una conversación personal para aclarar algunos términos de las últimas trazas por él dibujadas, sobre las que teníamos dudas por su novedad. Los compañeros aprobaron esta postura, que velaba en realidad la petición de aclaraciones por los sucesos que nos tenían tan preocupados y a los cuales ninguno sabíamos dar respuesta concreta, a no ser cábalas y suposiciones.

En esta zozobra andábamos cuando hubo un altercado entre varios de nuestros compañeros y dos de ellos fueron detenidos. El incidente ocurrió al anochecer del domingo diecinueve de mayo del año de mil quinientos setenta y siete. Uno de los detenidos, Alfonso, era pariente de Gregorio de la Puente, trasmerano y maestro cantero. Gaspar Muñoz, alcalde mayor de la villa de El Escorial, actuó de manera impremeditada en estas detenciones y motivado más por querer complacer al Rey que por el buen sentido y la serenidad que por su cargo debía expresar. La riña entre dos canteros, probablemente enardecidos por el vino, comenzó como suelen comenzar todas, con palabras más altas y con manos que deberían estar quietas. Los dos defendieron sus razones a puñadas y los alguaciles lograron separarlos y mantenerlos distantes para que no siguieran con sus intenciones. En esto llegó don Gaspar y, conducido más por su deseo de brillar que por la razón y el equilibrio, desenvainó su espada y amenazó a ambos. Los canteros reclamaron sus derechos gremiales y manifestaron su desacuerdo con la forma en que fueron detenidos. Don Gaspar, no contento con la detención, mandó al alguacil a traer dos asnos para pasear en ellos a los detenidos después de azotarlos. Se armó un gran revuelo, pues el alcalde quería imponer su autoridad sin tener en cuenta los privilegios de las personas. Ambos canteros, por fin, fueron encerrados, pero la cosa no quedó ahí. Al día siguiente, veinte de mayo, hubo una gran revuelta con trompetas y tambores y las obras se pararon en toda la Fábrica. Nunca se había visto cosa semejante en el Monasterio. Don Gaspar no entraba en razón y quería trasladar a los detenidos a Madrid para sorna y ejemplo de otros bribones. Todos los obreros acudieron por la mañana a dar postura de su motín bajo amenaza de no trabajar hasta que los canteros no fueran liberados. La intervención de fray Antonio serenó a todos los ánimos y logró que los canteros salieran libres, quedando, como hizo en verdad, en informar al Rey de este incidente que, no teniendo mayor importancia, había estado a punto de acabar con los fueros de los que con tanto orgullo se vanagloriaban los detenidos.

Si relato este incidente es porque el malestar entre los obreros era cada vez mayor, debido a la mala situación creada por los destajos en la Fábrica. Esta determinación fue efectuada por Herrera bajo la excusa de ahorrar dineros a las maltrechas arcas del Rey, pero en realidad encubría otra historia.

Por fin Herrera apareció en la Fábrica, en parte porque su ausencia ya era prolongada y en parte porque el motín había sido causa suficiente para personarse y averiguar lo que había ocurrido. El miércoles día veintitrés fui citado por él como Maestro Aparejador Cantero. La estancia del arquitecto estaba llena de planos y trazas, y en ella se notaba que era un hombre de mundo. Además, contaba con el favor de Su Majestad y todo lo que quería lo conseguía por más raro o infrecuente que pudiera parecer. No tenía que dar explicaciones de lo que deseaba. Se le concedía sin más dilación y sin preguntar. Herrera estaba trabajando en sus planos y se levantó para saludarme. Herrera era un hombre que impresionaba y no porque fuera grande ni fuerte, que era más bien menudo. Su fuerza la tenía en la cabeza, que parecía la de una estatua, y en los ojos, que pareciese que le ardían.

–Bien venido seáis, don Juan, instalaos en mi casa como si fuera la vuestra –me hizo gesto de que me sentara y yo lo hice al otro lado de su tablero principal. Detrás de él, cerca de la ventana, había unos plúteos de madera llenos de libros en total desorden, que se veía que los usaba mucho.

–Gracias, maestro Herrera. ¿Qué tal han ido los asuntos de la corte en vuestra visita al Alcázar? –pregunté más por cortesía que por otra cosa.

–Enrevesados y complicados. Los asuntos de Flandes[1] están adquiriendo un cariz que no estaba previsto. El gobernador, don Juan de Austria, está bastante nervioso porque no se le dan los apoyos ni las ayudas necesarios para someter a los flamencos, como él pide, y por eso está en Madrid su secretario, Escobedo. Ha traído una misiva al Rey, pero a Su Majestad no le han gustado ni los términos ni las exigencias de su hermanastro.

La verdad es que era chocante que quien se tenía por arquitecto ocupara más su interés por la política que por los planos. Decidí seguirle la corriente para ver por dónde alumbraba.

–Contadme más, Herrera, pues, como sabéis, soy ignorante de las cosas que ocurren en palacio. Mi labor está concentrada en la obra, y fuera de ella pocas cosas me interesan de ordinario.

–Juan, habéis de saber que en la corte hay dos partidos: uno quiere el pacto con los herejes flamencos y está encabezado por Antonio Pérez y su amante, la princesa de Éboli. Se dicen a sí mismos los del partido de la paz –dijo despectivo Herrera–. El otro quiere el sometimiento de los rebeldes a cualquier precio y es su principal el Duque de Alba.

–Y vuestra merced, ¿dónde se halla? –repliqué.

–Ni con unos ni con otros. Sólo sirvo los intereses de mi Rey como un modesto constructor a su exclusivo servicio –contestó Herrera min-

---

[1] Véase *La piedra del diablo*, novela del mismo autor sobre el asesinato de Juan de Escobedo.

tiendo descaradamente–. Y como bien conocéis, una de mis mayores empresas y desvelos es la buena marcha de esta Fábrica. No es otra mi misión en estos momentos.

– Entonces, si es así, ¿por qué vuestras repetidas ausencias?

Herrera no me contestó. Reclinándose en su silla miró hacia la ventana que estaba a su izquierda, por la que penetraban unos espléndidos rayos de sol.

–¡Levantaos, don Juan! –me espetó súbitamente, a lo que yo, sorprendido por el tratamiento, le obedecí y le acompañé hacia la ventana.

–¿Veis toda esa industria? –me dijo–. Allí abajo hay centenares de ingenios, aparejos, cabrestantes, cabrillas y grúas y miles de canteros, albañiles, marmolistas y un largo recuento de hombres que contribuyen a la obra común.

–¡Pardiez que los veo! –repliqué yo–. Si no salgo de ahí.

–Todo esto funciona con dinero. Es el material más importante de una obra. No sólo hay que trazar y dibujar planos. Es preciso mucho dinero para terminar lo que será el edificio más importante de la Cristiandad y palacio del Rey más poderoso del mundo. –Herrera se volvió hacia mí–. No tengo que contaros que el Rey, Su Majestad, anda escaso de fondos, pues aunque su empeño es acabar viendo esta poderosa Fábrica terminada en vida, sus muchos asuntos y preocupaciones no le dejan atender como él quisiera una de sus obras más apreciadas y queridas. Mis ausencias tienen la finalidad de trabajar para el Rey y para que a la Fábrica le falte lo menos posible. Además, un buen arquitecto debe estar donde está su señor, pues no es otro quien le paga.

Herrera se me quedó mirando, este hombre acuchillaba con sus ojos. Se dirigió a su tablero y tomó del borde una jarrilla de plata de la que sirvió dos copas de vino.

–Tomad, querido amigo –me ofreció–. Un poco de vino ayuda a la charla entre compañeros de gremio.

–Gracias, maestro –le acepté.

–Los trazos sobre un papel o los planos en una mesa –continuó haciendo un gesto despectivo con la mano– son relativamente sencillos de hacer cuando se tiene arte e ingenio, pero conseguir que lo dibujado se construya, y más una tarea como ésta –dijo señalando una maqueta de madera que había cerca de la ventana–, no es nada fácil.

Y cierto que no lo era, yo bien lo sabía. El arquitecto se movía ahora de un sitio para otro de su despacho, como si algo muy profundo le conturbara el ánimo. Pareciera que se había olvidado de mi presencia. Yo seguía de pie, en silencio, con el vino en la mano. De repente paró y se me quedó mirando.

–En la construcción, como vuestra merced conoce muy bien, está el final y el inicio de los verdaderos desvelos de un arquitecto. Ya han pasado los tiempos en que la tasación era la forma de adjudicación de la obra y en que la vela marcaba las posturas y posiciones de puja de los concurrentes. Ahora, querido Juan, la concesión depende de los favores reales, cuando no del gusto de alguno de sus secretarios, que, estando cerca de él, le influyen y le condicionan para que compre planos que nada valen a tracistas extranjeros que son hábiles en famas y no en trabajos.

–Yo creo, maestro.

–Éstos son mis trabajos– me interrumpió y señalaba por la ventana–, mucho más importantes que trazar o componer sombras sobre un papel en blanco. Yo hago que la mentira sea verdad, hago que lo soñado exista, yo ordeno la luz y el espacio, puesto que a eso se reduce el Arte, componer con la luz y el espacio. Iluminar lo oscuro y nublar lo radiante para que todo se ordene como sea el deseo del constructor.

–Si me permite, no estoy de acuerdo, Herrera –repuse. Los ojos penetrantes y oscuros del arquitecto me miraron muy despacio, recorriéndome entero. Su boca estaba cerrada, pero no del todo, manteniendo una sonrisa socarrona y cínica que me conturbó. No sabía si iba a estallar en un ataque de ira o tan sólo me estaba despreciando. Con toda calma me invitó a sentarme de nuevo y me ofreció otro vino.

–¿Y se puede saber en qué no estáis de acuerdo?

He de reconocer que el nudo de mi garganta se deshizo con dificultad. Me temía lo peor, pero a ello hice frente.

–Herrera, la proporción y el número, según mi arte, no están pensados para ser velados, sino para expresarlos a todos por la gloria de Nuestro Señor. Están hechos para alabar desde nuestro mundo la semejanza del Universo, para contemplar por su mediación la armonía de los ritmos del cosmos, espejo del cual son los planetas y estrellas en su deambular por los cielos empíreos. No están hechos para velar. Mi labor es servir de ejecución y enlace de los planos trazados por vuestra merced y dirigir las instrucciones para que éstos se cumplan. El aprendizaje de nuestro arte requiere tiempo, y es arduo. No oculta ni vela; más bien ensalza y alaba. Expresamos la belleza con sutileza, bien es cierto, pero no ocultamos lo que otros tienen que ver después de nosotros para comprender y saber, para ensalzar la gloria de Dios. Nosotros no construimos y levantamos muros para ocultar nada a la vista y al entendimiento de nadie. Sí puedo admitir que guardamos la luz en nuestras estructuras, según creo haberos entendido en vuestras trazas, pero lo que en realidad hacemos es servir a la luz, ser sus fieles conductores, puesto que así como la luz siempre viene de oriente, es la orientación del edificio y las marcas que dejamos en él lo que corrobora este punto cardinal. No velamos, ensalzamos la luz, y con ello, deseamos hacer partícipes a todo buen cristiano de la gloria de Dios, Nuestro Salvador, muerto en la Cruz, que es el verdadero eje del mundo, señalado por sus travesaños orientados hacia los cuatro puntos cardinales del espacio. Estos puntos orientan nuestra plomada, angulan nuestra escuadra y separan con el compás su terrero sagrado de lo profano.

El arquitecto se me quedó mirando pensativo. Un punto de nostalgia cruzó sus ojos.

–No me es ajeno ese lenguaje, querido Juan, ni es mi deseo ahora discutir con vos sobre términos del Arte. Yo, hace mucho tiempo, pensaba como vos. ¡Felices vosotros los que todavía podéis pensar así!

Herrera se levantó y se fue hacia la ventana. Se quedó mirando los trabajos de afuera. Su figura, al contraluz, era una masa negra que me hablaba desde otro sitio:

– Yo me eduqué con esas ideas en mi juventud, pero hoy tengo que estar más atento a otras cosas más graves que seguir las reglas del Arte de la cantería. Además, para eso te escogí yo, para sustituir a Tolosa y Escalante por mi fe en tus habilidades en los viejos oficios. No me pidas más de lo que ya te he dado. Sé que no estás de acuerdo con mi sistema de destajos, pero los dineros de esta gran empresa se van por entre las manos del Contador de la Fábrica como el agua entre los dedos de una mano abierta, y el Rey, Su Majestad, me ha conminado a poner coto a este desbarajuste. Ese es otro trabajo tan importante o más que el que vos veis.

–¿Aun a pesar de que ello cueste muertes y sufrimientos? –le pregunté sereno pero firme.

–No entiendo por dónde queréis ir, don Juan.

–Os lo explicaré, maestro Herrera. Tenemos noticias en la Logia de los trabajos que se hacen en determinados corrales colindantes con la Fábrica y que esos trabajos son efectuados por expreso deseo de vuestra merced y llevados a efecto con todo sigilo y secreto.

–Estáis pisando un terreno que no es el vuestro, don Juan, y podéis encontraros con lo que no os esperáis.

–Pues explicádmelo si tenéis a bien, para que mis compañeros y yo mismo calmemos nuestros ánimos y sepamos actuar de acuerdo con vos si es por el bien de la Fábrica y de sus obreros. Creemos que allí pasan cosas que no hacen al bien de nuestros hermanos, han muerto algunos.

Herrera me interrumpió haciendo un gesto con la mano como si me mandara parar.

–Bien me gustaría, pero mis labios están sellados por el secreto y no puedo desvelaros nada. Os ruego que deis esta entrevista por terminada, advirtiéndoos que sujetéis vuestra lengua en el futuro y que tratéis con mano firme a vuestros obreros, pues no toleraré más levantamientos.

–Pero don Juan...

–Sabed –me interrumpió–, y con esto termino todo cuanto os puedo decir, que el Rey, nuestro señor, está muy disgustado con lo ocurrido aquí en fechas recientes y no está dispuesto a tolerar ningún retraso en las obras de la Fábrica. Tomad esto no como una amenaza, sino como un aviso, que puede evitar gran número de inconvenientes en el futuro.

Despedí mi embajada corrido por la falta de explicaciones de Herrera y el tono conminatorio de sus palabras y me retiré de la estancia. Volví a la obra, pero durante el resto del día estuve como ido y sin sustancia. Estaba confuso y no tenía ganas de hablar con nadie. No era hombre de muchas palabras, pero algo debían reflejar mis pensamientos al exterior, porque fray Francisco de Villacastín, cuando al mediodía acudió a visitar el lado norte de la Iglesia, vio mi semblante y me emplazó para una conversación en la intimidad de su celda cuando yo tuviera a bien visitarle, lo cual me rogaba fuera lo antes posible.

Por la noche, tumbado en mi cama, no lograba conciliar el sueño ni descansar. No había ido a la cita con el fraile porque no me apetecía hablar con nadie. Y yo no paraba de dar vueltas a mis asuntos. Todavía seguían inquietos los obreros y, aunque la obra iba bien, los ánimos aún seguían encrespados. Exigían la marcha de la Fábrica del alcaide de justicia, decían que no se había portado bien con ellos y no descansarían hasta que les pidiera disculpas. No se podía ofender a un hidalgo y quedar impune. No encontré argumentos para explicarles que la situación no iba por el carril que ellos querían. Todavía resonaban en mis oídos las veladas amenazas de Herrera y no me alcanzaban las fuerzas para contrarrestar sus opiniones. Estaba cansado, pero no podía dormir. Por fin caí en un estado de duermevela y soñé con íncubos, diablos y brujas.

Un pavoroso ruido en la estancia me despertó. Me desperté sofocado y sudando, estaba confundido. Cuando me serené, descubrí a mi lado derecho a Juan de Nates y debí de asustarle en gran manera, puesto que retrocedió ante mi mirada y me preguntó si me encontraba bien. Sin responder y tembloroso me puse la camisa e intenté levantarme.

Vano intento porque, trastabillando, di de bruces en el suelo. Juan de Nates me ayudó a incorporarme y arregló mi compostura. Abrió las contraventanas para que el sol entrara en la habitación y eso me alarmó aún más: era tarde y yo no estaba en la obra. Juan de Nates me tranquilizó y dijo que su presencia en mi aposento no era otra que traer una carta de Fray Francisco que me había enviado con un propio al tajo. Al no verme Juan en la obra decidió venir a casa a dejarla. Su sorpresa fue verla toda cerrada y escuchar unas voces que provenían de la alcoba. De inmediato llamó a los guardias por si acaso su menester era necesario y, tras forzar la puerta, pudo subir y comprobar mi estado. Entonces recordé el sueño que había tenido y pensé que era una premonición de las tragedias que se acercaban. Despedí a Juan de Nates y a los guardias y compuse mi figura. La carta de fray Francisco me emplazaba en la Congregación para hablar con él sin más dilaciones, pues había estado conversando con Herrera el día anterior y pensaba que debíamos vernos inmediatamente.

Encaminé mis pasos hacia la Congregación. En mi transitar vi movimiento de soldados de forma más acusada que en otras ocasiones. Pregunté a fray Lorenzo de Montserrat, que era bordador de imaginería en seda francesa, sobre esos movimientos. Me dijo, inclinando su pelada cabeza, que había ocurrido un incendio y los muertos y accidentados eran varios. No sabía cómo había sucedido, pero las señales del cielo anunciadas estaban cumpliéndose.

–¡Que Dios, en su gran compasión, nos tenga entre sus hijos escogidos! –musitó el monje.

Yo no entendía nada, pero percibía la inquietud de fray Francisco, hombre calmo donde los hubiera. Con este ánimo crucé las jambas de la rectoría y me dirigí a la entrevista que me había traído a este lugar.

–Acomodaos, don Juan –me dijo fray Francisco cuando entré en su celda–, pero antes comamos algo, pues auguro que la conversación nos ocupará tiempo, que son graves y muchos los asuntos que nos tienen.

Acercó hacia nosotros una bandeja con queso y vino y yo, sin ofrecer ninguna resistencia, alargué mi brazo para alimentar mi cuerpo. No tenía demasiadas ganas, pero la insistencia de fray Francisco me animó saborear el sencillo refrigerio que tenía preparado.

–He sabido de vuestra entrevista con Herrera –me dijo–. Está disgustado con vos por contradecirle en términos que, probablemente movido por vuestra ignorancia, no deberíais volver a tratar con él.

–No fue ésa mi intención –repliqué–. Y mucho menos disgustar a Herrera, pero vuesa merced sabe que en lo tocante a nuestro arte no soy hombre que actúe con lisonja.

–Lo sé, lo sé, y por eso os he mandado llamar –terció el fraile–. Como os podréis imaginar sé muchas más cosas de las que puedo decir, pero en esta situación haré una excepción con vuesa merced. Sabéis el afecto que os tengo, a vos y a vuestra Logia, pues los maestros canteros que aquí laboráis desde antiguo sois un ejemplo de honradez y trabajo para los demás. Ése es el motivo por el que no quiero que os mezcléis en asuntos que os superan, mucho más de lo que vos imagináis.

–Contadme pues, para saber a que tengo que atenerme y avisar a mis compañeros maestros de cuál es el peligro que nos acecha.

–Sabed, don Juan, que Herrera no hace otra cosa más que seguir los dictados del Rey. El monarca se halla muy escaso en su patrimonio, las arcas reales están vacías y la urgencia de dinero es grande. Herrera, en parte obligado por las circunstancias y en parte por su propia ambición, guardó secreto con el Rey para intentar enmendar esta situación. Vuestra merced le conminó a responder a preguntas a las que él no puede responder, pero yo sí.

–Si no debéis hablar, ¿por qué lo hacéis conmigo?

–¿Por qué lo hago? Para la mejor marcha de la Fábrica y para que, una vez que conozcáis lo que os narraré de forma inmediata, juzguéis en conciencia la actitud que se debe tomar.

Se lo agradecí con el gesto. Yo esperaba las explicaciones dispuesto a empaparme de ellas como una esponja del agua.

Herrera –continuó fray Francisco– es un hombre polifacético y muy hábil. Conocéis su pasado militar y sus andanzas por varios países, pues en otras conversaciones hemos hablado de ello. Hay algunos que afirman que sólo con zalamerías y lisonjas se ganó el favor de don Juan Bautista de Toledo, el primer trazador de estas obras. Yo, sin embargo, opino otra cosa. Sus artes mágicas y sutilezas cabalísticas fueron las que de verdad prendieron en el corazón de Juan Bautista. Durante su estancia en Italia trabó amistad con Leonardo Fioravanti, médico boloñés de gran ascendencia sobre la nobleza española y que en el reino de Nápoles gozó de la simpatía y amistad del virrey, don Pedro de Toledo. Su ascenso en la corte española se debe a la obra que dedicó al Rey Felipe sobre la física.

–Y eso, ¿en qué nos va a nosotros y a las obras?

–Escuchad y tened paciencia –dijo el fraile como se riñe a un niño–. En su capítulo cuarto narra sus experiencias con la alquimia y la fabricación del oro filosofal. Antes de continuar tengo que advertiros que tanto Su Majestad como Herrera y Fioravanti son conspicuos seguidores de Raimundo Lulio, cuya doctrina fue introducida en la corte por el canónigo mallorquín Juan Seguí. Afirmar el lulismo es corroborar la transformación de los metales en su parte más secreta: intentar alcanzar la piedra filosofal que, como se afirma, fue conseguida por Lulio. De entre los lulistas, los más activos son Fioravanti y Herrera, pero ellos no hacen nada sin la anuencia del Rey. Sus artes le tienen sorbido el seso y no hay nada que ellos no le pidan que aquél niegue. Por otros hermanos jerónimos, en especial por fray Juan de San Jerónimo, sé que el Rey se pliega a los dictados de estos dos hombres de una forma que, si lo pudierais ver con vuestros propios ojos, no daríais crédito a vuestra visión. Pero a lo que vamos. Vuestra preocupación por los corrales de las afueras del Monasterio y por los trabajos que en ellos se realizan está justificada.

–¿Por qué, fray Francisco?

El fraile se quedó callado. Era evidente que ahora venía lo más reservado de su plática.

–Porque allí se está fabricando oro, o al menos eso es lo que se intenta según mis noticias.

–¿Oro? –Me parecía increíble.

–¡Sí, oro! Oís bien –repitió el fraile.

–Están locos, eso no es posible. –O eso creía yo.

–Callad y escuchad, Minjares. El problema, y de aquí la advertencia de Herrera, es que todavía no se ha encontrado y el Rey se está impacientando, puesto que ya no le quedan más impuestos que arrendar y las naves americanas, con su carga de oro y plata, no terminan de llegar o, cuando llegan, los tesoros que pasan por nuestros puertos no se quedan en ellos, sino que van para Italia, Flandes o cualquier otro lugar donde tenga el Rey acreedores, y tened por seguro que son muchos. Esta imperiosa necesidad de moneda es la causa primera del ascenso de Herrera junto al Rey Felipe. Fioravanti sólo es un advenedizo que sabe aprovechar las circunstancias que le son favorables y, además, sabe cómo encandilar la mente de los demás y con sus emplastos y grimorios convencerlos de sus cualidades como médico. Herrera, personaje astuto, se aprovecha de su verborrea y de sus amistades. Es por medio de éstas y de sus contactos con otros conocedores del arte real alquímico como ha conseguido una fórmula que, según Fioravanti, es infalible para la consecución del oro. Sin embargo, tal fórmula no debe de ser muy buena, y además su confección parece peligrosa, puesto que en los corrales se han producido ya dos víctimas, por lo que mi conocimiento alcanza hasta el momento. Herrera ha comprometido su palabra y fortuna con el Rey para conseguir oro y sanear sus arcas, y si no lo consigue las consecuencias pueden ser muy distintas para la posición que ahora ocupa.

Mi consternación iba en aumento según me contaba fray Francisco.

–Decidme, fraile –le espeté sin ninguna cortesía debido a mi estado de inquietud–, ¿tiene esta fabricación del oro algo que ver con sus continuos viajes al Alcázar y sus visitas al Rey, lejos del lugar dónde debería estar como arquitecto de la obra?

–Calmad vuestro ánimo, os lo ruego –sugirió fray Francisco–. No es por el camino de la insolencia por donde lograréis aclarar vuestro intelecto. Las palabras pueden ser más filosas que la hoja de una espada cuando no se saben utilizar y son, como las vuestras acaso, hirientes y desconsideradas sin merecimientos por mi parte.

–Perdonad, fray Francisco, he perdido la compostura, algo que es impropio de mí. Hago votos para que esto no vuelva a ocurrir.

– Acepto las disculpas, y ahora os narraré algo que muy pocas personas conocen a no ser los allegados al Rey. Don Felipe está muy disgustado con las andanzas y proezas de su hermanastro, Juan de Austria. Sus aires de grandeza y sus deseos de alcanzar una corona, sea la de Flandes o la de Inglaterra que sueña ahora, no paran en obstáculos para ser satisfechos. Su secretario, Escobedo, está ahora en la corte y su postura tampoco congratula al Rey. Herrera, que siempre ha sido un militar, apoyó desde antiguo la causa del duque de Alba, es decir, la guerra y el fuego para someter a los levantiscos flamencos, pero con el transcurso del tiempo ha ido moderando sus expresiones, que son más calmas, aunque sé que piensa como siempre. Conocéis también que el secretario del Rey, Antonio Pérez, es firme partidario de la paz. Pero esto no es verdadero, porque lo que encubre en realidad son los manejos de su amante, la duquesa de Pastrana, princesa de Éboli, para alcanzar la corona portuguesa y compensar así lo preterida que se siente por los Austrias, a los que considera unos advenedizos. Y ahora voy al secreto, que pocos conocen. El Rey está enterado de todos estos manejos, pero espera a que la lazada esté bien cebada, porque ama en secreto a la de Éboli desde antiguo. Pérez cree tener controlado al Rey, pero en realidad es al revés. Y la sutileza de Herrera es parecer que está sin estar, apoyar a ambos bandos pero velar su apoyo verdadero. Hablar y platicar con el Rey, pero no dejar su postura nunca esclarecida, a no ser en un punto: en la fabricación del oro. Con este ingenio sí que está realmente comprometido, pero tampoco para sanear en exclusiva las arcas reales, sino para favorecerse él en todo lo posible; lo mismo que hizo con su ingeniosidad de someter a los obreros a destajo, con la excusa de ahorrar dinero a Su Majestad. Parte de ese dinero ahorrado engrosa su propia hacienda y otra parte es destinada a la fabricación del oro. ¿De dónde creéis que puede salir semejante gasto?

No de otra parte que de los hombros de vuestros honrados canteros y del ingente número de otros trabajadores. Los desvelos de maestros como los que componéis vuestra Logia y las preocupaciones por unas cuentas pulcras y ordenadas son la verdadera mina de oro de la que se aprovecha sin ninguna clase de escrúpulos. Mientras vosotros, desconcertados, trabajáis en silencio en una paz y concordia envidiables para otros gremios.

Como si una almádana de mis compañeros, escapada de su mango de roble, me golpeara en el pecho, así me sentía yo: más muerto que vivo. Apenas podía respirar, mi frente estaba ardiendo, el sentido me abandonaba y la razón no encontraba lugar donde asentarse. Tantos años de trabajo, tantos esfuerzos baldíos, tanta mansedumbre solicitada y tantas disputas solucionadas, ¿para qué?

Fray Francisco notaba mi desconcierto y se apresuró a calmarlo.

–No quisiera que estas palabras sirvieran para vuestro tormento, sino para abriros los ojos a la realidad del mundo fuera de la Real Fábrica y que estéis atento a lo que ocurre sin dejar que se malogren vuestros empeños y trabajos, tanto los físicos como los del espíritu, que la piedra bien trabajada y desbastada es lucimiento en la obra y también en el ascenso de vuestra perfección interior. Podéis defenderos, y para este fin os ruego habléis con Benito Arias Montano. Es hombre singular y conocido de Herrera. Su dirección y trabajo en la Biblioteca es tan encomiable de merecimientos como la vuestra. No toméis ninguna decisión sin hablar con él, os lo ruego. Sus rectos principios os guiarán en el proceloso cabotaje de esta gran Fábrica más allá de lo meramente material o político. Mientras tanto, os ruego guardéis silencio acerca de esta conversación, inclusive en vuestra Logia. Nuestros trabajos en la Fábrica nos obligan al pacto.

–Dadlo por hecho –repliqué–, y además con todo mi agradecimiento. Sólo una cosa más, fray Francisco. A la entrada de la Congregación me he cruzado con fray Lorenzo de Montserrat y me ha anunciado con tono apocalíptico que las señales del cielo se estaban cumpliendo. De ser otro el fraile le hubiera tomado por loco o por timorato, pero tratándose de él no puedo por menos que sorprenderme. ¿Podéis decirme a qué se refería en concreto?

–Con mucho gusto, don Juan. Conocéis el primor con que trabajan sus manos y los bordados tan excelentes que hace y manda hacer. No en vano nuestro taller es de los más afamados del reino. Pero pareja a estas habilidades va en él su querencia por las supersticiones, esto es disculpable totalmente. Es una alma de Dios y no ofrece ningún peligro. Ya ha asustado a más de un hermano con sus temores. Sin duda haría referencia al cometa que se está viendo en los cielos, lo cual para fray Lorenzo no es augurio de nada bueno, pues allá por las tierras italianas donde estudió hay una tradición que afirma que la cola del cometa es maligna siempre y trae desgracias. Su visión, dice el bueno del fraile, no presagia nada bueno para nuestros tiempos, de manera que habremos de ver desgracias y muertes que emponzoñarán nuestro espíritu. Como bien comprenderéis, ha sido reprendido por expandir estas habladurías y conminado a guardar silencio. Pero algo superior a él le tiene atemorizado estos días, guardaos de él. La próxima vez que lo veáis os avisará sobre la llegada del fin de los tiempos para dentro de dos meses, exactamente para el día siete del mes siete del año mil y quinientos setenta y siete. El número siete tiene una connotación cabalística que augura grandes acontecimientos, pero todos y juntos no pueden ser sino otra señal de aviso de que los tiempos se acercan y el Juicio está próximo. Sin lugar a dudas, al afirmar estas cosas calma su alma, pero estropea la palabra bendita depositada en él y nubla su razón dando paso franco a supercherías sin cuento ni razón.

Le di las gracias efusivamente a fray Francisco por la información que me había dado y me dispuse a abandonar la estancia. Las sombras de la noche alargaban sus dedos por toda la campa, pero era tal el embebimiento en mis pensamientos que no había prestado atención a este detalle. El día se marchaba la noche venía y ese día se llevaba muchas cosas de mi espíritu.

–Quedad con Dios, y guardaros en su santo temor, don Juan, que la hora de mis oraciones se acerca y es tiempo de despedirnos.

Noté fatigado a fray Francisco, pues también su trabajo diario era duro y hoy habíamos platicado durante más horas de las permitidas para él. Salí a la calle y el fresco de la noche me despejó. Daba gusto respirar aquel aire serrano, no en vano había sido lugar de curas de muchos otros antes de que llegáramos nosotros, y los lugareños afirmaban que no había un aire más limpio en todas las cortes europeas que el que allí se respiraba. ¡Pardiez, tenían razón!

Una noticia y un suceso vinieron a alarmar más mi espíritu a primeros de junio. El herrero fundidor, Lorenzo, gran amigo de nuestro compañero y amigo García de Alvarado, había muerto también. Su muerte estaba igualmente acompañada de causas extrañas y, hechas las pesquisas necesarias, pude averiguar que su mal había sido el mismo que el que padeció nuestro compañero García de Alvarado. Esto me alarmó sobremanera y decidí hablar con Benito Arias Montano para aclarar las cosas que me confundían y que daban pie a innombrables imaginaciones. Unos días más tarde visité al sabio en su despacho de la Real Biblioteca de El Escorial.

La Biblioteca era una enorme sala abovedada. Un espacio magnífico de ochenta pasos de largo y quince de ancho con doce ventanas repartidas igualmente, siendo las más numerosas las que daban al Patio de los Reyes y menos las que daban a la Lonja. Al fondo de esa gran sala abovedada, adornada por hermosas estanterías de nogal, Benito Arias catalogaba libros e infolios ayudado por dos hermanos la Congregación.

Me recibió con cortesía. Era un hombre sereno a pesar de su juventud, con una paz que se reflejaba en todos sus ademanes. Con un gesto despidió a sus ayudantes y se levantó para saludarme. Antes le dijo algo al oído a uno de ellos.

–Pasad y sentaos –me dijo–. Esperaba vuestra visita. Sé por fray Francisco de vuestras zozobras. Espero no os molesten estas confidencias.

–En modo alguno –repliqué–. Mi amistad con fray Francisco está fuera de toda duda, y sé que si él os ha contado algo de mí no será en mi desmedro, sino movido por la sana preocupación que tiene hacia mi persona.

–¿Deseáis beber algo?

–No –respondí–. Acabo de tomar unos vasos de vino con mis compañeros y no quiero turbar mi entendimiento.

–Pues yo, si me lo permitís, he mandado traer unos alfajores con una copa de vino dulce que los acompañe. Últimamente me encuentro algo destemplado cuando cae la tarde, y quiero reponer fuerzas. Contadme, don Juan, ¿qué os trae por aquí?

–Os diré, querido amigo. No comprendo qué devaneos y tejemanejes se trae entre manos Herrera con la fabricación de oro ni llego a comprender muy bien para qué efecto él, que es un afamado arquitecto, tiene que mezclarse en semejantes industrias.

–Los asuntos de política son muchas veces incomprensibles para muchos hombres. Vos sabéis que la política es el arte de la simulación, aunque yo más bien afirmaría que lo es del dúctil engaño. Todas las monarquías basculan sobre dos intereses básicos. El primero de ellos es que su reino sea el más grande de todos. El segundo que los súbditos trabajen y pechen sin rebelarse para que las arcas reales estén siempre repletas. Un buen monarca no presta atención a sus súbditos si no es para esquilmar sus ganancias. De vez en cuando otorga dádivas y honras, entrega títulos y concede cargos y prebendas, pero en el fondo, querido Juan, le importa un ardite de quién se trate siempre que sirva bien a sus intereses.

La verdad es que no me esperaba esa claridad en el bibliotecario. Por opiniones más suaves más de uno había ardido ya a manos del Santo Oficio. O era un loco o era un hombre muy valiente.

Lo peligroso –continuó con la misma tranquilidad que si estuviera hablando de las obras de Virgilio– en las relaciones con el príncipe es mantener los propios criterios, tener la libertad de decir lo que se piensa. Lo difícil es poder decirlo sin que sea uno prendido por ello. Sabéis de sobra los peligros de determinados postulados, y cómo éstos, a fuer de ser una verdad a gritos, no pueden mantenerse en público si uno quiere seguir conservado la vida. El poder se complace en sí mismo, no tiene sombras que se ejerzan sobre él, pues, de haberlas, serían arrancadas de raíz. El poder que vivimos en estos días es un poder absoluto, de lo que se puede deducir que los manejos y posturas que se han de mantener también han de ser absolutos.

El clérigo me estaba diciendo a las claras lo que algunas veces yo mismo me había empezado a calibrar a solas y yo mismo había reprimido. Todo lo que decía me resonaba en el alma como una de las verdades mas sentidas que en ese preciso momento se iba filtrando por mi cabeza a partir de mis oídos. En esto entró un hermano lego con el refrigerio que había pedido el bibliotecario. Benito Arias se sirvió una copa de vino dulce e hizo ademán de obsequiarme con otra.

–No gracias, Benito.

–Lo que es bueno para el cuerpo suele ser bueno para el espíritu –dijo como justificando el ofrecimiento.

–Os lo agradezco nuevamente, tal vez más adelante.

–Herrera es un hombre muy hábil que dice ser amigo nuestro –continuó Benito Arias y dijo «nuestro» en una inteligencia que no supe comprender– y que sabe muy bien nadar entre dos aguas. Sabe lisonjear cuando hay que hacerlo y sabe retirarse cuando se le reclama en otro lugar. Su postura es ambigua en verdad, pero su cercanía al Rey no le deja demasiados resquicios para poder obrar de otra manera.

–Eso lo comprendo –respondí yo sin estar muy seguro de lo que decía–, pero no es suficiente para justificar determinadas actitudes cuando hay muertes de hombres de por medio.

–Esas palabras son reflejo de incomprensión. No es así como nosotros lo vemos. Herrera es una persona comprometida y responsable con los hombres bajo su protección, entre los cuales me consta os contáis vos.

–Sin lugar a dudas. No sólo eso, sino que a él precisamente le debo mi cargo y mi estancia en ese lugar. Pero en estos días siento que corro peligro severo.

–No os alarméis, don Juan. El que no conozcáis todos los entresijos de las personas que obran en torno a la corte no os da derecho a afirmar tal cosa. Sabed que Herrera no sigue sino los dictados del Rey. A él es a quien hay que hacer responsable de vuestras dudas y de vuestras acusaciones. Pero, como comprenderéis, eso está lejos de nuestra mano.

–Dais circunloquios para responder a una sola pregunta que es la que me ha traído aquí. La vuelvo a repetir y con mayor concisión: ¿por qué Herrera se ha emparejado con Fioravanti en la fabricación del oro y descuida así el buen trato y acuerdo con sus obreros?

–Vuestra merced es persona digna de encomio y no le falta tesón para averiguar lo que desea. Pues bien, os contestaré, para aclarar lo que os puedan haber contado, que presumo que es peor y más grave la realidad que aquello que vos mismo imagináis.

–Sea, os escucho Arias.

–Os lo diré en muy pocas palabras: Herrera es hoy el peor enemigo posible para una organización secreta, la *Familia Charitatis*, nacida para defender los intereses de personas como vosotros y como yo mismo. Nosotros solos, «La Familia», no podemos enfrentarnos solamente con nuestras manos a intereses tan poderosos como los de banqueros, militares y políticos, y menos aún cuando su maridaje es tan estrecho que no cabe ni un alfeñique entre sus costuras.

Yo no entendía nada y se me debía de notar mucho.

–Veo vuestra sorpresa al nombraros a la *Familia Charitatis* –continuó Benito–. Habéis de saber que no sólo vosotros los canteros sabéis protegeros con vuestro Arte en la Logia. También los humanistas y las gentes dadas a la meditación gustamos de conversar entre nosotros sin nadie que nos moleste y contarnos cosas que los oídos ajenos podrían mal interpretar. La *Familia Charitatis*, nuestra Logia que diríais vosotros, persigue dos objetivos fundamentales: la paz en el mundo, y por extensión entre todos los hombres, y el fomento de cultura para poder iluminar la razón y evitar los monstruosos hijos que acuden a la mente cuando aquélla falta. La tolerancia y la comprensión es nuestra arma más poderosa. No somos operativos como vosotros en vuestras Logias, somos especulativos. La razón es nuestra única verdad y las teorías filosóficas su mejor y más pacífica forma de expresión. Es por esta causa y no por otra por la que somos tan atacados por la gente de corte y en especial por los partidarios de la guerra en Flandes, Herrera entre otros. El Rey Felipe sabe de su entrega a esa causa y le deja hacer, pero siempre que complazca sus deseos. Uno de ellos, el más principal, es la fabricación de oro. En este negocio es donde entra su unión con Fioravanti, pero no por ser un alquimista consumado, sino por ser un hábil ladrón y charlatán. Nuestros hermanos de fuera, en especial el Justo Lipsio, nuestro amigo de Lovaina, nos avisaron que él había robado una fórmula en Praga, en la corte de Rodolfo, que era fundamental para la fabricación de oro. Desde entonces hay una lucha sorda aquí en El Escorial que nos enfrenta a Herrera y sus amigos. Herrera es muy peligroso porque no sólo es un excelente arquitecto y organizador, sino que también es un hombre instruido en el Arte y sabe de nuestra música. Si él alcanza su objetivo, su oro maldito, habrá dinero para la guerra y nuestro deseo de paz quedará en nada. Herrera fue uno de los vuestros, pero ahora transita hacia un nuevo orden por vía de pervertir vuestros principios y nuestras enseñanzas en bien exclusivo de sus intereses. ¿Entendéis?

–No del todo, querido Benito. Ha habido varios muertos de manera inexplicable entre los obreros, sobre todo de los que trabajan en la industria secreta de los corrales, en la finca del Quexigal, fuera del Monasterio. Uno de esos muertos fue nuestro compañero García Alvarado. Él tenía una gran amistad con el herrero fundidor Lorenzo Ruiz, el cual también en fechas recientes ha fallecido. Las pesquisas me han llevado a averiguar que su mal era muy semejante al de nuestro compañero y quiero conocer su causa, aunque en ello me vaya la vida. ¿Qué tiene que ver esto con Herrera?

–Tenéis derecho a preguntar, pero yo –respondió Benito– lo tengo a callar. Vosotros guardáis en secreto vuestros trabajos en Logia. ¿Por qué no podemos hacer lo propio nosotros? Hay tareas que realizamos en la Familia que no deben ser conocidas por quien no es hermano y vos, querido amigo, sois persona cercana, pero no uno de los nuestros estrictamente. Por eso no entendéis a Herrera. Él es nuestro enemigo, pero conoce las leyes de nuestro juego. Él ya no está con vosotros porque representáis lo antiguo, lo que siendo noble ya es viejo y no va con los tiempos. Lo que hace Herrera es procurar el paso a un nuevo tiempo, como procuramos nosotros. Todos hemos descubierto que el pensamiento es el arma principal y que la Tradición es sabia pero no es la única fuente del conocer. Herrera y nosotros vamos por el mismo camino de modernidad, pero no al mismo sitio.

–Benito –dije poniéndome en pie–, no son ésas mis noticias. Más bien tengo oído lo contrario. Vuestra ambición, y en especial la de Herrera, es la que ha embaucado al Rey, y le aleja de su correcto proceder en el Alcázar. Su razón está nublada por vuestras ilusiones de Hermandad, irrealizables de todo punto, puesto que jugáis con las ideas y no con la materia, verdadero y único objeto de transformación con la voluntad recibida de Nuestro Señor. El Rey no es culpable de vuestras inventivas y de vuestros deseos de grandeza. Pues si no, decidme, ¿no pensáis todos vosotros enriqueceros con todas esas especulaciones en las que el oro y no el esfuerzo de vuestras manos es el objeto central de vuestros deseos?

Benito Arias se me quedó mirando, callado. Había un extraño distanciamiento en su mirada.

–Claro que podéis callaros –seguí yo cada vez más exaltado–, pero el silencio solo otorga mayor veracidad a mis temores. Vestís con ropa de filosofía lo que siempre ha tenido un sólo nombre: avaricia y ambición.

El bibliotecario parecía imperturbable. Con un gesto delicado tomó un alfajor de la bandeja y se lo llevó a la boca mientras me miraba muy fijamente.

–Decís cosas muy graves, don Juan –dijo al poco y mientras se limpiaba unas migas del impoluto hábito exquisitamente planchado–. Tened en cuenta que acusáis a personas de rango principal y que de enterarse ellas no les agradaría ni vuestro tono ni vuestras acusaciones.

–No me importa, Benito, he jurado con mis compañeros llegar hasta el final de mis pesquisas y eso es lo que pienso hacer. No me arredra nada, no temo a nada, sólo temo a Dios Nuestro Señor y a su Justicia Divina, que se me aplicará si no fuese fiel cumplidor de los mandatos de mi Arte y no obrara con arreglo a ellos. Puesto que, decidme si lo sabéis, ¿qué mayor bien hay para el hombre que nacer en este mundo y gozar de la gloria de Dios y contemplar sus obras, a las cuales nosotros, las Logias de Canteros, sólo imitamos en su grandeza construyendo los templos que son para su gloria? ¿Conocéis alguna obra más excelsa que cantear, pintar o desbastar dentro de unos muros que más tarde serán sagrados por el esfuerzo de nuestro trabajo y por la bendición de Nuestra Santa Madre Iglesia.

–Eso era así en los tiempos viejos, ahora las cosas son de otra manera, hay otros fines.

–Pues no son otros nuestros fines en la Logia, sino el servir con paz y orden a los poderes instituidos, no importándonos tanto sus entresijos, que parece ser que sí que os importan a vosotros, y mucho, sino laborar con arreglo a una proporción y a un número que guarda una armonía con el cosmos y con su creador, Nuestro Señor.

–Os falta la luz –dijo despectivo el clérigo– vivís en las sombras todavía.

–No necesitamos otra Luz que la Palabra de Nuestro Señor y a vos debiera bastaros con ella. Para nosotros la Luz es la Proporción y el

Número y son sagrados porque fundamentaron el Templo de Salomón. Nuestro Arte es el de los hijos de Dios, que se lo transmitieron al arquitecto de Salomón, Hiram, asesinado por traidores como vosotros, y por él llegó a nosotros, los constructores. Nosotros concordamos con los ritmos cósmicos, con sus relaciones armónicas de la vida en nuestra tierra. Ése es el secreto más codiciado por vosotros, los filósofos, que habéis olvidado que la conmensurabilidad entre el todo y las partes es una proporción que no se debe perder, y menos olvidar, para que el hombre trace su destino en armonía con el resto del universo. Esa proporción está reflejada en el cuerpo, pues él es el verdadero templo de Dios.

–No puedo consentir tal cantidad de estupideces –replicó Benito levantándose de su escabel–, así que os ruego que abandonéis de inmediato esta biblioteca. Nuestra conversación ha terminado, pero tened por seguro que las razones que habéis dado tendrán una contestación, y no tardando mucho, don Juan.

Me disponía a hacer lo indicado cuando de detrás de una puerta que yo antes no había visto, simulada por un fino estucado, aparecieron fray Francisco y Herrera. Supe de inmediato que nuestra conversación no había sido entre dos personas, sino entre cuatro. Mi indignación todavía fue más acusada, pero no podía hacer nada. Estaba rodeado por ellos y me impedían la salida.

–Sentaos –me conminó Herrera–, os lo ruego.

El arquitecto me indicó una silla con la mano izquierda mientras con la derecha tomaba la empuñadura de la daga que pendía en su cintura en señal de amenaza.

–Hermanos, haya paz –dijo fray Francisco con voz solemne–. No sale nada bueno de la mente de los hombres cuando éstos se dejan nublar por la pasión.

No tuve más remedio que obedecer, aun cuando ardía en deseos de dar respuesta a tal afrenta.

–Don Juan –continuó Herrera–, vuestra tozudez es rayana con la sinrazón. Precisamente vos, que teníais que agradecerme tantas cosas, os ofuscáis queriendo encontrar respuesta a preguntas que comprometerían vuestra vida. Es la última vez que os lo advierto, y más después de haber escuchado vuestra conversación. Os lo ruego: descansad en vuestras averiguaciones, dad sosiego a vuestra alma.

–No puedo, Herrera –respondí–. He venido aquí conducido por fray Francisco, al cual veo a vuestro lado, ignorando sus intenciones, aunque las puedo imaginar. Esto es una celada, una trampa en la que he caído como un cordero.

–No es ninguna trampa –continuó el arquitecto–. Don Juan, vamos a explicaros por qué han muerto esos hombres. Fioravanti, como te ha contado Benito, robó en Praga la fórmula de la piedra filosofal, eso es cierto. Lo que todavía no sabe es que esa fórmula está incompleta y no nos sirve, y además tiene un poder maléfico que ha causado ya varias muertes, entre ellas la de su compañero García de Alvarado. Ahora, don Juan, también estáis en el secreto, y por tanto podéis ser una persona peligrosa. O estáis con nosotros o en nuestra contra. Vuestra merced decide: o guardáis silencio o tomáis el camino de la muerte.

–Todavía no habéis respondido a mi última pregunta: ¿por qué murió mi compañero de Logia García Alvarado?

–Porque pertenecía a nuestra Hermandad, y él, junto con el herrero fundidor Lorenzo Ruiz, trabajaron en la primera etapa de las transmutaciones de la materia prima para llegar a la piedra filosofal. La verdadera Piedra, y no la que desbastáis con tanto sudor y sacrificio los canteros. La Piedra que convierte todo en oro y por la que se pueden inmolar vidas, las que sean necesarias.

–¿Y cuántas personas más tendrán que morir para que consigáis vuestros fines?

–No lo sabemos –replicó Herrera–. Pero lo que sí sabemos es que nosotros no moriremos porque conocemos el proceso que ha producido la muerte a los otros hombres y Fioravanti ha aislado ya la reacción impura.

–¿La ha aislado de tal manera que enterráis a pobres muertos inocentes sin ninguna señal externa y ni tan siquiera en campo santo, o es que sólo creéis haberla aislado y sus efectos os perseguirán durante toda la vida, en vuestra conciencia y en vuestro cuerpo? Sabed que las pústulas y llagas que vi en el cuerpo de mi compañero nada tienen que ver con los oropeles y cadenas de oro que portáis. ¿Ése es el oro que habéis conseguido, con el que compráis el silencio y la voluntad de los que no os sirven? El Rey sabrá esto y todas vuestras iniquidades. El Rey es la imagen de Nuestro Señor en la Tierra, tiene sus poderes y sus virtudes.

La risotada de fray Francisco reverberó en la gran sala. No se habían perdido aún sus ecos cuando gritó:

–¡Don Felipe, ese al que tú llamas «imagen de Nuestro Señor», es un loco lleno de pasiones que ni aun viéndolas con vuestros propios ojos podríais creer. A Don Felipe sólo le mueve la ambición de procurarse la condición de Rey del Mundo e imponer su cetro sobre la triple tiara y sobre cualquier corona conocida. Para alcanzar esa meta todo le vale, y has de saber que la sangre y la muerte son los platos que prefiere para el guiso universal que se cuece en su magín perturbado. Este Rey no está construyendo aquí el *axis mundi*, como te empeñas en decir en la Logia, sino que está levantando su gran mausoleo, para que las generaciones le recuerden como a un loco.

–¡Eso es una blasfemia!

–¡Calla, botarate! –me dijo Herrera–. Que sepas, por otra parte que estamos perfectamente informados de vuestras reuniones. Esas patrañas de proporción, número místico y concordancia no son más que producto de cabezas llenas de quimeras de tiempos pretéritos. Vuestro compañero, como vuesa merced le llamáis, García de Alvarado, no quería saber nada de vosotros, como otros maestros a los que vuesa merced cree proteger y a quienes llamáis «vuestros compañeros de Logia». Vuestra Logia sólo existe en la cabeza de vuesa merced, en vuestro ridículo rigor, en vuestro trabajo operativo, un trabajo que están dispuestos a hacer cientos de hombres sin tanta petulancia ni ritual. El ritual sólo sirve para perder días de trabajo y dibujar unos signos equívocos sobre una pizarra de yeso. No tiene otro sentido que convenceros de que vuestro arte es sagrado, pero ¿dónde está vuestra sacralidad? Sois hombres igual que todos nosotros, ni más ni menos. Meros hombres que trabajáis con un delantal para tener dominadas las bajas pasiones, aunque de ninguna manera lo conseguís. Pretendéis dominarlas cuando sois incapaces de controlar los bloques de piedra que manejáis a diario. La piedra no es materia viva, sino materia muerta, como todos vosotros y vuestro trabajo en las Logias. El desbastamiento y la labra a que sometéis a la piedra están trazados de antemano por el arquitecto, que es el que realmente conoce las medidas y las proporciones del espacio y la materia. Vosotros sólo sois meros trabajadores, meros ejecutores de una idea que no es vuestra. No es la mano, sino el cerebro, el que dictamina lo que hay que hacer, pero vosotros os empeñáis en valorar el instrumento pasando por alto la verdadera luz que lo ilumina. En la Logia trabajáis con tres velas encendidas, que a mí me parecen escasas luminarias para tan grandes verdades y secretos como decís guardar, ¡es ridículo! Miráis a Oriente en todos vuestros trabajos secretos, pero no reconocéis que Oriente es el lugar por donde sale el sol para los astutos, los mercaderes y los conocedores del arte de la simulación, que lo compran y venden todo no para disfrutar de ello sino por el placer de su posesión. Vuestro arte es de otro tiempo, pertenece a otra época y morirá con vuesa merced, si es que no lo ha hecho ya. Marchad de aquí y de la Fábrica, que no queremos personas como vosotros a nuestro lado. ¡Huid mientras podáis y no volváis!

Herrera empuñó su cuchillo sin llegar a sacarlo. El arquitecto y el bibliotecario me conminaron con el gesto a salir mientras fray Francisco, después de escupirme en el rostro, me ordenaba marchar. Tras dar una palmada, otra puerta se abrió y al poco me vi en la calle llevado en volandas por dos novicios.

Por fin había averiguado la verdad. Era consciente del peligro que corría mi vida y apresuradamente me dirigí a la Logia. Llegué a ella sin resuello y pude avisar a Juan de Nates de lo ocurrido y del peligro que él también corría. Sabiéndolo un compañero lo sabrían todos. La misión estaba cumplida. Transcribí estos últimos acontecimientos con letra apresurada y los guardé en la gaveta que sólo conocen los maestros que trabajan en el silencio. Nuestra obra había terminado en la Fábrica y la cantería operativa estaba sentenciada a desaparecer. Si alguno de nosotros sobrevivía, el Arte seguiría existiendo, en cualquier lugar, bajo cualquier templo, con cualquier mano que sujetara con firmeza un cincel y un martillo. Un ciclo terminaba, otro empezaba.

La luna iluminaba tenuemente la noche. Desde el zaguán de la Logia contemplaba las estrellas y no tenía miedo, una paz profunda me guiaba la mano. El movimiento fue rápido, conciso: el brillo de una hoja y un profundo escozor. La sangre manaba a borbotones de la garganta y la vida se me escapaba con ella. Mis pensamientos volaron con mi mujer y mis hijos a las montañas burgalesas mientras un abrazo de luz me llevaba con ellos. Me desmoroné entre las columnas de la entrada a la Logia, sobre la piedra, sin mancillar el terreno sagrado.

2

El motín de Esquilache. 1766

La llegada a España de la masonería inglesa

Hace tres meses que salí de Inglaterra a fin de volver de nuevo a la Península Ibérica. Mi nombre es John Lewis y he sido gran Maestro Provincial de la Logia «Inhabitants», *con sede en Gibraltar. Mi misión: introducirme en la corte de S.M. el Rey Carlos III y tomar relación con otros hermanos masones, cercanos al Gobierno del Reino, para asociar mis esfuerzos a los suyos y procurar la influencia discreta de nuestra Orden en los asuntos públicos españoles. Si este empeño no fuera posible en primera medida procuraré, en ese caso, instalar una Logia en Madrid que siente el principio de un trabajo que de frutos más adelante. Objetivo: formar y fortalecer los lazos de unión entre los poderes españoles y los de mi país para buscar la paz y la concordia en estos tiempos revueltos. Para nosotros, los masones de la Gran Logia Unida de Inglaterra, es quehacer primordial influir en las alianzas entre los estados y, por ello, España es objetivo principal de esa tarea, y más aún en estos momentos en que España y Francia se enfrentan a la política británica merced al Pacto de Familia que lleva a los Borbones a actuar de consuno. La Corona Española administra los importantes recursos coloniales americanos y esos intereses no nos son del todo ajenos a los súbditos de la Gran Bretaña. Mis luces: la fuerza, la sabiduría y la luz. Escribo esto en mi diario cerca de la frontera española, de paso hacia Guipúzcoa y disfrazado como voy de comerciante francés, en el año de mil setecientos sesenta y seis.*

Mis hermanos masones crearon logias en Menorca, pero tuvieron que abandonar la isla hace casi diez años, en mil setecientos cincuenta y seis. Allí pasé cinco años con ellos, residiendo en la ciudad de Mahón, y todavía no hace uno que levantó columnas nuevamente en esa plaza la *Ancient Lodge*. Esta Logia, a diferencia de la nuestra que estaba compuesta por civiles, ahora la forman militares y es itinerante. La constituyen exclusivamente oficiales del Regimiento de Infantería número 11. Allí donde ellos van, allí se trabaja en Logia.

De tierra menorquina, y más en concreto de cuando viví en Mahón, proviene mi conocimiento de esta lengua fuerte y directa que es el español. Al aprender el idioma conocí el carácter y las costumbres del país, y desde entonces y en lo más profundo de mí quiero sinceramente a este pueblo y hago votos para que progrese, tal como lo está haciendo desde que el Rey Carlos III[2] vino desde Nápoles a reinar, hace ya siete años, cuando murió su hermano Fernando VI. Quiero a esta tierra y a sus gentes y sé que el gobierno de Don Carlos hará provecho a este reino, pues son muchas sus buenas intenciones y grandes los esfuerzos que aplica en desarrollarlas. Para nosotros los masones es de importancia principal que España sea un reino poderoso y moderno y que su voz sea oída en Europa, porque Francia ocupa posiciones diplomáticas demasiado fuertes y su influencia continental debe ser neutralizada para que haya un entendimiento cordial entre todas las naciones. Estoy avisado por informes de otros hermanos que estuvieron en la roca de Gibraltar hace diez años: los más precisos eran los del Coronel James Montresor, acerca del cuidado que debo de tener en mis averiguaciones y en el acercamiento a las autoridades, pues este pueblo no le tiene demasiadas simpatías al nuestro. Él lo intentó antes y fracasó. Ahora es mi turno.

Las últimas noticias que tenemos de Madrid en la Gran Logia de Inglaterra hacen referencia a una logia, la de Las Tres Flores de Lis, que levantó columnas en un hotel de la calle Ancha de San Bernardo bajo la iniciativa del Gran Maestre Charles Labridge. Eso ocurrió cinco años después de nuestras gloriosas Constituciones[3], que debe-

---

[2] Hijo de Felipe V y de su segunda esposa, Isabel de Farnesio, nació en Madrid el 20 de Enero de 1716. Fue nombrado Duque de Parma y de Toscana en 1735 y en 1759 accedió al trono de Nápoles. En octubre de 1759, por fallecer su hermano Fernando VI, viene a Madrid para tomar la Corona española. Vino acompañado de sus hijos y de su esposa, Maria Amalia de Sajonia, que falleció al año de llegar a Madrid.

[3] Redactadas en 1723 por Anderson y Désaguliers bajo la dedicatoria de «A su Gracia el Duque de Montagu», por orden de Su Gracia el Duque de Wharton, su sucesor.

mos a James Anderson[4] y John Théofile Désaguliers[5] desde mil setecientos veintitrés.

Hace años que los obreros de las logias no tienen que trabajar la piedra con sus manos como los canteros de antes. Hoy, sin embargo, aun vuelven a trabajar en Inglaterra logias de masones operativos desde que Christopher Wren[6] reunió a un gran número de ellos en las construcciones de San Pablo y del teatro de Oxford y en la reedificación de más de cincuenta iglesias de Londres tras el gran incendio de mil seiscientos sesenta y seis.

Nuestra Constitución es la norma que rige la Masonería Especulativa. Hoy ya no construimos en piedra, no levantamos edificios, no trazamos sobre el yeso y no desbastamos bloques de piedra con buriles y malletes. El edificio que levantamos, para mayor gloria del Gran Arquitecto del Universo, es un edificio interior, un proyecto espiritual, y abarca a toda la sociedad. El templo a construir somos todos y

---

[4] Según los estudios de Clement Edwin Stretton (1915) y Thomas Carr (1924) el pastor Anderson carecía de iniciación regular en ningún grado. A su iniciativa se debe convocar reuniones en Londres, desde el otoño de 1714, a fin de organizar su propia logia. Obviamente nunca permitió la asistencia de masones *operativos*. Fue iniciando profanos desde ese taller por fuera de toda regularidad. A finales del año de 1714 ya tenía su propia logia compuesta por:

- Georges Payne, que fue nombrado Gran Maestre de la recién creada Gran Logia de Londres en 1720.
- Jean-Theóphile Désaguliers, que actuaba de Capellán de la logia.
- Anthony Sayer, un ayudante del arquitecto masón, sir Wren.
- El Duque de Montagu, que actuaba de mecenas del grupo y que, en 1721, sucedió a Payne como Gran Maestro.
- Johnson, un médico que cobraba sus servicios como inspector de la salud de los nuevos aprendices.
- Entick, un rentista.
- Stuart, un abogado.

[5] Pastor protestante francés que fue nombrado Diputado Gran Maestre, es decir, Gran Maestre adjunto. Nació en La Rochelle en 1683. De 1709 a 1710 fue capellán del Príncipe de Gales, mas tarde Jorge II. Él es el verdadero promotor de la creación de la Gran Logia de Inglaterra, siendo Anderson un instrumento suyo.

[6] Wren era un masón auténtico. Caballero y maestro en artes por el Colegio de Wadham, también era profesor de astronomía en Oxford, doctor en Derecho Civil, arquitecto de la Corona e inspector de la Construcción hasta que fue destituido por Jorge I, elector de Hannover. Fue autor de la catedral de San Pablo y de numerosas iglesias más de la ciudad de Londres. Wren era Gran Maestre de la Muy Antigua y Honorable Fraternidad de Masones Libres y Aceptados y nunca aceptó las maniobras de Anderson y sus amigos.

cada uno de nosotros. La piedra perfectamente encuadrada en todos sus ángulos representa a cada uno de los hermanos, los cuales, con paciencia, aportan con su construcción interior el sillar básico para levantar la gran obra del universo que es la humanidad entera. Los útiles de nuestros gloriosos antepasados, el compás, la escuadra, el mazo, el cincel, el delantal y el Libro Sagrado, siguen presentes en nuestros trabajos de Logia, pero de una forma simbólica. Con ellos cubrimos nuestras pasiones, regulamos y limitamos nuestras acciones y recordamos que la fe y el trabajo sin descanso en el desbastamiento de nuestra piedra es la tarea primordial de todos los días de nuestra vida.

La tolerancia y la concordia son imprescindibles para expresar la fraternidad, y éstas son las tres condiciones con las que la maza desbasta la piedra bruta. La práctica de una moral sana, el ejercicio de buenas costumbres y la observancia de un credo religioso, sea cual sea, convierte a nuestras Logias en centros de unión de hombres buenos, honorables y honestos que no sólo viven en fraternidad, sino que se ayudan en todos los menesteres que la vida común y ordinaria solicita, tanto espiritual como materialmente. Las diferencias de credo, nacionalidad o defensa de un ideario político nunca son una separación entre nosotros, sino un lazo más fuerte de fraternidad y unión[7]. Nuestro verdadero país es el mundo, nuestra religión es universal y nuestra política es procurar el progreso de los pueblos y la nivelación fraternal de todos los hombres por la escuadra y el compás.

España fue el primer país del continente que solicitó a Inglaterra la formación de una Logia regular[8]. Esa noticia produjo alegría en la Gran Logia de Londres. La Masonería empezaba a ser ya la gran

---

[7] La masonería inglesa, lo que hoy se conoce como «masonería regular» nacerá como aparato político de la casa Hannover. Los viejos ritos escoceses, preteridos por la nueva obediencia, se instalarán en los regimientos escoceses e irlandeses que se mantuvieron fieles al Rey Jacobo II de Inglaterra cuando en 1688 marchó al exilio en la ciudad francesa de Saint Germain –en Laye–. Desde entonces las masonerías inglesa y la francesa tomarán caminos diferentes. Se puede hablar de dos discursos masónicos diferentes.

[8] La primera logia española afecta a la Gran Logia Inglesa que se constituyó en Madrid el 15 de Febrero de 1728 promovida por el Duque de Wharton y sus amigos. Los ingleses la reconocieron en 1729 con el nombre de *Fench Arms* y el nº 50. Esta logia también es conocida como la de «Las Tres Flores de Lis» por ser ese el nombre del hotel de la calle de San Bernardo donde se fundó. También se la conocía por «La Matritense» y se dio de baja en 1768 porque hacía tiempo que había dejado de funcionar.

hermandad soñada por los caballeros masones libres y aceptados. No estábamos solos, el continente alargaba sus brazos para acoger la semilla fundada en nuestra isla. El Gran Duque de Warthon[9], Gran Maestre de la Gran Logia de Inglaterra en mil setecientos veintidós, participó activamente en aquella fundación. Su matrimonio con la dama de honor de la Reina de España, María Teresa O´Neil, emparejada con el Conde de Montijo después de quedar viuda del Duque Felipe de Warthon, es mi esperanza de contactar con la nobleza madrileña. Según nuestras noticias, sus hijas estuvieron muy cerca de la fallecida Reina de España María Amalia de Sajonia.

Entré en la Península Ibérica por la frontera vasca. No quería levantar la más mínima sospecha y por eso preferí ese paso, pues por aquellos días muchos franceses iban a Vitoria a una feria de mucho comercio. Para mi entrada me fue de enorme utilidad la amistad hecha en el viaje desde Burdeos con un tratante de tejidos, *monsieur* Duchamp, que iba de camino hacia Madrid. Era un hombre de trato agradable y gran conversador y por él supe mucho de la historia de España, que conocía casi tan bien como la de su tierra. Cuando cruzamos la frontera tomamos camino hacia Bilbao y al llegar a la plaza de San Sebastián no consintió que me alojara en ninguna fonda, sino que me condujo a casa de unos familiares para descansar antes de seguir con el viaje.

La tarde era calurosa e invitaba a pasear por el puerto. La lonja era un hervidero de actividad: gentes de tierra adentro y pescadores bullían en un continuo intercambio de mercancías, risas y charlas. Nada estaba quieto, todo era actividad. Monsieur Duchamp me informó acerca del país:

–*Monsieur* Leblanc –éste era mi nombre falso–, habrá comprobado que este pueblo de Vascongadas es de gente recia, sobre todo la de tierra adentro, que es bien distinta a la de la costa.

–Ciertamente, *monsieur* Duchamps –le respondí.

–Son gente singular, nunca fueron romanizados y la presencia de los musulmanes casi no dejó poso en ellos. Eso les hace bastante distintos de los demás españoles, pese a ser parte de Castilla. Es tierra de campos verdes, de pesquerías y de minas de hierro y es por mar como hacen su comercio, que por tierra poco han de ver con sus vecinos. Los vizcaínos del interior tienen un habla difícil y muy antigua,

---

[9] El Duque de Wharton, Coronel del ejercito inglés al servicio del Rey de España, moriría en Poblet el 31 de mayo de 1731.

que es impropia para el comercio, lo que, junto a su poca afición a relacionarse con otros, les hace vivir encerrados en sus valles. La gente de la costa es más abierta e inquieta.

La bahía estaba repleta de barcos prestos a la descarga y daba una imagen soberbia, protegida como estaba por su privilegiada posición.

–Y ese trasiego continuo de naves con muchos palos en el puerto, ¿a qué se debe? –pregunté.

–Esa gran industria de navegación se debe a la Compañía Guipuzcoana de Caracas, que explota en régimen de privilegio las plantaciones de cacao en las tierras venezolanas. Aquí se mueve mucho dinero, *monsieur* Leblanc –continuó mi amigo–. Mire a su alrededor para comprobarlo, vea la riqueza de esos palacetes y de las casonas que escalan el monte Urgull. Aquí, en Guipúzcoa, la gente gasta en sus casas y el dinero se nota en las villas que son limpias y saneadas, aunque en los caseríos del interior tampoco carecen de comodidades. Esta gente sabe vivir bien, y las diferencias entre ellos no son acusadas, no hay distancias demasiado grandes que separen sus distintas condiciones. Todos se consideran hijosdalgo y son amigos de la hermandad entre sus familias.

Estas palabras sonaron en mis oídos con una entonación especial. *Monsieur* Duchamps no podía imaginar con qué cuidado seguí escuchando sus explicaciones.

–En algunas gentes de esta tierra hay un gran interés por la cultura –continuó–. No les son desconocidos los filósofos y ni los avances científicos del otro lado de la frontera. Esta gente es muy viajada y ya sabe, *monsieur* Leblanc, que donde hay viaje hay inquietud por conocer lo que no es propio. En nuestro camino a Madrid pararemos, si a usted le parece bien, en Azcoitia para visitar una sociedad económica, dirigida por don Javier María Munibe, Conde de Peñaflorida, y constituida por gentes ilustradas, que tiene gran predicamento en estas tierras. En ella, estoy seguro, nos será de sumo agrado participar intercambiando ideas y opiniones.

La idea de parar en Azcoitia me pareció bien. Yo había oído hablar de esa Sociedad económica y si bien eran los franceses los que más influían en esta parte de España, cuna de los jesuitas, por otra parte, no venía de más conocer a aquellos que pudieran en su momento ser cercanos a la Sociedad de los Hombres Libres. Sin más dilaciones nos retiramos a descansar, porque el paseo, la fatiga del viaje y unos guisos de pescado trasegados en una taberna del puerto con mucha munición de vino tinto estaban haciendo su efecto.

A la mañana siguiente, y desde bien temprano, la actividad era incesante en las callejuelas que terminaban en el puerto. De allí teníamos que salir por mar camino de Zumaya para adentrarnos después tierra adentro camino de Azpeitia, población en la que descansaríamos antes de acceder a nuestra meta en Azcoitia.

El relieve de esta provincia, con unas montañas suaves que se alternan con valles ocupados por labranzas muy cuidadas me traía a la memoria mi tierra inglesa. Una vez en Azcoitia, donde llegamos entrada la tarde, fuimos atendidos por el padre Claret, un benedictino que conocía de otros viajes a *monsieur* Duchamps. Después de que ambos se saludaran efusivamente y que mi compañero de viaje me presentara con mi falso pasaporte al sacerdote, Claret nos instaló en una fonda cerca de su convento y nos citó para el mediodía siguiente a fin de conducirnos a una reunión de la Real Sociedad Bascongada de Amigos del País[10].

En la tertulia había pocos lujos, sólo los imprescindibles para que no resultara incómodo asistir. Era claramente un sitio de estudio y charla, no un lugar de bullicio, como era común en las tabernas españolas. Nuestro amigo benedictino nos había puesto al corriente del protocolo de estas reuniones: allí se impartían clases de francés, de historia y física experimental, enseñanzas todas que tenían escasa cabida en los planes de estudios tradicionales dominados por el tomismo y los viejos dogmas religiosos. «El sentir común –nos explicó el sacerdote camino de la reunión– nos dice que la apertura a los nuevos conocimientos resulta imprescindible para llevar al hombre al progreso». Éste no era en modo alguno un concepto vacío de contenido. Progreso equivalía a utilidad y eso, al decir del benedictino, se conocía gracias a las enseñanzas que venían del otro lado de la muga, que es como por aquí llaman a la frontera con Francia. No se conocía por conocer; la aplicación del conocimiento, haciéndolo útil, era el fundamento de los estudios por eso reivindicaban sus amigos la autonomía del conocimiento. El hombre y el uso de su razón son la verdadera explicación del progreso natural y social, y no los dogmas, fueran del tipo que fuesen. Y en eso, pese a que viniera de Francia, no podía dejar de estar de acuerdo. La reunión se prometía interesante.

---

[10] La Real Sociedad Bascongada de Amigos del País se constituyó el 24 de Diciembre de 1764 mediante un acta suscrita por quince caballeros de Azcoitia. Carlos III aprobó sus Estatutos y en 1770 la constituyó en Real Academia. Desde 1776 comenzó a funcionar como Escuela provisional y el 4 de Noviembre se configuró como centro de enseñanzas superiores que se transformaría después en Real Seminario Patriótico Vascongado.

–Bienvenidos sean, *monsieurs* –nos recibió don Joaquín Eguía, Marqués de Narros–. Pueden disfrutar de su estancia aquí todo el tiempo que gusten. Los extranjeros, y sobre todo los franceses, siempre son bienvenidos a nuestras reuniones. Ustedes siempre nos informan de las novedades que acaecen fuera y eso es bueno porque así contrastamos nuestras opiniones.

Saludamos a los presentes y nos acomodamos con ellos para disfrutar de la velada. Ya desde mi llegada al salón había observado que los libros no escaseaban, la pared del fondo esta amueblada con unos plúteos de nogal completamente cargados de libros. Los autores eran de mis preferidos: Montesquieu, Locke, Voltaire, Rousseau y, sobre todo, Diderot. Estos libros sólo los podían consultar las personas pertenecientes a la tertulia, puesto que los tribunales inquisitoriales aún eran todopoderosos en España. Entre los tertulianos había ilustres caballeros y clérigos. El día de nuestra visita hacía las veces de moderador don Manuel Ignacio Altuna, asistido por el Marqués de Narros, el Conde de Peñaflorida y el clérigo Uribe. Con toda concordia nos hicieron participar de la discusión que les ocupaba en aquéllos días: la intervención de Dios en la vida humana.

–*Monsieur* Leblanc, díganos, ¿cuál es su filósofo preferido? –me preguntó de sopetón Joaquín Eguía.

–Sin lugar a dudas John Locke, el empirista –le contesté. Al fin y al cabo yo conocía mejor los textos de mis compatriotas–. Hay que partir de una consideración preliminar, que lo hace más estimable aún, al menos a mi juicio, y es que fue el ideólogo principal de la Revolución Inglesa de mil seiscientos ochenta y ocho. Su aportación principal al mundo de las ideas es su peculiar visión racionalista y mecánica del mundo –les dije para salir del paso, tampoco pensaba extenderme mucho, pues poco más les podía explicar. Lo poco que sabía de Locke era de oídas.

–Y, ¿respecto a Dios? –insistió el bueno de mi anfitrión, como si yo fuera un especialista.

–En esa concepción del inglés hay una armonía global, emanada de un Dios creador, todopoderoso y bueno que expresa su deseo en la naturaleza y las leyes universales que la rigen, sólo comprendidas por la capacidad de raciocinio del hombre, derivada de la creación divina y que es guía y señal de su actuación.

–¿Piensa usted que la razón es la base de su supervivencia como especie y el punto de apoyo de su preservación natural? –volvió a inquirir don Joaquín.

–No sólo la razón, don Joaquín. Si ésta no tiene un objetivo final emanado de la divinidad, por sí misma la razón no bastaría. Pero no se me entienda mal; Locke se interesa por la aplicación de la razón, es decir, por los hechos que la conforman. La relación del ser humano con la divinidad es un asunto estrictamente personal, que no afecta al conjunto de las relaciones humanas. Dios interviene de modo directo en la formación de las leyes naturales, pero no lo hace en los códigos y reglamentos, impuestos la mayoría de las veces por las autoridades religiosas. El hombre, como criatura divina, es liberado de las restricciones impuestas por el clero y asume con toda su razón una relación de tolerancia religiosa con los demás hombres que conforman la sociedad.

–Afloje el argumento, querido amigo –me recriminó don Joaquín–. Aquí estamos entre hombres libres, pero los oídos inquisitoriales están por todas partes y nadie está libre de ellos, ni usted tampoco, especialmente por ser extranjero.

–Creía que podía manifestar mis pensamientos con total libertad, pero compruebo que no es así –manifesté un punto sorprendido.

–No se equivoca, *monsieur* Leblanc. Lo puede hacer y de hecho lo está haciendo, pero toda cautela es poca, pues, aunque nosotros actuemos libremente, nuestras palabras pueden ser mal interpretadas por personas que, no estando en el aviso de lo hablado aquí, nos acusen de impíos o jansenistas. Usted viene de un país en que la libertad de expresión no está sometida a la censura de la Inquisición, pero en esta tierra deberá ser consciente de que afirmar sus pensamientos con claridad y contundencia puede conducirle a serios problemas. Debe aprender a hablar mediante rodeos y sin expresar con claridad sus pensamientos. Y si no, ¡pregunte a *monsieur* Duchamp! Él conoce bien nuestras costumbres. No todo es como lo que ve en esta tertulia.

Monsieur Duchamps afirmó con la cabeza, y allí continuaron los comentarios durante un buen rato. Pasamos de la filosofía a la política y de ahí a la economía y al comercio para volver a la política y otra vez a la filosofía. Estaba ya a punto de darse por terminada nuestra velada cuando don Manuel Altuna me retuvo al levantarnos todos para salir.

–Pasemos un momento a la sala de al lado –me dijo–. Allí gozaremos de un aire más confortable.

Ciertamente debía ser así, porque el ambiente del salón estaba cargado del humo de las pipas y los cigarros a los que tan aficionados parecían todos estos españoles. Yo les seguí, previa indicación de *monsieur* Duchamps para que guardara silencio mientras nos instalábamos y se cerraba la puerta.

–Mucho mejor así –afirmó el Conde de Peñaflorida, y con un gesto nos indicó que nos sentáramos en unos sillones de terciopelo rojo que estaban dispuestos alrededor de una mesa octogonal de pie bajo. Con el Conde y con mi amigo se sentó también el Marqués de Narros–. Es interesante lo que ha afirmado de Locke, pero sus teorías han sido superadas por Voltaire.

Y se dirigió a una alacena de donde sacó un librito muy bien encuadernado que seguro era del francés. Con él en la mano se dirigió otra vez a mí:

–Cuando éste –señaló el librito– afirma que practicamos a los demás lo que queremos que nos hagan a nosotros está expresando la ley de la misma naturaleza. Esta máxima engloba la idea central de su filosofía. En ella no está presente la palabra Dios, y sí la justicia. La justicia que limita las vejaciones entre los hombres. Que rija la ley y no el capricho, sobre todo el del poder estrafalario, apoyado en un mandato divino que no es otra cosa que la ley moral entre los hombres.

–Sabias palabras y conceptos –repliqué, dándome cuenta que el de Peñaflorida quería sonsacarme algo o llevarme por derroteros que no quería mostrar a los demás tertulianos. Tal vez mi fingida condición de francés le animaba a desplegar una sinceridad que delante de sus amigos reservaba por prudencia–. Pero, querido amigo, ¿dónde deja la propiedad como base fundamental del progreso humano?

–La propiedad –replicó el Conde– no es incompatible con la libertad de pensamiento. Es más, esta libertad hace que la propiedad sea adquirida de una forma libre y activa por cada uno de los ciudadanos, pero no según su familia de nacimiento, sino según sus luces naturales, aumentadas por la educación.

En mis pensamientos las ideas transcurrían con inusitada rapidez. Estábamos hablando de un hermano masón. Probablemente ellos no lo sabían, pero yo sí. Mis emociones se desbocaban. Por fin estaba en el punto de hablar de los ideales que me habían traído a estas tierras.

–Entonces, querido Conde, y partiendo de la base de que lo importante es el desarrollo y la capacitación de todos y cada uno de los individuos, si queremos que todo progrese y cambie a mejor, ¿cómo podríamos conseguirlo? ¿Hablando en este cuarto cerrado o abriendo sus puertas y ventanas a sitios que fomenten una unión más libre y auténtica y en los que la religión, la nacionalidad o cualquier otra diferencia no representen un obstáculo para el entendimiento de los hombres?

–Eso creo que hoy no puede ser posible, debido a la religiosidad de nuestra sociedad. Lo sacro goza de gran predicamento, y no se puede desenraizar de una cultura en que las normas eclesiásticas han estado siempre presentes como fiel de la balanza que todo lo juzga y censa.

–Yo creo que sí, señor Conde–. Decidí dar el paso y atreverme. En buena medida el propio Peñaflorida me había dado pie a ello–. Hay un movimiento conocido en toda Europa como la masonería que fomenta el libre entendimiento y reunión de los hombres para un mayor y mejor entendimiento entre ellos.

Se hizo un silencio. Peñaflorida se me quedó mirando fijamente.

–Hemos oído hablar de ese movimiento, *monsieur* Leblanc, pero la aplicación de esos ideales sólo se puede hacer en círculos muy restringidos, como lo sería, por ejemplo, nuestra tertulia. En ella todos nos conocemos y sabemos quiénes somos. Pero aún así, siempre tendrá que haber una puerta cerrada para que el conocimiento pueda expresarse con libertad y sin riesgo de la propia vida entre unos pocos elegidos[11]. No se pueden explicar determinadas cosas al vulgo, pues éste las pisotearía.

–No estoy de acuerdo –repliqué–. No se puede cortar la libertad de expresión de nadie, ni a nadie se le puede ignorar porque no tenga formación. El corazón del hombre es bueno, y sólo espera ser educado para manifestar sus mejores cualidades.

–Se equivoca, *monsieur* Leblanc. Lo que nos interesa a nosotros y discutimos aquí a puerta cerrada pocas personas lo conocen, y no porque no estén preparadas para ello, pues todos somos hombres de nuestro siglo, sino porque no les interesa. Es mejor vivir cómodamente en la molicie y en la vagancia. Es más fácil alargar la mano y coger un fruto maduro que esforzarse por cultivarlo.

Yo no consideré prudente seguir anunciando los ideales de la Masonería. Estaba conociendo a las gentes de este país y mi meta era llegar a Madrid. Tal vez era pronto para desarrollar mi labor y, además, estaba invitado por unos caballeros que me hacían partícipe de sus ideas y debía respetarlos. Tiempo habría para poder seguir conversaciones como ésta y profundizar más en ellas.

---

[11] Desde 1735 a 1743 las Magistraturas Protestantes de Holanda, Hamburgo, Suecia y las ciudades de Ginebra, Zurich y Berna, en Suiza, había promulgado edictos contra la Masonería. También el mundo protestante continental perseguía a los masones y seguía una política anticatólica.

–Señores, haya calma –quien afirmó esto era el Marqués de Narros, que había estado callado hasta ahora–. Se podrían conciliar ambas posturas si la educación interviniera en la formación del hombre de otra manera a como lo hace en la actualidad. Hay que fomentar más el conocimiento empírico y no las creencias. Hay que saber diferenciar las creencias particulares del bien común civil. Esto es difícil en un pueblo tan católico como el nuestro, pero la única forma de conseguirlo es, repito, por medio de la educación, como afirma Rousseau, del que soy ferviente admirador. Las leyes son siempre útiles para los que poseen bienes o fortuna, pero no así para los que carecen de ellas. Igualar las posesiones entre los hombres es lo que da fundamento a la verdadera soberanía social de los ciudadanos y lo que hace justa a una sociedad. Esta premisa es fundamental para que la educación mejore las oportunidades de los hombres, no sólo para medrar en la sociedad, sino para ascender en su propia consideración.

Yo no salía de mi asombro. Estaba hablando de asuntos, en esta tertulia, que no eran nada fáciles de tratar habitualmente. Conversaciones parecidas había mantenido con mis hermanos muchas veces en los años anteriores, pero siempre bajo el techo de la Logia y a cubierto. Ahora también lo hacíamos, pero no íbamos investidos ni guardábamos el ritual de nuestras tenidas en Logia. Nadie llevaba puesto el delantal de trabajo simbólico, pero se estaba trabajando en paz y en concordia de una forma que en nada menoscababa el ritual. Esto reafirmaba mi criterio de que todo hombre esconde un trabajador prudente y honesto que busca la luz y desea trabajar con otros hombres por la paz y el progreso.

–Entonces, don Joaquín –intervine–, todo se reduce en esencia a la propiedad. Por ella el hombre mata, viola y persigue a sus semejantes, cortando cualquier norma de progreso y desbaratando cualquier construcción anterior, por más bella o espléndida que sea.

–Dicho con toda crudeza y como usted lo ha expresado, así es –replicó el Marqués–. La representación política de los hombres no debería estar fundamentada en sus propiedades, sino en un contrato básico; no en la sumisión ofrecida por el acuerdo del poder emanado de la unión de Corona e Iglesia, que exige por encima de otra cualquier otra consideración obediencia ilimitada o vasallaje perpetuo, sin tener en cuenta los dictados de la razón. La verdadera soberanía debería estar basada en la legitimidad y el respeto entre las personas. La autonomía de pensamiento y no el despotismo es lo que debería gobernar las relaciones entre los hombres.

–Esas ideas –repuse– ya están presentes en distintos artículos de *La Encyclopédie*, la mejor obra de nuestro siglo, que, con gran tristeza por mi parte, tiene sus trabajos interrumpidos. Sus compiladores afirman una y otra vez que el consentimiento y el acuerdo mutuo entre los hombres unidos bajo unas normas o contrato social es el fundamento de la soberanía.

–Señores –anunció el Conde de Peñaflorida–, debemos retirarnos. Se ha hecho tarde y las obligaciones de mañana no esperan.

Me despedí con gran emoción de los presentes, sintiendo que había vivido un momento especial y deseando volverlo a repetir cuanto antes con esa misma paz. Tras varios apretones de manos nos despedimos de aquellas buenas gentes y nos emplazamos para un posterior encuentro en Madrid con el Conde de Peñaflorida.

Años más tarde, ya en Madrid, me llenaría de gozo saber que estos caballeros de Azpeitia, en una de cuyas reuniones había participado yo, formaron la renombrada y respetada Sociedad Bascongada de Amigos del País.

Desde Guipúzcoa continué yo solo el viaje. El traqueteo de la diligencia era insoportable y no tuve más remedio que dejar de leer mi diario. La experiencia de Azcoitia había dejado una huella imborrable en mi espíritu. No estaba equivocado al aceptar la misión de venir a este país. Ya tenía ganas de llegar a Madrid. ¡Cuántas sorpresas me esperarían en la corte!

Con calma, me quite las antiparras y las deposité con cuidado en su funda. Sin ellas podía leer poco. Guardé el diario en la bolsa de mano de cuero que llevaba sobre mis rodillas. Allí también estaban algunos libros que había cargado para este viaje: Rousseau, Voltaire, Locke.

–Veo que es un hombre de lectura, *monsieur* –dijo mi compañero de diligencia al poco de salir de Valladolid camino de Madrid.

–Así es, querido amigo. La inquietud y la curiosidad siempre me hace leer a aquellos que se hacen preguntas. ¡Y son tantas las respuestas que hay que dar todavía!

–¡Ni que usted lo diga! –contestó. Al poco, después de un suspiro que encadenó con un silencio en que me invitaba a conversar continuó–: Vengo observándole desde hace algún tiempo, pues yo también soy persona curiosa y no dejo de preguntarme por su profesión. Se aprecia que usted es un hombre circunspecto y educado y no es difícil presumir que es una suerte de investigador. Sus ojos inquietos delatan una constante inquietud.

Una cierta intranquilidad me sacudió el cuerpo. Resultaba que este hombre, de apariencia insignificante, no perdía cuenta de mí y de mis cosas. Me observaba desde el comienzo del viaje, al principio con más disimulo y ahora con todo descaro. Debió de darse cuenta de la suspicacia.

–Disculpad, señor, si os he incomodado. No era mi intención. Pero llevo viendo esos libros en su maletín, guardados con tanto esmero como si de barras de oro se tratara, y deseaba entablar conversación. Madrid ya no está lejos y no quería desaprovechar esta oportunidad. Deberíamos presentarnos, si a usted no le disgusta.

–Con todo gusto –afirmé. No parecía un mal hombre y hablaba con pulcritud. Sin duda su conversación podía hacerme pasar un buen rato y conocer algo más de las noticias recientes de la corte–. Mi nombre es Jacques Leblanc y soy comerciante. Voy a Madrid llamado por un buen amigo.

–Encantado de conocerle. Yo soy Esteban Idiáquez, médico, y, permítame la confidencia, otro gran amante del progreso, como vos.

La sonrisa y campechanería de don Esteban me gustó. No estaba acostumbrado, a pesar de mis años pasados en el país, a un trato tan franco y familiar entre desconocidos.

–Acerca de sus libros –continuó–, debe tener cuidado con ellos. No son bien vistos en la corte, y menos las personas que los portan. La Inquisición ejerce una fuerte censura, y aunque estén escritos en otra lengua, debería ser discreto. Yo, en mi Zaragoza natal, los tengo siempre guardados a buen recaudo y simulados en la falsa repisa de un armario. Sólo disponemos con libertad de ellos en una tertulia científica que celebramos en Movera, en la torre[12] de don Juan José de Austria. Uno de los asistentes, también extranjero como *monsieur*, es Gianbattista Gioanini. La medicina en sus manos es otra cosa.

–Y, si puede saberse, ¿de qué temas se habla en su tertulia? –pregunté movido por la curiosidad y por el recuerdo de emotivas etapas recientes. Realmente don Esteban era hombre poco prudente, pero inspiraba confianza. Yo había tratado antes con algún aragonés y no podía por menos que sentirme a gusto entre ellos, pues bien francos y nobles son.

–Nuestros pensamientos tienden a ser aplicativos, nos guía la acción y el afán de renovar la vida de nuestros conciudadanos con los nuevos estudios y las mejoras productivas en las distintas ciencias.

---

[12] Torre es como se dicen las casas de campo en las afueras de Zaragoza.

Tendría usted que asistir a nuestras conversaciones. A veces, bien es verdad, nos apasionamos mucho en la controversia, pero las cosas no pasan de un par de juramentos.

–¿Son gente de calidad los asistentes a esa tertulia? –Realmente me empezaba a dar cuenta de que ahora en España las tertulias florecían como hongos.

–Entre otros que mudan su presencia estamos los más habituales: el Conde de Aranda, aunque últimamente viene poco, Manuel de la Roda, José y Félix Azara y yo mismo. No desdeñamos ningún tema, bien sea de medicina, geografía científica, química, agricultura o ciencias naturales. Pero hay que ser prudentes, *monsieur*, los inquisidores y tradicionalistas están siempre ansiosos de intervenir, y sobre todo cuando se critican sus métodos desde nuestras cátedras. Sin el apoyo de la corte, *monsieur*, mal hubiéramos acabado. Por eso yo, en cierta medida, huyo de allí poniendo tierra de por medio a casa de unos familiares de Madrid, para poder ejercer allí mi arte médico sin intromisiones, puesto que no carezco de amigos y ayudas en la capital.

Estas observaciones me pusieron en guardia. Tenía que ser más prudente con mi misión. No la podría realizar sino tenía amigos y protectores. En ellos tenía que centrar mi trabajo y mis contactos. Intentaría sonsacar a don Esteban cuáles eran las fuerzas que se podrían oponer a mi misión.

–Y dígame, don Esteban, ¿a qué teorías del progreso se oponen los tradicionalistas?

–*Monsieur* –respondió don Esteban–, ha de saber que ellos luchan contra la autonomía del conocimiento. No admiten que el hombre solo, por el uso de su razón, pueda explicar las leyes de la naturaleza que le circunda. Para ellos es el dogma religioso el que explica, sin lugar a duda, todas las relaciones del hombre con el mundo natural. Para los tradicionalistas, el hombre ha alcanzado el límite de su desarrollo, las cosas están bien como están y así deberá ser siempre. Para ellos todo experimento es vicioso y la experimentación lleva a la herejía, así como el cambio lleva al desorden.

–¿Son entonces los innovadores los que defienden las ciencias experimentales y la exaltación de la razón como criterio de la verdad? –le pregunté más por provocar que por otra cosa.

–Así es, *monsieur*. La exaltación del saber no pasa por la teología, pasa por la razón. El método experimental es el arma de los innovadores. Éste conducirá al hombre hacia un progreso que desemboque en la felicidad individual y pública. Ésta no puede ser conseguida sin autonomía de pensamiento, sin liberarlo de las ataduras teológicas, impuestas por curas y frailes y en especial por los peores de entre ellos, los jesuitas.

–Compruebo que defendéis, don Esteban, el conocimiento inductivo, basado en la experimentación de prueba y error, antes que dejarse guiar por el conocimiento deductivo del saber dogmático –quería seguir metiéndole los dedos en la lengua, aunque bien poco hacía falta para que el aragonés soltara tan fresco sus verdades. No pensaba yo aclararle el doble juego de los jesuitas, unos de nuestros más encarnizados enemigos, y no por lo que pudiera imaginar el bravo zaragozano[13].

–Efectivamente, *monsieur*. Los innovadores nos atrevemos a criticar y a opinar. Ejercemos la libertad usando nuestra propia razón y no pensamos al dictado de lo que digan las autoridades eclesiásticas por muy renombradas que sean. No negamos nuestras creencias religiosas, pero vividas de forma reservada y en nuestro interior, y no con la pompa y el lujo propio de épocas pasadas. Nuestra fe es en Dios, y por ello en el progreso del hombre, por mor del mensaje evangélico, pues la Revelación no es sino eso, un anuncio de futuro mejor para todos. El procurar el progreso del hombre es un mandato de Nuestro Señor Jesucristo, y nosotros lo procuramos por vía del fomento de la educación y el mejor discernimiento que confiere. El conocimiento hace comprender las leyes naturales y destierra los prejuicios y

---

[13] *Por esas fechas la masonería europea continental era cada vez más influyente y ello desde que en 1738 Federico II había ingresado en la Orden. Los Masones se perfilaban en el continente como una opción liberal construida a partir de un análisis racional y científico y los jesuitas, curiosamente, dado su interés por la ciencia y los progresos del tiempo encontraron en las logias continentales un escenario que les interesó cultivar. En cierta medida se comprende que los Jesuitas encontraran en las logias un aliado circunstancial contra el Papado, que no contra la religión, por cuanto Roma había condenado a ambos institutos. Al incorporarse los Jesuitas a la Masonería, crearon un grupo de élite, los llamados «Iluminados de Baviera» que se unió a lo que entonces era el «Rito Escocés», dándole nueva forma y aumentando sus grados de 25 a 33, mediante la codificación de una serie de conceptos revueltos de judaísmo, cristianismo, magia y reivindicación del Santo Sepulcro por las falanges ritoescocesas, lo que fue un rarísimo sincretismo que muy pocos entendieron, pero que acataron por comprometerse en solemnes juramentos de venganza en los que remontándose a 1314 fecha en que fue quemado en la hoguera el Gran Maestro de los Templarios, Jacobo de Molay, por orden del Rey de Francia Felipe «El Hermoso» y el Papa Clemente V, lograron crear y establecer el enemigo común que por analogía de acciones lo eran el Papa y las monarquías. El rito del Grado 30 en el R:.E:.A:.A:. y su secreto bien hace a fundamentar esta tesis.*

supersticiones de la mente del hombre. El conocimiento, querido amigo, nos lleva a Dios... a pesar de los jesuitas.

–Entonces no comprendo que recomendéis tanta prudencia en dar la opinión si las fuerzas del progreso corren en este país parejas con la libertad de pensamiento traída por el Rey desde Italia.

–No se engañe, *monsieur*. Este país está lleno de analfabetos, y la libertad de la que aparentemente gozamos concedida por nuestro monarca no es tal en el fondo. El control se ejerce de varias maneras y de forma sutil. Desde el propio Gobierno, dirigiendo y prohibiendo con la censura cualquier innovación que pueda ser peligrosa, hasta la Iglesia, por el poderoso brazo de la Inquisición que vigila cualquier nueva idea traída por los enciclopedistas y materialistas. Junto al Santo Oficio, o no lejos de él, van los fanáticos partidarios del pensamiento tradicional, empeñados en afirmar que las ideas del progreso sólo sirven para socavar los cimientos de la institución monárquica, rompiendo su principio de autoridad y la necesaria armonía de la Iglesia con el Estado. El progreso debe ser controlado en todo momento por el poder, piensan, pues de no ser así la anarquía y la subversión reinarían.

Me preocuparon estas últimas palabras de don Esteban. La tertulia de Azcoitia, ¿había sido sólo un reflejo dorado en un estanque del que no había visto aún el fondo?

Nuestro carruaje, después de tanto días, por fin entraba en Madrid. Los chulapos y las majas ofrecían sus mercaderías en los arrabales de la ciudad. Era un espectáculo alegre y pintoresco, pero ¿qué escondían aquellas gentes bajo ese manto aparente de fiesta y chanza continua? Guardar las formas era más importante ahora que nunca. Ya había llegado a la corte, mi misión comenzaba.

* * *

Madrid me causo una impresión de suciedad y abandono sólo comparables con la simpatía de sus gentes. No había luces nocturnas como en París o Londres, y sólo los reflejos de relicarios de imágenes en alguna que otra esquina iluminaban tenuemente las figuras sombrías, imposibles de identificar debido al uso común de capas anchas y sombreros embozados hasta las cejas. Por todas partes iglesias, por todas partes vagabundos, por todas partes lobreguez. He de confesar que caí en un desánimo profundo.

Madrid era un soberbio ejemplo de desorganización, de abandono, de inmoralidad y de ausencia de higiene. La sensación del extranjero en sus calles era la incredulidad de hallarse en los dominios de los Borbones españoles, en el corazón de su imperio. La capital era un villorrio de calles estrechas, angostas, sin ningún trazado razonable, que se convertían en polvaredas insanas e insufribles cuando apretaba el calor y en lodazales cuando caían unas gotas de lluvia. Sus gentes se hacinaban como animales, y para ellas la navaja o el puñal corrían más rápido que el vino en la cantina. No había librerías, y los madrileños apenas leían ni viajaban. Se conformaban con vivir al día, deambulando por las calles de forma torpe y sucia, vestidos de colores parduscos y huyendo del sol. Las tabernas, cantinas y fonduchos eran los sitios más frecuentados, y en ellos el aire era denso, irrespirable, pútrido. Éste era el Madrid que me esperaba, éste era el Madrid en el que me sumergí para cumplir la misión encomendada por mis hermanos masones.

El Conde de Montijo me facilitó una larga entrevista con su hija. Yo quería saber qué había ocurrido con la Logia de la calle Ancha de San Bernardo. Isabel, la mayor de sus hijas, era una muchacha morena con ojos rasgados y un pelo rizado que le dibujaba la cara como una almendra. Era menuda y vestía a la usanza española, con corpiño ajustado y una falda amplia. No faltaba en su atuendo la mantilla, que en día de ordinario, como era el caso, lucía de encaje negro, del mismo color que sus ojos. Esta prenda es de peculiar uso en la corte, como el abanico, que es de uso obligado por todas las damas que se tengan por tales. Con él se puede hacer de todo, incluso abanicarse; con él se puede esconder la cara, coquetear, señalar con discreción al caballero preferido, y sobre todo, enmascarar los verdaderos deseos, haciendo que el acercamiento siempre sea sinuoso, ambiguo y poco claro. Es la pantalla que acerca y separa el rostro de la dama de la realidad que la rodea. Bien utilizado pude ser más peligroso que una espada, y la maestría de Isabel en manejarlo no dejaba lugar a dudas de que bien sabía su uso.

–*Monsieur* Leblanc, me ha contado mi padre su interés por conocer qué ocurrió con el círculo de amigos que frecuentaban la calle de San Bernardo.

–Así es –repuse, sorprendido de que fuera una mujer, y tan joven, la que me iba a explicar lo que pasó con aquella logia. En Inglaterra tenían las mujeres vedado el acceso a los talleres, aunque sabía que en Francia las damas de corte no sólo entraban en columnas, sino que a veces eran ellas las principales promotoras de los trabajos de las logias.

–Bien poco le puedo contar. Sus reuniones eran secretas y no se admitían a curiosos en ellas. Se dice que fue el Duque de Wharton quien las inició aquí en Madrid, pero fue más famoso en la corte por sus aventuras galantes que por estos asuntos. Sé de él por lo que nos contó mi madre, que no fue mucho en realidad, y menos de esas reuniones secretas que usted afirma que se celebraban dirigidas por el Duque. Escriba a mi madre, que vive en Londres y, aunque es anciana, goza de buena memoria. Ella podrá informarle mejor que yo.

Dicho esto, la damita escondió media cara tras el abanico y dio por concluida la entrevista. Descorazonado, me disponía a retirarme de la casa del Conde de Montijo, visto que no conseguiría más información. Isabel no estaba dispuesta a darla o no quería decir más de lo que ya había revelado. Yo presuponía unas relaciones nada cordiales de Isabel con el Duque de Wharton y no quería indisponer más mi trato con ella. Estaba muy bien relacionada en la corte y se iba a casar con un italiano, el Marqués de Ponferrato, una de las personas más influyentes de la Corte.

–No hace mucho –dijo Isabel de repente, cuando yo abandonaba ya la estancia y me inclinaba para despedirme–, hubo un hombre anciano que insistió en conocerme y hablar conmigo. No me gustaba su forma de vestir, y menos su aspecto. Por eso no le recibí. Pero supe quién era cuando le espíe desde detrás del velador en una de las ocasiones en que hablaba con mi criada. Se hacía llamar Labridge y preguntó por el Duque, igual que usted. Dudo que aún viva, pero dijo tener su casa en la plaza de la Alcachofa, entre la calle de Atocha y el Paseo del Prado.

Sin esperar más, la condesita se dio la vuelta y dejó el saloncito por una puerta disimulada en el trampantojo.

Esta información me alteró el pulso. La condesita, como si nada, me acababa de dar la llave de la puerta que yo estaba buscando. El nombre que me dio Isabel era el del Gran Maestre Charles Labridge, fundador de la Logia «Las Tres Flores de Lis» junto con otros compatriotas ingleses en los tiempos que el Duque de Wharton anduvo por Madrid.

Salí yo también de la estancia y un criado me acompañó a presentar mis respetos a su padre, que estaba aquejado de unas dolencias que le hacían difícil trasladarse aun en la propia casa.

Al día siguiente comencé mis averiguaciones sobre Mr. Charles. Quería saber si aún vivía y qué había sido de él, pues no quería demorar más una información tan preciosa como aquélla y dada por una persona cercana a quienes habían participado en los encuentros de la Logia fundada en los lejanos años veinte en estas tierras madrileñas.

El carruaje me llevó por los alrededores del Palacio Nuevo de Oriente. Gran obra era ésta que sobre traza de Filippo Juvara y desarrollo de Sachetti levantaba sus sólidos muros con una elegancia sin parangón con otras obras que se realizaban en Madrid. Lo que más me llamaba la atención era el equilibrio mantenido entre todas sus partes, lo que hacía sus espacios diáfanos y agradables de contemplar. Sus ornamentos variados y numerosos no recargaban el conjunto, sino que lo ensalzaban, haciendo de él una figura poderosa pero elegante con un juego de luces y sombras en el que el predominio de las sólidas masas no enturbiaba la armonía del conjunto. La fachada del palacio, verdadero espejo en que se mirarían los madrileños y crisol del afán del Rey por modernizar la ciudad, estaba siendo terminada esos días por Bonabia y Sabatini. Sus alas delanteras creaban una pequeña plaza por el cuadrado que formaban entre sí. Para acentuar más la influencia italiana se estaba desarrollando una gran plaza occidental con alas extendidas que daban al conjunto una elegancia pocas veces vista en otros palacios. Los jardines que iban a rodear al palacio eran una imposición de Sabatini para no desgajar a esta impresionante mole de la naturaleza que le circundaba. Él, según me manifestó después, deseaba que todo el conjunto quedase impostado sobre la naturaleza, como si de un gran balcón con vista a la lejana sierra se tratase. «El jardín –me decía *monsieur* Leblanc– es el verdadero ennoblecimiento de las estructuras arquitectónicas. Sin él no hay belleza posible, no hay integración de espacios con la naturaleza».

El carruaje me llevó a la plaza de Alcachofa y en su número tres pregunté por Labridge. Teresa, la portera de la casa, me dijo que no conocía a ningún vecino que tuviera ese nombre, pero que en el piso tercero vivía un tal señor Labelle que podría corresponder a las características del hombre por el que yo preguntaba.

–No sé por qué se interesa por él, señor –me dijo la mujer–. Es un hombre misterioso y solitario. Apenas sale de casa y nadie viene a verle. No se asuste por la suciedad que puede encontrar. No es una casa grande, pero él la hace todavía más pequeña acumulando toda clase de recuerdos. Suba al segundo derecha.

–Gracias, doña Teresa, veremos que se puede hacer por él.

Llamé tres veces a una puerta desvencijada. El silencio era total. Me asomé por una ventana del patio de luces intermedio y la oscuridad en la casa era total. Los ventanucos estaban cerrados y parecía como que allí no vivía nadie.

Volví a insistir llamando con más fuerza y un lento arrastrar de pasos se oyó al otro lado de la puerta. La mirilla se deslizó y alguien me preguntó el porqué de mi presencia allí.

–Soy Jacques Leblanc –respondí–, y he llegado hasta aquí para solicitar información sobre Mr. Charles Labridge. Unos amigos me han enviado a esta casa.

Al poco se abrió la puerta. Un anciano decrépito extendía una mano y solicitaba que pasase a su interior.

–¿Quién ha dicho que pregunta por él?

– Leblanc, Jacques Leblanc –volví a repetir.

–No conozco a nadie por ese nombre, y me extraña que un caballero de su posición venga a una casa como ésta interesándose por un extranjero.

–No me intereso yo en concreto, se interesa la Hermandad de los Hombres Libres.

Los ojos del anciano se entornaron con un gesto de asombro. Extendí mi mano y agarré con suavidad la suya haciendo el toque que los hermanos masones utilizamos para identificarnos cuando nos encontramos fuera de nuestra Logia. El anciano me miró con expresión estupefacta. No sabía si dudar de mí o romper a sollozar dando las gracias al Cielo o a los Cuatro Santos Coronados. Esto último fue lo que terminó por hacer.

–¿Cómo es posible que haya hecho usted la señal de los maestros masones si en esta ciudad no he tratado con ninguno de ellos desde hace muchos años?[14] ¿No será un espía del Santo Oficio? Si fuera así le juro que no he intervenido en nada que sea insano ni perjudicial para otras personas que me rodeen o me puedan conocer.

–No, Mr. Labridge –le dije–. Tranquilícese, no soy ningún espía del Santo Oficio. Mi verdadero nombre es John Lewis, y he sido Gran Maestre Provincial de la Logia *«Inhabitants»*, con sede en Gibraltar.

El anciano, apartándose, introdujo su rostro entre las manos y comenzó a sollozar de contento. Me invitó a pasar a la estancia principal, que estaba al final de un corto pasillo, y me señaló con la mano un desvencijado sillón para que me acomodara. Él hizo lo propio en un tresillo de terciopelo que debía haber sido muy hermoso en otros tiempos pero del que no quedaba ni sombra de sus esplendores.

---

[14] «Yo tengo para mí que antes de 1809, época en que los franceses establecieron definitivamente la masonería en España, ser masón y no ser nada era una misma cosa. Y no me digan que el Conde de Aranda, el de Campomanes, y otros célebres personajes eran masones, pues como nunca los he tenido por tontos, presumo que esta afirmación es hija del celo excesivo de esos buscadores de prosélitos que, no hallándolos en torno a sí, llevan su banderín de recluta por los campos de la Historia, para echar mano del mismo padre Adán, si le cogen descuidado». *Episodios Nacionales.* Benito Pérez Galdós.

–Yo soy Charles Labridge –dijo con renovada energía–, el caballero por el que usted pregunta. ¿Qué viene buscando por aquí?

–Vengo a recabar información –respondí– sobre la antigua Logia Las Tres Flores de Lis y sobre el motivo de que haya guardado silencio durante tantos años, pues en Londres, en la sede de la Gran Logia, no se mantiene ninguna comunicación de ella.

–La Gran Logia se tenía que haber preocupado antes de nosotros, de los que quedamos de aquella época. El Duque de Wharton sólo nos condujo hacia Oriente durante unos breves meses, pero después nos abandonó. Yo me encargué del mantenimiento de la Logia y de mantener vinculados a todos los hermanos. Pero corrían malos tiempos y poco pudimos hacer, salvo sobrevivir. Nuestros ideales, seguidos con libertad y esplendor en nuestra amada Inglaterra, eran entonces duramente perseguidos en esta tierra. Ningún español nos miró con simpatía, ninguno se unió a la Logia. Nuestro trabajo se redujo a unos cuantos banquetes en las casas de algunos nobles de mentalidad avanzada y poco más. Nuestro fracaso fue rotundo.

–¿Y qué fue de los otros hermanos? –pregunté.

– Todos murieron[15]. El Maestro Thomas Hatton, de viruela en los años cincuenta. No pudo volver a su amada Edimburgo. Andrew Galloway, compañero, se volvió a enrolar en el ejército y, con el grado de Capitán, marchó para las tierras americanas. Eldridge Dinsdale, secretario, se casó con doña Carmen Cifuentes, una sevillana, y murió durante un viaje aquejado del mal de la piedra.

–Que el Gran Arquitecto del Universo les haya concedido la luz y les mantenga para siempre en Oriente –musité. A mi alrededor todo era miseria y bastante suciedad, se veía que el habitáculo no se limpiaba desde hacía mucho tiempo y el desorden iba ganando espacio en los huecos que habían ido dejando los muebles. Solamente una pequeña estantería con libros viejos estaba ordenada–. Hermano, ¿cómo has alcanzado este grado de abandono? –le pregunté mostrándole la evidencia con un gesto de la mano–. ¿Te han ido tan mal las cosas?

–Emprendí varios negocios y me desplacé a Barcelona, excelente cabeza de puente para los negocios con Italia. El Reino de las Dos

---

[15] La segunda logia, afecta a la Gran Logia de Inglaterra, que se abrió en el continente fue en Gibraltar, el 9 de Marzo de 1729. Se registró con el nº 51 y el nombre de *Lodge of St. John of Jerusalem– Gibraltar Lodge*. La formaban 20 ingleses y su Gran Maestre Provincial, el capitán James Comeford, fue nombrado competente sobre «Gibraltar y lugares adyacentes».

Sicilias era rico, y el grano siciliano se descargaba en el puerto barcelonés en gran cantidad. Las mercaderías eran fáciles de traer y llevar, e inclusive participé como armador en la botadura de una hermosa nave de tres palos con otros socios catalanes. *La Esperanza* se llamaba, pero se hundió ante las costas de Cerdeña y con ella todo mi capital. Cargado de deudas, anduve trasteando por varias ciudades costeras del Mediterráneo, pero no puede conectar con ningún hermano. Sólo una vez un hermano que viajaba camino de Italia y al que había conocido en Valencia me ayudó en lo material y me dio ánimos. Durante sus tres meses de estancia en la península hicimos grandes planes, pero la Santa Inquisición nos descubrió y comenzó a indagar sobre nuestras actividades y las conversaciones que manteníamos con las gentes del puerto. Él tuvo que huir a toda prisa en el primer buque que salía en aquellos días mientras yo me camuflaba entre la población y, disfrazado de comerciante de vinos, conseguí abandonar la ciudad. Ése fue el último intento de reavivar nuestra Hermandad de Hombres Libres. Luego mi vida ha transcurrido en los sitios más dispares y he trabajado como artesano engastador de piedras preciosas, oficio que dominé en mi juventud, sin levantar la más mínima sospecha. Así me he mantenido desde hace años.

Sus palabras me dolían. Era duro ver a un hombre en tal estado, y mucho más siendo un masón que había vivido la Hermandad desde sus inicios.

–¿Cómo puedo ayudarle? –le pregunté–. Tiene usted que abandonar este lugar, es insalubre.

–Me queda poca vida, ya he vivido suficiente y mi hora se acerca –dijo el anciano–. Le agradezco de todo corazón sus buenos deseos, pero es mejor que no haga nada si no quiere comprometer su honor por ayudar a este viejo. Mis años me dicen que no sólo ha venido a verme a mí y que otras misiones más importantes le aguardan. ¿Estoy en lo cierto?

–Sí lo está, amigo Charles. Vengo a Madrid para saber de mis antiguos hermanos, pero también para reactivar de modo firme nuestra Hermandad en la corte[16] y conseguir que los intereses ingleses sean respetados de otra forma que como lo han sido hasta ahora. Vengo a despertar las simpatías y favores que pueda conseguir entre

[16] En 1787, según la lista de Grandes Logias Provinciales existentes «en todo el Universo» en España no había ninguna logia activa. En la edición de 1796 sólo hay una en todo el territorio de la península ibérica y era en Gibraltar.

las personalidades políticas para que nuestra amada nación no sea perjudicada en los tratados que el Rey Carlos firme con sus socios europeos. Vengo a convencer a las personas cercanas al Rey para que el libre comercio y la exención de aduanas sean una realidad favorable a nuestros intereses en las colonias hispanas de América.

–Grande es esa ambición, hermano, y complicados los planes. Tendrá usted que utilizar con mucha fortuna la diplomacia y ser largo en sus dineros para conseguir llegar a metas tan altas como le han encomendado. Dígame, ¿con qué fuerzas cuenta y qué hombres le apoyan?

–No quiero engañarle, Charles, pero lo primero era saber de mis hermanos, pues estaba seguro de que ellos me proporcionarían los instrumentos para alcanzar lo que deseo. Comprobado y visto lo que he encontrado, creo que no podré resolver mi misión y tendré que volver a Inglaterra. Es verdad que mi misión cuenta con los parabienes de la Gran Logia y que hay personas influyentes y adineradas detrás de nuestro empeño para aportar lo que sea menester, pero las condiciones, según me cuenta usted, no son nada favorables, y me temo que no lo serán en un buen tiempo. Soy un luchador y no me cansan las dificultades ni los pesares que tenga que soportar, pero entiendo que en la actualidad no es posible que nuestra Hermandad pueda alcanzar predicamento en estas tierras y menos aproximarse a las personas que por sus luces rigen los destinos políticos de este país.

–Creo que se precipita. El que yo haya huído constantemente de las fuerzas adversas a las que me he enfrentado no quiere decir que no las conozca. Si, como usted dice, hay importantes intereses financieros detrás de vosotros, entonces se podrán comprar voluntades y abrir puertas que conduzcan a donde queremos llegar. ¡Ésta era la oportunidad que desde hace tanto tiempo he estado esperando! ¡Por fin podré resarcirme de mis muchos años de sufrimientos y trabajos! Amigo, no todo está perdido.

Diciendo esto, Charles dejó el bastón y se despojó de la andrajosa bata que cubría un traje que fue fino y que aún lucía botonadura dorada.

–Comprenderá usted –continuó– que hasta ahora haya esperado a mostrar la verdad de quien soy. No nos podemos fiar de nadie, y tenía que estar seguro de sus intenciones antes de nada. Los años pasados han servido para enseñarme algo, mi hermano, entre otras cosas a ser muy hábil en el oficio del remedo y del disfraz. Lo que no le conté antes es que la mejor forma de pasar desapercibido la encontré viajando en compañía de bufones y actores ambulantes. Ésos fueron mis mejores años de correrías por este país y el mejor disfraz para disimular mis intenciones. Usted es la parte diplomática de la embajada que también se me encomendó a mí en los tiempos del anterior Rey, Fernando, con la expresa orden de estudiar en lo máximo posible el territorio de este país y rendir cuentas de ello para que nuestra Armada Real conociera todos los flancos y puntos poco guarecidos de sus costas en el caso de que una posterior misión diplomática no tuviera éxito.

–Me sorprenden las noticias que usted me da, Labridge. Mi misión es sólo diplomática, pero compruebo que la Hermandad ata los nudos de la cuerda de distintas maneras, y una de ellas no era en absoluto conocida por mí.

–Comprenda que es lo mejor que se podía hacer. No es que se dudará del empeño que usted pone en vuestra misión, pero el fracaso del anterior comisionado, el Coronel James Montresor, puso en guardia a la Gran Logia, y proveyó los recursos para que ese fracaso no se volviera a repetir. Los intereses que se juega nuestra patria son grandes en este empeño y dos fracasos serían muy inconvenientes y difíciles de justificar.

–Entiendo perfectamente adónde quiere llegar –respondí–, y pliego mis deseos ante tal embajada. Desde ahora cuente conmigo como mejor disponga, que no en vano conoce mejor el terreno y mucho más que yo sabe lo que perseguimos y cómo procurarlo.

–Para empezar, *monsieur*, yo también he adoptado un nombre francés para moverme por estas tierras. Olvide mi verdadero nombre y en lo sucesivo llámeme Pierre Dalcroix. Ése es mi nombre para usted y con el que he sido conocido en los ambientes cortesanos en que me he movido.

Mi sorpresa iba en aumento, y más cuando de un viejo armario, mi anfitrión sacó un rico servicio de vinos. La bandeja era de plata repujada al estilo cordobés y el vino era un exquisito jerez que fue servido en finas copas de cristal de Murano.

–Como puede ver, las apariencias siempre engañan, *monsieur* Leblanc. ¿Quién iba a poder imaginar que dentro de este destartalado armario le aguardaba algo tan delicado?

–Evidentemente nadie se lo podría figurar, *monsieur* Dalcroix. Es usted un maestro en el arte del disimulo.

–Y en otras cosas que irá usted conociendo también, *monsieur* Leblanc.

Volvió a introducir sus manos en el viejo armario y de él extrajo con toda delicadeza una preciosa caja de caoba con tapa guarnecida con incrustaciones de marfil y cantoneras plateadas. La abrió y me mostró dos pequeños pistoletes de viaje.

–De ahora en adelante –me dijo–, éstas serán sus más fieles compañeras y sus más fervorosas amistades. No se separe de ellas nunca y lleve siempre una bien camuflada entre las ropas. Nos movemos en un mundo peligroso y nunca se sabe dónde está el peligro. No son tan rápidas como una buena hoja toledana, pero su carga es mortal de necesidad. ¿Tiene buena puntería, *monsieur* Leblanc?

–Creo que magnífica –respondí mientras calibraba una de las dos pistolas.

–Pues ojalá no tenga que ponerla a prueba, pero si fuera necesario no dude un segundo, pues en el envite se juega la vida. Otra cosa, ¿ha oído hablar de los *Liberi Muratori*, *monsieur* Leblanc?

–Algo he oído de ellos, *monsieur* Dalcroix. Las informaciones que llegan a Londres de toda Europa abundan en el crecimiento de este movimiento italiano que se dice afín a nosotros.

–Veo que nuestro servicio de información sigue siendo eficaz. Nunca dudé de él, pero últimamente estaba empezando a perder la esperanza de continuar con la misión, puesto que tras mis últimos comunicados a Londres nadie se presentaba para cerrar la tarea prevista. Lo que probablemente usted desconoce son los nombres de las personas que pertenecen a ese movimiento –dijo volviendo al asunto principal que él mismo había introducido.

–Bien dice usted, *monsieur* Dalcroix, pues no he sido informado en Londres de tal extremo, aunque me imagino que más por motivos de seguridad que por desconfianza hacia mi persona.

–En primer lugar debe saber que todo lo que hace referencia a Inglaterra no goza en la corte española de buen predicamento. Hace más de veinte años, la imprudencia de uno de nuestros capitanes de fragata puso en jaque y en evidencia al Rey Carlos, cuando lo era de las Dos Sicilias. Ese incidente, que se conoció más tarde como «el incidente de Montemar», humilló de tal manera al futuro Rey de España que nunca perdonó la actitud insolente de aquel oficial, y por extensión la de todos los súbditos británicos. No olvide esto si quiere moverse en la corte con la facilidad y el tacto con que lo hago yo.

–No lo olvidaré, *monsieur* Dalcroix, téngalo por seguro. Es más, ahora comprendo por qué el interés de la Gran Logia en que pasase por un ciudadano de origen francés.

–Prosigamos. Los *Liberi Muratori* forman Logias en Italia con hermanos que buscan la paz y la concordia, pero quieren unirse a los intereses austríacos y no a los franceses. El dominio de España en la mitad de Italia no es bien visto por esta Hermandad italiana. No tengo que advertirle de que nuestros intereses con Austria en contra de Francia son lo bastante importantes como para no desdeñar la ayuda de los *Liberi Muratori* ni su posición, la cual, créame, está bien instalada en los pasillos de palacio.

–Si esto es así, no comprendo el porqué de su prohibición y persecución dictada por el propio Rey Carlos en mil quinientos cincuenta y uno, al parecer instigado por el Papa Benedicto XIV.

–Querido hermano –dijo Dalcroix–. Una cosa es prohibirla en público y otra es permitirla en privado. Los poderes se sirven de alianzas para ser respetados mutuamente y amedrentar con su peso a los que gobiernan. La Corona española es católica y lo ha sido siempre. Su poder sirve para poner y quitar papas, pero también debe obedecer los mandatos de la Curia Romana para mostrar que acepta sus dictados como fiel servidora de la fe en Cristo. La cabeza visible de nuestros hermanos en Italia es el Príncipe de San Severo, pero la cabeza invisible es Bernardo Tannucci y este hombre influye decisivamente en la mente y actos del monarca. Él es el encargado de pasar ordenes precisas y escrupulosamente detalladas tanto a Grimaldi como a Esquilache. Éstos se creen que gobiernan y acumulan poder en este reino, pero sólo siguen los dictados de otra mente que, con total sigilo, no alardea de ningún poder ni acumula bienes exageradamente, pero tiene el mayor don entre sus manos: controlar los designios del poder que rige España, Italia y las colonias americanas.

–No entiendo por qué esta doble moral y este ocultamiento, cuando los fines perseguidos son los mismos aquí y allí.

–Peca usted de cándido, hermano Leblanc. Los intereses de las potencias no son los que se dicen en los parlamentos, ni en los edictos reales ni en cualquier otro sitio en que la opinión sea pública. Los verdaderos intereses del Estado nunca son hechos públicos, y no por cuestión de secretos, sino por todo lo contrario. El verdadero poder nunca está en el trono del Rey. Suele estar con gran frecuencia en el subsuelo de los palacios, en la instigación que todas las fuerzas influyentes hacen sobre la cabeza coronada para conseguir sus intereses. Nosotros, la Hermandad de los Hombres Libres, a diferencia de otras muchas sectas y poderes encubiertos, actuamos a la luz del día, no nos escondemos y respetamos la libertad de credo en cada persona. No somos ni anticlericales ni antirreligiosos. Sabemos que luchar contra esas creencias es perder el tiempo, y el estudio crítico de la Historia así lo demuestra. No hay que procurar la victoria por perseguir por las creencias, hay que ganar la confianza despertada. Y tenga por seguro, *monsieur* Leblanc, que enarbolando la bandera de la comprensión y el progreso sucede que los logros siempre son más suculentos que imponiendo la violencia o cualquier falsa moralidad.

Hacía un rato largo que estaba sentado escuchando a mi hermano, el falso *monsieur* Dalcroix, y me estaba cansando, sentía fatiga. Así se lo hice saber, y él lo comprendió en el acto. Según dijo, eran demasiadas emociones e informaciones para un solo día, pero esperaba que hubiera comprendido la importancia de nuestra misión. Mi labor principal era fomentar los lazos de unión con los *Liberi Muratori* realizando el ritual de la Logia en los palacios a los que tuvieran fácil acceso. La práctica de ese ritual era la mejor forma de influir en las decisiones que tomaran los ministros del Rey para favorecer la postura de nuestra patria, debido a que muchas personalidades y no pocos nobles concurrían a las llamadas de la Logia.

–Descanse tranquilo unos días, que yo me pondré en contacto con usted –me dijo *monsieur* Dalcroix–. No tenga cuidado ni preocupación por encontrarme. Ahora que lo ha hecho cambiaré mi domicilio y dejaré estos andrajos. El momento de nuestro triunfo se aproxima y debemos estar atentos para que éste sea perfecto. Mientras tanto, descanse y recupere fuerzas, que le van a hacer falta.

Me despedí de *monsieur* Dalcroix y salí a la calle.

La tarde era tibia y me apetecía andar. La Plaza de la Platería de Martínez estaba llena de gente. El bullicio del Salón del Prado llegaba hasta la plaza. Allí, más de cien maestros plateros se dedicaban a las labores de engaste y confección de delicadas piezas hechas de metales nobles. Los oficiales atendían a los compradores, en su mayor parte curiosos, y cuando no tenían que enseñar a la gente sus mercancías aprovechaban para trabajar en su obrador. Los había de varias clases, siendo los cinceladores y forjadores los más apreciados y los bruñidores y abrillantadores los más requeridos para realizar encargos particulares fuera del taller. La gente curioseaba alrededor y no faltaban los mendigos, que no se cansaban de pedir limosna a todo el que pasaba a su lado.

Hacia el final del Salón del Prado había una tienda muy peculiar en la que se peinaban pelucas. La tienda era agradable de ver pero se anunciaba con un tufo maloliente. Los cabellos naturales y postizos de que estaban hechas las pelucas eran pegados con harina y goma para guardar su blancura y el brillo se conseguía esparciendo manteca de cerdo por su capa externa. Éste era el olor característico de la nobleza madrileña y de todo aquel burgués que luciera con orgullo su falsa cabellera en cualquiera de los muchos actos públicos de los que tenían lugar en la capital.

Contemplé a lo lejos la silueta de los cinco vanos de la Puerta de Alcalá y me pregunté si algún día la acabaría de hacer Sabatini, que dinero no le faltaba para ello, aunque los dos millones de reales que prometió el Rey nunca llegaban del todo. Con un solo cuerpo y sus cinco entradas, con las pilastras y columnas estriadas sobre el doble zócalo, era como un fantasma que se erguía en la noche para dar cobijo a los embozados y asustar a cualquier transeúnte despistado. Decían que iba a alcanzar más de setenta pies, pero el granito y la piedra de Colmenar acumulados en su entorno no la hacían destacar más de veinte.

No tardé en conocer al Rey; de ello se encargó el hermano Dalcroix. La ocasión se dio en la fiesta ofrecida al Rey de Inglaterra durante la visita que hizo a la corte española en ese año de mil setecientos sesenta y cinco. Mi amigo en España había conseguido sendos tarjetones de invitación en los que figuraban nuestros falsos nombres franceses. El día de la fiesta conocimos por primera vez a Don Carlos III. El Rey era un personaje de escasos cinco pies de altura, robusto, curtido y de nariz ganchuda. Este apéndice afeaba en gran manera toda su fisonomía y servía, por ello, de comidilla en muchos círculos y charlas de taberna. Al acercarse a él destacaba su halo de bondad, no exento de una gracia personal que inspiraba confianza. Su sencillez destacaba por encima de otras cualidades naturales y su palabra era muy respetada en todas las cortes europeas.

–Este Rey es un personaje extraño –dijo Dalcroix–. No le agrada vestir de gala y no son de su gusto los armiños, las pieles, las botonaduras de oro y las joyas. Cuando se ve obligado a vestirlos se nota incomodo y entonces es poco dado a charlas.

En efecto, el Rey llevaba una casaca de paseo de color azul marino, con botonadura sencilla y ninguna medalla en el pecho.

–Otro detalle que dice mucho del Rey –continuó Dalcroix–, de su forma de ser, es la regularidad de sus acciones[17]. Su puntualidad es conocida en todo el palacio. Tiene horror a los cambios, por mínimos que sean.

---

[17] El Rey Carlos III era un hombre frugal y de costumbres regulares en la mesa. Siempre desayunaba dos tazas de chocolate y por almuerzo su dieta era siempre la misma: sopa, un huevo pasado por agua, un trozo de asado, ensalada y una copa de vino dulce de Canarias.

Esto nos beneficiaba, puesto que, una vez entregada su simpatía a una persona o una causa, no la separaba con facilidad. Su jornada comenzaba al rayar el alba y, tras comer en público atendiendo a los más diversos personajes, se retiraba a descansar. Por la tarde, su costumbre inalterable era cazar en los montes del Pardo o en la Casa de Campo. Hiciera el tiempo que hiciera, el Rey siempre salía a cazar jabalíes o venados.

El hermano Dalcroix se movía entre los personajes de la corte con soltura. Todos le conocían por su trabajo de engastador y eso le permitía acercarse a sus clientes, las damas de la corte. Las marquesas le apreciaban y las damas de menos copete acudían a su taller a fin de parangonarse con las grandes de la corte. Trabajo no le faltaba a mi amigo y, relaciones, tampoco. Tanto los nobles como sus mujeres pasaban por su obrador a comprar joyas que a veces terminaban en manos distintas de las de quienes debieran llevarlas. Ese conocer de los secretos de alcoba de los nobles madrileños le daba a mi amigo un ascendente del que bien sabía sacar partido. El caso es que las damas le atendían con afecto, pues más de una vez y a más de una de ellas mi amigo las había sacado de algún apuro prestándoles algún dinero sobre sus mismas joyas. Todas le celebraban y él devolvía sus reclamos con toda clase de lisonjas.

–Observe a ese hombre –me dijo en un aparte–; es fundamental en nuestro acercamiento al monarca en el caso de que fallen los italianos. Se trata de don Carlos Gutiérrez de los Ríos, Conde de Fernán Núñez, gentilhombre de Cámara de Su Majestad. El mismo Conde me explicó, no hace mucho, que el Rey parecía huir de algo que le agobiaba en su interior mediante la reiteración monótona de sus actos. Se comportaba como si, pudiendo hacer lo que quisiera, ocupara todo su tiempo con verdadero horror a no tener nada que hacer. El Conde me sugirió discretamente que los antecedentes de locura en su familia le llevaban a una infatigable sucesión de actos regulados y establecidos de antemano que convertían su vida en una monotonía continua. Era un modo de procurarse una seguridad que, en el fondo, estaba bien lejos de su ánimo. Tan exagerada era esa precisión de la real conducta en lo cotidiano que, sin mirar el reloj pero viendo lo que el monarca hacía, se podía averiguar con exactitud la hora del día. Sus costumbres no variaban. No le gustaba la música, ni el teatro, ni los toros, ni los juegos de azar. Sólo tenía interés por las jaurías de perros en las jornadas de caza, atendidas por cientos de batidores que ponían las piezas en su punto de mira para que él, con poco esfuerzo, las derribara. Sus residencias eran visitadas por orden y siempre siguiendo la misma disposición: en el Pardo desde la festividad de los Reyes Magos hasta el sábado de Ramos; en Aranjuez hasta fines de junio y el resto del año lo repartía entre El Escorial y San Ildefonso. Y así año tras año.

Mientras esto decía no paraba de saludar con la cabeza a gente invitada. Parecía conocer a todo el mundo.

–Recuerdo con detalle –continuó– una de sus conversaciones a las que asistí mientras comía rodeado por sus fieles servidores y por alguno no tan fiel pero que estaba en su cercanía para no perder ripio de lo que ocurría y así poder sacar ventaja. «No cree usted que este año se está retrasando la venida de los patos», preguntó el Rey al Duque de Arcos, compañero habitual de sus jornadas de caza. «Tenga en cuenta Su Majestad que los tiempos no acompañan a que los ánsares vuelen hacia estas latitudes. No hace todavía el suficiente calor para que hagan en nuestro país sus nidadas», le contestó el Duque. «Pues algo tendremos que hacer para calentar la atmósfera, como plantar hogueras por todos los bosques del Pardo». «Si ésa es su voluntad así se hará». «No es para tanto, querido Duque, no es para tanto. También el monarca debe saber esperar los tiempos y tener paciencia en que las tareas se terminen y los frutos maduren. De no ser así, no habría encanto en conquistar la pieza, por más esquiva que parezca».

El incidente no tendría mayor importancia si no fuera porque había una referencia velada a las aventuras, conocidas en toda la corte, del Duque con una famosa cortesana. Amores turbulentos y apasionados que le habían costado al Duque varios miles de reales por los caprichos de la cortesana y la resistencia ofrecida por ésta a la solicitud de que era objeto. Resistencia estudiada para encender más la pasión del Duque y lazarlo con su propia impaciencia. Ciertamente en estas cuestiones, como en otras, el Rey no pasaba una.

Pude comprobar, más adelante, que la bondad del Rey corría pareja con su rigidez, como lo demostró, a pesar del afecto que le tenía, con su hermano el Infante don Luis. Aguantó el Rey que abandonara su carrera hacia el Arzobispado de Toledo para casarse con doña María Teresa de Vallabriga, hija de un titulado pero no de sangre real. Después de su matrimonio sólo consentía en verlo dos veces al año, cuando anteriormente el Infante tenía presencia franca en palacio.

–Leblanc, ¿qué piensa sobre el Rey, ahora que le conoce mejor? –me preguntó de sopetón Dalcroix.

–Pienso que es un personaje curioso de observar, pero se me escapa emitir un juicio, al menos todavía.

Luego supe de él que era un hombre plenamente informado de todo lo que ocurría en su entorno, pero que no dejaba traslucir apenas nada de lo que pensaba. Las resoluciones las tomaba él solo, movido por el sentido del deber, aunque a su lado siempre estaba su fiel Leopoldo, Marqués de Esquilache.

Justo entonces vi al Marqués de Esquilache. Estaba a la derecha del Rey y parecía escuchar las confidencias del monarca.

–Mire, Leblanc –me dijo Dalcroix tomándome del brazo–, ese hombre que escucha al Rey en silencio es el Marqués de Esquilache. Este siciliano, que ha ascendido con toda rapidez a los puestos más próximos al Rey, era contable de la firma Di Berreta cuando el príncipe Carlos fue proclamado rey de Nápoles. Esa firma era proveedora de la Casa Real en la manutención del ejército, y durante el reinado del Rey Carlos en las Dos Sicilias Esquilache se las apañó, movido por su gran ambición, para ser nombrado Administrador General de Aduanas. No acabó aquí su ascenso ni su ennoblecimiento. Fue nombrado secretario de Hacienda[18] después, en mil setecientos cincuenta y cinco, se le concede el título de Marqués de Squillace. Su eficacia era conocida por todos y sus audiencias con el Rey duraban varias horas. Fruto de ellas son los cargos que fue acumulando como secretario de Guerra, Comercio y Marina. Al morir Fernando VI, el Rey Carlos tuvo que venir a España y Squillace no faltó a la cita, embarcándose con el nuevo monarca para administrar el reino de España.

–Sospecho que algo habrán tenido que ver los *Liberi Muratori* en el ascenso fulminante de este hombre... ¿Me equivoco?

–Bastante, pero el Marqués de Esquilache guarda secreto de ello. La simpatía que les tenía era mutua desde sus tiempos de administrador. Él los protegía con sus cuentas y abastecimientos y ellos le correspondían teniéndole informado de todo lo que ocurría en el reino de las Dos Sicilias. La vinculación entre nuestros hermanos italianos y Leopoldo era perfecta y, de paso, Londres estaba perfectamente informado de todo. Ahora nos toca actuar a nosotros, y no podemos fallar. No podemos consentir que se sigan firmando Pactos

---

[18] Carlos III continuó las reformas de su hermano Fernando VI y organizó la Administración española mediante cinco Secretarías: la de Estado o Asuntos Exteriores, la de Gracia y Justicia, la de Hacienda, la de Guerra y la de Marina e Indias. Constituyó seis Consejos y creó doce Capitanías Generales, gobernadas por «virreyes», y treinta y dos provincias, administradas por «intendentes» o gobernadores.

de Familia con Francia, como el firmado en el sesenta y uno. Francia no tiene armada para enfrentarse a nosotros y sus posesiones americanas, aun siendo de considerables territorios, no pueden ser bien defendidas. En cambio, España sí tiene dinero, hombres e intereses para desestabilizar nuestras posesiones coloniales en América. Además –continuó Dalcroix–, sé por buenos informadores que el Rey Carlos está decepcionado de los resultados de ese pacto. La pérdida de La Habana y Manila no agradó nada en la corte madrileña. Luego fueron recuperadas, y aunque Francia le recompensó con la entrega de la Luisiana, Inglaterra había conseguido formar un bloque homogéneo en toda la fachada atlántica del continente americano con la adquisición de Florida, entregada por los españoles, y la conquista de Canadá a los franceses. El tráfico marítimo del Atlántico corría el peligro de ser cortado.

Dentro de mí se iba formando el cuadro perfecto de acción al que era sometido por las órdenes y consejos que recibía de Dalcroix. No había imaginado en ningún momento que ésa fuera mi misión en Madrid, pero las circunstancias se precipitaban a una velocidad que no dejaba tiempo para ninguna otra opción o maniobra. Estábamos solos en Madrid y para mí era vital seguir los pasos de Dalcroix. Sus poderosos amigos alejaban a los espías del Santo Oficio, que eran los únicos que podían dar al traste con nuestra misión. Los *Liberi Muratori* no querían, bajo ninguna excusa, que nadie interfiriera en sus planes, y en este reino eran mayoría. Sólo nos quedaba plegarnos a sus deseos y esperar nuestra oportunidad para ser escuchados con otros argumentos distintos a los suyos.

Ahora, en los comienzos del invierno de mil setecientos sesenta y cinco, los acontecimientos se iban a precipitar de una forma y manera que no estaban previstas por ninguno de nosotros ni habían sido contempladas en nuestras estrategias de Logia.

La reunión había sido convocada para dos días antes de Navidad. A ella acudirían los hermanos pertenecientes a los *Liberi Muratori* presentes en la corte. El asunto a tratar era la iniciación de una persona distinguida.

Dalcroix y yo mismo preparamos la sala para la reunión con todo lujo de detalles. Conocíamos los gustos de nuestros hermanos y las nuevas costumbres adquiridas en estas tierras españolas. Pese a que aún había luz del sol las velas no faltaban para que la reunión se dilatase todo el tiempo que se creyera conveniente. Los mandiles estaban preparados, y los tres velones listos para ser prendidos. El altar, en

Oriente, esperando ser ocupado por el Venerable Maestro. Bajo él, la piedra cúbica con su martillo y cincel que tocarán todos los presentes. A la derecha, la silla del Gran Maestre de Logia, y a la izquierda la silla del Hermano Secretario. El resto de la sala estaba ocupado por sillas, que marcaban un cuadrado. Cada una de estas sillas portaba un par de guantes para los trabajos en Logia. En el centro estaba el cuadro distintivo de la Logia, vuelto del revés hasta que los trabajos comenzaran. Paralelo a él, a la derecha del altar y en su atril, el Libro Sagrado cerrado. Sobre sus guardas, la escuadra y el compás colocado en la posición justa y perfecta; como marcapáginas, la cinta y la plomada para guardar la rectitud en los trabajos. Abriendo la sala, las columnas esperando ser traspasadas.

–Caballeros, todos los aquí presentes son reconocidos como hermanos por nosotros.

–Son reconocidos como tales –contestó la voz del Primer Vigilante del Templo.

–¿Hay alguno que quiera alegar algo o se encuentre indispuesto y quiera abandonar la sala antes de dar comienzo a nuestros trabajos y pasar al terreno del que no se puede volver atrás?

–El silencio se escucha en ambas columnas, Venerable Maestro –contestó el Primer Vigilante.

–Con un golpe de mallete doy por iniciada esta reunión, y cedo la palabra a los hermanos para que se expresen con libertad y abran sus corazones en confianza y en la presencia de sus hermanos masones en Logia.

El primero en hablar fue Jerónimo Grimaldi, nombrado Secretario de Estado después de su embajada en París.

–Conocéis de sobra, queridos hermanos, mi postura frente a los deseos del Rey –empezó–. Seguiremos aumentando nuestro poder sin que nuestra fe sufra quebrantos. La defensa de las regalías reales nos beneficia a nosotros más que a nadie. Tengo buenas noticias para todos vosotros. El Consejo de Castilla, que como bien sabéis estaba en manos de los tradicionalistas, vasallos de los jesuitas, va a pasar en breve a manos del Conde de Aranda. Este hombre nos es fiel y sus simpatías hacia nuestra causa son más que evidentes. Él no quiere más alianzas con Francia, quiere un acercamiento a Inglaterra, al igual que nosotros. No hay dinero para malgastarlo en guerras absurdas apoyando a los franceses. El poder y la gloria van de la mano de la corona británica. En ella están nuestras esperanzas y en ella nuestra conquista del poder y riqueza. Cerca del Conde de Aranda estará un hombre de mi entera confianza, Pedro Rodríguez de Campomanes, fiscal de lo civil en el Consejo de Castilla y también próximo a ocupar un más alto puesto dentro de ese Consejo.

–¿Cuál es la actitud de don Manuel de la Roda, Secretario de Gracia y Justicia? –preguntó un hermano a Grimaldi.

–En todo momento favorable –contestó Grimaldi–. Conocéis mi postura, expresada en otras reuniones de Logia, pero la refrescaré, porque observo entre nosotros a un nuevo hermano inglés, traído a esta reunión por el hermano Dalcroix. Don Pedro Rodríguez ha publicado recientemente su *Tratado de la Regalía y Amortización*, y en este Tratado hay una idea clara: Dios constituyó los reinos mundanos y puso a sus soberanos al frente de ellos con una absoluta y perfecta potestad en todos los asuntos temporales. Podréis comprender que esta idea ha sido inspirada por gentes próximas al Rey y enemigas del poder de la Iglesia. Nuestra concepción crítica de la historia y la política de defensa de los criterios que benefician a nuestros intereses están enfrentados a los criterios mantenidos por los tradicionalistas. Esa gente apoya la defensa del patriotismo vulgar sobre la verdad de la razón, y la exaltación apologética de la nación para defender sus puestos y enseñanzas va mucho más allá que una mera lucha de posiciones políticas. Es una lucha total y su finalidad es desbancar a los jesuitas de su poder para terminar expulsándolos de este reino. El hombre libre no necesita de ningún lector que lea por él el Libro Sagrado, y mucho menos que lo interprete para su propio beneficio. Esta postura interpretativa es contraria a los criterios de la razón y la daña por la cantidad de supersticiones y temores a que se ve sometida.

–Bien dicho, hermano –manifestó otro de los presentes–. Compaginar Fe y Ciencia no es difícil cuando se aceptan los principios de la moral natural. La comprensión del mundo no debe hacerse nunca apoyándose en estructuras dogmáticas y deductivas, sino en estructuras lógicas e inductivas. El dogma religioso, en nuestros tiempos, sólo ha demostrado su validez para aprisionar a los hombres y llenarlos de supersticiones con las que sojuzgarlos, y por ello la piedad del pueblo está cargada de ignorancia. Las imágenes a las que adora hace tiempo fueron impuestas por la Curia Romana para someter a los ignorantes, previo pago de un diezmo a cambio de la realización de sus deseos. Este mercado tiene que acabar y nosotros estamos aquí para ello. El dinero que revierte en las arcas vaticanas sólo sirve para fomentar mayor vicio y corrupción en esa gran prostituta que es la jerarquía. Los obispos en sus diócesis deben racionalizar el culto y explicar que el poder procede directamente de Cristo y no de la Curia papal. Los párrocos en sus parroquias deben ser el centro de la vida social y religiosa de las comunidades rurales, y la participación de cada ciudadano en los asuntos eclesiásticos debe ser directa y sin temor a ninguna represalia. La razón que nos asiste a todos es el guía y mentor de todas nuestras acciones, inclusive de las espirituales. Las ceremonias y rituales cargados de boato y las falsas creencias, fomentadas por los tradicionalistas, van en contra de la austeridad moral y el rigor en la fe que defendemos nosotros.

Fue entonces cuando mi amigo, al que aquí también conocían por Dalcroix, se levantó para afirmar que debería conseguirse un control estricto de la Inquisición para que dejara de molestar y perturbar los trabajos de los hermanos, así como su labor de proselitismo entre los sectores de la población más afines a nuestro ideario. La Iglesia Católica no debía de tener la absoluta potestad de censar lo que estaba bien y mal para el común de los hombres, cuando ella había demostrado a lo largo de la historia que no tenía ningún reparo en encenagarse totalmente en su participación ególatra en los asuntos mundanos, olvidando con harta frecuencia su misión espiritual. Así pues, proponía que se trabajase con presteza en la consecución de un total control político de la Iglesia, desamortizando sus bienes y tierras por su nula productividad. Esta vejación al país no traía más que retraso, incultura y supersticiones por todos lados inútiles para el progreso y el desarrollo de los hombres. La inmunidad de que gozaba el clero frente a las leyes civiles debía terminar. Había que prohibir que los curas especulasen con el dinero obtenido de los fieles para vivir en barraganía y comprar tierras que sólo servían para conceder posteriores favores a los que se habían plegado a sus intereses y bajezas.

A continuación, el Venerable Maestro, con un golpe de mallete anunció que se iba a pasar a votación a fin de comprobar nuestra aceptación de las mociones presentadas. La votación se realizó por el procedimiento de mano alzada, siendo afirmativa por parte de los presentes con excepción de un voto. Éste era el del Gran Maestre, Marqués de Esquilache.

–Queridos hermanos –dijo el Marqués después de la votación–. Sabéis cuántas son las interferencias que tenemos que soportar y cuán arduos son los trabajos que nos esperan hasta ver conseguidos nuestros objetivos. No nos arredran ni las unas ni los otros. La paciencia que hemos tenido hasta ahora tiene un límite y éste se ha alcanzado. He votado en contra porque estamos siendo demasiado lentos en el cumplimiento de nuestros objetivos y prueba de ello es que con esta propuesta nos comprometemos a procurar lo que está prácticamente conseguido. Los clérigos y los tradicionalistas, encabezados por los jesuitas, ya no son un enemigo poderoso para nosotros. Están controlados y pronto tendréis excelentes noticias al respecto del control de su poder. La expulsión de nuestros enemigos está muy cercana. Ahora, lo que yo deseo que comprendáis es que ha llegado el momento de que se cambien las costumbres en el pueblo. Debemos atrevernos a conducirlos por el camino de la libertad y del progreso. Yo ya he tomado las iniciativas para ello. El Rey no tardará en aprobar un paquete de medidas que le he propuesto al respecto, entre otras un cambio de indumentaria que prohíba las capas largas y los sombreros de ala ancha. No olvidéis mi lema: partamos de lo simple para conquistar lo difícil. No es la primera vez que me habéis escuchado esta petición, pero ahora me he decidido a ello y os lo comunico para que me prestéis toda la ayuda que os tenga a bien solicitar.

El murmullo en la sala fue interrumpido por el golpe de mallete del venerable Maestre.

–Hermanos –habló ahora el Primer Vigilante–, ¿tenéis algo que anunciar o mostrar con vuestras reprobaciones? Podéis hacerlo después de mi golpe de mallete, si el Gran Maestre no se opone a ello.

El Gran Maestre manifestó su aprobación con el signo habitual de la mano.

–Hermanos –dijo don Francisco de Sabatini, que hasta el momento no había hecho uso de su derecho a la palabra–, me opongo a esta medida porque los usos y costumbres del pueblo son muy difíciles de cambiar. Sirva de pequeño ejemplo el rechazo que han tenido las farolas que mandé instalar en Madrid para alumbrar la noche y hacer más habitable la ciudad. El populacho las arranca de sus lugares porque no quieren que se reconozca a quienes cometen tropelías y actos de bandidaje nocturno, de manera que los alguaciles no pueden controlar estos desmanes. De la misma forma, todos conocéis el arduo trabajo que vengo desempañando para sanear esta ciudad. No nos permiten continuar con el empedrado de las calles. Es bastante difícil llevar a la práctica las Reales Ordenanzas dictadas por el Rey, como puede confirmar Teodoro Ardemans, sentado entre nosotros, para intentar tan sólo regularizar las conducciones de agua y evitar la humedad de las casas que habitan los madrileños, origen de pestes y enfermedades. Tampoco hemos podido impedir que las calles principales de la ciudad sean una pocilga en la que se mezclen en ruidosa batahola animales, coches de tiro, montones de basura y personas que pretenden circular por ellas. No hemos conseguido que se aireen las estancias y, como podéis comprobar, las ventanas están cerradas en todas las casas y palacios. ¿Sabéis por qué? Yo os lo diré: es preferible respirar el aire malsano del interior que el hedor putrefacto del exterior, eso si con buena suerte no os caen en la cabeza, si os place asomaros a la ventana, las inmundicias arrojadas a la calle por cualquier vecino. Los alarifes a mi cargo no dan nunca su jornada por acabada de tantas inspecciones que deben realizar en los corrales de madera para que ésta se mantenga en buen estado, pues grande es el gasto que origina su pudrición y peor aún el derrumbe de las casas construidas con ellas. Podría seguir, hermanos, pero no deseo cansaros con mis quejas. Ya las conocéis, y es por eso por lo que me opongo al cambio de indumentaria solicitado por nuestro Gran Maestre. ¡Si no hemos conseguido cambiar lo más íntimo, cómo vamos a poder trastocar lo más externo! Este pueblo vive para ser visto y ver a los demás en la calle. Sus ropas e indumentaria no son producto de una moda. Las llevan así para ocultar sus vergüenzas. La mayoría de ellos no tienen otra cosa que ponerse. Tapan con la mayor de las dignidades su pobreza, pero no pueden hacer lo mismo con su incultura, y ésta, queridos hermanos, es fomentada todos los días en beneficio de los que no quieren que nada cambie para seguir dominándolos: los representantes de la Curia Romana. Antes, hay que fomentar la educación, basada en principios de utilidad, y dar la posibilidad a este pueblo a expresarse con entera libertad, porque ahora mismo el analfabetismo hace estragos en él. Ésa es la mejor forma de cambiar sus hábitos y costumbres.

El Gran Maestre retomó la palabra:

–Hermanos, bien ha hablado el hermano Sabatini. Él conoce sobradamente las costumbres de esta ciudad. Pero yo os digo que hay que tener valor y hacer este cambio con urgencia. Los españoles se adaptarán a él como se adaptaron a la lotería. La lotería significó para ellos la conquista de la ilusión. José Pella, hombre de mi confianza, se encarga de su administración y él ha sabido conseguir dinero siguiendo mis consejos, pues no sólo las arcas reales se han recuperado, sino que también nosotros hemos sabido sacar beneficio del más de medio millón de pesetas obtenido en los pocos meses de su funcionamiento. La Lotería ha sido todo un éxito a pesar de que también hubo oposiciones y reticencias. El pueblo sólo necesita ser ilusionado con cambios. Siempre se opondrá a ellos porque la costumbre pesa, pero una vez que se le muestra sus beneficios se olvidan con rapidez los hábitos anteriores. Además, debéis comprender las ganancias que esta medida puede atraernos. De Italia, al igual que lo hizo Pella, vendrán otros hermanos llamados por mí para determinar, por orden del Rey, el cambio obligatorio de indumentaria que se debe efectuar. En un principio yo estoy obligado a significarme, pero no os preocupéis: sabré salir airoso una vez más. Después nuestras arcas de Logia y nuestros bienes particulares tendrán significados aumentos, pero sin que se nos pueda acusar de nada. Como fieles servidores del Rey sólo cumplimos sus órdenes. Hay otra medida que tampoco debéis desdeñar. Para aplicar estas nuevas normas es necesario un mayor número de alguaciles y una policía, inexistente hasta ahora. Yo la dotaré para que sus efectivos cumplan con su deber, pero sólo a mí me obedecerán. Imaginad por un momento cómo vamos a poder controlar y perseguir a los tradicionalistas bajo la excusa de hacer cumplir una normativa que, sobre todo, nos beneficia a nosotros.

Grimaldi pidió la palabra y le fue concedida.

–Hermanos, no debemos retrasar más este asunto. Recordad que el hermano Tannucci, desde Italia, ya ha asesorado por carta al Rey para que se muestre favorable a este cambio. Aunque algunos de vosotros penséis que es pronto para él, no es así mi opinión. La gran mayoría de las damas de la corte, convenientemente asesoradas por nosotros, no hablan de otra cosa en sus reuniones, pareciéndoles los usos y costumbres de los españoles poco refinados y toscos. Ésta es la primera batalla que debemos ganar, pues no hay varón que se precie que resista los encantos de una mujer, y en las sábanas del tálamo ellas saben muy bien llegar a la conciencia del amado y cambiar, manipular y tergiversar sus opiniones por más adversas que éstas puedan ser.

Después de esta intervención el silencio se hizo en la sala de Logia y el Venerable Maestro entendió que no había más opiniones que manifestar. El asunto pasó a ser votado y su aprobación fue por unanimidad y por ovación de tres palmas en honor al Gran Maestre por la excelente defensa y luz que había ofrecido a los presentes, yendo mucho más allá de las exiguas propuestas iniciales.

Mi momento estaba próximo. Ya había mantenido diversas conversaciones con los *Liberi Muratori*, mis hermanos italianos, sobre las intenciones que me habían traído hasta Madrid como comisionado de la Gran Logia de Londres para buscar su apoyo a fin de lograr un mayor favor en los asuntos de mi patria.

Las simpatías y apoyos se habían dado desde el primer momento, pero ahora debía exponer oficialmente mi postura en la asamblea de la Hermandad. Ahora tenía que utilizar toda mi capacidad de convicción para persuadir a la asamblea y a los poderosos hermanos que se encontraban ese día en ella. Era la asamblea extraordinaria de diciembre, de la noche de San Juan invernal. No habría otra de la importancia de ésta hasta el inicio del verano, cuando la fiesta del otro San Juan marcara la apertura de trabajos para el siguiente año masónico. Yo lo sabía, y mi oportunidad estaba allí presente. Miré a Dalcroix y él me sonrió. Nuestra hora había llegado.

A una señal del Venerable Maestro me puse en pie.

–Hermanos –dijo el Venerable Maestro–, entre nosotros se halla una persona, conocida por algunos de vosotros, que ha venido con una misión muy concreta que va a pasar a exponeros. Es extranjero, como la mayoría de nosotros, y sus intereses deben ser atendidos como nuestra Hermandad exige. Cedámosle la palabra.

No era usual hablar desde la tribuna del Orador, el oficial de Logia que hace guardar la ley masónica, pero en esta ocasión fui invitado a hacerlo. La misión que traía a estas tierras así lo requería.

–Hermanos, algunos de vosotros ya me conocéis, pero ésta es la primera oportunidad que tengo de dirigirme a vosotros bajo el compás. Mi nombre verdadero es John Lewis, pero vosotros me conocéis por *monsieur* Leblanc. Traigo cartas cifradas que acreditan mi rango masónico y mi condición, así como la naturaleza de mi misión en estas tierras. La Gran Logia de Londres desea un acercamiento de la corona inglesa a la española. Estos dos países no pueden seguir siendo enemigos en las tierras europeas ni en los mares atlánticos. Los Pactos de Familia con los franceses dañan los intereses de las dos coronas y se han mostrado inútiles y poco satisfactorios para ambas. A Inglaterra no le conviene una guerra prolongada ni un desafío constante a sus ejércitos ni a su Armada. Es conocida la superioridad en los mares de la Armada británica, pero Inglaterra no desea emplearla contra España. Estoy comisionado para proponer un gran pacto entre los dos reinos. El tratado de Utretch puede ser rectificado y Gibraltar ser devuelta a vuestras posesiones. Los privilegios de la Corona británica en América pueden ser modificados. La política internacional atlántica necesita de nuevas alianzas, libres de las ambiciones y deslealtades de intereses inconfesados como los manifestados por la reina Isabel de Farnesio, deseosa de colocar a su progenie en los mejores puestos posibles sin importarle con quién se alíe para conseguirlo. No me interpretéis mal, hermanos. No es un pacto humillante el que quiere propiciar la Gran Logia de Inglaterra, es un acuerdo entre hermanos para evitar inútiles y costosos derramamientos de sangre y cuantiosos gastos que sería mejor y más decente destinar a otros fines que acerquen al hombre a su progreso. Portugal es aliada de Inglaterra y seguirá siéndolo. Su ministro, Pombal, sabéis que es de los nuestros. Aunemos esfuerzos y unamos los destinos de las dos coronas en un empeño por hacer de las colonias americanas el espejo de nuestros ideales. Os propongo con todo mi empeño y la fuerza de la Gran Logia inglesa que influyamos en la voluntad del Rey Carlos para conseguir un nuevo pacto entre ambas coronas. Si esta consecución no fuera posible, pues algo sé ya del ánimo contrario del monarca hacia Inglaterra, os propongo influir y conseguir la neutralidad entre las dos coronas. Esta postura sería gratamente contemplada por la corona inglesa y fundamentaría la base para renegociar los tratados internacionales firmados y los que habrán de firmarse, partiendo de posturas bastante favorables a los intereses españoles.

El silencio reinaba en la sala, y mis emociones estaban encontradas. Por fin había podido exponer con toda claridad mi embajada, y en aquel momento me di cuenta de la envergadura de mi misión y el trabajo realizado por Dalcroix en todos aquellos años. El asunto que nos ocupaba era peliagudo y escabroso. Tal vez, el tiempo de la comprensión no había llegado y los intereses y posturas contrapuestas superaban los deseos de la Gran Logia. El silencio seguía aprisionando mi espíritu y la sala de reuniones.

El Marqués de Esquilache pidió la palabra para contestarme. No me importaba en ese momento lo que dijera, lo importante era que hablara, que alguien dijera algo, fuera lo que fuera.

–Hermanos –comenzó Esquilache con toda calma–, ya conocíamos la embajada de nuestro hermano y hemos intercedido por su cumplimento, pero ardua es la tarea que se nos propone. No negamos su importancia, ni los beneficios que para nosotros podría reportar su buen desarrollo. En este asunto el Rey es muy reacio a escuchar cualquiera de mis consejos, ni tan siquiera con preámbulos le puedo hablar de este tema. Él pone por encima de todo la cuestión de la sangre y, desde ese punto de vista, la política de alianza con Francia no es discutible. Al revés, según sus palabras, es la unión de Francia y España la única forma de frenar el expansionismo inglés. Escuchada vuestra propuesta, tanto yo como Grimaldi, desde nuestras Secretarías, lucharemos por ella, pero no quiero, hermano John, que os hagáis ilusiones. El asunto es mucho más difícil y complicado de que lo podéis colegir, pero tened por seguro que la Gran Logia Inglesa es escuchada en esta casa y desde ahora trabajaremos por atenderla. Mañana mismo enviaré carta a Tannucci para pedir su consejo y proponerle que influya él a su vez en la mente del Rey para avanzar en vuestra propuesta. Él cuenta en Italia con armas poderosas para pactar con Austria una neutralidad. Los apoyos de la Curia no son difíciles de encontrar, ya que Clemente XIII nos debe grandes favores y puede haber llegado el momento de recordárselos, y también de ver la forma de humillarle contrariando su actitud de protección de los jesuitas, firmes defensores de las alianzas con Francia.

El Venerable Maestro pidió permiso a la asamblea para levantar los trabajos de ese día y cerrarlos.

–El silencio reina en ambas columnas, Venerable Maestro –dijo el Primer Vigilante.

Tras las tres vueltas de rigor, los signos sobre el cuadro de Logia y la reclamación de que la Sabiduría reine en nuestros trabajos, la Fuerza los culmine y la Belleza los adorne, se apagaron las tres luces y todos marchamos hacia el cuarto de pasos perdidos, situado en occidente, dando por terminada la reunión de Logia.

En el banquete que sucedió a continuación de la tenida, la simpatía mostrada por los *Liberi Muratori* hacia nosotros no dejó ningún lugar para dudas ni falsas suspicacias en cuanto a lo tratado en la reunión y a los propósitos de las pocas resoluciones que se acordaron. Ellos mismos me emplazaron en la cena para que escribiera a la Gran Logia y trasladara el resultado de la reunión y sus acuerdos. Igualmente se solicitó a la Gran Logia un pliego de condiciones con propuestas precisas para poder ver la manera de hacerlas viables. El buen ánimo reinaba entre los presentes y yo me sentía optimista.

–Leblanc –dijo Dalcroix–, ha estado usted brillante. Su exposición ha sido clara y concisa, pero no se le habrá escapado que el Gran Maestre ha sido muy circunspecto en su respuesta.

–No conozco lo suficiente a Esquilache –le respondí– como para conocer su estado de ánimo a partir de una breve observación.

–Usted se tiene que dar cuenta de que las ambiciones de don Leopoldo superan en mucho a sus intereses con los *Liberi Muratori*, nuestros hermanos. Le avisé hace tiempo de que sus ideales son magníficos pero que le falta aprender del mundo para ponerlos en práctica.

–No entiendo qué me quiere decir, Dalcroix.

Apartándose un poco de los demás y llevándome con disimulo a una de las esquinas de la sala, comenzó a hablar en inglés, lo cual me sorprendió, pues no hablábamos habitualmente en ese idioma con el fin de estar libres de cualquier sospecha. Enseñándome un viejo plano de Inglaterra y señalando un punto cualquiera en él, me dijo:

–Sígame la corriente, como si habláramos de geografía, pero no haga ningún gesto de sorpresa. Si hablo aquí es para que sepa y reconozca con quién está tratando. Don Leopoldo funciona en la corte a los dictados de Tannucci, que es el verdadero conductor de la mayoría de los hilos que se mueven en palacio. La Reina madre Isabel lo sabe y no deja de decírselo a su hijo. La política no puede ser llevada por una persona alejada de la corte, y además nunca le cayó bien a la Reina madre.

–Eso ya lo sabía yo –le respondí.

–Pero lo que usted no conoce es que se dice por Madrid que la mujer de don Leopoldo, doña Pastora, es la amante del Rey. Es más, se cree que el último de sus hijos no es de don Leopoldo, sino del propio monarca. A eso se deben las canonjías y privilegios que tiene concedidos para todos los de su estirpe. Don Leopoldo lo sabe y calla, pues su poder no proviene de él, sino de su esposa. Ésta le deja hacer, pero le controla de firme.

A pesar de que había sido avisado de algo parecido no pude por menos que enarcar las cejas por las noticias que recibía.

–Leblanc, le previne de que no mostrara sorpresa –insistió Dalcroix–. Los hilos que ha visto moverse aquí esta noche no dependen de las personas que los han querido tejer. Su papel es sólo de meros administradores. El verdadero poder está en manos de Tannucci, en primer lugar, y después en las de la reina madre Isabel, entre las piernas de doña Pastora y en los pechos de Fernanda, la criada-amante de don Leopoldo, a quien tiene dominado hasta unos límites que no se puede usted imaginar. La truculencia y lascivia de sus relaciones ha costado el puesto a numerosos servidores de la casa del Marqués.

–Recuerdo haber visto a Fernanda en un par de ocasiones, pero no me pareció que su poder fuera tal como usted lo afirma.

–¡Leblanc, despierte de una vez! –me dijo Dalcroix–. Desde que el mundo es lo que es, el sexo y el engaño es quien lo gobierna. Lo demás son nada más que disfraces ocasionales, apariencias pasajeras. Hay muchas personas, como usted, que creen firmemente representar un papel y defender unos intereses. Pero ¿a quién representan esos intereses? Nunca se nos dice cuáles son los beneficiarios últimos de nuestras acciones. Usted no se cansa de ponderar a los filósofos del progreso, y eso está bien, pero otra cosa distinta es creerse que ellos pueden hacer mover el mundo.

Mi sorpresa iba en aumento. Nunca antes había escuchado manifestarse de esa manera a Dalcroix. Yo sabía que había unos intereses sobre todas las cosas, pues hasta el mudo escribiente necesita de papel y tinta para escribir, y éstos no surgen de la nada, sino que tienen que ser comprados o costeados por alguien. Lo que no me imaginaba era la complicada maraña de intereses que se movía en Madrid, a nuestro lado, todos los días, sin que yo tuviera la más mínima conciencia de ello.

–Leblanc –continuó Dalcroix–, don Leopoldo cuenta con muchas enemistades en la corte. Eso no es nada anormal, pues los que creen ejercer el poder son verdaderos patanes en su intento y él no es ninguna excepción. El problema es que los *Liberi Muratori* no cuentan con las simpatías de demasiada gente. Sus juegos están a punto de ser descubiertos y se conocerá la naturaleza de sus intereses. Los jesuitas cuentan con un poder que hoy aquí se ha menospreciado. La ambición de los italianos, como se les llama en círculos restringidos de la corte, está haciendo que descuiden tareas fundamentales. El más peligroso de todos ellos es el Marqués de la Ensenada. Creen tenerlo controlado, pero no saben el poder y las conexiones que tiene con otros nobles alejados de la corte pero con grandes intereses en posesiones agrícolas, mayorazgos y bailías. Don Zenón de Somodevilla se reúne con frecuencia con don Miguel de Múzquiz, don Gregorio Muniain y don Luis Velázquez, Marqués de Valdeflores, y todos ellos están preparando en secreto la sustitución de don Leopoldo. Le dejan hacer y él solo se está poniendo el lazo de su propia horca.

Conocía a todos aquellos caballeros nombrados por Leblanc y me costaba creer que estuvieran preparando una conjura. Conocía sus intereses a favor de Francia y contrarios a Inglaterra, pero no los creía con el poder suficiente para ensombrecer a Esquilache.

–Por otra parte, los tradicionalistas tampoco se están quietos –continuó Dalcroix–. El clero está muy descontento y azuza al pueblo a que se levante. Don Leopoldo les ha arrebatado la percepción del excusado y el subsidio, dos importantes prerrogativas que administraba la Iglesia y que les han sido arrebatadas para conseguir mejores usufructos. El descontento de prelados, canónigos y párrocos es notorio y a él presta oídos sordos don Leopoldo. Él es extranjero y cree poder hacer aquí en España lo mismo que hizo en Nápoles, pero las diferencias son gigantescas.

Sobre la mesa, medio encubierto, estaba el *Diario Noticioso* de Francisco Nipho. En él se informaba escuetamente con paradojas y adivinanzas de la alarma de los madrileños ante la carestía del pan, que había subido en pocos años de veinticinco maravedíes la pieza de dos libras hasta cuarenta y ocho. Dalcroix notó mi atención a ese detalle y me dijo que luego hablaríamos de ello.

Fuimos reclamados para el triple brindis final que cerraba el ágape y, mientras bebíamos sujetando la copa con una fina servilleta de lino, no podía dejar de pensar en lo que Dalcroix me había dicho. Ahora me parecía fantasmagórica, irreal y sumamente mezquina toda aquella reunión. Los intereses que se cruzaban en ella no eran expresados en público. Sólo buenas palabras y falsa cortesía eran el aglutinante de aquellas gentes, a quienes yo llamaba mis hermanos pero a los que en realidad no conocía de nada. En Gibraltar, en cambio, nos conocíamos todos, y cuando alguien quería defender sus intereses mundanos lo decía con claridad para que ninguno de los presentes se sintiera engañado. Otro tanto ocurría en Menorca. Las logias de allí eran militares y su alcurnia y caballerosidad dejaban el honor fuera de toda duda. La acción era directa y simple con ellos. No había doblez, sino camaradería, amor por el servicio y plegamiento obediente a unos ideales que pretendían hacer progresar el mundo y, sobre todo, mantenerlo en paz. Aquí, en Madrid, no me parecía encontrar esos ideales iluminando el trabajo de las Logias, ni tampoco la cabeza de los que a ellas pertenecían. Mi meta era firme, pero mi pensamiento dudaba. ¿Hasta qué punto podría seguir fiel a la Gran Logia de Londres y seguir conservando mi cabeza sobre los hombros?

Abandonamos la sala y el palacio. Las altas horas de la noche eran escasamente iluminadas por las pocas farolas que aún estaban encendidas. De paso en nuestro carruaje vimos a varios alguaciles arrancar pasquines de las paredes de las calles. Al hacerlos eran increpados desde las sombras por oscuras siluetas que gritaban en su huida: «¡Fuera los extranjeros!».

–Malos tiempos se avecinan, Leblanc –dijo Dalcroix–. Esto que acaba de ver sólo es un ejemplo del descontento general que cunde entre la población. No se puede aguantar más la miseria. Los salarios son cortos, por lo general no exceden de ciento treinta y seis maravedíes, lo que no les llega ni para tres piezas de pan, y lo mismo ocurre con el aceite y el tocino. Si no tienen ni para comprar pan, ¿cómo van a soportar los cambios anunciados por Esquilache? Cuando lo más esencial no lo pueden conseguir, cualquier cosa les amotina, cualquier lengua suelta les solivianta y cualquier habladuría de barrio puede transformarse en tumulto. El precio del grano está demasiado alto. Don Leopoldo ha liberalizado su precio, esperando que el libre comercio aminore su carestía, pero no lo ha conseguido, y además él se embolsa buenas sumas de la importación de trigo siciliano. Éste sí que realmente llega al mercado, pero muy encarecido. El de producción interior no se vende porque no hay carreteras para transportarlo, y cuando las hay sucede que el intervencionismo municipal de abastecimientos no lo deja llegar allí donde más se necesita. De las faltriqueras repletas de dinero de los italianos vienen las panzas vacías de la gente y el acicate de los nobles hispanos para hacerla levantisca.

Nos quedamos en silencio. Al poco, un suspiro salió del pecho de mi amigo:

–¡Malos tiempos, Leblanc, malos tiempos para exponer su embajada y peores para ser atendida! ¡Ojalá no sea demasiado tarde!

* * *

Habían pasado dos meses. La primavera asomaba su brillo por el horizonte cada mañana, los días se alargaban, la gente salía más a la calle, los chulapos y chulapas eran como un enjambre de moscardones, todos azuzándose a la búsqueda de algo que llevarse a la boca o que hurtar para sus pequeños. Madrid bullía por todas partes en descontento.

Esquilache, como había anunciado en la Logia las pasadas Navidades, estaba intentando imponer la nueva moda. ¡No tenía bastante con todo lo que tenía! ¡Era insaciable, lo quería todo! La gente protestaba y huía de los alguaciles y sastres que intentaban detenerlos por ir vestidos como siempre lo habían hecho. La noche no era nada segura en la capital y las veladas en casa de Dalcroix se alargaban hasta el amanecer.

–Leblanc, hoy tenemos invitadas especiales a cenar –dijo Dalcroix, que esa noche me había invitado a cenar en su casa como solía tener costumbre los jueves de cada semana–. Se retrasan porque no hay dama que lo sea que no se pase muchas horas en su tocador arreglando su compostura para resaltar más su hermosura, y éstas lo son, de verdad que lo son.

Una vez más Dalcroix me sorprendía. Sin embargo, no estaban mi humor ni mi espíritu para tales esparcimientos. Pasaban los días y no había ninguna noticia de mi embajada. Siempre había excusas, siempre palabras enmarañadas que simulaban enredos y sucesos urgentes que atender cuando en el fondo no había nada que ofrecer.

–Amigo –repuse–, hoy no estoy de humor para aventuras galantes. Me temo que mi embajada es un completo fracaso, y mi estancia no se puede prolongar mucho más. Mis rentas se terminan y no puedo seguir abusando de su hospitalidad. Le ruego me disculpe si no atiendo la sin duda amable compañía que me está proporcionando.

–No se preocupe del dinero, Leblanc. Procure pasar placenteramente los días, que de lo demás ya me encargo yo. El placer de las damas es muy conveniente al espíritu, que un par de ojos garzos hacen más bien al alma que muchas doctrinas severas. Recuerde su contento anteayer en la ópera. Me pareció que disfrutó usted mucho, y hoy le pregunto yo: ¿cómo se llamaba aquella morena de la que no apartabais los ojos? Ésa es la sorpresa de esta noche. Vuestro cerebro siempre está ocupado con las teorías de Rousseau, Montesquieu o Diderot, gentes aburridas quc ven la vida a través de sus antiparras pero que no saborean nada de ella. Sus ideas huelen al polvo acumulado en los libros. Hay que divertirse, hay que amar.

Me disponía a contestar cuando unos golpes en la puerta anunciaron la visita. Las damas eran hermosas en verdad, pero un poco desaliñadas. Por mucho que quisieran disimular se notaban las prisas y las ropas prestadas para deslumbrar más, para cobrar más. Tras los saludos de rigor, Dalcroix no perdió demasiado tiempo y se retiró con Jacinta, que así se llamaba una de ellas, a su dormitorio. La otra dama me miraba, deseaba ser amable: me servía vino, me acercaba las pastas, me mimaba.

–No tenga cuidado –le dije–. No es un buen día para mí y temo que le decepcionaré, pero no se preocupe que cobrará usted lo acordado. Dígame, ¿cuál es su gracia?

–Eugenia, señor.

–Y si puede saberse, ¿cuál es su interés en este oficio?

Su mirada me interrogó con unos ojos grandes de color negro cuya profundidad era insondable.

–Le podría contar cualquier mentira, pero me cae usted bien, extranjero. Mi interés en este oficio es sólo dar de comer a mi hija, y para ello no dudo en vaciar cualquier bolsa de caballero pudiente que se arrime a mi falda.

–Lo mismo que intenta hacer conmigo, pues mi copa no está vacía ni un segundo.

La dama se ruborizó, y eso me produjo más turbación aún de la que tenía. La muchacha, que más edad no le correspondía, no sabía ni siquiera disimular. Realmente su necesidad debía ser grande para llegar a este extremo.

Me levante y me dispuse a pagarle. No quería perder más tiempo con ella, ni que ella lo perdiera conmigo. Su hija la estaría esperando y yo no sería un obstáculo esa noche para que ambas estuviesen juntas.

–Tome y márchese. No merece la pena que alarguemos más esta situación absurda.

–Se lo agradezco, pero no puedo marcharme. Aunque me vea usted tan necesitada yo también tengo mi orgullo. ¿Seguro que un caballero como vos no quiere de mis servicios?. Puedo complaceros sin apenas esfuerzo para vos –dijo la muchacha insinuándose y rozando su lengua en un movimiento circular sobre los labios pintados–. ¿Seguro que no quiere que le ame a la francesa?, muchos caballeros lo prefieren antes que un lance de los de siempre.

–No muchacha, y de veras que te lo agradezco, no tengo el cuerpo ni el ánimo para carantoñas. Date tu dinero por bien ganado, que en otra ocasión muchacha tan bella no me pasara desapercibida. Por mí puedes irte, te lo agradezco.

–No, mi amigo –dijo ahora asustada–. Permitidme que me quede aquí con vos. Podrían detenerme antes de llegar a la esquina, si es que logro llegar siquiera a ella.

–¿Y cómo es eso? ¿Tan mal están las cosas?

–Mal no están, están peor cada día –me contestó[19].

–Pues yo la acompaño, señorita.

Y diciendo esto me levanté a recoger mi capa y sombrero al estilo español, pues Dalcroix ya me había prevenido de que usara esa vestimenta para pasar desapercibido si salía por la noche.

---

[19] Desde diez días antes había tumultos por Madrid a causa del precio del pan y de las medidas indumentarias dictadas por el gobierno de Esquilache. Ya antes, en Zaragoza, se habían producido tambien tumultos que reventaron después, el día seis de Abril, con el conocido como «motín de los broquelaros» que fue reprimido primero por los «broquelaros» (paisanos armados) y después por los Regimientos de Caballería de Españas y de Dragones de Sagunto. Hubo 300 heridos, 200 presos y seis muertos. Días después fueron ejecutadas 12 personas.

–No lo haga, caballero –dijo la muchacha–, su vida podría correr peligro. Usted es extranjero y por lo tanto nadie le puede proteger en la calle.

–De eso me encargo yo, no se preocupe.

Abrí el armario y de su cajón inferior extraje el par de pistolas que me había dado Dalcroix. Ella, al verlas, se atemorizó, pero cuando observó que me las guardaba en la bocamanga del cobertor sonrió y se prestó a salir a la calle.

En la madrugada, iban y venían a las iglesias las vendedoras de palmas. Curiosa tradición la de este pueblo: no tienen para lo más imprescindible pero nunca pierden su ánimo de fiesta. Siempre mezclan lo sagrado con lo profano, que hace a lo uno bajar y a lo otro subir, igualándose ambos en un fiel que no glorifica pero tampoco desvirtúa. Cuando no podían conseguir la palma, un hatillo de humildes flores o de hierbas del campo bastaban para iniciar la romería en búsca de un sacerdote que las bendijera. ¡Siempre el clero, el omnipresente clero! Delante de mí iba un grupo de gente, calle arriba, camino de la iglesia de Santa Cruz, cerca de la Plaza Mayor. Todo eran risas, todo eran bailes y chirigotas. La fiesta lo requería, y aunque, como había visto ya otras veces, las manolas y chisperos se transformarían en caretas rígidas y llenas de dramatismo en la procesión, ahora todo era distinto. Este pueblo es así, y así había conquistado América. ¡Nadie podría decirlo viéndolos ahora!

A ese grupo se unieron otros que subían por Lavapiés y Maravillas. Entre ellos había gentes que repartían pasquines de tono ofensivo. No quise leerlos, pues hacerlo me delataría, ya que casi nadie sabía leer. De las tabernas salía más gente, se formaban corrillos y los gritos no dejaban lugar a dudas: «¡Abajo Esquilache, mueran los extranjeros!». Me detuve en la calle Atocha, evitando seguir a los alborotadores. Al punto dejé a la muchacha en su casa, que estaba al lado, en un chiscón donde la esperaba una hermana chica que se había quedado al cuidado de su hija. Intenté volver por el mismo camino. Demasiado tarde. La improvisación y la incoherencia hacían agitarse a las gentes por fuera de cualquier plan, la violencia podía estallar en cualquier momento. No había cabecillas, sólo agitadores, mucho enfado y hartura por todos lados. Unos soldados aparecieron en la plazuela de Antón Martín. No iban a reprimir, sino que pasaban casualmente por allí, pero eso fue la chispa que encendió la yesca seca del desánimo y la impotencia. Los embozados hicieron alarde de su vestimenta y los soldados echaron mano a sus armas. Todos eran iguales, todos estaban en el mismo bando, no había diferencias, sólo expectación y duda. Los unos frente a los otros, mirándose, desafiándose. Nadie cedía el paso, nadie se movía.

Un niño gritó con fuerza: «¡Madre, tengo hambre!», y ése fue el resorte mágico que encendió la llama. Un grupo se dirigió hacia la casa de las Siete Chimeneas. No encontró a Esquilache en su palacio y, tomándose la justicia por su mano, forzó estancias, quemó escaleras, apuñaló cortinas, rompió cristales, desvencijó armarios y destrozó todo lo que encontró a su paso. Otro grupo se encontró de frente con el carruaje del Duque de Medinaceli según salía de su palacio y le conminó a que regresara a él si no quería ver su vida en peligro. La chusma estaba alterada y al grito de algunos se encaminó hacia el Real Palacio. Allí les pararon los *guardias de corps* al mando de su jefe el Duque de Arcos. Los amotinados querían que el Rey conociera sus peticiones. El Duque les conminó a retirarse, asegurándoles que el Rey atendería sus peticiones. Ahí les dejé. Yo volví a casa de Dalcroix desde el Palacio Real.

–¡Dalcroix! –grité mientras golpeaba la puerta de su casa–. ¡Abra, se lo ruego! ¡Despierte! Los sucesos que están ocurriendo son graves. El pueblo está en las calles. ¡Puede ocurrir cualquier cosa!

–Cálmese –respondió mi anfitrión, que salió a abrirme envuelto en una bata de noche. Por sus trazas se veía que el tumulto no sólo estaba en la calle, sino también en su alcoba. Al fondo se oían las risas de su amiga–. La situación se controlará por sí misma. No tienen fuerza. Sólo son unas docenas de hombres.

–Se equivoca usted –le repliqué–. Esto es más serio de lo que supone. Ya no aguantan más. Se han desbordado los límites. Quieren la cabeza de Esquilache. Los italianos han llegado a su fin. No hemos sabido estar a la altura de las circunstancias. ¡Todo ha terminado!

Mi amigo me hizo pasar y cerró la puerta tras de mí.

–¿Qué pasa, mi amor? ¿Quién es a estas horas?

La voz de la cortesana se oía empastada por el jerez. Cerca del sillón se veían tirados corpiños y refajos cerca de unas medias blancas que indicaban el camino a la alcoba.

–No es nada, Jacinta. Espérame, que vuelvo enseguida.

Mi amigo me sirvió dos copas de coñac mientras yo le contaba apresuradamente lo que había visto en las calles.

–Leblanc, cálmese –dijo ofreciéndome una copa–. No es la primera vez que don Leopoldo se enfrenta a la chusma. Sabe controlarla y tiene todo el apoyo del cuerpo de guardia. Esto no es más que una vulgar escaramuza de gente con ganas de divertirse un buen rato y, si pueden, de robar y asaltar más a gusto que otras noches.

–Pero si no ha quedado una farola en pie en Madrid –le insistí–. Las intenciones son claras. Sólo queda atrancar puertas y ventanas y dejar pasar las horas.

–Leblanc, coma usted algo y descanse. Mañana todo habrá terminado.

Pensé que era prudente hacer lo que me decía. No podía salir de nuevo a la calle, pues mi propia pasión me delataría. Me acosté, pero a altas horas de la madrugada de aquel Lunes Santo unos ruidos de tumulto me despertaron de repente. Las gentes se dirigían a palacio. A pesar de los consejos de Dalcroix, volví a salir a la calle. No podía estar en casa, tenía que saber lo que ocurría.

La Guardia Valona era el muro inexpugnable en el que rebotaba la turba. Todos eran extranjeros. El gentío no olvidaba que ya habían cargado contra ellos en la boda de la infanta María Luisa. Allí me encontré al Conde de Priego. Me dijo que si por él fuera se debería utilizar la fuerza y dispersar a la muchedumbre. Sería cuestión de un par de horas. Me contó que el Conde de Revillagigedo y el Marqués de Sarriá se habían opuesto al empleo de la fuerza, que consideraban justas las peticiones de los madrileños y que así se lo habían hecho saber al Rey. Al parecer, el monarca les había hecho caso y se evitó una matanza. Sin embargo, las gentes esperaban todavía delante de Palacio.

–¿Cuáles son sus peticiones? –le pregunté al conde de Priego.

–El destierro de Esquilache. Sólo quieren ministros españoles en el Gobierno. Piden la disolución de la Guardia Valona, la rebaja del precio de los comestibles y la anulación de las órdenes sobre capas y sombreros.

–Y el Rey, ¿ha accedido?

–Sí. Y creo que es un error. Ha mandado que se impriman pasquines con esa noticia. El Rey quiere que la población se entere pronto.

La gente de Madrid seguía esperando. Un murmullo sordo indicaba la tensión. Todo el mundo miraba al balcón principal de Palacio. Al punto, poco más allá de la once, se abrió el balcón segundo de la cámara, inmediato al gabinete del despacho personal del Rey, y salió Don Carlos III a saludar a la multitud para ratificar con su presencia lo que decían los pasquines con su edicto que los alguaciles iban pegando ya por las paredes.

Horas más tarde, la procesión de la Virgen del Rosario, organizada por los dominicos, se dirigió al Palacio Real. Delante de la fachada principal se cantó la Salve y el Lunes Santo terminó sus horas.

* * *

El carruaje se desplazaba lentamente camino de la frontera. Mi misión había fracasado. Los *Liberi Muratori* no eran lo que parecían ser. La Gran Logia de Inglaterra se movía entre ideales especulativos alejados de la realidad de los pueblos. Tal vez algún día la Masonería ayudaría a la Humanidad a progresar, pero en aquel otoño de mil quinientos sesenta y seis no lo podía hacer. Los intereses mundanos de los hombres pesan mucho y sus pasiones pesan aún más. El mundo no se mueve por ideales, sino por intereses y conveniencias. Sin embargo, son los filósofos quienes hacen progresar a la Humanidad. La educación es fundamental para conseguir la libertad, y ésta no es un ideal imposible, es una idea al alcance de nuestra mano. Por ello sigo siendo masón y lo seré toda mi vida, pues, aunque sea sólo con mis escasas fuerzas, no desestimo poder aportar concordia a las relaciones con los otros hombres y paz para que el entendimiento sea posible.

Ahora, mucho tiempo después, cuando repaso mi vida, releo con parsimonia aquel pasquín ofensivo que no quise leer el Domingo de Ramos en Madrid.

Yo, el gran Leopoldo primero,
Marqués de Esquilache augusto,
Mando en España a mi gusto
Y mando a Carlos tercero.
Hago en los dos lo que quiero,
Nada consulto ni informo;
Al que es bueno lo reformo
Y a los pueblos aniquilo;
Y el buen Carlos mi pupilo,
Dice a todo: «Me conformo».

Hoy me pregunto: ¿pensó alguna vez Esquilache que Madrid era algo más que un Nápoles sin mar?

3

La guerra contra el francés. 1808

Las dos masonerías

Unas manos cubiertas por guantes blancos me colocaron dos monedas sobre los párpados entrecerrados y a continuación me anudaron un pañuelo negro alrededor de la cabeza cegándome del todo. Sentí la oscuridad sobre los ojos y maldije para mis adentros la hora en que había aceptado sumergirme voluntariamente en aquella absoluta negrura. Hacía mucho calor. Era una noche de verano y las gotas de sudor que resbalaban desde mi frente iban empapando la tela que me tapaba los ojos.

Los que me colocaron la venda, dos hombres que vinieron a buscarme en un carruaje, habían parado a las nueve de la noche frente a la pensión donde vivía, cerca del puerto. Fueron rigurosamente escuetos a la hora de revelar sus intenciones y después de cegarme me sacaron, medio en volandas, medio a rastras, por la puerta. El modo en que los mozos me izaron por las axilas, sus rostros impenetrables y marcados por varias cicatrices y la fuerza que se adivinaba bajo sus ropas me indicaban que su verdadera profesión no debía de tener mucho que ver con la monotonía del pescante. Yo había visto muchos personajes como aquellos pululando alrededor de los grandes hombres y los poderosos, protegiendo sus familias y sus haciendas y, de vez en cuando, quebrando algunas piernas en cualquier callejón oscuro, de modo que no opuse resistencia. Además, aunque hubiera querido pedir auxilio, nadie me habría oído en la casa, pues a aquella hora todos habían salido.

Los dos hombres me condujeron hasta el coche que aguardaba en la calle. Uno de ellos abrió la portezuela y su compañero me sujetó frente a ella. Desde el interior, la voz surgió distante y ceremoniosa:

–Ha llegado el momento, Mateo. Tal y como se os dijo, ha llegado el día señalado. Espero que estéis preparado. Pasad y sentaos.

Yo, Mateo Céspedes estaba, por fin, delante de la masonería española[20]*. La portezuela se cerró con estruendo y el látigo chasqueó sobre las grupas de los caballos, que partieron con un tirón seco y desagradable. Ni una sola palabra se pronunció durante el trayecto. Yo sabía que la masonería española se debía a los franceses*[21] *y que ahora estaba perseguida de nuevo*[22] *y que debía de ser discreto en mis preguntas, al menos de momento. A punto estuve de decir en una ocasión el nombre de mi acompañante, pero me contuve y me concentré en el sonido que desgranaban los lugares por los que estaban pasando con la esperanza de reconocer alguno de ellos. Al principio no resultó difícil, pero al poco el carruaje comenzó a caracolear por callejuelas silenciosas, despejadas a horas más tempranas de lo común debido a los desórdenes de aquellos días. Unos minutos después, la rosa de los vientos se había marchitado en mi cerebro.*

---

[20] La masonería estaba prohibida en España desde 1738 por resolución de la Inquisición y prohibida también en 1751 por Fernando VI. De la misma manera el Rey Carlos III mantuvo la prohibición como ya había hecho en su época de Rey de Nápoles. Antes aún de que la Inquisición hubiera tenido tiempo de prohibirla, el Duque de Wharton fundó en 1728 la logia de Las Tres Flores de Lys o Matritense. Fue, además, la primera logia fundada fuera de las Islas Británicas y al año siguiente fue reconocida por la Gran Logia de Inglaterra pero en 1768 desapareció de su registro porque llevaba demasiado tiempo inactiva. El papel de la masonería en la España del XVIII se reduce a la presencia aislada de masones extranjeros (Capítulo 2 de la presente obra).

[21] La Masonería llegó a España de forma definitiva con la invasión francesa de 1808. Napoleón no perteneció a la Masonería, pero fomentó la Orden en su Imperio y casi toda su familia estaba integrada en diversas logias, incluido su hermano José, designado Rey de España como José I. La supresión de la Inquisición en 1809 permitió la aparición de una serie de logias integradas por miembros del ejército francés y dependientes del Gran Oriente de Francia. La participación española se limitó a los llamados afrancesados, partidarios del Rey José I y fundaron otras nueve logias en Madrid, Almagro y Manzanares agrupadas en la Gran Logia Nacional de España. Esta Masonería Bonapartista constituyó una forma de control político y todas las logias desaparecieron después de la retirada francesa en 1813, pero su relación con los invasores franceses le valió a la Masonería la oposición de los sectores patrióticos, aún coincidentes en muchos aspectos con sus postulados, a la vez que su carácter reformista le supuso la antítesis de los tradicionalistas.

[22] En 1812, las Cortes de Cádiz prohibieron de nuevo la masonería, así como después Fernando VII. Con el breve paréntesis del trienio liberal (1820-1823), la masonería fue prohibida y perseguida hasta el triunfo de la revolución de 1868.

Tras un recorrido interminable, el carruaje se detuvo con estrépito en algún lugar que, según la tradición, sólo debía ser conocido por los Hijos de la Viuda. Unos brazos me asieron con fuerza y me arrastraron fuera del asiento. Nada más poner los pies en el suelo advertí que el terreno que pisaba, como el del resto de la ciudad, era casi un barrizal, pero a los pocos pasos mis botines caminaban ya sobre piedra, lo que señalaba la existencia de un palacio o, al menos, del cuidado casón de un comerciante. Uno de los dos guías del carruaje me conducía con rudeza hacia la puerta amarrándome de un brazo. Tropecé en el primer peldaño de unas escaleras, pero los demás casi ni los toqué empujado por la fuerza bruta del forzudo. Luego, un soberano apretón me indicó la necesidad de no moverme del sitio. Detrás de mí pude oír un breve cuchicheo y, más tarde, unos pasos que se acercaban. Con las venas de la cabeza a punto de estallar por la presión exagerada de la venda, rogué para que el guía se mostrara esta vez un poco más delicado. Entonces, una mano muy distinta a la del hombretón cogió la mía al tiempo que se oían tres golpes graves, secos y acompasados sobre una puerta.

Quien abrió a los visitantes ya sabía que yo no podría verlo. De otro modo, jamás hubiera salido a la media luz del zaguán con el extraño atuendo que llevaba, que más tarde tendría ocasión de ver muchas veces: una casaca de hilo negro que le llegaba hasta las corvas, unos pantalones y medias calzas del mismo color, así como unos guantes inmaculadamente blancos y un mandil también blanco bordado en rojo y oro. Dio la bienvenida a los recién llegados y nos guió por un falso itinerario de estancias durante un buen rato. Me dio la impresión de haber caminado más de una legua hasta que, de pronto, nos detuvimos ante una puerta.

Una vez acreditadas ante mis acompañantes las condiciones de ser hombre, ser libre y tener buenas costumbres, escuché el giro de un picaporte de alpaca y sentí cómo otras manos igualmente enguantadas desanudaban la tela que me tapaba los ojos y me empujaban suavemente hacia el interior de una negra habitación. Los pliegues de la venda se me habían incrustado en las sienes. Resentido por la presión, me froté con las palmas de las manos a ambos lados de la cabeza para procurarme alivio. Me quedé sentado en el taburete al que me habían empujado, con los codos hincados sobre los muslos y con los párpados firmemente cerrados, consciente de que sobre mis pómulos se estaban hinchando las marcas, quizás sangrantes, que me habían dejado los cantos de las monedas. Por un momento dudé. Tal vez aquello había llegado demasiado lejos.

–Ahora, los metales. ¡Ponedlos sobre la mesa! Daos prisa, Mateo.

Todavía aturdido y medio ciego, dirigí el rostro hacia la voz que tras el embozo de la capa se había expresado con tanto apremio, iniciando una sonrisa de camaradería que quedó a la mitad. Aunque sabía perfectamente quién era el dueño de aquella voz, por el trato recibido no tenía ninguna certeza sobre el modo en que podía terminar aquel asunto, así que me levanté, no sin esfuerzo, y me hurgué en silencio los bolsillos. A mi derecha, la llama de una vela señalaba el lugar donde debía de estar la mesa. A tientas, alargué el brazo y dejé sobre la superficie de madera la faltriquera con el dinero y también el medallón, recuerdo de mi madre, que siempre llevaba conmigo.

–Las hebillas también. Las de los pantalones y las de los zapatos Y quitaos también esa medalla que lleváis en la solapa –se refería a la medalla al valor por mi presencia en la batalla de Bailén, que siempre llevaba encima–. Aquí no os van a servir de nada.

Me sobresalté. Humillarme no entraba en mis planes, y desprenderme de aquella medalla, símbolo de mi arrojo en la batalla, era lo más parecido a inclinar la testuz y permitir que de ahí en adelante hicieran conmigo lo que les viniera en gana. Tras unos segundos de indecisión en los que valoré tanto mi fuerza de voluntad como mi capacidad de resignación, el gesto imperioso de mi acompañante hizo que la pieza cayera de la solapa y fuera a unirse con el resto de los objetos.

–Mala cosa es el orgullo –sentenció la voz mientras me agachaba para destrabar las hebillas–. Mucho mejor es la humildad; incluso para el poderoso. Pronto os daréis cuenta de ello–. No creáis que por ser vos quien sois tendréis preferencia o se os eximirá de alguna de las pruebas que os tenemos reservadas. Y tampoco olvidéis que las reglas que rigen el mundo profano no tienen ningún valor una vez se han traspasado estos muros. La vida que hoy comenzáis tiene su precio, y seréis vos quien tendrá que estimarlo para que se compruebe si sois o no un hombre libre y de buenas costumbres digno de recibir la luz.

«Luz, justo lo que yo necesito», pensé mientras me seguían escociendo hasta las niñas de los ojos.

–En esta habitación en la que os encontráis pasaréis las próximas horas –continuó imperturbable la voz–. Es una cámara de reflexión. Entre estas paredes haréis un repaso de lo que ha sido vuestra existencia hasta hoy y sobre esta mesa, en este papel, responderéis a las siguientes tres preguntas. La primera, ¿qué crees que te debes a ti mismo?; la segunda, ¿qué crees que debes a los demás?; y por último, ¿qué crees que debes al Gran Arquitecto del Universo? –la voz

hizo una pausa intrigante y continuó–: Sólo respondiendo con el corazón podréis dar el siguiente paso. Ahora os dejo. Manteneos firme, pensad con honestidad, y pronto conoceréis el veredicto. Recordad que soy el padrino de vuestra iniciación. No me defraudéis y manteneos en absoluto silencio hasta mi regreso. Una voz, una queja, pueden quebrar todo el proceso.

La advertencia se desvaneció después de que el acompañante recogiera la última de las piezas metálicas y antes de que se cerrara la puerta de la pequeña habitación de paredes, suelo y techo negros. Sólo la cadencia de los pasos que se alejaban sirvió de despedida.

Estaba emocionado, asustado e indignado a la vez y mi capacidad de concentración, bastante menguada en estos momentos, me llevaba mentalmente de un sitio para otro. No lograba fijar mi atención. Era una sensación similar a la que había sentido otras veces, antes de entrar en combate. Sabía que, como en la batalla, en cierto momento mi mente se quedaría en blanco, vacía de todo contenido, sólo pendiente de un grito, de un movimiento. Todos mis músculos se tensarían y, a la vez, quedarían distendidos, como un gato antes de saltar sobre su presa. Efectivamente, al cabo de un rato ya no había ningún ruido, no sentía nada, mi mente ya no estaba inquieta, sólo expectante, pero lejos, muy lejos, del lugar donde en aquel instante me encontraba, lejos de aquella cámara de reflexión en la que había sido introducido por el Hermano Terrible.

* * *

Después de los sucesos de Madrid del día 2 de Mayo[23] los franceses actuaron con una saña inusitada. Yo, como Teniente de Artillería,

---

[23] El General Murat, Duque de Berg, entró en Madrid el 24 de Marzo de 1808. El malestar de los madrileños contra la ocupación francesa en general y contra los modos de Murat en particular fue creciendo con los días. El 2 de Mayo, cuarenta días después, el Teniente de Artillería Rafael Arango fue el primer oficial que, presentándose en el Parque de Artillería de Monteleón, dio las ordenes a los artilleros disponibles en el acuartelamiento, dieciséis, para que prepararan armamento y munición para revista y maniobra. Con él estuvieron los Capitanes del Arma D. Luis Daoíz, D. Pedro Velarde, el Secretario de la Junta Económica del Arma de Artillería que entró al mando de 37 escopeteros, y D. Juan Nepomuceno Cónsul seguidos por el subteniente Carpegna que entró en Monteleón con una Compañía de Granaderos Voluntarios. Las unidades francesas de ocupación, varias compañías de la División Westfalia que mandaba el General Lefranc, bajaron por la calle de Fuencarral hacia el Cuartel de Monteleón a fin de ocuparlo por asalto después de exigir, pretendían, la rendición de la tropa acuartelada en su interior.

estaba destinado en el flanco izquierdo del puente de Alcolea, a las órdenes del capitán Barreyro, en el Regimiento del Coronel Echavarri estacionado allí para defender Córdoba[24]. Los hombres llevaban varios días acampados y se notaba en el ambiente las ganas de entrar en acción. Habían llegado noticias de Madrid y había entre nosotros una furia mal contenida que provocaba frecuentemente incidentes por pelea entre nuestras propias fuerzas, porque era mucha la tensión y la espera ya se nos hacía casi más incómoda que la marcha. El calor era asfixiante y los pesados uniformes de franela hacían mas daño que una coraza ardiente. En ese ambiente febril, en que se mezclaban por igual las ganas de entrar en combate con el miedo a morir, podía pasar de todo. Los hombres pasaban de la euforia al decaimiento en pocos minutos y a veces el ánimo de las tropas, un espíritu invisible que se pasea bajo las lonas, caía igual que el sol ascendía en un cielo tan seco como la tierra en que dormíamos. Por esos altibajos de peleas, canciones, modorra y miedo no todos mis soldados estaban con el ánimo alzado para aguantar la próxima pelea y mi obligación era precisamente la de mantenerlos despiertos y con la moral a punto ante lo que presumíamos que iba a ser el ataque inmediato de los franceses. Mis soldados se enardecían contándose entre ellos las noticias de Madrid[25].

Los días transcurrían, a pesar de todo, con una calma asfixiante que gastaba los ánimos más que el mismo combate. Parecía que el aire se había quedado quieto; no se movía ni una brizna de los hierbajos que bajo nuestras botas aguantaban el continuo ir y venir de la tropa.

---

[24] Napoleón había dispuesto que el General Dupont, con el *Deuxime Corps*, saliera de Cádiz donde estaba desde la primavera a fin de proteger a la escuadra de Rosilly que se había refugiado allí después de la derrota de Gibraltar y subiera hacia Madrid. Dupont atravesó Andalucía y avanzó hacia Córdoba donde se enfrentó a los españoles en Alcolea. De la victoria francesa resultó el arrasamiento de Córdoba. Es propiamente el primer hecho de armas de la guerra de 1808-1812.

[25] El pueblo de Madrid se había levantado en armas contra los franceses el día 2 de Mayo. El día anterior, domingo, el General Murat, acompañado por su Estado Mayor se dirigía al Paseo del Prado a fin de pasar revista militar a las tropas francesas, que los madrileños tenían por de ocupación. Al atravesar la Puerta del Sol la comitiva del Duque de Berg fue increpada por los vecinos y comenzaron disturbios que fueron creciendo en violencia y extensión a lo largo de la noche. A la mañana siguiente, Murat ordenó desplegar por Madrid baterías de artillería ligera para controlar las calles principales y eso, unido a los piquetes de granaderos que deshacían los corrillos de vecinos, llevó a un alzamiento general de los civiles a partir de los episodios del Cuartel de Monteleón.

Las rodadas de los carros y los cañones dejaban sus señales en la tierra reseca como si de venas huecas se tratase. Por esas venas pronto correría la sangre y todos lo sabíamos. Y lo temíamos.

Pese a la preocupación que sentían mis hombres, y en especial los más jóvenes, no todo era mesura y, tal vez para disimular el miedo, sucedía que las chanzas y las bravatas de los compañeros de infantería eran el pan nuestro de cada jornada. Y así entre juegos de cartas y botellas de vino que se escondían al paso de los sargentos transcurrían las horas de una espera que para muchos era temible. El sudor de los hombres empapaba los uniformes pero no se sobreponía, en su olor, al tufo acre del miedo que exuda el cuerpo cuando se tiene por cierto que la vida peligra y la boca sabe a metal muy frío. Poco a poco, las mulas de transporte comenzaron a mostrarse más inquietas. No era señal de falta de comida, que alimento tenían sobrado y el aspecto de las caballerías era lustroso. Su inquietud provenía sin duda del instinto animal, que les anticipaba la pronta tragedia.

Se había reunido un gran número de voluntarios, más de quince mil, según me dijo el capitán Barreyro, a los que había que sumar más de mil veteranos formados en tres batallones que había venido de Cabra[26]. Con estas fuerzas el puente de Alcolea era prácticamente inexpugnable, o al menos eso creíamos nosotros. Teníamos la moral alta, y el tiempo nos servía bien por cuanto el cielo estaba despejado al punto de procurar una excelente visibilidad tan excelente que permitiría detectar cualquier operación de acercamiento de las tropas francesas. Todo estaba bajo control, al menos aparentemente.

Por aquel entonces yo no conocía, en campaña, la técnica de ataque desplegado de los franceses. El capitán Barreyro me dijo que acometían siempre como la punta de una lanza y que, por ello, nuestra principal defensa consistía en no perder la línea, que debía afirmarse a cada poco rellenando los huecos de quienes fuesen cayendo heridos. Una advertencia que nos hizo a todos los oficiales a su mando, al fin y al cabo era él quien más había peleado con los gabachos, fue del peligro que suponía para nuestras tropas la excelente agilidad y movilidad de las tropas francesas sobre el terreno. Los franceses marchaban mucho más deprisa que cualquiera otra tropa regular y eso, unido a una muy rápida capacidad de maniobra, las convertía en las mejores

---

[26] Los voluntarios de Cabra, a cuyo frente iba Rafael Lagunero, un antiguo alférez de Caballería, se incorporaron a las tropas del Coronel don Pedro Pablo de Villacañas. Traían sesenta y ocho caballos y provisiones. Fueron prácticamente diezmados en la batalla del Puente de Alcolea.

tropas regulares de Europa, muy superiores a las inglesas, las más disciplinadas y mejor instruidas en el orden cerrado. Ante esas tácticas de operación no quedaba más remedio que desplegar nuestras baterías artilladas en un semicírculo de al menos sesenta grados, que era la única forma de abatir el peligrosísimo hostigamiento francés.

Todo llegó de repente. En la mañana del 7 de junio de mil ochocientos ocho, la columna frontal francesa al mando del General Dupont se nos echó encima. Sus batallones, con un frente de cuarenta y ocho hombres, parecían imbatibles. Iban delante los tiradores, flanqueándolo por ambos lados patrullas de apoyo formadas por tiradores. Nuestras tropas no pudieron contener aquella marea humana de hombres y balas. No teníamos tiempo, según se acercaban, para cargar las baterías, y por más que disparábamos, cuanto más lo hacíamos más se arrimaban a nuestras líneas. Las sangre fluía por todos lados. Nuestras bajas eran cuantiosas y empezábamos a retirarnos. La punta de lanza formada por las columnas enemigas no retrocedía ni se veía mermada. Por cada soldado caído otro ocupaba con rapidez su puesto sin retroceder, pese a la profusión de balas y metralla que les propinábamos. Los flancos del puente cedían, hasta que no pudimos resistir más. El toque de retirada sonó en mis oídos como una melodía tristísima.

Los franceses vengaron sus bajas de manera terrible, pasando a cuchillo a toda la población de Córdoba. No se salvó nadie, no se hicieron prisioneros. El saqueo fue sistemático y la sed de sangre, insaciable. Durante nueve largos días no dejaron piedra sobre piedra, ni casa en la que entrar, ni mujer a la que violentar, ni iglesia a la que profanar. Se llevaron quinientos carros de pertrechos y obras de arte, incluyendo numerosos jarrones de plata y relicarios de oro. La industria cordobesa de la plata quedó arrasada. Nada les parecía bastante. Ni una gota de vino quedó en las barricas y toneles, ni un puñado de trigo que guardar en las alforjas, que todo ardió o salió en las carretas de los franceses.

Era terrible comprobar nuestra impotencia al ver en la lejanía las columnas de humo subir hacia los cielos en aquella tarde en que el pesar ahondaba en nuestro ánimo con más profundidad y mayor tajo que el producido por la mejor de las espadas mamelucas de los jinetes franceses. Nuestra retaguardia pudo recoger en su apresurada retirada a algunos cordobeses que habían huido de la *razzia*. El miedo les marcaba arrugas en la cara, el dolor hundía sus ojos en las mejillas y la mirada, pérdida, no encontraba respuesta en ninguno de nosotros. Un puñado de manteca seca y un mendrugo eran todo nuestro ofrecimiento para reponer unos cuerpos que se habían quedado sin alma.

Ellos lloraban y se lamentaban en silencio. No maldecían, sólo se volvían para ver el humo que salía de lo que fueron sus casas. Su vida se quemaba con ellas. Nosotros no podíamos hacer nada. Sólo reagrupar nuestras fuerzas y retirarnos.

La noticia de la derrota levantó en armas a muchas localidades de los alrededores. El valle alto del Guadalquivir y toda la Sierra Morena y el sur de La Mancha eran un hervidero de gentes descontentas. No tenían apenas armas, sólo los aperos de labranza, pero querían salir al combate aunque siquiera fuera armados con la rabia y el coraje. Era digno de ver cómo los lugareños de Santa Cruz de Mudela, Montoro, o Valdepeñas se reunían en juntas y no paraban de someter sus juicios a la asamblea común. Todos los pasos, las gargantas, los recodos de los caminos, lugares que conocían como la palma de las manos, se señalaban una y cien veces como sitios propicios para emboscarse contra los franceses. No había descanso, sólo sed de venganza.

Lo más importante era romper las comunicaciones de las líneas enemigas. No hubo grupo de franceses que no fuera incordiado, atacado y, a veces, diezmado. La consigna no era otra que «¡Muerte al francés!» La noche era la mejor aliada de estas partidas sin mando ni organización y las oquedades del terreno su mejor trinchera. No se olvidaba el crimen de Córdoba. Entre los veteranos más experimentados del ejército francés cundió el temor. Sólo les quedaba una opción: la retirada hacia el norte, y cuanto antes mejor.

Mientras tanto, desde Sevilla ascendía un batallón de veinticinco mil hombres bajo las órdenes del General Castaños, nombrado a tal efecto por la Junta de esa ciudad y ratificado por Saavedra, su Presidente. A estas fuerzas se habían unido varias unidades inglesas que desde el campo de Gibraltar, desde San Roque, se habían unido a los restos del ejército español en Andalucía. Ese grupo subía a marchas forzadas hacia Carmona, para converger con el grueso de las tropas españolas acantonadas en Utrera que era más que ciudad un vasto campo de instrucción en esos días.

Dupont, que seguía al mando del ejército francés en Andalucía, se dio cuenta del daño, en principio pequeño en bajas pero constante, que estaban sufriendo sus tropas desde el momento en que tenía prácticamente cortadas sus comunicaciones con Madrid. Los correos franceses eran sistemáticamente interceptados por los guerrilleros andaluces y manchegos, de manera que los oficios con sus órdenes caían en manos de nuestra oficialidad y con ellas el detalle de la estrategia francesa, y eso era lo grave. Tanto que Dupont estaba prácticamente encerrado en Córdoba. En Madrid estaba el General Murat, que no podía reforzar las tropas de Dupont pese a las continuas peticiones de éste, porque tampoco a él le llegaban refuerzos. Dupont se dio cuenta de que si quería seguir controlando sus posiciones en Andalucía, no podía hacer otra cosa que retroceder y esperar hasta tener noticias de Madrid. Así pues, el 16 de junio abandonó Córdoba y se acuarteló en Andújar. Este movimiento iba a ser de capital importancia para los acontecimientos inmediatos.

Mientras los franceses permanecían inmóviles, los días transcurrían y nuestras fuerzas se iban reagrupando. Pese a que la mayoría eran rechazados, era enorme el número de voluntarios que acudían a nuestras filas. Eran hombres poco acostumbrados a la disciplina, y además muchos eran o demasiado mayores o demasiado niños para aguantar una campaña larga. Acostumbrados a pasar mucho tiempo trabajando solos o en grupos pequeños en las tareas del campo, la disciplina militar de grupo era incompatible con su carácter. Les podía el deseo por destacar y por mostrar su valía individual. Contaban sin parar sus hazañas contra pequeños destacamentos franceses a los que habían asaltado cuando andaban desorientados por los caminos de sus comarcas. No entendían que, ahora, el único premio por su arrojo fuera el incorporarse a una compañía como soldados rasos, obligados a obedecer las órdenes de los oficiales. Más de doce mil fueron rechazados, pero no se marchaban tristes, sino todo lo contrario; se iban convencidos de que la pelea no sólo se iba a dar en el campo de batalla, sino allí donde ellos estuvieran. En cualquier aldea, en cualquier recodo del camino, detrás de cualquier vado, ellos serían la pesadilla de cualquier grupo de franceses despistados. Un salto rápido, un cuchillo cabritero abriendo el cuello del soldado o el pecho perforado con un arcabuzazo era lo que esperaba a sus enemigos. Su recompensa: el honor vengado contra el invasor canalla y unos nuevos pertrechos que utilizar en la lucha.

Por primera vez, aquellas gentes se sentían dueñas de su tierra, ocupada por extranjeros rapaces. En su corazón se sentían hombres del Rey, pero éste estaba ahora secuestrado en Francia, y las autoridades del reino no habían sabido o podido hacer frente al invasor. Las trece Juntas de Gobierno formadas en todas las provincias también lo entendieron así, y ante la pusilanimidad del Consejo de Castilla decidieron actuar.

Fue terrible comprobar y comprender que la soberanía de todo un pueblo estaba en entredicho. Las magistraturas del país no actuaban y la nobleza, más una referencia que otra cosa, no respondía a lo que se esperaba de quienes se decían los principales de la nación. La impotencia se adueñaba del país. Había que actuar, ya no se podía seguir postrados ante la invasión de la Patria. Sólo quedaba un camino: recuperar la soberanía. Ésta volvía a descansar en su legítimo y originario poseedor: el pueblo, y éste no dudó en asumir su deber. Rebelarse o morir. El levantamiento era lo único que podía devolver la dignidad y el honor a un pueblo cuyos derechos sentía vilipendiados y pisoteados. La soberanía nacional debía ser recuperada. Tiempos de ruptura, días de incertidumbre, cambio de viejos valores. Como en el ocaso de una larga jornada, todo un mundo viejo periclitaba. Con el alba de la guerra venía un mundo nuevo.

La moral de nuestras tropas era muy alta, sobre todo después de recibir las excelentes noticias que venían de Granada. Un ejército formado por tropas de Málaga y compuesto por más de diez mil hombres bajo el mando del General Reding marchaba a nuestro encuentro en Utrera, donde nos encontrábamos reagrupando fuerzas para atacar a los franceses. Castaños, nuestro General, mandó dirigirnos hacia Porcuna después de recuperar Córdoba, donde uniríamos nuestras fuerzas a las tropas procedentes del sureste andaluz. Ya éramos más de treinta mil hombres, entre los que se contaban fuerzas de caballería que superaban los dos mil quinientos jinetes. Era grandioso ver la organización de tantos hombres. Formábamos cuatro divisiones[27] bajo el mando de los Generales Reding, Coupigny, Jones y La Peña. El Mayor General y Mariscal de Campo don Francisco Castaños era nuestro General en Jefe, ascendido a Mariscal de Campo.

Los franceses parecían tranquilos, pero por sus correos interceptados sabíamos que una división, mandada por Vedel, y formada por más de seis mil hombres, acudía a marchas forzadas a reunirse con Dupont. Los dos generales se encontraron en la mañana del día 17.

---

[27] *Primera División.* 9.436 hombres, 817 caballos, una compañía de cazadores y diez piezas de artillería, todo al mando del General, Mariscal de Campo, D. Teodoro Reding, asistido por el Segundo Comandante, el Brigadier D. Francisco Venegas y, como Jefe de Estado Mayor, el Brigadier D. Federico Badía.

Segunda División. 7.850 hombres, 453 caballos, una compañía de cazadores y seis piezas de artillería, todo al mando del General, Mariscal de Campo, Marqués de Coupigny, asistido por el Segundo Comandante D. Pedro Guimarest.

Tercera División. 5.415 hombres y 582 caballos al mando del General, Mariscal de Campo, D. Felix Jones.

Cuarta División de reserva. 6.676 hombres, 408 caballos, una compañía de cazadores y doce piezas de artillería, todo al mando del Comandante General, Teniente General, D. Manuel de la Peña.

Seiscientos jinetes del VI Regimiento de Dragones de Boussard, también se unían a las fuerzas francesas para formar una gran cuña con la que contraatacar y reconquistar Andalucía. Bailén era el punto de concentración; desde allí atacarían Jaén. Si el plan les salía bien podrían repetirse los sucesos de Córdoba y en ese caso los franceses pasarían a cuchillo toda resistencia, no hacían prisioneros. Los franceses vivían sobre el terreno y lo expoliaban en tal modo que, tras su paso, ni las hormigas encontraban con qué alimentarse. Estas noticias exaltaban aún más nuestro ánimo y continuamente se presentaban partidas de voluntarios para poner en descubierto a las tropas francesas y acosarlas para que no se encontraran seguras en parte alguna. Los campesinos, mal armados, hacían lo que podían y no dejaban de destruir todo lo que a los franceses podía serles de utilidad.

Andújar, Bailén y La Carolina eran las tres cabezas del ejército francés. La mayor fuerza estaba agrupada en Andújar, con más de diez mil hombres, mientras que Bailén y La Carolina estaban muy desprotegidas. Esta división de sus fuerzas sorprendió, en un principio, a nuestros mandos. No estaban acostumbrados a esta dispersión de fuerzas tan poco característica de los franceses en sus maniobras de ataque. Además, su retaguardia no estaba cubierta y sus abastecimientos no estaban asegurados. Sólo había una respuesta: estaban esperando refuerzos mucho mayores. Sin embargo, pese al control que teníamos de su correo, no se tenía ninguna noticia a este respecto. El desconcierto nos hacía dudar de la estrategia a seguir. Entre las distintas posibilidades, nuestro General en jefe, Castaños, tomó una decisión. El 11 de julio, tras reunirse con el General Moreno, ordenó atacar a los franceses sin más dilación, pero respetando escrupulosamente dos principios: economía total de nuestras fuerzas coordinando la acción del conjunto para poder reagruparlas ante cualquier sorpresa recibida del campo enemigo; y una perfecta movilidad de la artillería desde los altozanos, que no se cubrirían todos simultáneamente, sino que se dispondrían según los movimientos de los franceses. Todo el cuerpo del ejército actuaría como un solo hombre. El grupo, y no el individuo, era quien haría uso de la fuerza con toda la eficacia posible.

La misión de la artillería era bombardear Andújar hasta sacar al enemigo de la posición para llevarlo a combatir en campo abierto. Mientras tanto, un cuerpo del ejército se movería sobre ese flanco formando una cuña entre Andújar y Bailén para atacar a las fuerzas enemigas de esta última plaza e impedir que se reunieran con las otras. Los movimientos de nuestras tropas procurarían cortar toda posible unión entre Dupont y Vedel, rechazar a éste fuera de su plaza y atacar por los dos flancos las posiciones de Dupont en Andújar. El puente de esta ciudad, eje del camino real que une Córdoba con Cádiz, era el primer objetivo del asalto. La maniobra envolvente se haría, más arriba, por Menjíbar. Allí se unían las aguas del Guadalquivir, el Guadalbullón y el Guadalimar. Nuestras tropas podrían cruzar sin dificultad dados los muchos vados de la zona.

Dos días ocupó a nuestro ejército someter a los franceses en la margen derecha del Guadalquivir. Entonces, y sólo entonces, Castaños reveló su verdadera estrategia: atacar Andújar con todas sus fuerzas. Dupont pidió ayuda a Vedel y éste se la dio: la tenaza de la maniobra envolvente se cerraba. Reding, la mañana del 16 de julio, lanzó todos sus efectivos sobre la margen derecha del Guadalquivir destruyendo gran parte del sistema defensivo francés. Gobert, el general que se enfrentó a Reding, resultó muerto de un disparo en la cabeza y la sangre de sus hombres tiñó de rojo las aguas del río. Con la misma rapidez con que atacamos nos replegamos a Menjíbar. No era nuestra estrategia la conquista de posición, sino la destrucción de la tropa enemiga. No nos importaba tanto ganar terreno como destruir la posibilidad de avance de los franceses. El General Dufour, que sustituyó a Gobert, mandó retirarse a sus fuerzas hacia La Carolina. No quería perder de vista Despeñaperros, a fin de tener expedita la posible retirada general. Mientras las fuerzas enemigas reagrupaban sus fuerzas en La Carolina ante los descalabros sufridos, el General Reding, al que se le unió el General Coupigny, aprovechó las horas nocturnas para cruzar de nuevo el Guadalquivir a fin de tomar la posición de Bailén.

En Bailén esperábamos un duro asalto, pues las fuerzas francesas aún eran cuantiosas. Nosotros estábamos preparados para luchar calle por calle y plaza por plaza. Cualquier cosa valía para ofrecer un obstáculo a las fuerzas francesas. La barricada era el arma defensiva más eficaz con la que contábamos, pues contra ella nada podía la artillería, por su escasa capacidad de maniobra en calles angostas y quebradas. El cuerpo a cuerpo y el valor serían entonces las mejores armas, pero no se dio tal situación en Bailén. Los franceses no quisieron luchar en tales condiciones. No esperaban que tendrían que combatir con nosotros cuerpo a cuerpo. Aún no habían conocido la derrota. Eran los ejércitos invictos del Emperador. Habían paseado su uniforme por media Europa, pero acababan de llegar a España y no sabían nada del temperamento español. Ahora se encontraban con que no era un ejército contra lo que luchaban, era todo un pueblo el que se había levantado en armas contra ellos, utilizando como armas la barricada y la guerrilla y blandiendo como enseña el orgullo y el arrojo.

Reding nos hizo establecernos en Bailén. Éramos dos divisiones con más de diecisiete mil hombres que bloqueábamos cualquier intento de retirada de Dupont. No le quedaba otra salida que la sierra, a sus espaldas, y hacia allí se replegó. Ése fue su error. Sin saberlo estaba siguiendo las previsiones de la estrategia del General Castaños, cayendo una y otra vez en sus trampas. El amo llamaba, el perro acudía.

Con las primeras luces del día 19 de julio, Dupont se despertó con todas nuestras fuerzas frente a él. Estábamos distribuidos en tres líneas que cubrían los altos Cerrajón y El Zumacar. Siete batallones situados por el camino de salida de Bailén guarnecían la retaguardia de nuestras tropas contra cualquier ataque por sorpresa que pudiera provenir del general francés Vedel. La batalla se presumía rápida. Dupont, sin esperar más, lanzó cinco asaltos sucesivos, y uno tras otro sus fuerzas fueron diezmadas. Las brigadas Chabert y Pannetier desaparecieron para siempre. Nuestra artillería batía el terreno incansablemente; no sólo rompía cualquier impulso de ataque, sino que también hacía imposible todo intento de reorganización.

Por fin, Dupont, hacia el mediodía, paró la horrible e inútil carnicería que estaba exterminando a sus hombres. Más de dos mil soldados yacían ante nosotros. El general francés solicitó parar las hostilidades, quería una tregua. No se le dio más que un par de horas para consultar a nuestro General en Jefe. Castaños expuso sus exigencias, que se resumían en la capitulación general de las tropas francesas, la capitulación de la División Barbou entera y la vuelta de las divisiones de Vedel y Dufour a Francia por mar. Dupont aceptó las condiciones. Los franceses habían conocido el amargo sabor de la derrota en suelo español y, por fin, más de diecisiete mil hombres en perfectas condiciones de lucha y con los pertrechos en orden habían entregado sus armas Su orgullo había quedado como sus banderas, astilladas y rotas por los campos. Los países europeos volvían sus ojos hacia nosotros. Napoleón no era invencible.

Centenares de kilómetros quedaban libres de la presión francesa sobre nuestro suelo. Las tropas francesas no podían ya garantizar el acceso a Madrid, como le exigía Napoleón a Murat. Sólo había sido una batalla, pero el hermano de Napoleón, José no se sentaría tan fácilmente en el trono usurpado a nuestro monarca Fernando VII. Su legitimidad se contestaba desde el único frente en que el pueblo podía hacerlo ya: en el de las armas. Nuestra lealtad al monarca iba más allá que la de un mero juramento. Nosotros, los militares leales a la dinastía, éramos la espina dorsal del país, su más firme línea de defensa, la protección de sus ciudadanos. No importaba la sangre que hubiera que derramar, nuestros brazos siempre estarían para sostenerlo en un trono que nunca debía haber abandonado por los engaños de Napoleón.

¡Cuánto sufrimiento me aguardaba hasta comprender la mezquindad y el egoísmo del monarca del que tanto me vanagloriaba en servir! Nuestros logros en el campo de batalla se borrarían de un plumazo, años más adelante, por la sinrazón y el miedo de un Rey que con ciega obstinación se aferraba al trono que, entendido como él lo entendía, iba contra el pueblo y contra la Historia! Nunca entendió que, si había recuperado la Corona, no era por el mérito de su persona, sino por el sacrificio y esfuerzo de los españoles que quisimos que fuera el primero de los servidores de la Patria. Después de hacerle Rey ya no habría súbditos, sino ciudadanos, y ya no se regiría el país por la regia voluntad, sino por la Constitución. Todavía no sabía yo que aquel rey Fernando, por entonces deseado, llegaría a ser el más mezquino de los mortales.

* * *

Me volví hacia la mesa luchando por enfocar con nitidez la mirada. En primer término había una calavera –cosa que ya había intuido–, y a su alrededor, perfectamente dispuestos, aparecían tres pequeños cuencos de madera con sus correspondientes tapas, una pluma con su tintero lleno de tinta roja, un reloj de arena al que di instintiva y cansinamente la vuelta y, en el centro, el papel que contenía las tres preguntas formuladas por la persona que me había encerrado en aquella negra estancia. La primera, desde luego, tenía fácil respuesta, pero no era el caso de las otras dos. Después de haber mantenido tres largas conversaciones –o mejor dicho, tres largos interrogatorios, que ellos llamaban aplomaciones– con otros tantos compañeros de mi padrino, había adquirido ya cierta noción de lo que me esperaba y de lo que se me exigiría. Creía saber lo que tenía que decir, pero no hasta el punto de saber cuáles serían las respuestas correctas para cuestiones tan personales como difusas. Y por lo que había visto hasta ahora, me convenía acertar con ellas.

Una sombra de sarcasmo me despuntó en la comisura de los labios. Pensé que la desconsideración que hasta ese momento se había empleado conmigo no tenía ningún sentido, pues yo era uno de ellos, o pronto lo iba a ser. Cierto que faltaba aún por resolver el trámite en el que me hallaba envuelto y que, ciertamente equivocado, había previsto breve e intrascendente, pero eso no justificaba el castigo. Y ahora, aquella soledad, aquel agujero pequeño, triste y hasta lúgubre en el que me habían confinado para... ¿Para qué? ¿Para reflexionar? Yo no tenía nada que reflexionar. Sólo quería huir, salir cuanto antes de aquella España que me agobiaba.

La llama de la vela se agitó, distrayéndome. De nuevo miré hacia la mesa. Cogí el cuenco que estaba más próximo y lo abrí: era trigo. Granos de trigo que volqué sobre la palma de la mano, ajeno a su simbolismo, y que después devolví a su lugar, salvo unos pocos que llevé a la boca para mordisquearlos. El sabor áspero del cañamón me trasladó por unos momentos hasta mi infancia y a los veranos en que, junto a otros chavales de mi pueblo, recorría las eras y me escondía en los pajares.

Un trozo de vaina de trigo se me había introducido entre dos muelas, causándome una molesta sensación. Mordisqueé con fruición una de mis uñas y, tras cortar un pedazo lo suficientemente puntiagudo, lo utilicé como mondadientes. Al fin, la vaina salió de su escondrijo, la escupí con desdén, tras lo cual cerré de nuevo el recipiente y lo volví a dejar en el lugar exacto en que lo había encontrado. El segundo cuenco estaba lleno de sal. Una sal gorda, esculpida irregularmente como si fuera granizo, que dejaba en ascuas la lengua. Todos los días llegaban a Cádiz decenas de carruajes con la preciosa mercancía sacada de las salinas. Era un condimento tan valioso y estimado como la pimienta, el clavo o la nuez del Brasil, si no más. «Brasil», repetí ensimismado. Se comentaban grandes cosas de aquel territorio salvaje cuyo interior, poblado a buen seguro de plantas y animales nunca vistos, seguía sin ser explorado. Un océano me separaba de ese sugerente nombre, una masa de agua excesiva para alguien que sólo había tenido un encuentro con el mar. Ese mar que quería cruzar en cuanto terminara esa ceremonia. A eso había acudido allí, a ganarme un pasaporte que me llevara con seguridad a América. Quería huir de España, y los masones eran un medio adecuado y seguro para hacerlo. Pensé otra vez en el mar, en las tormentas que algunos agoreros me había pronosticado que padecería en el viaje. Me dio un escalofrío, no sabía nadar y me daban miedo las aguas. El estremecimiento que recorrió mi cuerpo fue involuntario, pero nada había cambiado en la pequeña sala donde estaba recluido cuando regresé de mis pensamientos. Palpé mis pómulos con cuidado y noté que aún me escocían las heridas causadas por las malditas monedas. Al menos, todo iría bien mientras no tuviera uno de esos endiablados ataques de jaqueca que me acechaban de vez en cuando y que curaba con vino y láudano. La lástima, aunque en esos momentos no me doliera nada, era que carecía de ambos elementos y que lo único que quedaba por descubrir era el tercero de los cuencos.

Cinco segundos después lamentaba profundamente mi curiosidad. En esta ocasión, antes de abrirlo, había agitado el recipiente para averiguar su contenido. El resultado fue deplorable: la tapa saltó en una de las sacudidas y parte de lo que había en su interior se derramó sobre mis ropas. El olfato me respondió antes que la vista. Aquella sustancia amarilla, aquel polvo pestilente era azufre. Trigo, sal y azufre.

Me separé de la banqueta como si me hubiera mordido un tejón al tiempo que sacudía frenéticamente las zonas de mi cuerpo que habían sido alcanzadas por el mineral de Lucifer. La sensación de repugnancia permaneció hasta después de que hube recuperado el resuello y adecentado mal que bien mi vestimenta con la ayuda de un pañuelo. Un alfilerazo prendió entre mis cejas, obligándome a fruncir el ceño con la fuerza de una almazara. Tal vez era un aviso. Ocho años antes había padecido el primero de mis ataques. La vela estaba a punto de consumirse. Cogí una de las que había de recambio y la encendí. Lo único que me faltaba era quedarme a oscuras. La mecha crepitó brevemente antes de aceptar al fuego y dejar que se asentara. Ni siquiera me habían dejado un mísero candil. Así vi mejor el papel en el que estaban escritas las preguntas que debía responder. Al cogerlo, observé que en su envés también había algo escrito. Volteé la cuartilla y, acercándome a la luz, leí las letras grandes y bien dispuestas del encabezamiento: «Testamento filosófico del profano D. Mateo de Céspedes», decía; la pluma y el tintero me llamaban a voces. Debía responder cuanto antes a los interrogantes del papel. Cuadré entre mis manos las hojas en blanco que había a mi derecha y las coloqué ligeramente oblicuas a mi cuerpo. Después, empuñé la pluma, destapé el tintero y mojé la aguzada punta en su interior. No recuerdo cuánto tiempo pasé en aquellas disquisiciones en las que el combate se dirimía entre mis pensamientos y mi yo más profundo, ese yo que sentía que se marchaba cuando un compañero de armas caía en el frente, cuando el silbido de una bala perdida rozaba nuestras posiciones. Cuando logré ordenar mis pensamientos y terminé de escribir contemplé con atención la pequeña estancia y entonces vi algo en lo que no había reparado antes debido a la penumbra. Delante de mí, cerca del techo, había una frase escrita en latín: «Nosce te ipsum». Conócete a ti mismo. En la pared trasera de la exigua estancia había una espada con una inscripción: «Esto es lo que te aguarda».

Los juegos de luz y sombra que proyectaba la vela resaltaban la cara deshuesada que me miraba sin pronunciar palabra, sin parpadear, sin tan siquiera emitir un leve suspiro o aliento de aire. La cala-

vera miraba desde el fondo de sí misma hacia mi interior, me interrogaba, quería saber de mí. No me producía el más mínimo temor contemplar sus huesos blancos dibujados de costuras. Estaba acostumbrado a ver muchos cadáveres y en condiciones más atroces que las de esta simbólica calavera que sólo emanaba paz. Conocía de sobra cómo la vida se escapa entre los entresijos de las venas abiertas, sin contemplación, sin piedad, sin lamentaciones. El mutismo de aquellos huesos era un buen recuerdo de la vanidad de muchas cosas, a veces de las mismas creencias. Aquella calavera representaba el nexo de unión del hombre con la eterna maestra que no se cansa de enseñarnos y conducirnos desde que nacemos, la vida.

La espada que había a mi espalda tampoco me atemorizaba. Otras espadas me habían servido para dar y quitar la vida, para ejecutar las órdenes que debía cumplir, como símbolo de la disciplina. La tomé en mis manos. Sólo un centímetro de hoja y el tiempo dejaría de existir, el descanso eterno extendería los brazos para acogerme en su seno

* * *

El estado de nuestras fuerzas después de la retirada francesa era lamentable. No supimos sacar partido de las ventajas que teníamos en el territorio, y las rivalidades entre los generales de las distintas Juntas Nacionales favorecieron a los franceses. Su disciplina y capacidad de combate sólo había sufrido un menoscabo temporal. No habían conseguido abrir el camino a Madrid, pero si nuestras fuerzas se mantenían desunidas pronto lo conseguirían.

El enfrentamiento entre los políticos, su afrancesamiento y la cobardía ante un enemigo al que no querían disgustar eran como una carcoma que roía nuestra fuerza. La falta de un poder político fuerte entre los españoles hacía que las victorias militares sólo fueran juegos florales de un día. La Junta Central no era capaz de coordinar las operaciones militares. Su objetivo principal no era expulsar a los franceses de España, sino garantizar su propia subsistencia, y si para ello había que inclinarse ante el francés, se hacía. A los que habíamos vencido en la batalla se nos llamaba exaltados, y mientras, los servicios logísticos no funcionaban, la información entre los distintos ejércitos acantonados a lo largo de todo el territorio no llegaba a destino. Los generales se mostraban inoperantes en sus decisiones. En tales condiciones, nuestras tropas podían ser aniquiladas en cualquier momento. Ni siquiera la coordinación operativa con los ingleses, acantonados en sus bases portuguesas al mando del General Wellesley, Duque de Wellington, sería suficiente para contener el contraataque de las fuerzas francesas.

Sin embargo, las fuerzas españolas, aunque desperdigadas, no desaparecieron del todo. Seguían sobreviviendo como podían. Si bien su capacidad de ataque era reducida, no así era su ánimo belicoso para el hostigamiento permanente y la defensa. En el campo abierto los franceses se mostraban invencibles por su buena organización, lo que nos obligaba a huir y dispersarnos una y otra vez. Al final sólo quedaba una salida: la guerrilla. Las partidas de guerrilleros surgieron por todos lados. En vez de grandes cuerpos de ejército, incapaces de superar en la batalla a las fuerzas napoleónicas, una infinidad de grupos armados inconexos, ya sin sus uniformes ni la disciplina cuartelaria, se encargó de mantener la resistencia ante el enemigo en una lenta pero eficaz labor de acoso y desgaste. Cada partida era mandada por un cabecilla, el más dispuesto, el más patriota, como era mi caso en aquélla época. No dependíamos de nadie excepto de nosotros mismos. Nuestra autonomía y movilidad se veía favorecida por el conocimiento del terreno y el apoyo de la población. No necesitábamos líneas de abastecimiento, cada casa, cada pueblo era nuestra intendencia. Todos los buenos patriotas nos ayudaban.

Juan Martín Díez[28], el Empecinado, era uno de los jefes guerrilleros más famosos, casi tanto como el cura Merino. Durante cuatro lar-

---

[28] Nació en Castrillo de Duero (Valladolid) el 2 de septiembre de 1775. En ocasión de las guerras del Rosellón y Cataluña sentaría plaza de soldado en 1792 en el Regimiento 7º de Caballería Lanceros de España. Tras la paz se licenciaría el 22 de julio de 1795. Juan Martín levantó una partida de guerrilleros en Aranda en Abril de 1808. Sus correrías van en aumento y audacia, con tan sólo 12 hombres logra causar al enemigo sobre 800 bajas. Después de los dos desastres, igual que le ocurrirá a Porlier tras el de Gamonal, Juan Martín decide dedicarse a hacer su propia guerra. Con tres de sus hermanos Manuel, Dámaso y Antonio levanta una nueva guerrilla, que en apenas dos años cuenta con 6.000 hombres y obtiene el reconocimiento de la Junta de Defensa al ascenderle a Brigadier Comandante General de Castilla la Nueva.

Su trayectoria militar fue la siguiente:

4 de abril de 1808, Comandante con sueldo de Teniente.
20 de marzo de 1809, Teniente de Caballería.
Diciembre de 1809, Comandante de Caballería ligera.
Septiembre de 1810, Brigadier de Caballería.
Junio de 1811, Coronel del Regimiento de Caballería de Cazadores de Guadalajara. Su guerrilla se convierte en la 5ª División del 2º Ejército.
13 octubre 1814, Mariscal de Campo.
Marzo de 1820, El Empecinado se une al alzamiento del general Riego.

gos años conviví con gentes como ellos, duros, aguerridos y apasionados en su amor a la Patria. Permanecí todo ese tiempo desconectado de todo lo que me había pertenecido, el ejército que tanto amaba, mi añorada familia. Mi hogar era el monte, mi refugio, cualquier caverna, mi cometido, derrotar a los franceses aunque fuera degollándolos de uno en uno. Mandaba una partida de veinticinco hombres. Nos movíamos continuamente, avanzando poco a poco hacia el norte, atravesando montes y páramos y refugiándonos en cualquier fractura del terreno.

De poco sirvió el Reglamento de Partidas y Cuadrillas propuesto por la Junta Central a finales de diciembre de 1808. ¡Querían regularizarnos desde Madrid! Deseaban mantener el ejército regular cuando ya estaba descompuesto, e incluso nos recordaban todavía el sistemático incumplimiento, por parte de los franceses, de las leyes de la guerra. Pero, ¿de qué leyes hablaban? Desde los despachos y las poltronas, los junteros de la Central estaban muy lejos de la realidad cercana a los hombres que luchábamos. Ellos no pasaban frío, ni hambre, ni ninguna calamidad. Su máximo esfuerzo era inclinarse ante los franceses. ¿Qué sabían de los hombres despedazados por una granada? Si no hubiera sido por el pueblo llano y sencillo, que nos escondía en sus casas, nos alimentaba de sus cosechas y nos tendía siempre una mano amiga, no habríamos podido sobrevivir. ¿Para eso se necesitaban leyes?, ¿Hacía falta regularlo?

No llevábamos uniformes de soldado, pero nuestra disciplina era más severa, espartana como decía el cura Merino. No perseguíamos ascensos, ni deseábamos laureles, pero sabíamos cuál era nuestra misión. Nuestra inferioridad logística frente al enemigo necesitaba de

---

[28] (cont.) Finalizada la guerra se retiró a Valladolid. Llegado el Trienio liberal fue nombrado Segundo Cabo de Valladolid y Gobernador Militar de Zamora. En el año 1823 se acoge a la capitulación de Extremadura y el Decreto de Indulto y decide retirarse a Aranda. Cuando el día 22 de noviembre se dirigía a su pueblo fue detenido por una partida de realistas enviada por el alcalde de Roa y tras formarle Causa, se cierra ésta el 12 de junio de 1825 cuando le sentenciaron a la pena de muerte por ahorcamiento.

El 19 de agosto de 1825, «... a la hora de tres cuartos para la una de la tarde de este día...», después de ser vejado y ultrajado del peor modo, sucumbe en el patíbulo fernandino elevado en la Plaza Mayor de Roa.

Por Real orden de 9 de octubre de 1814 había logrado permiso para firmar tal y como era su costumbre, «El Empecinado», en recuerdo de su pueblo Pecina.

una ayuda permanente. Ésta siempre era invisible, nocturna, para no comprometer a nuestros amigos. Los franceses dejaban detrás de sí tanta muerte que nuestro granero se llenaba del odio de los lugareños hacia las tropas gabachas. Los soldados de Napoleón no respetaban nada, sólo destruían y quemaban cuanto encontraban delante.

A veces actuábamos en conjunto con otras partidas, sobre todo si atacábamos un convoy. ¡Cuántas horas pasadas, codo con codo, defendiendo una posición con Julián Sánchez, ascendido a capitán en octubre de 1809 junto con fray Lucas Rafael! Otras veces nos visitaban otras partidas, como la de Porlier, «el Marquesito»[29], que tenía siempre detrás de sí a un gran número de franceses persiguiéndole. No le cogían nunca. Conocía tan bien el terreno que se desvanecía por él como un ánima en pena. ¡Cuántas veces nos dieron por muertos, para levantarnos treinta leguas más adelante y volver a sorprender al enemigo!

Siempre a la retirada, en dispersión y por sorpresa, ésas eran las tres condiciones que nos hacían guerrilleros, o salteadores o irregulares, como también nos llamaban. Ante todo teníamos que sobrevivir. Conocíamos sobradamente el lugar de reunión después de cada escaramuza. En grupo o por solitario volvíamos siempre a él, como los

---

[29] Nació en Cartagena de Indias en el año 1.788, descendiente del marqués de La Romana, siendo así su apodo de *«El Marquesito»*.

Protegido por su tío el entonces Capitán de Navío Rosendo Porlier y Asteguieta le seguirá en sus destinos navales desde La Habana (1802) hasta el desastre de Trafalgar. Al quedarse España sin flota apenas Porlier dejará la Armada Real y pedirá el pase al Ejercito y en 1806 será destinado en el Regimiento de Infantería de Mallorca con las credenciales de Capitán. En mayo de 1808 sirve en el Ejército de Extremadura con el empleo de Teniente Coronel de Granaderos. Tiene en ese momento veinte años de edad. Porlier se refugiará con sus hombres en las montañas de Burgos tras la derrota de Belveder en Gamonal. Desde ese momento y durante seis años hará como *El Empecinado*, Laci, o Mina, se procurará su propia *pequeña guerra*, la de guerrillas. Terminada la guerra milita contra el absolutismo fernandino y es detenido en su domicilio de Madrid a la una de la madrugada del 29 de mayo de 1814 y sometido a un procedimiento que se resolvió el 16 de julio condenándole a cuatro años de encierro en el castillo de San Antón de La Coruña. Obtenido permiso para reponerse de dolencias, Porlier sale del castillo con una escolta y se dirige al balneario de Arteijo donde ya le esperaba su esposa Josefa Queipo de Llano y Ruiz de Saravia. Se escapa de su escolta y se pronuncia contra el Gobierno el 18 de septiembre de 1815 y ocupa La Coruña. Cuando se dirigía con 864 hombres alzados a ocupar Santiago de Compostela fue detenido nuevamente.

El día 3 de octubre de 1815, Porlier murió en el patíbulo elevado en La Coruña, por haberse pronunciado contra Fernando VII, tenía 27 años y era Mariscal de Campo.

lobos cuando se dispersan después de haber despedazado a su víctima y, al primer aullido, vuelven a juntarse para ir en manada al siguiente ataque. Pero, al contrario que ellos, nosotros no agotábamos a nuestras víctimas persiguiéndolas. Nuestros golpes eran certeros y rápidos. No había dispendio de energías.

El cura Merino tenía una manía que nos hacia reír a todos cuando lo recordábamos, siempre estornudaba antes de atacar. Esa era la señal de combate, y con el primer estornudo le descerrajaba un tiro al primer francés que hubiese cerca. Hasta tal punto llegó a ser una señal que, cuando en las noches de invierno, calados hasta los huesos, el frío se nos metía en el cuerpo, evitábamos estornudar para no hacer a cualquiera llevarse la mano a la faltriquera y tirar de pistola.

Nuestro ánimo no decaía nunca por más golpes que recibiéramos o por más bajas que nos hicieran. No conocíamos el desaliento, estábamos allí para liberar la Patria del enemigo francés y teníamos que volver a conquistar nuestra libertad, no podíamos estar encarcelados en nuestra propia tierra. No existían barrotes de hierro para contenernos, y por cada compañero muerto surgían docenas más. No nos movía la paga y sí los ojos de un niño que se había quedado sin familia o el llanto de las mujeres violadas. Entonces teníamos que apretar los dientes y apresurar el paso; la próxima emboscada sería nuestra venganza. Y proseguíamos el camino como vagabundos.

Nombrada por todas las bocas se hizo famosa por entonces la frase de Espoz y Mina: «El golpe primero, que aturde, y la bayoneta enseguida». ¡Qué placer robarles los pertrechos a los franceses! ¡Cuántas de sus propias bayonetas, más largas que las nuestras, terminaron clavadas en sus propios pechos! Lo mismo ocurría con el resto de los pertrechos conseguidos: una lanza hacia lancero al que la portaba, un sable, espadachín, un caballo, soldado de caballería al que lo conseguía. ¡Y la Junta Central, queriendo regular nuestras acciones! ¡Si no teníamos ni armas para combatir! ¿Dónde estaban los afrancesados entonces? ¿Acaso disponían alguna ayuda para nosotros?

En aquellos días de 1811 nuestro trabajo principal era romper las líneas de comunicaciones de los franceses. Yo tenía una especial habilidad para saber cuándo un correo iba a pasar por la zona que controlábamos. Mi antiguo servicio en el ejército regular me hacía conocer sobradamente la importancia de los despachos de la cadena de mando. Las tácticas a seguir estaban concertadas en todo momento por nuestros superiores, con quienes procuraba mantener una comunicación constante, y sobre todo en los momentos precisos, a fin de evitar la descoordinación y perder así la capacidad de ofensiva. Romper las comunicaciones, asaltando a los correos que las transportaban, suponía para el enemigo un daño mucho mayor que diezmar a todo un pelotón entero. Interrumpir las comunicaciones era aislar a los combatientes, dejarlos abandonados a su propia suerte, que no era otra que la muerte a nuestras manos en pocos días. A tal punto llegó nuestra eficacia que los correos terminaron por marchar protegidos por numerosa tropa de escolta, pero ni aún así llegaban a su destino.

Poco después el curso de mi vida cambió inesperadamente. El giro lo provocó una emboscada francesa y una grave herida que recibí en el brazo. Para reponerme tuve que marchar licenciado a Cádiz. Llevaba tres años combatiendo en la guerrilla y necesitaba un descanso. El dedo amputado de mi mano es el recuerdo que tendré de por vida de aquel nefasto día en que yo, el emboscador, fui el emboscado.

Mina nos había anunciado que no le gustaba nada el movimiento continuo de tropas francesas que había por todos lados. Marchaban con prisa, no paraban. No hice caso de sus consejos y me tiré una vez más al monte. Domínguez y Diéguez me acompañaban. De repente nos vimos atrapados frente a dos fuegos de sendos pelotones franceses. No podíamos movernos. Nuestros compañeros no podrían acudir en nuestra ayuda, pues estaban lejos y no nos oían. Tras contener todo lo que pude la refriega quemé unos sembrados para escapar entre el humo. Dos franceses me vieron salir de las llamas, pero allí quedaron, uno derribado de un tiro y otro muerto a bayoneta, pero también quedaron muertos allí mis compañeros. Después huí, herido, hacia el sol de Andalucía. Era experto en escapar de fieras y de personas, y esa noche dormí en la choza abandonada de un pastor. No me supuso gran trabajo deslizarme de pueblo en pueblo, evitando los caminos principales y cruzando muchas veces las líneas enemigas sin ser visto ni oído.

Una vez a salvo, Mina me dijo, antes de despedirnos, que no volviera al monte hasta que estuviera bien descansado.

–Puedes quedarte en el sur, donde, cuando te hayas repuesto, podrás encontrar partidas para seguir luchando. Estos fríos de la sierra van a acabar por matarte antes que una bala francesa.

Me despedí con pena de mis compañeros de partida. Aunque éramos hombres recios y hechos a todo, no pudimos disimular el dolor del alejamiento. El regreso a Cádiz no me deparó mayores contratiempos. Las sorpresas vendrían cuando estuviera en la ciudad. El año anterior, en marzo de 1810, mis paisanos, bajo el mando de Mendizábal, habían sufrido un ataque francés del que se defendieron encarnizadamente con la ayuda de los ingleses de Wellington. Nuestras tropas perdieron muchos hombres y, casi por igual, los franceses mandados por el General Soult. La columna de Zayas, con los batallones de Ballesteros y Lardizábal destacó por su arrojo e inclinó el curso de la batalla a nuestro favor, provocando finalmente la retirada de los franceses. ¡Cádiz estaba salvado!

Una semana antes de mi llegada, a primeros de marzo de 1811, las Cortes se habían trasladado a Cádiz. La ciudad hervía de acontecimientos. Todo eran noticias, idas y venidas de los parlamentarios. Algo importante se estaba gestando en el sur y yo no estaba dispuesto a perdérmelo. Fue entonces cuando empezó mi verdadera formación liberal y, con ella, el conocimiento profundo de mi Patria y de mí mismo. Los ojos se me abrieron para ver más hacia dentro, el pecho se me llenó de aire español, con un orgullo y una dignidad que nunca antes había sentido. Los oídos, acostumbrados a distinguir cualquier rumor del monte, el más leve sonido que delatara un movimiento, se llenaban ahora de comentarios, informaciones, de inquietudes por hacer un país grande, justo y libre. Este discernimiento canalizó mis energías y dio fundamento a todos mis años de lucha.

–¿Cómo tú por aquí, Mateo? –exclamó una voz a mis espaldas.

Me volví rápido, con un movimiento reflejo aprendido en la guerrilla. No en vano mi ejercicio de los últimos años había sido el de procurar sobrevivir ante cualquier posible agresión. Al volverme vi ante mí, mucho más delgado y con la piel casi negra de puro curtida, al capitán Barreyro.

–¡José María! ¡Te creía muerto!

Me eché a sus brazos. He de confesar que no soy un hombre que muestre su efusividad con facilidad, pero en ese momento no pude evitar echarme a llorar. ¡Tantas horas vividas en su compañía, tantas aventuras compartidas!

–Yo también te daba por perdido. No he tenido noticia de ti desde Bailén –me dijo igualmente emocionado. Le miré otra vez, ahora fijándome en su atuendo. Vestía de civil y le acompañaba otro caballero. Los dos llevaban sendos maletines.

–Pues ya ves que no. Aquí me tienes y siempre a tus órdenes –realmente estaba feliz, era la mejor cosa que me había pasado desde que llegué a Cádiz.

Nos quedamos mirándonos sin saber qué decirnos, era tanto lo que llevábamos guardado. Barreyro me tomó del brazo y me señaló a su acompañante.

–Te presento a don Diego López de Morla, gran amigo mío en esta ciudad, y que espero lo será también tuyo.

–Mucho me ha hablado José María de la amistad que a usted le profesa. Ahora que por fin le conozco, debo decirle que es un placer para mí y le ruego me tenga entre sus amigos –dijo don Diego saludándome con una inclinación de cabeza.

Estábamos ansiosos por contarnos lo ocurrido en nuestros años de separación, y una tasca, unos vinos y unas horas de charla nos volvieron a unir como lo habíamos estado tantas veces en la lucha, en el frente.

–Los tiempos están revueltos para todos –dijo Barreyro mientras llenaba los vasos otra vez–. No acabamos de vencer a los franceses y, como sabes, se ha disuelto la Junta Central. En su lugar ha sido nombrado el Consejo de Regencia con Saavedra, Escaño, Castaños y Fernández de León. La convocatoria a Cortes está en entredicho y el proceso de reformas puede fracasar. Tantos años de lucha por los derechos y las libertades de nuestro pueblo pueden caer en saco roto. Ahora nos llaman revolucionarios.

Todo esto yo ya lo sabía, pero la pesadumbre de mi amigo era como un mazazo para mí. No era posible que tanta sangre derramada y tanto sufrimiento soportado no condujeran a nada. Los hombres no morían por capricho, morían por la defensa de un suelo y una idea. No era el premio lo que buscaban, querían hallar la paz para el país expulsando al francés de un suelo que no le correspondía y procurando la concordia entre los españoles para poder vivir en libertad todos juntos.

–Pero no todo está perdido –afirmó don Diego, que había permanecido callado mientras repasábamos nuestras aventuras–. La Comisión de Cortes sigue funcionando y reagrupando los informes recibidos por las distintas juntas provinciales, los tribunales, los ayuntamientos y los cabildos para calibrar sus opiniones.

–Como sabes, Mateo –continuó Barreyro–, el proceso liberal está fuertemente arraigado en nuestros cuarteles y los militares, al menos la mayoría, estamos por establecer unas instituciones nuevas, bien formadas y realmente representativas. Tenemos que conseguir frenar el viejo poder absoluto y para ello no hay mejor camino que la redacción de una Constitución que ordene todos nuestros proyectos.

–En eso nos apoyan los burgueses –replicó don Diego–, pero ellos plantean el problema de la representatividad proporcional. Desean una representación electiva sólo para las personas con un elevado nivel de renta. No desean grandes cambios, sino más bien la continuidad, dejando a las Cortes unas funciones limitadas al mandato del Rey.

–Pero eso no importa ahora –intervine yo–. Lo importante es que los distintos estamentos de la nación estemos unidos en la tarea de hacer una Constitución que encarne el espíritu y las aspiraciones de todos los españoles. La guerrilla ha llevado a muchos hombres a jugarse la vida y no a cambio de medallas ni de ascensos, sino de justicia y de un orden nuevo. Queremos llegar al final.

Asintiendo con la cabeza, Barreyro prosiguió:

–Que los distintos intereses aparezcan como contradictorios no es demasiado grave, al menos de momento. Lo que necesitamos es que se realice la convocatoria de diputados y que un texto pueda ser elaborado para su aprobación en Cortes, y ten por seguro que se convocarán. Ésa es mi labor y la de otros muchos patriotas, a la que estoy seguro que tú te unirás.

–Ten por seguro que sí –contesté.

–Cuenten conmigo caballeros, pues también me sumo a ello –manifestó don Diego.

En mi fuero interno no estaba tan seguro yo de que nuestros deseos fueran a convertirse en verdades. Tantos años de guerrilla habían endurecido mi ánimo. Sabía que los cortesanos y los políticos sólo servían para aposentarse en el poder y olvidar sus promesas lo antes posible, haciendo que las reformas y los cambios no alteraran en lo sustancial el orden favorable a los poderes tradicionales. Después, a quienes se opusieran a sus designios, los tacharían de revolucionarios y jacobinos y los aplastarían sin piedad, utilizando para ello al ejército, a ese mismo ejército que había representado a la nación en armas contra el invasor, pero también contra el viejo orden que había permitido la caída de la Patria bajo el yugo extranjero. Algo debió de notar de mi confusión el capitán Barreyro, pues trató de disipar mis dudas:

–No temas, Mateo, que todas las propuestas reunidas en las diversas juntas y recogidas en las proposiciones de Jovellanos y sus amigos, Capmany, Garay, Castañeda y Riquelme, entre los presidentes más señalados, han recogido un gran número de opiniones, las cuales, convenientemente cotejadas y puestas en orden forman numerosos pliegos de instrucciones listos para ser discutidos en la convocatoria a Cortes.

Las noticias que me transmitía Barreyro no me eran del todo desconocidas porque los guerrilleros, pese a nuestro aislamiento y continuo ir y venir, estábamos conectados con los patriotas que viajaban por nuestro territorio, a los que invitábamos a charlar con nosotros dándoles protección a cambio.

–No desconozco –repliqué– los cambios más generales que se desean hacer para conformar España como una nación moderna en que los derechos y libertades estén apoyados en la verdadera justicia.

–Desde que la privanza de Godoy fomentó caprichos que hicieron mucho daño al pueblo español, es ése nuestro deseo –intervino don Diego–. Hoy, tres años después, no rechazamos sólo a las personas que tan mal gobernaron nuestros destinos, sino que hemos comprendido que el antiguo régimen está enfermo y agotado, en puertas de la muerte, si no ha muerto ya. Los hombres, liberados de sus ataduras, no quieren seguir siendo sojuzgados ni gobernados a capricho por un poder viejo que no respeta los cambios que trae la Historia.

Don Diego interrumpió su discurso para beber un largo trago de manzanilla. Era un hombre atildado, de mediana edad y con grandes patillas sobre su rostro. Todos los detalles de su vestimenta eran cuidados y manifestaba de continuo, por sus ademanes y expresiones, ser un hombre educado y un fino conocedor de los acontecimientos políticos. Su negocio de importación de cacao de las Américas, según nos había contado antes, le dejaba buenos beneficios y eso se notaba en diversos detalles de su vestidura, muy elegante, pero sobre todo en la empuñadura de su bastón que era de una plata finísima y bien trabajada, y en la excelente leontina de oro para el reloj de su chaleco.

–En la convocatoria a Cortes –prosiguió don Diego–, los progresistas deberemos formar partido para defender nuestras ideas. Nuestra voz tiene que ser oída. No hay más esperas, hay que desterrar para siempre los abusos, sean políticos, sociales o económicos, y potenciar en todo lo posible la prosperidad del reino ampliando las libertades políticas de los ciudadanos.

Yo empezaba a sospechar que no estábamos hablando de las mismas libertades. Para salir de dudas se lo pregunté abiertamente a don Diego:

–¿De qué libertades estamos hablando, don Diego?

–Por supuesto –respondió él, con aplomo– de las que hacen posible una mayor libertad de movimientos de personas y mercancías. Los problemas pueden presentarse en la formulación precisa de las cuestiones que articulen la Constitución que ha de ser redactada por las Cortes.

–Sí, ahí estarán sin duda los problemas –contesté–, porque, como usted podrá comprobar, no todos pensamos lo mismo, ni va a ser fácil hacer entrar en razón a los antiguos estamentos, cuyos miembros conforman grupos selectos que siguen deseando el poder para ellos solos. Hoy están sirviendo e inclinándose ante los franceses para mañana inclinarse ante cualquier poder que respete sus prerrogativas y prebendas, sobre todo económicas.

Observé que don Diego se apoyaba en el bastón de una forma peculiar. La tensión que acumulaba era evidente.

–La raíz de ese mal se puede atacar de una sola manera –replicó Barreyro–, limitando el poder del Rey. No pueden volver a producirse situaciones tan bochornosas como las vividas el 17 y el 18 de marzo de hace tres años en la ciudad de Aranjuez bajo la excusa de un necesario saneamiento de la Corona. Escoiquiz, el siniestro confesor del otrora Príncipe, fue la mano en la sombra que movió los hilos de semejante afrenta, pero la base y asiento del poder no ha sido tocada y el capricho real puede volver a aparecer. El monarca debe quedar limitado en sus atribuciones.

Agradecí esta intervención, porque en ese punto estábamos de acuerdo los tres contertulios y la tensión se relajó.

–Como militares –dije dirigiéndome a Barreyro–, estamos preparados de forma especial para hacer frente a los riesgos, pero hay una doctrina que prevalece entre todas y que yo he practicado siempre en estos años de guerrilla: divide y vencerás. Los poderes del Rey deben ser divididos para respetar los derechos de los ciudadanos: la ley, el Gobierno y la Cámara de Representantes equilibran la balanza a favor de la mayoría y evitan los caprichos de las minorías. Sin contrapesos, una balanza no puede pesar. Sin división de poderes, una monarquía se transforma en absoluta.

–Sin embargo –contestó Barreyro–, para alcanzar ese objetivo nos falta aún mucha labor. Tengan ustedes en cuenta que el prestigio del Rey es muy poderoso aún precisamente entre los más sojuzgados.

–Evidentemente –repliqué–. Por eso es por lo que es necesario incorporar a las gentes del común a las tareas legislativas, para que se sientan responsables y se limite así la capacidad de maniobra del Rey. Ni los fueros territoriales ni los caducos poderes estamentales deben ser un obstáculo para discutir y asentar el poder universal de la asamblea nacional representada en las Cortes. No hay otra manera de dibujar nuestro futuro si no es concibiendo las Cortes como órgano de igualación y unificación civil de toda la nación. Todos somos iguales ante la ley, y con los mismos derechos.

–Todo eso está muy bien –repuso en este punto don Diego– pero no olviden ustedes que los privilegiados no van a consentir perder algunas de sus prerrogativas, como sería la abolición de los tribunales señoriales. En ellos se basa su poder y en ellos se amparan para cometer toda clase de excesos, con la seguridad de que serán juzgados benignamente.

–Razón de más –repliqué– para que el pueblo esté representado en las Cortes por diputados que lo defiendan, y su número tiene que ser amplio y basado en la proporcionalidad de habitantes de cada circunscripción. Los diputados han de tener el valor necesario para legislar recortando los poderes de los privilegiados y para igualar a éstos con el resto de los ciudadanos. No ha de haber límites para la actuación de un diputado, salvo los impuestos por la propia ley. Frente al privilegio antiguo, el nuevo derecho de la representación. Éste es el nervio de toda nuestra lucha, por eso el pueblo se levantó: para conquistar sus derechos, para no dejar que se los pisoteen, para no vivir más de las limosnas de los privilegiados.

–No se engañe, amigo –objetó don Diego–. El pueblo se levantó airado, eso es cierto, pero el cometido de su lucha no es tan claro como usted lo presenta. Los españoles no están preparados todavía para disfrutar de tales derechos. A pesar de la bravura de su lucha, no están ilustrados, no tienen un auténtico espíritu constitucional. Saben combatir y lo hacen bien, pero sólo defienden su bocado diario y el terreno que pisan todos los días. Sus aspiraciones no van más allá, no pueden ir más allá. Han sido cuatro radicales con el apoyo de los suyos los que se han echado al monte.

De nuevo tuve que armarme de paciencia para intentar demostrar que la sangre vertida no había sido en vano y, a la vez, para no ofender a un amigo de Barreyro que, en cierta manera, representaba unos intereses que estarían muy presentes en las discusiones previas a la convocatoria a Cortes.

–¡Eso no es cierto! –repliqué airado–. Usted no conoce a nuestro pueblo ni a los guerrilleros[30]. El color de mi piel, mire mis heridas, confirma mis años de lucha en las guerrillas, algo que usted y los de su posición sólo conocen de oídas. No discuto que también hayan luchado ustedes por la Patria, pero no se han mezclado y luchado codo con codo con el pueblo llano.

–No es necesario hacer tal cosa para conocer a nuestro pueblo –dijo don Diego impertérrito.

–Para conocerlo tal vez no sea necesario –repuse cada vez más excitado–, pero si no se mezcla uno con él no puede entenderse que

[30] Más de 50.000 hombres formaron las guerrillas. Las tropas regulares nunca fueron más de doscientos mil soldados.

sus ansias de libertad no tienen límite, y menos aún su sed de conocimiento. La ilustración educativa que le ha sido negada sistemáticamente por el clero y la nobleza, sus retrógrados amos y señores, es la pieza fundamental para convertirlos en ciudadanos orgullosos de su Patria. Ellos son los que están soportando sobre sus espaldas todo el peso de la defensa de la nación contra el francés. No se les puede negar una compensación a la que tienen derecho, no se puede seguir dilatando su conquista de la educación. Su formación, basada en principios útiles, hará imposible que los derechos hereditarios, vacíos de contenido en este nuevo siglo, sigan perpetuando unas diferencias sociales que atacan el centro mismo de cualquier concepción basada en la libertad y la igualdad.

Don Diego hizo ademán de levantarse, pero de nuevo Barreyro suavizó la tensión haciéndonos ver que nuestras posturas encontradas no lo eran tanto en el fondo. Ambos defendíamos la libertad, aunque con matices distintos en cada caso. Eso era lo que tenía que ser debatido en la convocatoria a Cortes. Las diversas ideas enriquecerían su contenido y todos en definitiva, saldríamos beneficiados.

–No puede haber libertad si no hay una posición económica o unos bienes patrimoniales que aporten solidez y criterio a quienes representen a la nación –prosiguió don Diego–. No se puede luchar sólo por unas ideas. La propiedad, entendida como fruto del esfuerzo individual y garantizada y regulada por la ley, es la base fundamental de la riqueza de la nación y por lo tanto debe ser la prerrogativa que dé derecho a la representación en Cortes. Sólo la parte más acomodada de la sociedad debe asumir la representación de la nación. Si todos tuvieran ese derecho, incluidos los haraganes y los bandidos, pronto tendríamos asegurado el terror jacobino y la consiguiente destrucción de la sociedad, como sucedió en Francia como consecuencia de la Revolución.

–Yo no niego el derecho a la propiedad, y sé que la riqueza de todos depende del esfuerzo individual de cada uno –repuse con firmeza–. Precisamente en la guerrilla comprobábamos todos los días cómo la eficacia de la lucha dependía del interés de cada cual en poner a buen recaudo su propia vida. Este interés se demostraba más que nunca defendiendo la propiedad atacada por los franceses. El pueblo, don Diego, desea un derecho de propiedad libre y fundamentada en los propios talentos de cada uno para salvaguardarla. Defiende unos ideales, sí, pero también una propiedad, sin la cual no son posibles ni su supervivencia ni su prosperidad. ¡Cuántas tierras en poder de mayorazgos o de la Iglesia son inútiles por el mal uso que se hace de ellas! Las gentes del pueblo saben cómo podrían aprovecharse esas tierras y desean que la nueva ley emanada de la asamblea nacional permita su libre compra y venta así como la racionalización de los cultivos para que los labradores puedan mejorar los resultados. –Me había acalorado y paré mi parlamento durante unos instantes. Barreyro y su amigo me miraban sorprendidos–. Tenga por seguro, don Diego –continué– que ése es el verdadero interés de los hombres con los que he combatido estos años. Sacar provecho y utilidad a la tierra que les pertenece para poder beneficiarse y mejorar sus condiciones de vida, sin estar sujetos a los gravámenes caprichosos e inútiles que frenan el progreso. Una única contribución y proporcional a sus bienes. Ése es su deseo, querido don Diego, y por ello han luchado y seguirán luchando.

–Demasiado radical me pareces, Mateo –intervino Barreyro templando gaitas y con un tono de reproche cariñoso–. La lucha en la guerrilla es muy dura, y es posible que eso haya contribuido a exaltar tus ideas más de lo que piensas.

–No niego que pueda ser así –le repliqué, un poco seco.

–Los comerciantes y los burgueses –apostilló don Diego– no son tan radicales. Defienden las conquistas del pueblo, pero defienden a la vez sus intereses, que, aun siendo particulares, contribuyen al interés general de la nación al aportarle la riqueza. El pacto, la comisión y la diplomacia son las claves de acción del ciudadano. Los hombres de la ciudad están de acuerdo en abolir privilegios, pero no porque hayan caído en desuso, sino porque se muestran improductivos. No generan dinero en la medida que lo harían si el verdadero interés productivo y no el privilegio fueran las guías de su gobierno. Los burgueses no son tan pragmáticos como los agricultores. Admiten la proporcionalidad de la contribución a la nación, pero siempre que sea matizada por una propiedad suficiente que la respalde. En otras palabras, limitan la participación de las personas en el Gobierno, limitando el sufragio. Los cambios deben ser hechos, pero de forma progresiva, no abruptamente.

–Entonces no serán cambios –interrumpí indignado–, serán solamente vendas que tapan la herida y no dejan que el cirujano la limpie para poderla sanar en toda su extensión.

–Pero es que para poder curar la herida la persona tiene que dar su consentimiento –afirmó Barreyro–, y de momento el pueblo lucha pero no comprende en toda su dimensión la obra que se está realizando en esta ciudad.

–Vuelvo a estar en rotundo desacuerdo –repliqué–. El tercer estado no es sólo la burguesía rica de las ciudades. La labor de lucha realizada durante estos años no necesita de ninguna aseveración mejor que el pacto de sangre efectúa cada día por las gentes de nuestro pueblo para defender sus derechos. El tercer estado son ellos, y ellos encarnan a la nación toda. No se puede limitar su participación porque no pueda estar aquí. Están presentes en todas partes, aunque a veces no se les vea. Estas sillas y esta mesa han sido hechas por sus manos. El cacao con el que don Diego comercia llega hasta Cádiz por el esfuerzo de muchos hombres a los que no vemos pero que hacen posible que nos deleitemos con una jícara de chocolate cuando nos apetezca.

Don Diego me miró entornando los ojos. Era evidente que, antes o después, terminaríamos enfrentándonos. Mi alusión a su persona no iba a quedar sin precio.

–Señores, los tiempos de los derechos absolutos y de la representación estamental han pasado a la historia –anuncié con deseos de cerrar la reunión–. El edificio en que se apoya la Corona está carcomido. El gobierno personalista de los reyes es incapaz de hacer frente a las nuevas situaciones del siglo, y la opinión del pueblo llano es mucho más madura de lo que ustedes creen.

–No podemos tolerar estas afirmaciones porque no tienen un fundamento cabal –replicó don Diego contando con un gesto de aprobación por parte de Barreyro–. Sólo son palabras de un radical exaltado que ha vivido demasiado tiempo con hombres y mujeres preocupados sólo por sobrevivir, sin mayores miras ni más altos ideales.

–Están ustedes equivocados, caballeros –dije poniéndome en pie–. Los liberales no somos unos exaltados que no sabemos lo que decimos. La razón y el progreso son nuestra guía, y la solución real de los problemas nuestra bandera. Es imprescindible cambiar drásticamente un régimen político que está enfermo. No se puede seguir coartando y cercenando las posibilidades de desarrollo social del país conforme a unos intereses que ya no son representativos del conjunto de la nación. Ya hace muchos años que el pueblo francés, que no su Emperador, demostró que el cambio es posible, y ahora nos toca a nosotros. Hacerlo en paz y concordia, escuchando a todos, está en la mano de los diputados.

Tras estas afirmaciones me despedí de mis contertulios y marché hacia el puerto. Quería ver los navíos, soñar con lugares distantes, escuchar el rumor de las aguas tanto tiempo añoradas en los años pasados. Quería respirar libertad.

A primeros de septiembre oí noticias sobre el movimiento de emancipación de Venezuela y quería saber su certeza. No había querido preguntar al respecto a don Diego en las ocasiones que lo vi porque no quería enfangarme con él en otra discusión política. No fue difícil indagar entre la marinería acerca de las noticias que buscaba. La prensa, sobre todo el «Diario de la Tarde», no era muy explícita en sus comentarios. Una cortina de silencio envolvía las colonias.

Un día, al acercarme al puerto, volví a encontrarme con Tomás Jardón, el amigo de mis correrías infantiles. Desde que estaba en Cádiz habíamos vuelto a reanudar nuestras pláticas recordando nuestros tiempos de críos. Él también estaba allí refugiado y rara era la semana que no almorzábamos juntos.

–Querido Mateo –me dijo–, algo te traes en la cabeza. Tú no sueles caminar tan meditabundo.

–Probablemente tengas razón.

Tomás se acercó y se puso a caminar a mi lado, en silencio.

–¿Qué me puedes decir de las Indias, Tomás? –le espeté de pronto.

–¿De las Indias? ¿Así que eso es lo que te tiene tan pensativo? Vamos a la tasca de la Carmen, allí charlaremos a gusto –dijo tomándome del brazo para llevarme a la esquina de al lado donde estaba la taberna.

–Se están produciendo cambios en nuestros virreinatos de allí –me dijo después de sentarnos en una mesa algo apartada de las demás–. La crisis de la monarquía vivida en España se manifiesta allí con el rechazo a todo lo francés. Se siguen con atención las noticias que llegan de nuestra guerra y nuestros éxitos los celebran como suyos los españoles de allá. Igual que en España, muchos criollos pensan que ha llegado la hora de que la nación asuma la soberanía secuestrada. En Caracas, por ejemplo, se han producido intentos de formar una Junta Gubernativa.

Me alegré por ello y le animé a seguir contándome lo que sabía.

–En Nueva Granada, que es el virreinato que más conozco –continuó Tomás–, los mantuanos, apoyados por Francisco de Miranda, luchan por conseguir la libertad de comercio. No quieren seguir estando tan avasallados por la península, y los ingleses se aprovechan de esta circunstancia haciendo difícil nuestro comercio con ellos. No admiten la Regencia, y sólo Coro y Maracaibo permanecen fieles a Cádiz. Sé por buenos amigos que en el pasado mes de julio un grupo de criollos proclamó la independencia y quieren proclamar una república federal con su propia Constitución, pero de esto último no tengo más noticias.

Sabía que mis opiniones y barruntos no iban descaminados. No podía ser de otra manera. La influencia de los Estados Unidos de

América era demasiado cercana para que nuestros territorios en el nuevo continente no intentaran, por lo menos, imitarlos. Los habitantes de las antiguas colonias británicas habían demostrado que la igualdad entre todos los hombres era posible.

Tomás también me contó que había viajado varias veces a Londres para comprar mercancía que vender luego en los virreinatos indianos. Allí visitó a Francisco Miranda en la casa que tiene en Grafton Street. Miranda era un excelente conversador y un hombre de convicciones muy profundas que hacía de anfitrión de los españoles que visitaban la capital inglesa. Al poco de estar en Londres ya había estado en su casa en varias tertulias y me dijo que había quedado impresionado por las discusiones que allí se tenían, a las que asistían con frecuencia algunos personajes destacados del movimiento emancipador, como Luis López Méndez, Simón Bolívar y Andrés Bello, para intercambiar ideas y experiencias. Llegaron incluso a presentar sus proyectos al ministro inglés William Pitt. Mi amigo Jardón había leído los artículos publicados por Bolívar en septiembre de 1810 en el «*Morning Chronicle*», en los que propugnaba la amistad y el favor de Wellington y rechazaba el bloqueo comercial decretado por la Regencia española. Londres, en aquellos días, era un vivero de liberales que se refugiaban en la plaza huyendo de sus países.

No salía de mi asombro al escuchar aquellas noticias. Algo había oído de todo ello, pero no con la precisión que ahora conocía. Medité durante un largo rato sobre ello y tomé una resolución.

* * *

Apesadumbrado, dejé la espada en el lugar de donde la había tomado. Pensé que tal vez simbolizara la amenaza que pesa siempre sobre quien traiciona a sus compañeros de armas, algo que yo nunca había hecho. No entendía su significado. No sabía lo que me aguardaba en la reunión que ellos llamaban Logia, pero no creía que fuera más peligroso que todos los riesgos asumidos en mi vida militar. Durante muchos años, siempre me había abierto paso a golpe de sable, pero ahora ya estaba cansado de luchar. Ya había visto mucha sangre y yo mismo había derramado demasiada. Quería descansar, no tenía fuerzas para seguir luchando. El uso de la espada sólo conducía a la destrucción. La Constitución que preparaban en Cádiz, y no la espada, era la esperanza de muchos hombres y también la mía para parar aquella locura que destruía a nuestro pueblo y lo hundía en una mayor miseria cada día. Los campos no se cultivaban y los hombres, a base de luchar y defenderse, se estaban haciendo verdaderos salteadores de caminos. ¡Cuánta pena y cuánta tristeza!

–¡Maldita seas! –exclamé mirándola.

Estaba a punto de levantarme y arrojar la espada al suelo. No sabía lo que significaba, pero sí sabía de su peligrosidad. Era una constante incitación a la lucha. Hacía a los hombres concebir ilusiones y les impedía comprender su necedad. Su hoja brillante y afilada era el camino sin retorno hacia el más allá de la vida. Su brillo mortal trastornaba a los jóvenes soldados. Su anhelo era tenerla cerca, tocarla, poseerla. La afilada hoja no hacía distinciones, no escuchaba a jueces, no emitía sentencias. Bastaba empuñarla para que obedeciera. No rechazaba ninguna mano como dueña.

* * *

Siempre había querido saber más de los masones. No me eran desconocidos. Los había visto operar en mis años en la guerrilla y, en más de una ocasión, habían sido capturados e interrogados por las partidas. El Cura Merino no podía soportarlos, no le agradaban nada. Para él no eran sino lobos camuflados con piel de cordero. El generalato estaba plagado de aquellos «hermanos». El propio José, el hermano de Napoleón al que nunca llamaré «nuestro Rey», era su jefe[31].

Tomás Cifuentes, mi compañero en el último año de acciones guerrilleras, fue el que me hizo fijarme en ellos. Un día, él había sorprendido a un pequeño grupo de oficiales franceses que, con los brazos entrelazados, formaban una cadena junto a un pequeño altar donde aparecían los símbolos de la escuadra y el compás. Era de noche y el descampado aparecía alumbrado por tres hogueras. Los guerrilleros quisieron cogerlos por sorpresa en medio de su ceremonia, creyendo que estaban desprevenidos y sin armas, pero no se dieron cuenta de que más de veinte soldados franceses guardaban la reunión emboscados. No salió bien aquella escaramuza y mi amigo quedó malherido. Desde entonces se juró a sí mismo no dejar vivo a ningún masón.

---

[31] José Bonaparte era, además de Rey de España con el nombre de José I, el Gran Maestre de Gran Logia Nacional de España, masonería instalada por él en España y de obediencia francesa. De esta familia masónica afrancesada forman parte, desde 1808 las logias madrileñas *Beneficencia de Josefina, Santa Julia, San José, Napoleón el Grande, Filadelfos y Estrella de Napoleón.* De otra parte había también logias bonapartistas adscritas al Gran Oriente de Francia en las ciudades de Madrid, Barcelona, Gerona, San Sebastián, Vitoria, Zaragoza, Cádiz, Santander, Santa Cruz de Tenerife y Sevilla.

–¡Todos eran oficiales, Mateo! No podía dejar escapar la oportunidad. Un oficial vale por cincuenta soldados. Los oficiales saben interpretar las órdenes y darlas, mientras que los soldados las ejecutan sin decir palabra. Mi error fue no advertir a los soldados apostados al quite. Un solo disparo los alertó y antes de darme cuenta ya los tenía encima. Me cegó el querer acabar con todos aquellos oficiales y casi me cuesta la vida. El mejor momento para atacarlos es cuando recogen sus enseñas y emblemas. No son numerosos, pero prestan mucha atención y esmero en guardarlos en pequeñas cajas de madera que transportan siempre consigo. Hay que ser rápidos, porque parece como si después de sus rituales ganaran en fuerzas. Lo más importante es romper su disciplina atacando primero al que dirige los trabajos. Ése es su centro y ése es su flanco.

Tomás continuó contándome que no había distinciones entre ellos en cuanto a edad y que, cuando celebraban sus rituales en campaña, dejaban las graduaciones a un lado. Todos eran iguales trabajando sobre su pequeño altar, mientras dejaban las armas a un lado. No comprendía por qué corrían ese riesgo. Un soldado jamás debe descuidar su arma, un soldado vale tanto como su arma.

Tomás utilizaba una esclavina con un compás y una escuadra arrebatada a un Coronel como trofeo de sus acciones. Con ella jugaba entre las manos y, de vez en cuando, la escupía maldiciéndola. No la prestaba a nadie y, para mostrarla, tenía que estar de muy buen humor o bebido. En aquellos símbolos se concentraba todo su odio al francés. Creía que los ataques franceses eran como los instrumentos simbólicos de los masones, incisivos como la escuadra y sinuosos como el compás. Abrían sus alas en los ataques sin parecer que lo hacían y se replegaban a la columna con gran velocidad para hacer que ésta fuera más mortal. «¡Maldita escuadra y compás!», decía. En vez de medir y dibujar la belleza, calibraban la muerte y delineaban las acciones de la Parca desde el centro de su estrategia.

–Mateo –decía Tomás–, masones o no, sólo son franceses, o sea, nuestros enemigos. No hay que darles cuartel, sólo acabar con ellos, y lo más rápido posible.

Había logias francesas en muchas de nuestras ciudades, formadas por gran número de soldados. La disciplina militar y la masonería caminaban de la mano. Los oficiales masones se apoyaban mutuamente para destacar y marcar la diferencia con el mundo civil. Durante los años de lucha en el monte, había estado muchas veces a escasos pasos de sus trabajos y sus palabras sin que me vieran, advirtiendo con atención sus rituales, sus pasos escuadrados y su delimitación del espacio. Comprendí, observándolos, por qué se cubrían la cintura con un mandil. En aquellos momentos eran como corderos que van a ser degollados.

Su hora predilecta de reunión era la caída de la tarde. Se dejaban notar por la separación entre el grupo que operaba y el resto del destacamento. Corroboraban su presencia las tres luces que siempre encendían en torno a una pequeña ara. Imponían respeto, y yo nunca les ataqué cuando trabajaban. Yo observaba y no daba ninguna señal de alarma a mis compañeros cuando los descubría. Prefería atraparlos después, cuando recogían sus símbolos o estaban a punto de agruparse con los demás hombres de su tropa.

No entendía el prendimiento de las candelas. Ése era un error de táctica militar. Cualquier luz en la noche, por pequeña que sea, es más peligrosa que una bala perdida. Siempre las encendían siguiendo un preciso orden y las apagaban en sentido inverso, según un ritual marcado. Nunca se lo saltaban ni lo trastocaban. Mientras estaban encendidas eran vulnerables siempre. Cuando las apagaban llegaba el enfrentamiento cuerpo a cuerpo y hombre a hombre: como soldados, con dignidad.

Una vez rendidos, me ofrecían papel y pluma para transcribir sus últimas voluntades. Yo ojeaba entonces los libros y apuntes que portaban en sus mochilas. Eran claros: cuentas y resoluciones tomadas. No había más, no escondían nada. Llegué a conocer sus signos y sus alusiones. Entendía las separaciones y los puntos que remarcaban determinados nombres, como el del Gran Arquitecto del Universo, al que ellos siempre apelaban con respeto.

Los había visto hablarse al oído, comunicarse frases entrecortadas y saludarse de una forma peculiar, utilizando los dedos de la mano como contraseña. Siempre lo hacían con discreción, sin estridencias. Me parecían gente curiosa, y yo quería saber más de ellos. Me intrigaban, y en el fondo de mi ser me atraía su disciplina. Sus ritos me recordaban a los oficios católicos y, en parte, me parecían ceremonias profanas. Respetaban el orden establecido y por él hacían votos. Nunca escuché nada que fuera contra el clero ni sus ministros. No había conflictos en sus reuniones, sino camaradería, como la de los soldados en los cuarteles. Su sentido del orden y la disciplina, así como su fraternidad, me atraían, me movían a buscarlos para entender mejor lo que hacían y lo que pretendían.

De regreso a Cádiz pregunté por ellos a amigos cercanos. Siempre sus respuestas me conducían a logias francesas, lo que resultaba inaceptable para mí después de haber estado tanto tiempo luchando contra el invasor. Supe que nuestros aliados ingleses también tenían logias en sus campañas. Sus costumbres eran parecidas a las de los masones franceses, pero no iguales. Sus mandiles eran azules en lugar de rojos, y sus creencias tendían a reconocer la existencia de un Dios personal, creador del universo, al tiempo que negaban la religión revelada. No se recataban en las críticas al clero ni a sus ministros y eran más severos y precisos en sus rituales y trabajos que los franceses. Tanto unos como otros se llamaban entre sí hermanos.

Yo no terminaba de comprender cómo siendo todos hermanos se enfrentaban en el campo de batalla como enemigos feroces. Pregonaban la concordia y la paz, pero no las practicaban en absoluto. Pretendían protegerse unos a otros, pero no distinguían entre compañeros de distintos países. Sus rituales eran profundamente excluyentes: no todo el mundo podía pertenecer a las logias. Había que desembolsar una suma de dinero para hacerlo. Militares y burgueses se hermanaban en las reuniones. Ambos grupos perseguían una finalidad: proteger el orden establecido y medrar en sus propias profesiones. Lo demás no era sino mero ritual de máscaras y figuras, como un carnaval. Cuando las caretas caían, los hombres mostraban su verdadera faz, y ésta, en muchas ocasiones, no era nada lisonjera ni respetuosa.

* * *

No utilizaría en vano esta pluma y los papeles que me habían dejado en la mesa. Estaba preparado a seguir adelante con mi verdadero juego. Nadie lo sabía, ni nadie lo sabría jamás.

Con parsimonia, sabiendo que tendría que ser cuidadoso con mis afirmaciones y no delatar mis intenciones, cogí la pluma, la mojé en la tinta y comencé a escribir:

«Hoy día, uno de noviembre de 1814, en la posesión de mis facultades y sin ninguna presión ni condición que haga cambiar mi voluntad, hago este testamento filosófico como despedida del mundo profano.

»Deseo que mi hija, Constanza, reciba mi sable de gala y sea la propietaria de mi casa. Se la merece por todos los desvelos que ha tenido conmigo y como premio al cariño filial que me profesa».

Quería acogerme a la protección de las logias, pues nada me quedaba. No era sólo cuestión de bienes, es que no me quedaba esperanza alguna en esta España mal gobernada. Todo se me había derrumbado, hasta la esperanza en mis propias creencias. Mi paga de militar se había visto tan mermada que apenas daba para malvivir de ella, y de nada sirvieron todos los servicios prestados y la sangre derramada en combate. Perdí a Carmen, mi querida esposa, a la que dejé cuando fui a la guerra, y ni verla pude cuando supe de su muerte.

Tanto dolor y tanta amargura para llegar a aquella triste situación, a aquella afrenta que debía cometer contra mí mismo para sobrevivir. No creía en la masonería ni en los masones, pero necesitaba su apoyo para medrar en las Indias. Ellos me abrirían puertas a las que yo no podría acceder por mis propios medios. Los criollos de aquellas tierras, sobre todo los destacados por sus relaciones económicas y políticas, habían formado asociaciones masónicas, y de ellas me pensaba aprovechar.

Emprendí esta aventura en mi vida cuando conocí a Alcalá Galiano y a Francisco Isturiz en Cádiz. Ambos, apasionados liberales, defendían sus ideales al calor de los debates para la aprobación de la Constitución de 1812. Por entonces los masones se estaban organizando para influir en el texto constitucional. Ellos me descubrieron que los españoles y los criollos disidentes en las Indias, que se llamaban a sí mismos libertadores, pertenecían a la logia Los Caballeros Racionales o Gran Reunión Americana, presidida por Miranda. Allí era donde de verdad se movían los hilos de lo que pensaban los grupos y personalidades influyentes. Supe que Bolívar era masón desde antes de que empezara nuestra contienda nacional, desde el año 1805, y que había sido iniciado en París en la logia San Alejandro de Escocia.

Ahora, escribiendo en aquel papel, sonreía recordando estos hechos: no dejaba de ser curioso que fuera el nombre del conquistador de Asia el escogido por el libertador de América. La Logia de la Gran Reunión Americana tenía un propósito claro, y éste no era otro que ser el núcleo político que unía todas las ideas liberadoras en una sola línea de actuación. Desde ella se organizaba la acción a favor de la causa.

«Mateo –me decía Galiano– no se puede ir por el mundo sin protecciones. Las mejores armas no son las que se portan, son las que no se ven. Las cartas de recomendación, las ayudas en los puertos de llegada, las habitaciones secas y limpias después de una dura marcha, estas cosas que parecen triviales cuando se tienen son de gran importancia en los viajes. Su falta puede originar una catástrofe y un alejamiento del objetivo a cumplir. Todos estos detalles los preparan otros hermanos que viven en los países a donde llegas. Por eso la masonería es grande. Su espíritu de ayuda llega a todos los sitios».

Eso era lo que a mi más me interesaba, saber que podía contar con ayuda allí donde estuviera. Mis ideas políticas ya no contaban. Ya había luchado por ellas y su pago era la miseria en la que me encontraba.

Los años habían pasado y mi desencanto había ido cada vez más en aumento. Ya no creía en nada. A mí mismo no podía engañarme, pero a los demás sí. La sinceridad, la honradez y la lealtad se quedaron atrás, fueron enterradas cuando dejé la guerrilla y volví al ejército regular. Quería mayor seguridad y bienestar para mi esposa e hija. A la primera no se la pude dar; para la segunda la iba a conseguir, aunque fuera lo último que hiciera en este mundo.

Mi hija, Constanza, guardaba en su sonrisa y en el color de sus ojos la semblanza de su madre, mi amada Carmen. Ella se lo merecía todo. Estuvo con su madre hasta el final, nunca perdió la esperanza de que regresara y siempre me esperó, tanto que no se quiso casar hasta que yo le diera mi consentimiento. Como Penélope esperando a Ulises, tenía el gran mérito de la paciencia y la esperanza para ver cumplidos sus deseos. Carmen, mi mujer, lo sabía, y por eso antes de nacer ya la nombraba por el nombre con que luego la bautizamos.

Ella era el viento que soplaba mis velas. Siempre estuvo en mis pensamientos, en mis largas vigilias y en mis momentos de duda. Ahora le podría demostrar que yo no era sólo un luchador, sino que también sabía ser su padre. Por el trato tan injusto recibido en los dos últimos años y para que ella tuviera lo que se merecía estaba escribiendo en aquella cámara negra. No me detendría nada, no me arredraría ante nadie.

Le dejaba el sable de gala, pero con la hoja mellada. No quería ningún incidente más con aquella arma. Nunca más la empuñaría. El sable es el espíritu del verdadero soldado, por eso se lo dejaba a ella. Mi hija era mi sangre no derramada, la continuadora de mis días, la esperanza del futuro. Había comprendido que no hacen falta las armas para defender las ideas. La palabra y el comercio son sus mejores embajadores.

«A mis compañeros y camaradas oficiales les lego mis memorias para que recuerden en ellas tantos momentos de gloria vividos y a los compañeros que, luchando a nuestro lado, dieron su vida por la nación.

»Mis condecoraciones, ganadas con sangre y sudor, los lego a mis subordinados para que no olviden las horas de campaña pasadas con ellos. Siempre he comprobado cómo hay otros hombres más necesitados que uno mismo de fe y valor. En su recuerdo y presencia, siempre

he procurado no olvidar que el mayor bien hacia un compañero de armas es serle leal y no abandonar nunca el campo de batalla si caía herido, para cubrirle y atender sus necesidades».

* * *

Volví de nuevo al ejército regular cuando se aprobó la Constitución en Cádiz[32]. ¡Qué gran alborozo ese día! ¡Qué gran suerte la mía!

La batalla de Arapiles fue de nuevo mi gran bautizo de fuego en el ejército regular. Los aliados ingleses luchaban con nosotros, codo con codo, hombre con hombre. El General Wellington penetró en España por Salamanca. Iba a enfrentarse directamente con el Duque de Ragusa, pero antes de llegar al enfrentamiento Wellington se aseguró que los franceses no recibieran refuerzos. Intentó y consiguió fijar sobre el terreno al resto de las tropas francesas en España. Souchet fue inmovilizado en Cataluña por un desembarco aliado, mientras otras fuerzas que habían desembarcado en Vizcaya apoyarían a las guerrillas del norte encabezadas por Díaz Porlier y el ejército de Galicia atacaría Astorga. La ofensiva era general y en toda regla. ¡Por fin los ingleses habían decidido abandonar su refugio portugués y atacar con todas su fuerzas a los odiados franceses! La hora final se acercaba.

Nosotros marchábamos en la segunda columna de las tres que dirigía Wellington. Barreyro, que ya era comandante, marchaba con nosotros. Yo había ascendido a capitán y mandaba tres pelotones. Varios movimientos y reagrupamientos de fuerzas, tras sucesivos ataques y contraataques, nos llevaron a las cercanías de Ciudad Rodrigo. Los cerros de los Arapiles estaban fortificados y defendidos por ambos ejércitos. Yo había tomado posiciones cubriendo con la artillería a la división Leith, contando con la protección de caballería en ambos flancos. El fragor de la batalla nos hacía lo mismo avanzar que retroceder, la suerte era incierta. Los franceses, organizados en cuadros, repelieron parte del ataque, pero al final tuvieron que retirarse. El duque de Ragusa había sido herido y entregó el mando a Bonnet, y éste a su vez a Clausel. Estos cambios hicieron que la suerte de la batalla se mantuviera en el aire durante algunas horas, pero el avance

---

[32] Pese al inequívoco corte progresista de la Constitución de 1812 todavía se mantenían los preceptos antimasónicos. La Real Cédula fechada en Cádiz el 19 de Enero de 1812 confirmaba el Real Decreto de 2 de Julio de 1751 y se vuelve a prohibir la Francmasonería en los dominios españoles de las Indias e Islas Filipinas.

seguro y definitivo de la división aliada al mando de Clinton hizo retroceder a los franceses al otro lado de la línea del Tormes.

La victoria de Arapiles abrió las puertas de Madrid. Era la segunda vez que Madrid podía ser recuperada. La primera se produjo tras Bailén. Habían pasado cuatro años entre ambas batallas. Ahora estaba seguro que Madrid caería, y en efecto, en agosto de 1812 por fin pisé la capital. Soult abandonó Andalucía a marchas forzadas para llegar a Valencia y yo pude volver a Sevilla.

–Mateo, esto se acaba –me dijo Barreyro.

–No sea pesimista, mi comandante –repondí–. Las fuerzas de retaguardia ya llegan. Los sanitarios vienen con ellas.

Tenía que mirar para otro lado para no reflejar mi tristeza. El comandante estaba grave y muy mal herido. Su pecho era un borbotón de sangre. Su camisa un cuajarón rojinegro. No me soltaba la mano, se agarraba a ella como a la vida. Yo no sabía hacer otra cosa que permanecer a su lado. Ni cuando se lo llevaron le dejé solo. Estaba muriendo.

–Ha merecido la pena vivir esta vida, Mateo –continuó–. Volvería otra vez, si naciera, a ser militar. No me arrepiento de nada. Estoy contento de haberte encontrado y de haber sido amigo y camarada tuyo. Sólo me ha faltado una cosa.

–¿Cuál, mi comandante?

–Estar contigo en la guerrilla. Siempre añoré estar en ella. En esa aventura me has ganado.

–Mi comandante –dije yo–, no le he ganado en nada. Siempre hemos compartido la vida militar y como camaradas hemos sido fieles a nuestra bandera y a nuestros hombres. La guerrilla fue para mí otra forma de seguir luchando, pero yo también añoraba el ejército. No todo fueron aventura y correrías en la guerrilla. La estrategia era imposible, la disciplina insostenible, aunque no faltó nunca bravura. Lo importante es que los dos hemos luchado por nuestras ideas y hemos vencido. España es hoy un país constitucional. Cádiz ilumina Europa. El pie del continente le está enseñando a andar.

Con Barreyro se marchó la lealtad de mi vida. Ya no volví a encontrar hombres como él. Siempre atento, dispuesto a ofrecer su mano ante cualquier indisposición, ante cualquier duda. Él me enseñó el sentido de la lealtad, que luego yo transmití constantemente a mis subordinados. Sin ella no sirven de nada los esfuerzos ni los sacrificios. Sin ella la disciplina no tiene ningún valor, no sirve de nada. Lealtad a unos principios, pero sobre todo lealtad a la palabra dada, que es un compromiso inviolable. El apretón de mano es la ley. No había más que hablar, lo prometido se cumpliría, aunque para ello hubiera que arrostrar las más exigentes condiciones. No hacían falta ni plumas ni papeles. Sin la lealtad no merece la pena el compromiso. Éste se evapora, no puede existir. Sin el compromiso no hay responsabilidad, y sin ésta la vida no tiene función. Es como una hoja seca atizada por el viento, sin rumbo ni destino.

* * *

Nunca me hablo Barreyro de la masonería, pero yo sabía que pertenecía a ella. Nunca intentó hacer de mi un prosélito. Conocía mis puntos de vista y sabía que me negaría a integrarme en ella. No aceptaba ser mandado por fuerzas que no conocía, y menos por personas que dictaban sus órdenes lejos de mí. Él siempre se mostró respetuoso con mis ideas, y yo con las suyas. A él no le gustaba hacer los trabajos masónicos en campaña, como había visto hacer tantas veces a los franceses, pero cuando lo hacía, impelido por las circunstancias, se transformaba. Este detalle siempre me intrigaba, pero guardaba silencio. Él sonreía y apretaba su mano contra mi espalda. No imponía, sugería. Siempre dispuesto a servir, siempre dispuesto a ayudar. Siempre atento a hacer con los demás su hermandad.

–Algún día –me dijo en una ocasión– entenderás la masonería, sin preguntar, por pura necesidad vital. No es lo que la gente piensa, ni lo que los curas critican. Es todo mucho más simple. No es necesaria tanta condena sobre ella, ni tanto miedo por estar en ella. Pero eso sólo se puede comprobar estando dentro.

Ahora que estoy a punto de terminar este testamento recuerdo sus palabras. Desde mi pensamiento le pido perdón. Yo no tengo su fe ni su lealtad. Sólo quiero protegerme de una manera que no he hecho hasta ahora, tal vez, por mis prejuicios, pero éstos también se los ha llevado la vida. Ya no me queda nada que dar a este pueblo. Se lo he dado todo y me lo ha arrebatado todo. Quiero marchar lejos para volver a empezar y sobre todo para combatir con todas mis fuerzas y mis principios a este nefasto Rey, al que tanto esperábamos los españoles para que aceptara la nueva marcha de la Patria de acuerdo con su nueva Constitución.

«A mis futuros hermanos les adjudico el mayor bien de todos: mi propia vida. La disposición que de ella pueden hacer no me conturbará. La paz, el bien y la concordia entre los hombres es mi única hacienda de ahora en adelante. Creo haberlos defendido siempre con

honestidad y honor. Ahora reconozco que son los únicos y verdaderos bienes de todo hombre bien nacido».

Mi vida me pertenece a mí y a nadie más. La he arriesgado muchas veces, pero ya no lo haré más. Han pasado los años en los que creía que era posible cambiar el lamentable estado de cosas en que vivía la Patria. Muchas personas también lo creían y combatimos juntos. Entre tanto se marchó la vida entre las aperturas de los dedos.

Yo luché por unas libertades que no se han cumplido. Luché por la paz, el bien y la concordia desde lo más profundo de mi corazón y con la razón puesta en ello. No había ningún compromiso forzado, ni ninguna exaltación pasajera que seguir. Esta lucha era el producto natural de una mente madura y consciente de sus actos.

Ni la libertad ni la concordia han sido posibles. Los temores de la Iglesia, predicados desde todos los púlpitos y aforos, han cercenado la conquista de las libertades y han impedido la concordia. Los insultos y calumnias vertidas contra las ideas liberales han conseguido pintarnos como demonios. Nuestra luz y la de muchos otros sólo ha servido para exaltar los ánimos de los predicadores de la reacción, pero no para alumbrar sus conciencias. Su poder es grande y no se basa en las armas. La esclavitud de conciencia a la que tienen sometido al pueblo tiene una llave maestra: el mantenimiento de la incultura. En ella se apoyan para reclamar seguridad y libertad frente a las tropelías cometidas por las gentes de bien, que no alardean de su conciencia para obrar cabal y civilmente.

La honestidad y el honor nunca estuvieron presentes en la cabeza del Rey y de su camarilla. En diciembre del pasado año un nuevo nombre aumentó las esperanzas de todos los españoles, Valençay[33]*. Ignorábamos que este lugar francés sería el principio de las desgracias y la ignominia para muchos de nosotros, ratificada poco tiempo después en Valencia. Lo que no puedo confesar en esta hoja es la vergüenza que siento ante los acontecimientos de mayo del año pasado y los nubarrones negros, que intuyo se aproximan, para los próximos años. España seguirá siendo una nación arrastrada antes los pies de*

---

[33] El 11 de Diciembre de 1813 se firma el tratado de Valencia lo que supone el final político de la guerra de 1808. En él Napoleón reconoce a Fernando VII como Rey de España a cambio de reintegrar en la vida pública a los partidarios del Rey José Bonaparte, pasar una renta anual de treinta millones a los reyes padres y a firmar un tratado comercial con Francia. A los pocos días el General Palafox pasa a Francia a entrevistarse con Fernando VII. A partir de ese momento, esperando la vuelta a España del Rey, comienzan a rearmarse los partidarios del Rey absolutista.

un Rey que sólo piensa en restaurar unos privilegios asentados en el vasallaje de la nación hacia su persona.

* * *

–General Eguía –dijo el Rey–, ¿sois consciente de la misión que se os encomienda?

–Lo soy –respondió el General[34]. Francisco Eguía acababa de recibir el nombramiento de Capitán General de Castilla de manos del Rey.

–No quiero que haya ningún fallo, ni ninguna duda en la detención de los diputados de esas Cortes que han osado arrebatarme la soberanía que siempre he ejercido sobre mis vasallos.

–No la tendré –respondió el General

–Eso espero.

–Su Majestad sabe –continuó el General Eguía justificándose, –era tan servil que se le conocía por «el Conde del Real Aprecio»– que si se han consentido determinadas cosas en su ausencia ha sido porque no podíamos hacer otra cosa. Vuestras órdenes no llegaban y nosotros, fieles súbditos, no queríamos poner en peligro ninguna institución ante vuestro inmediato retorno.

–Id preparando a todos nuestros fieles[35] para comunicarles la restauración de sus fueros y privilegios. No es conveniente que las dudas sigan haciendo dilatar por más tiempo la lealtad que me es debida. Hay que poner en su lugar lo antes posible a esos déspotas de diputados y ministros que ponen en peligro la seguridad de todos mis reinos y hacen dudar al pueblo de mis buenas intenciones.

–Se hará como Su Majestad desea.

–Que sea lo antes posible –apostilló el Rey–, y que la administración de justicia resuelva para que la libertad y seguridad de las súbditos no sea menoscaba en el ejercicio de mis funciones como monarca. Otra aseveración os hago: tened preparadas las tropas por si mañana hubiera lugar a su intervención tras la publicación del decreto que

---

[34] El General Francisco Eguía Letona fue nombrado Ministro de la Guerra en el Gobierno presidido por el Duque de San Carlos (4-5-1814) el 29 de Mayo de 1814 y ratificado en el cargo por Pedro Cevallos, nuevo Presidente que sustituyó al Duque de San Carlos, el 15 de Noviembre de 1814. Fue cesado el 25 de Marzo de 1815.

[35] El 16 de Abril entró Fernando VII en Valencia, donde le recibió el General Elío. Allí, Mozo de Rosales le entregó un manifiesto suscrito por 69 diputados a Cortes miembros de la fracción absolutista en donde le reclamaban la supresión del ordenamiento constitucional de 1812. Esta petición se conoce como «El Manifiesto de los Persas».

disuelve las Cortes y ordena la detención de los diputados más destacados en denostar contra mí o contra mi familia, permitiéndose unas libertades que nunca nadie se las dio.

–Así se hará, Majestad. Una división del ejército está preparada esperando mis órdenes, que no son sino la transmisión de las vuestras.

–Eguía –ordenó Fernando VII–, hay que extirpar con rapidez los miembros podridos del cuerpo del reino. Hay que separarlos con prontitud si no queremos que el conjunto del cuerpo perezca, incluida la cabeza, que soy yo. No mostréis compasión, como ellos no la han mostrado conmigo. Esa virtud no se la merecen y sería una afrenta hacia los verdaderos vasallos que han soportado con dignidad sus crueldades. Otro mandato le doy: si se encuentra con Wellington no le informe de nada. Ese General inglés no me cae bien, se cree con poder en mi reino. Pero no tardaré en ponerle en su lugar para que se le disminuyan los aires de grandeza y orgullo con que me trata, olvidando que tan sólo es uno más de mis generales. Vaya, y ejecute mis órdenes con rapidez, General.

La noche del 10 de Mayo de 1814 el General Eguía, flamante como nuevo Capitán General de Castilla, entra en Madrid al mando de las tropas que le facilita el General Elío, Capitán General de Valencia, y anfitrión de Fernando VII que, desde esa plaza y al venir de Francia, ha dictado el 4 de Mayo un Decreto por el que deja sin efecto la Constitución de 1812. Tenía por encargo detener a algunos de los miembros del Consejo de Regencia, a los ministros constitucionalistas y a 24 diputados. El Presidente de las Cortes, otro de los absolutistas firmantes del «Manifiesto de los Persas» ordenó la disolución de las Cortes. Fueron detenidos esa noche los regentes Agar y Ciscar, los ministros Álvarez-Guerra y García Herreros, el General Villacampa, un constitucionalista, y 13 diputados, además de Quintana, Maíquez y el Conde de Noblejas.

Estos procedimientos penales[36], iniciados por este Rey sin honor, me pusieron en alarma y concluí abandonar el país lo antes posible.

---

[36] El 24 de Mayo firma Fernando VII un Real Decreto por el que quedan prohibidas las «asociaciones clandestinas» y en carta a Eguía de 19 de Noviembre le dice:

«Eguía; no habiendo la menor duda en que se hallan establecidas las Logias Francmasónicas en las ciudades de Cádiz, Coruña, Córdoba, Málaga, Murcia, Valencia, Granada, Cartagena, Valladolid, Zaragoza y las villas de Bilbao y esta Corte, como igualmente que muchos de sus individuos pertenecen a la clase militar; conviene que con la mayor reserva dé las órdenes más estrechas y terminantes a las personas que merezcan tu confianza en cada uno de los puntos referidos, con especial

Para mí no había ya nada más importante que huir de este país miserable, me había hecho mayor y no quería más luchas ni mi cuerpo ni mi ánimo aguantaban ya más enfrentamientos. Las facciones ya no eran tales como yo las pude colegir hasta bien poco, todo era ya distinto. El odio y la traición empedraban ahora unas calles que habíamos querido limpiar con la sangre de los muchos y buenos españoles que dieron su vida por la libertad, la justicia, la paz y el progreso. Volvíamos otra vez a la lucha entre hermanos y eso, ya, no estaba dispuesto a vivirlo otra vez. Ya no me quedaban fuerzas.

* * *

«No tengo más bienes que legar, restándome sólo anunciar que mi profunda creencia en la libertad y capacidad de raciocinio del ser humano; así como la lealtad a la Constitución y mi fe en Dios, son mis más auténticos e inalienables bienes. De ellos mi persona ni quiere ni puede desprenderse; y pudiéndolo haber hecho antes tampoco lo haré en esta hora que me conduce a una ocasión tan trascendental como la que estoy a punto de vivir.

Firmado: Mateo Céspedes».

Estas frases que había plasmado en mi testamento eran verdaderas. Lo que no contaba era la verdadera razón por la que pedía el ingreso en la Masonería. Sólo me interesaba de ella el poder de protección y la ayuda que ofrecía. Sus conciliábulos y asambleas no me interesaban. Acudiría a las tenidas como espectador siempre que pudiera, y no pronunciaría ningún juicio que implicara el más ligero pronunciamiento por mi parte a favor o en contra. Siempre mantendría mi honestidad para con mis camaradas militares, a los que esperaba ayudar en secreto para derrocar al infame Rey. No descansaría en la búsqueda y consecución de la libertad siempre que me fuera solicitada, pero lo haría de tal manera que nunca figuraría al frente de ninguna proclama. Cuando no tuviera más remedio figuraría diluido entre otros muchos, y sólo cuando tuviera la plena seguridad de que ello no perjudicaría mis intereses, que ahora eran lo único que me importaba y por que los que iba a luchar en el futuro sin descanso.

El enriquecimiento personal era mi objetivo principal. Desde la riqueza maniobraría todo lo que pudiera contra los seguidores del

---

encargo de que te den cuenta de todo lo que puedan indagar acerca de este asunto, para mi soberana resolución».

Rey, allí donde me encontrara. El lugar no importaba, aunque ahora Caracas era la cabeza de puente con las Indias. Su cercanía a España y el libre comercio implantado allí eran la mejor garantía para un rápido enriquecimiento. Era un país que aspiraba de veras a la libertad, y con esto me conformaba para poder respirar y sentir que mis años de lucha no habían sido en vano. Pero ya sabía lo frágiles que son los sueños cuando se realizan, y por eso no me embarcaba con el ánimo de pertenecer a ningún partido allí donde me asentara. Estaría al lado de los defensores de la libertad, pero no descubriría nunca mi juego, que no iba a ser otro que el disimulo para sobrevivir y hacer posible desde la sombra que los hilos del poder se movieran en mi beneficio.

No demostraba tampoco en aquel escrito que hubiera combatido en la guerrilla bajo las órdenes de Mina. Eso podía ser perjudicial para mí, sobre todo después del trato que se le había dado al caudillo guerrillero como consecuencia de su reciente pronunciamiento de septiembre. Se le negó el mando y se le convirtió en un títere de las fuerzas absolutistas, representadas por Palafox y el conde de Ezpeleta. Su vida había corrido peligro, pero no tanto como la del Coronel Gorriz, que acabó fusilado. Sus otros dos protectores, Guerra y Asura, huyeron a Francia. De momento, Mina había salvado el pellejo, pero su eliminación física era cuestión de poco tiempo.

No me sentía cobarde al marchar de mi país. No podía vivir con todos mis ideales pisoteados, y además mi hija se merecía otra vida que la vivida hasta entonces. Sabía que, de quedarme, acabaría con la etiqueta de exaltado y con mis huesos pudriéndose en cualquier cárcel, y eso acabaría conmigo. Yo era un militar, no un suicida. Amaba la vida y la libertad, pero no era ningún mártir ni quería serlo. Podía hacer mucho más daño rico y alejado que encarcelado y muerto.

* * *

Antes de que la puerta se abriera de nuevo ya sabía que volvían a buscarme. Y, efectivamente, instantes después mi padrino permanecía ante mí otra vez con la venda negra en una de sus manos.

–¡Dios! –exclamé–. Espero que esta vez no uséis las monedas para martirizarme.

–No os preocupéis –respondió la figura con cierta sorna–. Ya no son necesarias. Sin embargo, os prevengo sobre vuestra innata curiosidad. Mantenedla, si es posible, bien dormida y dejaos guiar confiadamente. Y ahora, si gustáis, daos la vuelta para que pueda vendaros de nuevo los ojos.

El tono en exceso versallesco que había empleado el Hermano Terrible me alertó, pero me dejé hacer. No había gastado mis últimos dos mil reales para nada. La suma, que ellos llamaron «pago de recepción», era considerable, pero la interpreté entonces como una inversión. Como apostar por la Compañía de Indias o el paño genovés. «Nunca se me dieron bien los negocios», farfullé mientras de nuevo el pañuelo me cegaba.

–¿Decís?

–No, nada.

–Bien. Estaos quieto y procurad, a partir de ahora, ¿me entendéis?, a partir de ahora, no perder el temple ante las pruebas a las que seréis sometido. Y, sobre todo, guardad el más absoluto silencio.

Ya a oscuras mi cerebro, sentí que la puerta se abría de nuevo y que una nueva presencia se aproximaba hacia mí. Lo siguiente que percibí fue el tirón desgarrador que unas manos fuertes ejercieron sobre mi camisa, haciéndola trizas y obligándome a hacer una inclinación ridícula sobre mi lado izquierdo. «¡Rediós! –exclamé para mis adentros–. ¡La camisa que encargué nueva para hoy y que me ha salido por un ojo de la cara!» Pero todavía estaba pensándolo cuando las mismas manos desabrocharon la hebilla derecha de mis calzones para, sin ninguna contemplación, rasgar por la mitad la tela, descubriendo de esa manera la rodilla. «¡Y ahora los pantalones¡ ¿Qué me va a hacer esta gente? ¡Me van a arruinar!» Aquel desatino, sin embargo, aún no había concluido, pues sin más dilación me descalzaron el botín del pie izquierdo. Con horror más que con apuro recordé un pequeño detalle que se me había pasado por alto. Para acudir a la cita había escogido lo mejor que tenía en mi vestuario. Creía que debía estar a la altura de las circunstancias por si el destino me conducía hasta gente de condición principal, de modo que mi atavío –casaca negra, chupa con incrustaciones en bocamangas y pechera, camisa bordada y calzón negro de terciopelo–, junto a los botines acharolados, no desmereciera. Sin embargo, no me había preocupado de la ropa interior, y resulta que me había puesto unas medias de seda blanca pero que, por el excesivo uso y, ¿para qué negarlo?, la escasez de mis recursos, tenían el defecto de estar agujereadas a la altura del dedo gordo.

Tras ese humillante descubrimiento habría deseado que la venda de mis ojos se convirtiera en una sábana que llegara hasta el suelo y tapara mis vergüenzas. No obstante, a pesar de la evidencia de que tenía otro trozo de carne al aire, nadie hizo el menor comentario ni se escuchó la mínima risa.

El alivio por hallarme entre seres tan comprensivos para con la miseria ajena me duró poco. En un segundo me encontré con un dogal al cuello del que alguien ya comenzaba a tirar, empujándome hacia la salida. En pocos pasos fui llevado hasta una puerta de roble tallado en la que el guía («Debemos parecer un domador y su oso», calibré) golpeó varias veces de manera descompasada. Sus golpes eran desordenados y la llamada apresurada. Una voz de acento terrible, pero también de tono familiar, se oyó rotunda a través de la madera. Me quedé estupefacto. Si esa voz pertenecía a quien yo creía que pertenecía, entonces no me había equivocado al presentarme como víctima de aquella ceremonia infernal.

–¡A las armas, compañeros! Están asaltando el templo. ¿Quién es el que así osa contra nuestra Hermandad?

Mi padrino contestó de inmediato:

–Soy el Experto Terrible, que conduzco a un profano en su camino a la Luz.

La explicación no debió parecer suficiente, ya que se siguió escuchando un gran revuelo en la habitación hasta entonces vedada y, de nuevo, la voz tronante contestó:

–Vuestra es la indiscreción, Hermano Terrible, por traer hasta nos a este profano que sólo puede acarrearnos desgracias.

–Desea entrar y que se le abran las puertas del templo –insistió el Hermano Terrible.

La respuesta fue otra vez negativa, tras lo cual me sumí en la perplejidad. ¿Acaso algo había salido mal? ¿Tal vez es que no me consideraban digno de contarme entre los de su causa?.

El tira y afloja entre mi guía y quien guardaba las puertas del templo continuó hasta que el primero golpeó la puerta tres veces, ahora de manera espaciada y ordenada, ante lo que obtuvo una respuesta muy distinta de la cosechada hasta entonces:

–A las puertas del templo llaman en el grado de aprendiz, Venerable Maestro. ¡Guardianes! Levantad las barreras que impiden que estén con nos el Hermano Terrible y el profano al que conduce.

La puerta se abrió con un susurro no menos mudo que el que existía en la habitación que hacía las veces de templo. Me introdujeron allí, siempre con la soga alrededor de su cuello, pero, tras apenas unos pasos, una mano abarcó mi cuello y me obligó a inclinar la cerviz. A ambos lados, dos personajes sostenían una vara a media altura, dispuesta así para que el profano se viera en la necesidad de inclinarse ante la congregación.

Una vez superado este primer trance, no tuve más remedio que pegar un respingo. La punta de una espada hería levemente mi pecho izquierdo desnudo al tiempo que la voz que antes impedía mi entrada sonaba ahora más clara y nítida frente a mí y me pedía explicaciones sobre las respuestas que había escrito en los papeles que había escrito.

Se las di como mejor pude, vendado como estaba y humillado. Repetí mis deseos de entregarme a la Orden en cuerpo y alma y dejar afuera todos los compromisos de mi vida pasada. Era el momento cumbre de mi simulación.

El silencio que siguió resultaba abrumador. Continuaba percibiendo la punta de la espada sobre el pecho y aproveché esos instantes para recrear en mi cerebro la escena que estaba transcurriendo en torno a mí, pero desistí casi de inmediato. No era, desde luego, muy halagüeña ni para mi amor propio ni para mi vanidad.

A continuación se me solicitó la opinión sobre el vicio y la virtud. Y ante esa tesitura no me quedó más remedio que mentir como un bellaco. Tras ello, el que debía ser el maestro de ceremonias dio paso a lo que denominó como «la purificación por el aire». La cuerda apretó mi cuello levemente, indicándome que debía empezar a caminar. Lo hice con docilidad, caminando en el sentido contrario al de las agujas de un reloj. Nada más iniciado este viaje, a mi alrededor se formó una gran bulla que se incrementaba conforme iba avanzando: golpes, voces cerca de mi oído –«Podían gritar a sus muertos», pensaba yo–, batir de malletes, palmas...

Avanzaba despacio, pero de sobresalto en sobresalto. En mi camino habían dispuesto multitud de obstáculos con los que tropezaba una y otra vez, lo que no revestía problemas cuando era el pie derecho el que chocaba con los objetos, pero se convertía con frecuencia en un dolor lacerante cuando era el desnudo pie izquierdo el que topaba contra uno de ellos. Además, para mayor perversión, a alguien se le había ocurrido esparcir aquí y allí pequeños trozos de metal y cuentas de vidrio que me martirizaban la planta del pie.

Después de dar tres vueltas, el maestro anunció el siguiente paso: «la prueba del agua». A estas alturas temía que me sumergieran en una bañera hasta ahogarme, pero cuando la soga volvió a marcar sobre mi nuez el inicio del trayecto me di cuenta que ya no había obstáculos en el suelo. La algarabía del viaje precedente había sido sustituida por un entrechocar de espadas que sólo se tornaba en inquietante cuando uno de los filos bisbisaba cerca de mí: de vez en cuando había quien ponía a prueba su pulso y sentido de la distancia a mi costa, pero, salvo algún pequeño enganchón en lo que quedaba de mi camisa, todo se resolvió felizmente. Concluí el viaje ejecutado en sentido inverso al anterior sin un solo rasguño.

Quedaba un último viaje, «la prueba del fuego», que transcurrió con mucha más facilidad que los anteriores debido a que los ruidos, las espadas y los obstáculos habían sido sustituidos por una agradable música de violín que inundaba la estancia. Sólo la presencia de una llama, que de cuando en cuando aproximaban a mi rostro y a mi cuerpo, alteraba tanta paz.

Finalmente me situaron en el centro de la habitación, me retiraron el dogal del cuello y pude respirar liberado de la ansiedad que me ocasionaba la rugosa cuerda. Esperaba, anhelaba, que aquello terminara de una vez. Yo, que soportaba a duras penas una misa, creía llegado el momento en que acabara todo aquello. Sin embargo, alguien me cogió las manos y depositó en ellas una copa que, por las proporciones y el tacto, debía de ser un cáliz.

–Éste es el cáliz misterioso –el maestro corroboraba mi suposición–. Bebed la mitad de su contenido y no lo apartéis de vuestras manos. Probad lo que hoy es dulce y mañana será amargo.

Tras el primer sorbo de precaución reconozco que jamás mi paladar había probado algo semejante: un líquido dulce, armonioso y suave que muy bien hubiera podido ser ambrosía, la bebida de los antiguos dioses griegos. A punto estuve de apurar hasta las heces ese maravilloso líquido, pero recordé la advertencia del maestro y cesé, bien a mi pesar, de libar en el cáliz. El recipiente quedó firmemente sujeto entre mis manos. Todo estaba en silencio. Tras unos instantes sonó otra vez la voz del maestro.

–Y ahora, bebed el resto de un trago, sabed lo que probarán aquellos que no respeten los secretos de la logia.

No me hice de rogar y con las mismas apuré de un trago el contenido de la copa, dispuesto a gozar a fondo de esa esencia excepcional. La primera arcada llegó en cuanto el líquido, ahora denso y repugnante como de azogue o de alpechín, atravesó mi gaznate y ya nada podía hacerse para detenerlo. ¿Nada? No bien pasaron unos segundos, un terrible retortijón me comprimió el estómago como una uva pasa, obligándome a expulsar del cuerpo hasta las primeras sopas de mi infancia. Estaba claro que se trataba de una mezcla de dos líquidos de densidades distintas, donde flotaba lo dulce y se mantenía lo amargo en el fondo último del cáliz.

No debía ser la primera vez que la cofradía ponía a prueba la efectividad de ese asqueroso brebaje, porque ya antes de que expul-

sara el bofe habían dispuesto al efecto un balde amplio de madera. Luego, un poco de agua que pasaron por mi rostro me recompuso un tanto, mientras me juraba a mí mismo que no perdonaría jamás semejante afrenta.

–Ahora, tras haber bebido el símbolo del veneno que prueban todos aquellos que nos traicionan, disponeos a pronunciar el juramento. –El maestro hizo una pausa–. Pero antes, decidnos de dónde sacaremos de vuestro cuerpo la sangre con la que firmaréis tal juramento y el lugar donde se os impondrá a fuego la marca que os reconocerá como miembro de nuestra congregación.

Las palabras del maestro volvieron a alarmarme. Aquello tenía visos de refinada tortura oriental. De todos modos, señalé al dedo gordo de mi mano izquierda para que me extrajeran la sangre y al pecho izquierdo para que le marcasen. Casi sin dolor se produjeron ambas operaciones. La primera, llevada a cabo con un afilado estilete, no fue más que un pinchazo. En cuanto a la segunda, realizada con una pieza de metal que, gracias a Dios, no estaba al rojo vivo, apenas me causó una leve abrasión. Por fortuna no habían llevado las palabras a sus últimas consecuencias.

La ceremonia del juramento fue breve. Ayudado por el secretario, que me precedía en lo que tenía que decir, pronuncié con bastante aplomo la fórmula:

–Juro de mi libre y espontánea voluntad, en presencia del Gran Arquitecto del Universo y de esta Asamblea, no revelar jamás a ningún profano cualquiera de los misterios de esta Orden que me sean revelados. Juro igualmente amar a mis hermanos, socorrerles y prestarles toda mi ayuda en sus necesidades y verter en su defensa y en la de la Orden hasta la última gota de mi sangre. Obedecer la Constitución y Reglamentos de la Orden y de este taller conocido por el nombre de Arcadia que me acoge. Todo esto lo juro bajo la pena de que se me abra el pecho, se me arranque el corazón, dándoselo de comer a los buitres, y de que se me corte la cabeza, enterrándola lejos del cuerpo en la arena de la playa y a seis brazas del borde del mar.

La voz del maestro impidió que calibrara en toda su amplitud las palabras que había repetido al compás del secretario.

–Habéis pedido la luz y os será concedida. ¿Aún la deseáis?

–Sí, la deseo –contesté.

–¡En pie y al orden! –exclamó entonces el maestro, provocando con ello un revuelo de telas y metales ¿Qué queréis para el profano que se halla entre columnas?

–¡Luz! –respondieron todos.

4

El asesinato del general Prim. 1870

La masonería como instrumento político

–Habéis sido aceptado para entrar a formar parte de nuestra orden. En el momento en que escuchéis el tercer golpe del mallete que está sobre el altar dejaréis de ser un profano a nuestros misterios. A partir de entonces, ya seréis masón.

Justo en el instante en el que sonó el tercer golpe, unas manos hábiles retiraron la venda de mis ojos. Distinguí entonces a un grupo de encapuchados que estaban situados a mi alrededor y que me apuntaban al pecho con afiladas espadas, empuñadas todas con la mano izquierda.

–No temáis –dijo el maestro, que también estaba encapuchado y se encontraba detrás de un pequeño altar–. Nada debe turbaros ya. Habéis dado muestra de valor y éstos a quienes veis aquí apuntándoos con la punta de las espadas sólo pretenden mostraros que están dispuestos a dar la vida por vos si fuera necesario, pero también a castigaros como corresponde si no os mostráis fiel a nuestra orden. Ahora, acompañad al Hermano Gran Experto Terrible. La ceremonia aún no ha terminado.

El círculo de encapuchados bajó las espadas y se abrió a mi paso. Mi padrino me acompañó hasta otra estancia, distinta por completo a la repelente cámara de reflexiones, y me indicó que abriera varios armarios que contenían levitas nuevas y chalecos de seda. Mis prendas, viejas de tanto remiendo, estaban tiradas en un rincón.

–Podéis coger el que más os guste. Os aseguro que ninguno de estos trajes lo ha llevado nadie antes de ahora. Buscad. Seguro que encontraréis algo de vuestra talla y de vuestro gusto.

Unos minutos después me encaminaba de nuevo hacia el templo mejor vestido de como entré. Mi color esta vez era el negro; así eran la levita de paño y el chaleco de terciopelo que había tomado del armario. También había cogido una camisa blanca de batista y un lazo de seda negro. Quería vestir de acuerdo al oficio que me esperaba muy pronto. Tres velones, además de varios candelabros, iluminaban la estancia. Los tres enormes cirios ocupaban las esquinas de una especie de lápida de mármol en la que había grabados diversos símbolos: un compás, un cincel, un mallete, un libro y, destacando por encima de todos, un ataúd con dos tibias cruzadas y una calavera, coronado por un árbol que interpreté como una acacia, o quizá un haya. La lápida, a su vez, estaba situada entre dos grandes columnas, y entre estas columnas el altar, con un grueso libro abierto sobre él que bien podía ser un cantoral por su tamaño. El circulo de encapuchados se mantenía como antes y volví a situarme entre ellos. El maestro, que vestía un mandil con tres grandes tes rojas en sus bordes, orladas con unas cadenillas doradas, me preguntó a continuación cuál sería el nombre simbólico que utilizaría para intervenir en la logia a partir de mi iniciación. De su cuello colgaba un collar del que pendía sobre su pecho una pequeña escuadra de oro.

–«Saint-Just», Venerable Maestro –respondí.

–Bien, hermano Saint-Just. He aquí el último trance por el que debéis pasar. Es posible que alguna vez hayáis tenido diferencias con alguno de los presentes. Ahora todos ellos se descubrirán para que les veáis el rostro. Si uno de ellos os ofendió, deberéis perdonarle inmediatamente y considerarlo desde ese instante vuestro hermano. Sólo así seremos capaces de preservar nuestra fraternidad. ¿Estáis dispuesto?

–Sí, lo estoy –respondí con cierta angustia. Tenía miedo de encontrarme con alguno de los muchos que tenían cuentas pendientes conmigo. A continuación comenzó por descubrirse el encapuchado que estaba justo enfrente de mí, siguiéndole quienes estaban a ambos lados. Tuve que poner toda mi fuerza de voluntad para no permanecer con la boca abierta por el estupor al ver que allí estaba Manuel Ruiz Zorrilla, el tantas veces ministro, vestido con los ornamentos de Gran Maestro. No conocía a ninguno de los otros, que formaban un círculo alrededor de mí. Luego supe de sus nombres: Carlos Celestino Magnan, un anciano que desempeñaba como Pasado Gran Maestre; Jerónimo Cauder, a la sazón Gran Maestre Adjunto; Francisco Javier Paredes, el Secretario de Relaciones con el Extranjero. Cerca del Gran Maestro estaban el Gran Secretario, Clemente Fernández Elías, y el Primer Vigilante, Simón Gris Benítez. También estaba allí Juan de la Somera, al que conocía de las tertulias del café de la Prin-

cesa y que había actuado como mi valedor. De los demás no llegué a saber sus nombres.

Me arrodillé frente al altar, donde se encontraba el enorme libro que antes había entrevisto: una Biblia, abierta por el Evangelio de San Juan. Yo no sabía aún que la Orden estaba bajo el patrocinio de los Santos Juanes, el Bautista y el Evangelista, el Profeta que anuncia la primera venida de Cristo y el Discípulo Amado que relata su segunda venida en su escatología apocalíptica. Carlos Magnan se acercó a mí y con la espada que empuñaba me dio tres leves espaldarazos sobre los hombros tras tomarme el juramento ritual. Después me abrazó fraternalmente y me dijo que tomara asiento en sitio preferente de la logia.

Terminado el acto, volvieron todos a sus puestos y me pusieron en lugar principal, al pie del oriente y cerca de la mesa del Secretario, tres peldaños más abajo que él. Hubo unas palabras oficiales de bienvenida por parte del Venerable Maestro Ruiz Zorrilla –cuyo nombre simbólico era «Cicerón»– y después todos se levantaron y me indicaron que abriera la marcha hacia la misma puerta por la que había entrado, pero en el sentido de las agujas de un reloj. Los tres velones –símbolos de la sabiduría, la fuerza y la belleza– proyectaban difusas sombras entre las que caminaba la tan extraña como ceremoniosa comitiva.

Aquella tarde, durante el festivo ágape que siempre sucede a las reuniones masónicas, aprendí algunos de los secretos de la logia: partes de su lenguaje simbólico, ritos ceremoniales, el nombre de algunos miembros no presentes... A mi lado, Juan de la Somera, el más hablador, daba cuenta de un generoso trozo de faisán mientras me aleccionaba.

–En otras circunstancias –comentaba–, todo habría sido distinto para ti, hermano Saint-Just. No habrías tenido que pasar por estos trances tan amargos. Sin embargo, ya sabes lo que muchos piensan de nosotros, que somos, ¿cómo dicen?, «un gravísimo negocio o perniciosa secta para el bien de nuestra santa Religión y Estado», citando la opinión que le merecíamos a Fernando VII. Si, además, consideras que muchos nos calumnian por todas partes, y en especial la canalla realista, comprenderás que las condiciones de acceso a una logia se hayan endurecido con el fin de evitar la intrusión de advenedizos y débiles de espíritu que pudieran dar al traste con nuestra obra.

–Pero ahora mismo muchos de los hermanos ocupan las más altas esferas del poder, ¿no es así? – le pregunté.

–La política es muy voluble, querido hermano. Y más en estos tiempos. Lo que hoy está arriba mañana puede estar debajo, y hay que ser precavido. Los que tú tienes por masones, los que mandan, no son verdaderos masones. Se dicen hermanos, pero no lo son. Los miembros del Grande Oriente Nacional, la caterva de Prim y Serrano que dirige Ramón María de Calatrava, no son masones, son unos oportunistas que sólo pretenden el gobierno de la nación y para ello usan de nuestros principios, al menos en apariencia, pero lo que hacen realmente es pervertir la masonería. La verdadera masonería española está aquí, en el Gran Oriente de España[37].

Me sorprendió que usara más energía en atacar a las otras obediencias que en detallar los trabajos de la propia. El caso es que yo no estaba allí para discutir nada, sino para dar el paso necesario que me permitiera cumplir lo que me había prometido a mí mismo tantas veces, hacer justicia.

El ágape continuó durante una hora más y luego todos salimos a la calle dejando el templo vacío. Eran las ocho y media de la tarde.

* * *

Cuando Ramón Martínez salió del templo se fue solo. Todos sus nuevos compañeros se habían despedido de él efusivamente deseándole toda clase de suertes y ofreciéndosele para cualquier cosa que deseara. «Ahora eres un hermano más y todo lo nuestro es tuyo», le había dicho dándole unas palmadas en el hombro el viejo y muy respetado Carlos Magnan[38]. Juan de la Somera se ofreció a acompañarle hacia su casa, pero Ramón Martínez no quiso. Aún le quedaba una

---

[37] Desde 1869 proliferaban en España varias obediencias masónicas: Grande Oriente Ibero, Grande Oriente de España y Grande Oriente Nacional de España. El Grande Oriente Íbero no pasó de ser un proyecto fracasado desde su nacimiento. En 1873, apenas cuatro años después de su fundación, sólo lo formaban cuatro logias en toda España.

[38] Carlos Celestino Magnan y Clark era uno de los masones más influyentes por entonces. En su condición de Soberano Gran Comendador del Supremo Consejo del Grado 33 y Último presentó al Gobierno Provisional, en el mes de Octubre de 1868, un programa legislativo de inspiración masónica formado por catorce proposiciones que fue atendido parcialmente por el Gobierno. Se proponían en ese programa, entre otras medidas: la libertad de cultos, la supresión de las órdenes religiosas, la secularización de los cementerios, la sujeción del clero al servicio militar y el matrimonio civil.

cosa que hacer y debía estar solo para ello. Sólo él y una persona de las que le habían agasajado sabían de su encomienda. Debía ir a reunirse con sus amigos, que le esperaban en la taberna de costumbre, en la Plaza de Antón Martín. Era tarde, pero no importaba, seguro que estaban todos. Juntos habían corrido bastantes aventuras y, por cierto, bastante empinadas todas ellas. Saltear, robar, embestir y no dejar ninguna hembra sin piropear era su oficio predilecto. No importaba que se acabara el dinero, siempre aparecía un incauto que les volvía a llenar los bolsillos.

Desde hacía más de un mes no asaltaban a nadie; ahora les sobraba el dinero. La emboscada que preparaban para el día siguiente era uno de los golpes principales que habían planeado y, sin duda, eran ya palabras mayores en las que se habían metido. El personaje al que tenían que atacar, según palabras de su jefe, era de lo más principal.

–Ya tendréis más noticias cuando llegue el momento –les había dicho, dejándolos sin saber cuál sería esta vez su tropelía. Sí sabían seguro que la acción sería por la noche, que cuando no hay luz uno se puede escapar mejor del ardite.

Según caminaba no dejaba de pensar en los acontecimientos de aquella tarde. La ceremonia había sido impresionante. Los hermanos presentes le habían tratado con respeto y cordialidad, sobre todo Juan de la Somera, y eso no dejaba de sorprenderle. La mayoría de ellos ignoraban el secreto de su obligación próxima y, al parecer, no sólo desconocían su futuro sino su pasado, que si no, pensaba, no le habrían recibido nunca como hermano. No le importaba, estaba acostumbrado a esconder más que a lucir; aunque ahora, con su nuevo traje, sus compadres harían repetidos gestos de admiración y le felicitarían por el golpe dado. No concebían un cambio de vestimenta si no era por haber descerrajado alguna caja de un comercio o birlado la cartera a un caballero importante.

–¡Ramón, no te conocía! –dijo Adrián Ubillos nada más verle dando voces desde el fondo de la taberna–. ¡Qué elegante vas!

–Así es –dijo Ramón Martínez mientras cruzaba el local–. Estoy harto de que la policía sospeche de mí en mitad de la calle y tenga que esconderme. El dinero hay que saberlo emplear, y no sólo en vinos y mujeres. Hay que ir bien vestido, pues según te ven así te tratan.

Sus amigos ya estaban en la taberna. Paco Huertas, Armella y Adrián Ubillos estaban sentados en el sitio de costumbre, al fondo, recostados en la pared e iluminados por una bujía que resaltaba las facciones duras y marcadas de alguno de ellos. El humo de los cigarros hacía espeso el ambiente casi tanto como el vocerío de los parroquianos. El tabernero, Tomás, al verlos entrar preparó una botella de vino y dos vasos. No tenían que decirle nada, conocía sus costumbres.

–Hoy es un gran día para mí y vengo contento –les contestó Ramón–. No quiero del vino de siempre, danos una botella de licor –le dijo el conjurado elegante al tabernero.

–¡Caray con el señorito! –A Paco Huertas nunca le había caído bien Ramón.

–¿Sabemos algo del jefe? –preguntó Ramón a Ubillos, dando por zanjadas las burlas sobre su atuendo y como si no hubiera oído a Huertas.

–Dejó dicho esta tarde que se pasaría rondando la media noche.

–Pues aquí esperaremos –zanjó Ramón.

El ruido de las demás conversaciones escondía la de los conjurados.

* * *

Esa tarde llovía en Madrid. El otoño del año 1870 había empezado con lluvias y así continuaba ya entrado noviembre. Manuel Ruiz Zorrilla estaba en su casa de la calle de Fuencarral y no le apetecía salir; a esas horas la lluvia se había convertido en aguanieve, pero no podía faltar a la entrevista que le esperaba en el Palacio de Buenavista. Juan Prim[39] no era un hombre al que le gustara esperar, y más ahora, en la situación que estaba viviendo. Si de siempre había tenido un carácter impaciente, ahora lo tenía más por razón del estado de ner-

[39] Juan Prim nació en Reus el 6 de Diciembre de 1814. Su padre era militar y él ingresó a los diecinueve años como cadete en el Batallón de Tiradores de Isabel II. En 1835 era nombrado teniente y en 1838 capitán. En el 39 ascendió a mayor de batallón y en el mismo año ascendió a Coronel por méritos en combate. En 1841 fue nombrado Subinspector de Carabineros y elegido como Diputado nacional por Tarragona. En 1843 defendió Reus e impidió el avance de Zurbano hacia Barcelona. Se le nombró Brigadier del Ejército y Gobernador Civil de Madrid. Después fue Gobernador de Barcelona y fue nombrado Conde de Reus y Vizconde del Bruch. Detenido en 1844 por conspiración contra el Gobierno fue indultado por Su Majestad a petición de su madre. Después salió de España hasta 1847 en que volvió a Cádiz amnistiado. El 20 de Noviembre fue nombrado Capitán General de Puerto Rico y volvió a España el 12 de Septiembre de 1848. Desde el 49 al 52 ejerce como Diputado nacional. En el 53 asiste como voluntario a la guerra de Oriente poniéndose a la disposición del general Omer-Baja. Fue condecorado por el Sultán y volvió a España en Julio de 1856, al conocer del intento revolucionario, donde fue promovido al empleo de Teniente General y elegido Diputado por Barcelona. Ese año casó con Francisca Agüero.

vios en que vivía las semanas anteriores a la llegada a España del Duque de Aosta, Don Amadeo de Saboya. Últimamente parecía como si le urgiera acabar a plazo fijo con la transitoriedad de la Regencia, cosa que no le hacía una gracia especial al General Serrano, Duque de la Torre, que con la llegada del italiano cesaría en su preeminente situación. El Regente, pese a oficiar en la misma obediencia masónica, no se recataba en disimular la inquina al catalán, tanto que se decía, incluso, que pudiera estar maquinando algo contra el Presidente de Gobierno. Juan Prim, por eso y por más razones, quería adjudicar a todo trance y cuanto antes la Corona española a un representante que él considerara digno y que, además, se plegara a sus deseos. Pese a todo no lo tenía fácil. El pueblo español es difícil de gobernar y Prim no podía dejar ningún cabo suelto a la hora de determinar la sucesión de la Corona borbónica.

–Don Emilio, el coche está preparado –dijo Fernando, el ayuda de cámara de Ruiz Zorrilla, que acababa de salir de su despacho con una cartera de piel y un bastón de ébano con empuñadura de oro. El criado le esperaba en el zaguán con el gabán y el sombrero.

–Avisen a la señora de que puede cenar sola si no he llegado a casa antes de las nueve –dijo mientras subía al coche–. Puede que la entrevista se demore más de lo previsto.

–Así lo haré, señor –respondió Fernando–. Se lo diré a Virtudes, la doncella de doña Isabel. El señor puede ir tranquilo.

Su mujer, Isabel, estaba intranquila últimamente, y no era por sus asuntos en la Cámara de Diputados. Siempre le había visto trabajar en política y bien sabía ella que en ese oficio el esfuerzo suele consumir las noches en claro. No obstante, ella se había dado cuenta de que ahora su marido mostraba más reserva que de costumbre cuando se quedaba trabajando en el despacho hasta la madrugada, lo que de pronto se había convertido en un hábito cotidiano. Isabel se interesaba por la política, y solía pasar por el gabinete de su marido y hojear los borradores de los discursos en que estuviera trabajando. Muchas veces le daba su opinión allí mismo, y en ocasiones, si el político no estaba en casa, leía sus apuntes si los dejaba a la mano y le ponía algunas líneas con sus comentarios. Desde hace pocas semanas Zorrilla guardaba bajo llave sus papeles en el escritorio y procuraba disimular en la mesa la verdadera naturaleza de su trabajo. Isabel se daba cuenta de que algo extraño estaba pasando, pero no decía nada. Sólo mostraba su inquietud como ella lo solía hacer, respirando más despacio y profundo mientras fruncía los labios y miraba para cualquier sitio como distraída.

–Ya sabes –le decía Manuel para tranquilizarla– que, pese a haber dejado atrás mis obligaciones en el Ministerio de Gracia y Justicia[40], como antes en el de Fomento, los hábitos no se pierden fácilmente, y además estoy acostumbrado a trabajar por la noche. Ahora, como Presidente de las Cortes, me ocupa una tarea de ordenación que va mucho más allá de la organización de un ministerio. Mi tarea es organizar la nación, pero no te inquietes, que no desvarío. Mi trabajo es un servicio callado que por su propia importancia exige de mucha reserva, y que se me ha encomendado por razón de mi experiencia en los asuntos del Estado. Todo esfuerzo implica un sacrificio, y esta encomienda es bien dura. Por ello tendrá una excelente recompensa si alcanzo a cumplir lo que se espera de mí, aunque bien sabes, querida, que si quiero una recompensa tendré que procurármela yo, como tantas otras veces.

–Lo entiendo, o quiero entenderlo –dijo ella con muy poca convicción–, pero siento que no eres el mismo de antes. Te estás haciendo más distante. Todo parece disgustarte y eres cada vez menos amable, y no sólo conmigo, sino con todo el mundo. Con los criados eres desconsiderado, cosa que no has sido nunca, con tus amigos de siempre casi no te hablas desde hace meses, y conmigo... mejor no hablemos. No te interesan ni mis cosas ni las de esta casa, y el poco tiempo que estás aquí parece como si estuvieras muy lejos.

–Discúlpame, Isabel –dijo Manuel mientras orillaba unos papeles hacia una gaveta del escritorio que cerró con llave–. Llevo unas semanas de mucho trabajo y no precisamente agradable. Estoy muy cansado. Te prometo que esto acabará muy pronto y las cosas serán como antes –respondió Zorrilla sabiendo que la estaba mintiendo.

Sus planes no se tardarían en cumplir y entonces Isabel tendría todo lo que quisiera. Lo tendría todo, sería la mujer del hombre más poderoso de España, o de lo que quedara de ella. Pero para eso había que entretejer con astucia todos los hilos de la trama que había dibu-

---

[40] Manuel Ruiz Zorrilla nació en Burgo de Osma en 1833. Comandante de la Milicia Nacional en 1856 fue elegido dos años después Diputado nacional. Enemigo de la Reina y miembro de la minoría progresista encabezó la sublevación de San Gil en 1866 y tuvo que salir al exilio. Volvió a España con el levantamiento de 1868 y ocupó la cartera de Fomento en el gobierno del Duque de la Torre donde decretó la libertad de enseñanza. Repuso en sus cátedras a los demócratas expedientados: Sanz del Río, Salmerón, García Blanco, Giner de los Ríos, Fernández de Castro y Castelar. En 1869 fue nombrado Ministro de Gracia y Justicia, donde emprendió la reforma legislativa y preparó las bases liberales de la Constitución que se aprobó. En 1870 fue elegido Presidente del Congreso.

jado en su cabeza. Necesitaba calma para conseguir el distanciamiento necesario que le evitara cometer errores. Ese esfuerzo y el secreto necesario eran una prueba muy dura para sus nervios. No podía dejar nada suelto, jugaba una partida sin fallos. Si cometía un error no sólo perdería su prestigio, sino también la hacienda, y tal vez la vida. Por eso hacía promesas que nunca podría cumplir. Ganara o perdiera, nunca volvería a ser él mismo. ¡Cuántos planes secretos bien armados se han desbaratado en la historia por el estúpido orgullo de un hombre! Cuántas veces una alcoba y una confidencia inoportuna han hecho más daño que un regimiento de artillería. Precisamente los papeles que había arrinconado de su escritorio hacían a una correspondencia cruzada, con nombre fingido para evitar indiscrecciones, con Felipe de Solís y Campuzano, un Coronel de Infantería retirado y hombre de confianza de don Antonio de Orleáns, el Duque de Montpensier, sin duda el peor enemigo del general Prim. El de Montpensier ambicionaba la corona para sí y en ese proyecto el Conde de Reus era obstáculo principal, por eso para Ruiz Zorrilla era importante saber de los planes del Duque y coadyuvar con su gente el fomento de la inquina contra el catalán. Sabía que Felipe Solís andaba brujuleando por los bajos fondos, después del fallido atentado contra Prim del mes de noviembre, para reclutar nuevos sicarios con los que intentar el crimen otra vez.

* * *

Un giro de manivela y unos golpes secos, producidos por la bajada de los tres tramos de la escalerilla del landó, le indicaron que ya habían llegado. ¿Podría ser capaz de atar ese peligroso cabo suelto que era la cabeza del Gobierno?

El Palacio mostraba el aire macilento que envuelve a todas las cosas en el noviembre madrileño. Los árboles que rodeaban la entrada principal no tenían hojas y parecían esqueletos de gigantes que brillaban por la humedad de la lluvia. Los parterres estaban secos y sólo quedaba el armazón cobrizo de lo que en primavera eran lustrosos macizos de begonias; las heladas de días anteriores los habían herido de muerte. La entrada principal estaba bien iluminada, como de costumbre, y allí esperaba Pascual, el fiel Pascual. Llevaba con el Conde de Reus toda su vida y, cómo no, se había venido con él a Madrid dos años antes. Sonrió y le saludó cortésmente.

Al bajar del coche, Ruiz Zorrilla tenía claro el motivo de la visita. Prim deseaba obtener la absoluta certeza de que los republicanos no se opondrían a su plan y, además, quería saber con seguridad si el Presidente de las Cortes tenía controlada la Sesión extraordinaria del día siguiente, 16 de noviembre. El catalán no quería sorpresas. Deseaba que todo transcurriera según lo tenía previsto.

Pascual acompañó al Presidente de las Cortes al despacho particular de Juan Prim, a quien el mayordomo se refería desde su llegada a Madrid como «el señor Conde de Reus». Si bien las estancias del palacio siempre habían sido muy lujosas, ahora resultaban también mucho más acogedoras; se notaba la mano de doña Francisca, la esposa de Prim. Los cortinajes de satén y las alfombras silenciaban los tacones de los botines y las mesas de siempre, casi todas de caoba, estaban adornadas ahora con centros de flores y valiosos tibores chinos. La estancia del matrimonio en Londres se notaba en el gusto por una decoración más burguesa que principesca. De las paredes seguían colgando las pinturas de siempre y un Rubens saludaba a un Velázquez antes de pasar por la galería donde un par de Murillos acompañaban la espera del visitante.

La antecámara del despacho del Presidente de Gobierno no tenía los adornos de las anteriores estancias. Juan Prim era hombre de gusto sobrio, lo que delataba su condición militar, y no gustaba de más dorados que el de los entorchados del uniforme. Cuando vestía de civil raro era que saliera del negro y, si acaso y como mucho, del gris marengo por la mañana. Gustaba de recibir de pie y paseaba continuamente durante las entrevistas y como le agradaba moverse con libertad y le molestaba que los objetos limitaran sus periplos por la sala prácticamente había vaciado el despacho hasta dejarlo como el de un cuartel.

Un ayudante de despacho abrió la puerta de la antecámara del Presidente y Pascual se despidió de Ruiz Zorrilla con una leve inclinación de cabeza. Esteban Gándara, el ayudante, saludó a don Manuel con una ligera reverencia.

–Buenas tardes, Juan –dijo Zorrilla con su voz metálica, nada más entrar. Intentaba ser cordial–. ¿Cómo te encuentras hoy?

–Más viejo y más preocupado, Manuel –le contestó el Conde de Reus–. Pasa, por favor.

Juan Prim estaba de espaldas a la puerta, mirando por los ventanales del despacho que daban al jardín del patio, y llevaba un cigarro encendido en la mano izquierda. Vestía de civil con levita negra y chaleco de seda de color burdeos. Se dio la vuelta e hizo un gesto con la cabeza invitando al Presidente de las Cortes a acercarse al tiempo que se adelantaba extendiéndole la mano derecha.

–Y bien, Manuel, ¿has pensado en lo que hablamos la semana pasada? –le dijo a Zorrilla entrando directamente al asunto. Prim no se andaba con rodeos.

–Por supuesto –le dijo–. Prueba de ello es que he acudido en cuanto me lo has pedido.

Zorrilla se quedó de pie delante de Prim, mirándole a los ojos.

–Sentémonos –le dijo el Presidente señalándole un tresillo cercano a los ventanales–. Sé que no te gusta dar paseos por el despacho.

–Por mí no lo hagas, Juan –le contestó Ruiz Zorrilla–, que dicen los médicos que el ejercicio siempre viene bien.

–Si no es por ti, Manuel. Es que no tardará en llegar Castelar y ya sabes que si le dejo de pie se crece y nos suelta algún discurso de los suyos, mientras que sentado se limita un poco en su facundia. Me dijo este mediodía que vendría a media tarde y ya va retrasado. Parece que tenía obligaciones en el Congreso. Ya sabes lo que se extiende, y no me extrañaría que todavía estuviera hilvanando argumentos. Entre los tres tenemos que dejar zanjada cuanto antes la sustitución de Serrano en la Regencia.

–Con Emilio ya sabes que las cosas son así.

–¿Quieres tomar algo, Manolo? –Prim se estaba sirviendo una copa de coñac.

–Sí, gracias, Presidente. Estos fríos madrileños se meten en los huesos y me he quedado entumecido.

Al poco de servir las copas apareció Emilio Castelar. Venía corriendo, como siempre, y llevaba unos papeles en la mano. Entró sin llamar, como si aquél fuera su despacho, y se dirigió directamente a la cómoda para servirse también una copa.

–Buenas tardes, señores. Perdonen el retraso, pero es que a veces tengo que explicar las cosas varias veces a los diputados. Muchos son como niños con la cabeza gorda –decía blandiendo los papeles de su discurso con la mano derecha levantada.

Prim se echó a reír:

–¿No te decía yo, Manolo, que Emilio nos saldría con una de las suyas? –Juan Prim le hizo un gesto invitándole a sentarse.

–Emilio –continuó el Presidente–, a nosotros no hace falta que nos lo expliques. Siéntate, por favor.

–Caballeros –dijo Juan Prim en cuanto Castelar se sentó a su izquierda, cambiando el tuteo por un formal trato de cortesía parlamentaria–, vayamos al grano. Tengo que anunciarles que en la sesión de mañana quiero en ustedes una actitud franca y de apoyo para mi propuesta de instalar al Duque de Aosta como Rey de España. No podemos seguir por más tiempo en esta situación de incertidumbre. El pueblo español necesita un Rey, y ya lo tiene.

Los dos visitantes se quedaron callados. Castelar miraba el fondo de su copa.

–Conocen de sobra mis negociaciones por la vía diplomática y que por fin, pese a las dificultades, han dado su fruto. Yo no he sido partidario nunca de renovar la dinastía borbónica, y el más firme candidato de ese proyecto, el Duque de Montpensier, apoyado por la Unión Liberal, no es persona querida por el pueblo. Además los franceses, es decir, Napoleón III, no quieren a ningún miembro de la familia Orleáns, como lo es el Duque, en el trono de España, y no nos conviene, y menos ahora, enfrentarnos al Emperador. Por si faltaran argumentos, sucede que los propios errores del Duque también han contribuido a desacreditarle. El infamante duelo[41], en marzo de este año, contra el príncipe Enrique en la Dehesa de los Carabancheles no debió ocurrir nunca, pero Montpensier quería eliminar a uno de sus competidores y él mismo se anuló como candidato con ese dislate.

Los invitados del Presidente seguían callados, pero Prim no se desanimó por ese silencio y siguió desgranando sus argumentos.

---

[41] El nueve de Marzo de 1870 el Duque de Montpensier había retado a duelo al Infante Enrique de Borbón al considerarse ofendido por un libelo contra su persona cuya autoría imputaba el de Montpensier al Infante Don Enrique. Al día siguiente, 10 de Marzo, se presentaron en casa del Infante Don Enrique, en la Costanilla de los Ángeles nº 3, los padrinos del Duque de Montpensier: el Teniente General Fernando Fernández de Córdova, el Teniente General. Juan de Alaminos y de Vivar y el Coronel de Infantería Felipe de Solís y Campuzano. El Infante no pudo recibirlos y esa misma tarde el Secretario del Infante visitó la casa de Fernández de Córdova. Les participó que no había en Madrid, por esos días, personas que fueran de la confianza del Infante para asistirle en el duelo y les propuso que esperaran unos días. Los padrinos del Duque no aceptaron la demora y exigieron la designación de padrinos. Al día siguiente el Infante Don Enrique los designaba en las personas del doctor Federico Rubio y Galí y de Emigdio Santamaría, diputados de la minoría republicana en el Congreso. Se designó como médico asistente al duelo al doctor José Sumís, del Cuerpo de Sanidad Militar. A falta de un testigo más necesario para el Infante se esperó para señalar hora y sitio del lance. Se requirió como tercer testigo del Infante a Don Andrés Ortiz. Quedó fijado sitio para el duelo: la Escuela de Tiro de la dehesa de los Carabancheles. A las diez de la noche del once de Marzo murió de un disparo en la cabeza el Infante Enrique de Borbón.

Al Infante se le otorgaron en su velatorio honores masónicos por sus hermanos en la obediencia que vistieron para el acto sus mandiles rituales. Fue enterrado en la Sacramental de San Isidro en el nicho 32, galería 5ª, del cuarto patio. A la comitiva le acompañaron también públicamente sus amigos masones del Grande Oriente Nacional de España.

–También estudié como posible la candidatura de Leopoldo de Hohenzollern Sigmaringen. A ese proyecto se opusieron los alemanes. Bismarck temía un nuevo magnicidio como el ocurrido en México cuando asesinaron en Querétaro, hace tres años, a Maximiliano de Austria. Yo pensaba que un hombre como Leopoldo podría neutralizar las tensiones entre Francia e Inglaterra, pero el propio Leopoldo rechazó la oferta. Y para más complicación Napoleón llegó a considerar esta candidatura como *casus belli* con Prusia.

–Es razonable la posición de Napoleón –dijo Castelar. Ruiz Zorrilla seguía callado.

–Volví entonces mi mirada hacia Portugal –continuó Prim como si tal cosa–. Fernando de Coburgo no me disgustaba, ni tampoco a los cimbrios, esos monárquicos parlamentarios que, como sabéis, cuentan con figuras como Nicolás Rivero, el alcalde de Madrid, y Carlos Godinez, Manuel Becerra, Cristino Martos, Pelegrín Pomes y los hermanos Pereira. Encargué la misión diplomática a Fernández los Ríos, primero desde Madrid y luego desde la embajada en Lisboa, pero Fernando de Coburgo se negó a aceptar la Corona española. Tenía miedo de que Portugal perdiera la soberanía como estado independiente.

–Lógico –apostilló Ruiz Zorrilla. Prim le miró con disgusto, pero el Presidente prefirió no darse por aludido por lo que evidentemente era una descortesía y siguió con su parlamento.

–No tenía ninguna fe en las candidaturas de los príncipes del norte de Europa, pero tampoco quería descartarlas de antemano. Las gestiones hechas por el barón Teófilo Abrahmson Gedalia de Copenhague no dieron tampoco fruto. Hans de Glucksburgo, hermano del rey de Dinamarca, Cristián IX, se negó a aceptar la Corona española porque no quería convertirse al catolicismo, requisito que yo le exigía. El príncipe Óscar, Duque de Ostrogodia y heredero al trono de Suecia, también rechazó la Corona por lo mismo. Por su parte el *landgrave* Federico de Hesse-Cassel, hermano de la reina Luisa de Dinamarca, no pudo aceptar porque al estallar la guerra franco-prusiana fue requerido para mandar una unidad del ejército alemán.

–Pues lo ha tenido usted complicado –terció Castelar con un punto de sorna. Prim hizo un evidente esfuerzo por contenerse, Castelar le sacaba casi siempre de sus casillas, y siguió como si tal cosa.

–Esto me llevó a pensar de nuevo, seriamente, en la casa Saboya. Esa casa es, para mí, una dinastía prestigiosa. Primero pensé en Tomás, el Duque de Génova, pero su madre no apoyó la candidatura recordando lo que había ocurrido en México con Maximiliano; además en España, a pesar del apoyo de Martos y de don Manuel, aquí presente –hizo un silencio para remarcar sus palabras–, esa candidatura no despertó ningún eco favorable. Amadeo de Saboya era la última posibilidad. La insistencia del padre de Amadeo, el rey Víctor Manuel, hizo posible que el 2 de noviembre su hijo aceptara la Corona, pero condicionándola, en prenda de paz, al beneplácito de las grandes potencias, que no han puesto ningún reparo, al menos de momento.

–Y, ¿ya está? –preguntó Castelar con la peor intención.

–Entonces a lo que parece, señor Presidente –intervino Zorrilla sin dar tiempo a Prim para contestar a Castelar y usando el mismo tono de protocolo–, ya tiene usted Rey para los españoles.

Prim calló. Se cortaba el silencio. La respuesta de Ruiz Zorrilla no era nada concreta, pero era lo suficientemente intencionada para indicar que no estaba de acuerdo. Resultaba evidente que sus invitados no estaban por la labor de traer a España a Amadeo de Saboya.

–¿Hay alguna otra opción? –preguntó Prim desafiante. Era innegable su malestar. Esperaba una mejor acogida de su propuesta.

–Sí, señor Conde, la República –Castelar, después de este cañonazo, se bebió el coñac que le quedaba en la copa y se arrellanó en el sillón, como si le hubiese fatigado un hercúleo esfuerzo.

–¡Eso es una locura, Emilio! –Prim estaba indignado. De repente dejó el tratamiento y volvió al tuteo que es común entre los militares de alta graduación–. La República no es posible en este país, al menos ahora –matizó, bajando el tono de la voz–. Parece mentira que no te des cuenta de ello. La exaltación que están provocando los federalistas por todas las regiones de la periferia no tiene objeto, están creando una ilusión de algo que no sucederá. La ideología republicana es hoy algo que viene del extranjero, es anticatólica y no cuajará en nuestra nación.

Prim se levantó del tresillo como si le hubiera reventado un resorte y se puso a pasear por la habitación como era su costumbre. Llevaba las manos cruzadas a la espalda y andaba tan deprisa que parecía que iba a embestir contra los pocos muebles que quedaban.

–La política verdadera –decía Prim mientras caminaba de un lado para otro– va mucho más allá que un simple juego entre los diversos partidos políticos, sus programas o las personas que los dirigen. La política auténtica representa unos intereses económicos y sociales que son los que verdaderamente hay que atender para lograr mantenerse en el poder. Al plantear la instauración de la República no estás jugando más que a la apariencia de las cosas y no a lo que debe procurar la cosa pública, el bienestar de los más, sea cual sea la forma de las instituciones del Estado.

–No estoy de acuerdo con eso –replicó Castelar sin inmutarse–. La República es sustancia, no circunstancia, como dices. El juego legítimo de intereses contrarios, ésos de los que tú hablas, encuentra en la República la plaza donde su discurso es posible y perfecto, porque no hay más límites en ella que los que imponen la razón y el sentido común. ¿Qué es un Rey sino un sin sentido, una imposición, un desatino que atenta a la razón de los hombres? El problema es saber resolver con justicia cómo se representan los ciudadanos de una nación y cómo articular los intereses que subyacen a esa representación.

–España –comenzó a explicar Prim, que había parado en sus vueltas y se había quedado de pie, mirando a sus invitados– es un país basado principalmente en unas estructuras agrícolas. Los desarrollos industriales son pocos y están lejos de la capital. Es precisamente en esos lugares urbanos donde las tendencias políticas que se han instalado entre los ciudadanos piden una mayor representatividad política. ¡Allí, y sólo allí, están tus republicanos, Emilio! A ésos ya les ha dado este Gobierno modos nuevos de participar en política. Hemos dado competencias a los municipios, abriéndoles así la puerta de la política local. Sin embargo, a la mayoría del país no le interesa esa política local, pues se asienta sobre pequeñas estructuras rurales, dominadas por vínculos tradicionales e impregnadas de profundo sentido religioso; en su inmensa mayoría, nuestros aldeanos aman a su Rey y rechazan cualquier cambio que pueda poner en peligro la estabilidad de su forma de vida.

–Te equivocas, Juan –apostilló Castelar–. La República está apoyada por trabajadores y obreros, es para todos los ciudadanos, vivan en las ciudades o en los campos, y ello es así porque propugna mejores oportunidades de vida y traerá más justicia para todos. Son muchos los que ya no toleran la Monarquía como forma de gobierno pues, según ellos, ésta se asienta en la hegemonía del catolicismo y el caciquismo rural, que es cueva de reaccionarios y explotadores. Con la Monarquía no cabe el desarrollo racional y liberal de nuestra sociedad.

A Juan Prim, que en tiempos había dicho cosas parecidas, un color se le iba y otro se le venía. Se disponía a responder cuando sonaron unos golpecitos en la puerta de la antecámara. Doña Francisca, la esposa del Conde de Reus, entró en el despacho de su marido. Todos se pusieron en pie y Juan Prim se acercó a su esposa.

–He visto la puerta cerrada –dijo doña Francisca–, y he preguntado al mayordomo quién estaba con mi marido. Al saber de ustedes no he podido por menos que pasar a saludarles.

Hacia muchos años que doña Francisca Agüero conocía a Manuel Ruiz Zorrilla y a Castelar, casi los que llevaba casada con Prim cosa que hicieron el tres de Mayo de 1856 en el templo de la Madelaine, en París. Era una mujer de mediana estatura que solía recogerse el pelo en un moño bajo la nuca y que ese día vestía un traje de paseo en seda de color mostaza con unos aderezos de perlas, lo que sentaba bien a un rostro tan dulce como el suyo. Ese día lucía, además, una joya singular: una flor de brillantes que llevaba cerca del hombro izquierdo y que había sido un regalo de bodas de la Reina. Sus encantadoras maneras eran el mejor adorno de aquella casa.

–Vengo de un concierto en La Zarzuela –anunció–. Han interpretado una excelente ópera de Mozart, *La flauta mágica*. Como todas las piezas del maestro, es una composición que me transforma, que me hace amar con intensidad todos los dones de esta vida. ¡Es una sensación indescriptible!

Todos se acercaron a ella y la saludaron con una media reverencia.

–Querido Emilio, anteayer merendé con su esposa –le dijo a Castelar cuando el orador le besó la mano–. Ya le comentaría lo animada que fue la sobremesa. Su mujer es persona muy culta y una tertuliana amenísima. Forman ustedes una pareja deliciosa.

–No exagere, doña Francisca, –replicó Castelar–. Somos personas de mundo, eso es todo. Nuestro mérito es estar abiertos a lo que nos rodea y vivir la vida con ingenio. ¡De qué otra manera se puede vivir en este siglo de cambios!

–¿Cómo están todos en su casa, Manuel? –se dirigió a Ruiz Zorrilla.

–De buena salud y muy esperanzados ante el futuro inmediato –contestó el Presidente de las Cortes con una clara doble intención.

–No quiero importunarles más –dijo doña Francisca–, pues seguro que estaban tratando de sesudos temas políticos con mi marido.

–Usted no interrumpe nunca, doña Francisca –dijeron a la vez Zorrilla y Castelar.

–Los asuntos políticos son aburridos en muchas ocasiones, y una presencia tan agradable como la vuestra siempre alegra y anima cualquier debate –apostilló don Manuel.

–Usted siempre tan lisonjero y amable. Sabe tratar a las mujeres, de eso no hay duda.

Todos se acercaron a despedirla, pero ella hizo un gesto indicándoles que permanecieran donde estaban y se sentaran. Aun así, no la obedecieron y se inclinaron para besarle la mano. Prim la acompañó hacia la puerta y la despidió con un beso en la mejilla. A continuación cerró la puerta y quedó de espaldas a ella mirando a sus invitados. Era evidente que estaba a punto de estallar en un ataque de ira y que ni la visita de su mujer le había calmado. Rompió a andar hacia Castelar y sus palabras iban marcando cada vez más exaltación conforme se acercaba al tribuno de grandes bigotes.

–Los republicanos –dijo Prim, casi en las narices de Castelar–, siempre intentáis exacerbar las condiciones para sacar el máximo partido de los indecisos. Tus propios discursos, Emilio, y los de Figueras, Pierrad, Rivero o Martos no pretenden otra cosa. Sois unos oportunistas.

–No es para que te pongas así, Presidente –terció Zorrilla para distender el ambiente– Los republicanos desean que se respete el acuerdo constitucional y que la Monarquía se someta a la voluntad del pueblo reconociendo sus derechos y acatando las leyes que salgan del Parlamento. La Monarquía, en sus atribuciones, debe estar limitada y no intervenir en la formación del Gobierno ni en el dictado y ejecución de las leyes. Ha de ser representativa para garantizar la pacífica convivencia del orden y la libertad. Eso es lo que aceptarían hoy los republicanos.

–De momento... –intervino Castelar enfadado–. Y sin olvidar que exigiremos una fuerte descentralización del poder que emana de Madrid. Para nosotros la centralización es una grave afrenta a los derechos locales y comarcales. Los republicanos defendemos esos derechos y no nos bastan las tímidas propuestas municipalistas de tu Gobierno, Juan.

Todos se habían apeado del tratamiento protocolario y hablaban ya con total claridad.

–Todo esto –respondió Prim– camufla un ataque directo contra el principio de soberanía y unidad nacional. Vuestras fuerzas son disgregadoras y disturbadoras, deseáis romper en vez de articular. El federalismo no une lo que es plural, sino que inventa la diferencia y fomenta la desunión, siempre en provecho de unos pocos. Es la ausencia del principio de solidaridad escondida en la búsqueda de una realidad que primero tendréis que inventaros.

–Estás confundido, Juan –replicó Castelar–. Precisamente porque somos solidarios protestamos de una autoridad que privilegia a los oligarcas y a los centralistas. Y me sorprenden tus argumentos, porque tú antes no pensabas así.

–Ese comentario no es justo y tú lo sabes –replicó Prim–. Siempre he apoyado los particularismos, porque son esenciales en la unidad de nuestra España. La idiosincrasia de nuestros pueblos es riqueza que engrandece el acervo común de España.

–Sí, Juan –dijo Castelar mientras se atusaba los bigotes–, pero esos particularismos que tú dices están basados, también, en su mayor dinamismo social y económico frente a una capital que sólo exhibe su dominio administrativo pero no económico.

Prim se quedó callado. Él era catalán y bien sabía cuánto había de cierto en las palabras del ilustre orador.

–No hacer caso a sus demandas –continuó de forma enérgica Emilio Castelar– es la forma más directa de provocar su radicalización. Eso significaría un doloroso paso atrás en la consecución de la paz y la unidad nacional. Si estamos aquí es para avisarte que no se puede retrasar más el hecho de que las regiones tengan voz y voto en el Gobierno. Nuestro ideario está siendo difundido por todo el país y, créeme, con mayor adhesión de la que tú piensas y tu policía te cuenta.

–No conseguiréis unir vuestras fuerzas –sentenció Juan Prim–. Si de algo estoy seguro es de que vuestra estrategia no es coherente. Cada región marca su forma especial de ser y la quiere imponer a los demás. Cada grupo se reclama soberano y no sigue los dictados de la Asamblea Nacional. Sólo queréis descentralizar para fragmentar y desunir. La unidad política basada en la prosperidad agrícola y el fomento de la industria es la base y el fundamento de nuestra nación. Así ha sido siempre y así será.

–No estés tan seguro de ello –contestó Castelar–. Los pequeños labradores y comerciantes deben tener la libertad necesaria para hacer uso de sus derechos y disponer de la posibilidad de acceder a la propiedad de tierras, inmuebles e instalaciones para las diversas industrias. Ésa es la base para la formación de una clase media extensa que sostenga al Estado, como lo han hecho otros países europeos. Esta clase –continuó– no desea cortapisas que la sometan. Sin ellos no se puede promover la modernización del país y acabar de una vez con los feudos que aún perviven en el campo. Sólo así, con libertad política, organización federal del Estado y libertad económica, se podrán elevar las condiciones de vida de la gente y procurar un bienestar que ahora no tiene.

–¿De verdad crees que la república federal es la forma de conseguir ese bienestar? –repuso Juan Prim con vehemencia–. No, amigos, la única manera de alcanzar la prosperidad y la concordia es mantener la Corona española con un nuevo Rey y una nueva dinastía. No hay otra manera de contener la subversión social y la política de disgregación que deseáis imponer desde el poder, diseminándolo por gobiernos regionales y municipales que amenacen con sus coaccionen a la unidad nacional. Un Rey abierto y tolerante frenará la incapacidad de gobierno de los diversos partidos, garantizará la unidad de España y permitirá un progreso con orden. –Prim miraba fijamente a sus invitados. Tenía la cara roja y las venas dilatadas le golpeaban las sienes–. La República que vosotros deseáis imponer contra todo criterio prudente es tiranía y no tiene más predicamento social que el de un grupo de exaltados. ¡No se tiene en pie más que en vuestras mentes!

Sus palabras sonaron como truenos en el despacho. Emilio Castelar se levantó dando por terminada la reunión. Había comprendido que no era posible un acuerdo con Prim. Una leve inclinación de cabeza fue toda la despedida. Con más educación, pero sin excesivo miramiento, Ruiz Zorrilla se despidió del Presidente ofreciéndole la mano.

–Juan –concluyó Ruiz Zorrilla cuando salía del despacho–, esta conversación puede tener mucha más trascendencia de la que suponemos. Conozco a Emilio y te conozco a ti y sé que no vas a cambiar la decisión tomada de traer un rey para España y acabar con los caprichos y conspiraciones del regente Serrano. Yo no puedo tomar partido como Presidente de las Cortes, pero, como hombre de Estado que soy, si necesitas de mis servicios los tendrás con la misma seguridad que los has tenido otras veces.

Ruiz Zorrilla mentía descaradamente. Su hombre de confianza, Juan de la Somera, no hacía más de dos días había despachado con José María Pastor y Pardillo[42], al que conocía de antiguo y que era el jefe de la Policía Secreta del General Serrano. Al parecer también los amigos del Regente estaban preparando algo contra Prim. Lo que Somera todavía no sabía era si la operación del Duque de Montpensier se cruzaba con la del General Serrano, Duque de la Torre. Madrid, por esas Navidades, era un hervidero de rumores y casi todos apuntaban a un daño, seguramente irreparable, de la salud del Presidente de Gobierno.

---

[42] José María Pastor y Pardillo fue detenido como implicado en la muerte del General Prim. Tenía 42 años en ese momento, casado y con cinco hijos y era cesante de la Administración Civil. Había sido detenido con anterioridad en cuatro ocasiones: primera en 1864 como autor de una proclama contra Isabel II y, después, tres veces más por ser el redactor jefe del periódico *Pan Funcionariado*. Llegó a Jefe de la Policía Secreta con el General Serrano y fue denunciado por su implicación en el asesinato de Prim mediante acusación del cabo del Ejército Fernando Ciprés, que conocía de su implicación con los conjurados Pedro Burrundiarri y Manuel Iturralde. El Gobernador Civil de Madrid, Ignacio Rojo Arias ordenó su prendimiento.

Un apretón de manos y una larga mirada acabaron con la turbulenta velada. Según bajaba las escaleras del palacio de Buenavista, Manuel Ruiz Zorrilla, comprendió que el Conde de Reus no pertenecía a ningún partido, ni al liberal, ni al monárquico, ni al conservador, ni al republicano. Era sencillamente de su propio partido: el de Prim. El coche lo llevó de vuelta a su casa. Iba cavilando sobre lo que había oído y desmenuzando, una vez más, el plan que llevaba en la cabeza. Los negros nubarrones del cielo de Madrid reflejaban a la perfección el estado de su ánimo. Cuando llegó a su casa ya era tarde y se fue directamente al despacho. No tenía sueño; una mezcla de miedo y ambición le atenazaba el espíritu.

El día 16 de noviembre amaneció gris; no era un buen augurio. Ruiz Zorrilla salió muy temprano para la Carrera de San Jerónimo. Cuando llegó, casi dos horas antes del inicio de la sesión parlamentaria, la Cámara estaba rebosante. La ocasión lo merecía. La Sesión Extraordinaria iba a dar comienzo a las diez de la mañana y desde las siete había madrileños alrededor de las Cortes para tener noticias cuanto antes. El Palacio del Congreso estaba rodeado por un fuerte dispositivo militar; cualquier algarada de los opositores antimonárquicos sería reprimida con dureza.

–Don Manuel, todo está preparado –anunció José María Orense, marqués de Albayda, en su calidad de Secretario de la Cámara.

La sesión dio comienzo con un encendido discurso de Prim en el que justificaba la propuesta de designación de Don Amadeo de Saboya como Rey de España. Ríos Rosas, Castelar y Topete contestaron con discursos cortos, pues sabían que su oposición era baldía. No hubo más réplicas, no hubo pataleos. Prim tenía en su mano el resultado de la votación. Los republicanos sabían que el Presidente había amañado el voto, pues más de la mitad de los votantes eran empleados del Estado y por supuesto iban a votar a favor de Don Amadeo. Ciento noventa y un votos a favor de la aceptación, ciento veinte votos en contra. Eso fue todo.

Don Manuel Ruiz Zorrilla fue escogido como Presidente de una Comisión de veinticuatro parlamentarios entre los que se encontraban el Duque de Tetuán; el marqués de Sardoal, Balaguer, Madoz, Valera, Ulloa, Albareda, Martín de Herrera... Todos ellos marcharían a Italia a dar la noticia, en nombre del pueblo español, a Don Amadeo de Saboya, el futuro Amadeo I, Rey de España. Saldrían de Cartagena a bordo de las fragatas «Villa de Madrid», «Numancia» y «Victoria» rumbo a Génova.

* * *

La noche se alargaba y aquel a quien esperaban no llegaba. No había sido un buen día para los republicanos, y su jefe lo era. El Gobierno había disuelto a los voluntarios de la Libertad, los soldados idealistas de la República. El esperado no vendría de buen humor, pues se había enfrentado con Prim en el Congreso y se habían cruzado gruesas palabras.

–No crea usted que va a salir indemne de tanta felonía, Angulo –le espetó Prim al periodista según se le cruzaba en los pasillos de la Cámara tras levantarse la sesión.

–No es mi intención escabullirme de mis cuentas con la Justicia. Nunca lo he hecho y nunca lo haré –respondió Angulo con orgullo.

–Sus insidias en *El Combate*, ese panfleto que usted edita y al que llama periódico, están siendo analizadas por el juez. –Prim miraba al plumífero desde un palmo más arriba, pues bien chico era el libelista–. Posiblemente se os acuse de graves delitos relacionados con la conspiración e incitación a la violencia. Está usted fomentando una exaltación estúpida y no es consciente del resentimiento que está engendrando. Es usted una alimaña y un cobarde. ¡Nada más!

Angulo aguantó la bronca como si el asunto no fuera con él. Tenía miedo, pero sabía que allí, en las Cortes, Prim no pasaría de la palabra.

–Pero, señor Prim..... –farfulló.

–¡Que se calle! –los ojos del Presidente parecían carbones al rojo–. Para jugar a ese juego carroñero no hace falta que lo camufles –Prim había prescindido del tratamiento de cortesía– con la apariencia digna de una posición partidaria y, menos aún, que hables de política cuando lo que haces es vocear el crimen y la anarquía. El republicanismo te viene bien como tapadera, pero tu exaltación no engaña a nadie bien nacido. Deshonras la figura del diputado en Cortes.

–Señor Prim –Angulo procuró aparentar entereza–, mi enfrentamiento con usted no es personal, sino político, y tiene firmes principios en los que apoyarse. Soy antidinástico por naturaleza y antimonárquico por convicción y no espero nada, como muchos otros, de este rey fantoche al que os habéis empeñado en traer. Nadie lo quiere, pero usted, el general Prim, sí, para poder manejarlo a su antojo. Ésa es la única verdad, lo demás son pantomimas parlamentarias como a la que hemos asistido esta mañana con el proyecto de ley para fijar la lista civil de la Casa Real. El pueblo no necesita de ninguna lista para que lo asistan en sus servicios. Sólo la Monarquía necesita de lacayos.

–Cuida tus palabras, Angulo –replicó Prim conminándole.
–General, no tengo más que decir.
Angulo le dio la espalda al Presidente y abandonó el Congreso.

* * *

La puerta de la taberna se abrió de golpe. Una bocanada de frío precedió al que entraba. Era Angulo. Sus botines iban sucios de barro y llevaba una levita desastrada debajo del gabán que le colgaba de los hombros. Se acercó a nuestra mesa tropezando en las de otros parroquianos. El olor a alcohol iba un par de pasos por delante.

–Hola muchachos, ¿creíais que no iba a llegar? Pues ya estoy aquí –balbuceó–. Os veo a todos con cara de dormidos. ¡Espabilad, rediós!, que os traigo buenas noticias.

Todos sabíamos de su carácter y a ninguno de los conjurados nos sorprendió verlo en aquel estado. Éramos gentes acostumbradas a los vicios, y las borracheras no eran algo que escandalizara a ninguno.

–¡Venga, Angulo! Bebe y cuéntanos –le emplazó Armella.

Llevábamos un mes esperando la noticia. Sabíamos que no podía tardar mucho después de la sesión de proclamación del nuevo rey en las Cortes. Había llegado nuestro momento. Por mi parte, al fin podría vengar la injusticia: la Monarquía había matado a mis padres y había deshecho mi casa. La República era mi ideal y el federalismo mi bandera; por esas ideas estaba dispuesto a dar mi vida, o a quitarla a otro si fuera preciso. Tenía muchos motivos para aplacar mi sed de venganza, y no sólo personales, también obraba en mi corazón el deseo de construir una sociedad más justa para todos, una sociedad de hombres libres. Por eso le estaba agradecido a Angulo, porque había canalizado mi odio por un cauce de virtud, me había llevado a la Masonería, a la sociedad de los hombres libres y justos. En Angulo había encontrado mi salvador, era mi héroe. En mis hermanos de Logia había encontrado mi verdadera familia.

–Ramón –me dijo Angulo–, hoy tienes que hacer un servicio especial conmigo después de que hablemos con los demás. Come y bebe para que no te fallen las fuerzas. Con esa ropa pareces un señorito, pero a mí no me la das, sigues siendo el mismo, turbio y truhán. Sólo esperas la carne para cerrar tu boca sobre ella. ¡Así me gusta que sean los míos!

Angulo tenía una capacidad especial para convencer con su oratoria a los indecisos. No soportaba a los que dudaban, y mucho menos a los que traicionaban la causa. No era hombre de dejar las cosas a medias. Lo que se empezaba con él se terminaba siempre, aunque los compadres fueran quedando cosidos a balazos por el camino.

–¡Muchachos, acercaos! –dijo Angulo– No vayáis a pensar que porque estoy medio borracho no se lo qué digo ni a quién se lo digo. Mañana os quiero a todos a las cinco de la tarde en la esquina del Palacio de Híjar con la Carrera de San Jerónimo. Al que falte lo mato, pero con sufrimiento, lentamente. No quiero ninguna excusa mañana, así que no os acostéis con putas esta noche. Recogeos y sed puntuales. ¿Me habéis entendido?... ¡Rediós! Presentaos todos con capa y sombrero. No me andéis con otra ropa hasta esa hora.

Todos asentimos. Cuando se contradecía una de sus órdenes, o sólo se ponía en duda, su mano empezaba a moverse inquieta hasta que, rápidamente, su puño se cerraba con gran facilidad sobre la mejilla del más próximo.

–Ya podéis marcharos –dijo expeliendo un gran eructo–, y repito, procurad no fallar mañana.

Cuando todos se fueron cambió su actitud. De repente se puso serio. Cogiéndome de la solapa me acercó a su rostro y me espetó sin ningún miramiento:

–¿No le habrás robado a nadie importante su ropa, verdad, Ramón?

Me zafé de él con rapidez y eché mano a la pistola. Él se dio cuenta y retrocedió para hacer lo propio con la suya.

–¿No te das cuenta, Angulo –le pregunté amartillando el arma–, de que estamos perdiendo el tiempo y podemos quedar malheridos?

–Por tu reacción deduzco que no –respondió echándose a reír–. Quería estar seguro de que no habías hecho ninguna estupidez, justo ahora que llega el gran día. Acábate ese vaso de vino que nos vamos a un sitio tú y yo solos.

Salimos de la taberna. Comenzaba a nevar. Nuestras pisadas chapoteaban en el agua como si fuera pasta densa. No sabía a dónde me llevaba. Angulo no cedía el paso; al contrario, lo apretaba.

–Cuando lleguemos a la casa quédate detrás de mí –me indicó el periodista–. No digas nada, pero no separes la mano de tu pistola. La gente a la que vamos a ver nos va a proporcionar armas y dinero. Tu misión es estar atento y con los ojos bien abiertos.

No tardamos en llegar a una calle apartada, más allá de los Chamberíes, en las afueras de Madrid. La silueta de la casa se remarcaba contra la esquina. El revoco de la fachada se caía a pedazos y las ventanas estaban atrancadas con maderos. Angulo llamó con insistencia pero sin hacer demasiado ruido. No eran horas para que otros vecinos supieran de nuestra presencia. La noche no invitaba a asomarse, pero toda precaución era poca. Abrió un hombretón que nos hizo pasar al zaguán.

–¿Quién te acompaña, Angulo?

– Es gente de mi confianza y no te importa nada más. Pasa Ramón –me dijo Angulo. El hombretón se separó del quicio y nos franqueó la entrada.

–Ya era hora de que vinieras. Mañana tengo que estar pronto de servicio.

–Montesinos, no te quejes, ¡rediós! Los demás tampoco nos dormimos en nuestro trabajo. Cumple ahora tú el tuyo y danos el fardo que tienes para nosotros.

Yo no perdía ojo. Me había quedado en la puerta sin entrar del todo al zaguán, apoyando la mano en la culata de la pistola. No fue necesario utilizarla. La entrega se hizo sin problemas y un fajo de billetes cambió de mano.

–Hasta mañana –se despidió mi amigo–. No te olvides de estar en el sitio acordado para dar la primera señal, pero no te dejes ver demasiado. Sólo vigila con atención y avísanos.

Salimos de aquel lugar. Cuando ya nos acercábamos a la calle de la Hortaleza, Angulo paró, de repente, delante de una casa que daba esquina a la calle de San Vicente.

–Sube a mi casa –me dijo–. Tenemos que guardar bien este fardo hasta mañana. ¿Sabes lo que hay en él? Las armas que harán justicia y nos traerán la victoria a los republicanos. No creas que las hemos conseguido de nuestros correligionarios, hay también otros partidos que están tan dolidos y ofendidos como el nuestro. El hombre que nos las ha dado era del partido de Montpensier.

Esta noticia me pilló de sorpresa y Angulo lo debió notar.

–No te extrañes, Ramón. Si Prim no hubiera estado en Cádiz en septiembre del 68, Montpensier habría sido rey de España. Prim se opuso a él desde el primer momento, pero no lo hizo de una manera abierta, sino que aplazó la elección del Duque hasta la decisión que tomaran las Cortes Constituyentes. Topete no pudo hacer otra cosa que aceptar la medida de Prim, pues su prestigio revolucionario era inmenso. Cuando Prim resolvió aplazar la decisión estaba fingiendo, porque lo que verdaderamente sucedía entonces es que ya la tenía tomada y aún no veía oportuno el momento de hacerla pública. No aceptaría nunca a Montpensier para continuar con los problemas y errores que había arrastrado la reina Isabel II, que de aquellos polvos vinieron los lodos revolucionarios. Montpensier había financiado la revolución contra su cuñada la Reina, y Prim no quería a un hombre de esa calaña ciñendo la Corona. Su ambición le llevaría a hacer lo mismo mañana con cualquier otra persona que le estorbase o no se plegase a sus deseos. ¿Te has fijado bien en el hombre que nos ha dado estas armas, Ramón?

–Sí lo he hecho –respondí–. Una cara nunca se me olvida, aunque lo demás se borre.

–Pues no olvides tampoco ésta. Ese hombre nos dará mañana la señal feliz para que el golpe que demos sea perfecto. No hay posibilidad de fallar, todo está previsto. Hoy será la última noche que duermas en Madrid. Mañana habrá que huir. Tendremos que desaparecer. Ahora duerme, que de lo demás me encargo yo.

* * *

Isabel había ayudado a su marido a preparar las maletas para su viaje a Italia. El Presidente del Congreso iba a representar un importante papel en la venida de Amadeo de Saboya e Isabel no quería que a Manuel le faltara nada en el viaje. Tanto así que para esta ocasión había preferido organizar ella las maletas y no fiar el trabajo a las sirvientas; quería supervisar los baúles y cuidar de que estuvieran en el equipaje las fajas y condecoraciones de su marido junto con todas las ropas que pudiera necesitar. Todo lo preparaba con cuidado disponiendo los estuches y los envoltorios de su impedimenta, como si de un ajuar de boda se tratara. Lo tenía todo a punto, eran las ocho de la mañana y esa noche casi nadie había dormido en la casa, tal era el ajetreo. Sólo Ruiz Zorrilla, más tranquilo que su familia, había descansado unas horas cuando salió de su despacho.

La despedida fue corta. El coche esperaba en la puerta. Dentro de la calesa, aguardándole, estaba Juan de la Somera, que por entonces ejercía de Gran Secretario del Grande Oriente de España. Era su hombre de confianza y quien administraba las responsabilidades de su reciente cargo masónico. Ruiz Zorrilla había hecho una fulgurante carrera en la orden: en poco más de tres meses había pasado de la condición de aprendiz a la de Gran Maestro y Soberano Gran Comendador del Consejo Supremo del Grado 33 en una sucesión pactada con el viejo Carlos Magnan, que quedó relegado a un puesto de mera representación. Ruiz Zorrilla había aprovechado la debilidad del Grande Oriente de España para hacerse con él y organizar desde sus logias su propio grupo de influencia. En aquellos años confusos las logias eran banderín de enganche de idealistas, conspiradores y revolucionarios que bien útiles le resultaban al flamante Presidente del Congreso para sus fines particulares.

–Me alegro de verte, Juan –dijo Ruiz Zorrilla mientras jugueteaba con su sello de Gran Maestre de la obediencia–. ¿Hay novedades?

–Bastantes, y no son buenas, Manuel. Me preocupa la seguridad del Presidente de Gobierno.

–¿Y eso? ¿Qué puede temer el Conde de Reus? –Zorrilla seguía jugando con el anillo. El coche ya había enfilado hacia la estación de Mediodía y a esas horas ya empezaba el bullicio callejero. Juan de la Somera cerró los cristales del coche.

–Manuel –le dijo Juan–, hay rumores de un posible atentado contra don Juan Prim. Se dice por Madrid que dos complots diferentes buscan la muerte de don Juan.

–Es un rumor de hace semanas, pero la policía no tiene nada seguro a que agarrarse. Ya me interesé por ello. –Zorrilla parecía quitarle importancia al asunto.

–Tengo noticias más concretas, Manuel. Ramón María de Calatrava, Gran Maestro del Grande Oriente Nacional de España, la obediencia que controla Juan Prim, y Carlos Magnan, nuestro Pasado Gran Maestre del Grande Oriente de España, nuestra obediencia, se han reunido ayer, 22 de noviembre, en la fonda de Las Cuatro Naciones de la calle de la Princesa. El motivo de la entrevista fueron precisamente esos rumores que circulan por Madrid sobre un posible atentado contra el Presidente del Gobierno.

–¿Es que nuestros hermanos ya hacen de policías? ¿Qué pintan las obediencias en todo esto?

Zorrilla se iba enfadando por momentos. Desde que se había instalado como Gran Maestro del Grande Oriente de España había procurado que su obediencia creciera por todos los medios en número de afiliados. Eso le había llevado a enfrentamientos con los miembros del Grande Oriente Nacional de España, que, a veces, se habían pasado por logias completas a la jurisdicción del Presidente del Congreso[43]. Las relaciones entre ambas familias no eran precisamente

[43] La anarquía en las filas masónicas españolas era notable. Si bien tres obediencias se peleaban por la hegemonía, el Grande Oriente de España, de Ruiz Zorrilla; el Grande Oriente Nacional de España, de Juan Prim y el casi no-nato Grande Oriente Íbero, era otra obediencia el Grande Oriente Lusitano Unido quien mayor cantidad de masones organizaba en España.

Para los ingleses de la Gran Logia Unida de Inglaterra sólo el Gran Oriente Lusitano Unido (G:.O:.L:.U:.) era, propiamente, una obediencia regular y, por ello, no

buenas, y bien se notaba en política ese enfrentamiento, máxime cuando Prim y Espartero estaban afiliados al Grande Oriente Nacional.

–Nos llamaron ellos. Yo no quería asistir, para evitar compromisos, y envié al Pasado Gran Maestro a fin de que se enterara.

–Y el viejo, ¿se enteró de algo?

Era evidente que Ruiz Zorrilla no sentía simpatía por su antecesor. Para el político, el viejo Gran Maestro era un místico y un incapaz ajeno a cuanto asunto profano le pasara por delante. Se hizo un silencio incómodo. Juan de la Somera profesaba verdadera admiración por Magnan y no evitó mirar a su jefe con cierto resentimiento.

–Perfectamente, Manuel. El asunto era bien delicado.

–Cuenta ya, que estás dando muchas vueltas. ¿Qué pasa?

–Resulta que Muñiz, ese amigo de Prim que no le deja ni a sol ni a sombra, se ha enterado por Bernardo García, el director de *La Discusión*, de una lista con diez nombres de posibles enemigos del Presidente de Gobierno que pudieran atentar contra él. Dice que se lo dirá a Prim después de hacer algunas averiguaciones.

–¿Sólo diez? –Zorrilla no pudo evitar una carcajada–. ¡Valiente estupidez! ¿Eso es todo?

Esos días había circulado por Madrid una lista de personas que estarían implicadas en un próximo atentado contra el general Prim.

Juan de la Somera estaba realmente incómodo. No le gustaba el cinismo de su jefe y su frivolidad para muchas cosas. Cuando Zorrilla se hizo cargo de la obediencia, él mismo se había opuesto a la fulgurante carrera del recién llegado, pero dejó de hacerlo, pese a su poca simpatía por el personaje, debido a las presiones del viejo Magnan, que apostó por el advenedizo como promotor más eficaz que él mismo para el crecimiento de la obediencia. Al fin y al cabo Zorrilla era un hombre poderoso y un político de recursos.

–No, Manuel, no. Lo importante viene ahora.

–Dispara, Juan.

–Martínez, Ramón Martínez –dijo Somera, esperando la reacción de su jefe.

---

reconocía a ninguno de los otros tres grupos como verdaderas organizaciones masónicas. Los ingleses entendían, entonces, que toda la Península Ibérica era una única provincia masónica con capital en Lisboa. De hecho el G:.O:.L:.U:., era la mayor de las obediencias masónicas implantadas en España: 30 logias en Andalucía, 10 en Canarias, 13 en Madrid, otras 13 en Barcelona y otras veinte más por distintos lugares de España.

–Y ése, ¿quién es? –Ruiz Zorrilla estaba empezando a hartarse de los circunloquios del subalterno.

–Dice que es uno de los nuestros. En la lista de Bernardo García figura junto con Paul y Angulo. Yo le conozco de haberle visto por las tertulias del café de La Princesa. Es un iluminado y un tipo muy radical.

–¡Valientes golfos! Si toda la noticia es que Angulo y sus amigos quieren darle matarile a Prim sobraron los cafés que se tomaron los convocados. Eso lo sabe todo el mundo, como también se sabe que Angulo no es más que un bocazas y un golfo. Nada serio. Si es por esa vía no hay riesgo para el señor Conde de Reus –dijo con retintín.

–Manuel –Somera estaba cada vez más incómodo–, no te burles. Sólo en este mes la policía ha desactivado dos conjuras contra el Presidente. No es cuestión de tomárselo a broma, y más si en la trama hubiera alguno de los nuestros.

–¿Martínez? –ya faltaba poco para la estación y Zorrilla quería acabar la conversación cuanto antes.

–Sí, Martínez.

–¿De qué logia es? –El presidente del Congreso miraba por la ventanilla retirándole la mirada a Somera, como si el asunto no fuera con él.

–De ninguna –contestó Juan de la Somera–, al menos todavía–. Zorrilla le miró con cara de no comprender nada.

–Explícate –le conminó.

–Martínez no es hermano nuestro. Ha solicitado su adhesión como aprendiz en la logia «Los Inmortales».

–¿Y quién le trae? –Ruiz Zorrilla había recuperado el interés.

–Unos amigos de Angulo –le respondió Somera.

Zorrilla se quedó pensativo.

–Todo esto es una estupidez –dijo al cabo de un rato–. ¿Tú que opinas?

–Yo creo que no debemos permitirle la afiliación y que debemos comunicárselo por tu conducto a nuestro hermano «Washington» –así es como se conocía a Prim en el Gran Oriente Nacional–. Es un peligro permitir que ese loco esté en nuestros talleres. ¿Estás de acuerdo? –preguntó Somera creyendo que así zanjaba el asunto.

El coche estaba ya muy cerca de la estación de Mediodía. Zorrilla volvió a mirar por la ventanilla sin decir nada. Bien sabía él que no podía estar de acuerdo. Su acompañante se estaba acercando al nudo de una jugada cuyo alcance no podía siquiera imaginar. Zorrilla estaba jugando la partida más complicada de su vida. El político profesional que llevaba dentro tenía trazado un plan perfecto para colmar su ambición y no era cuestión de dejar ningún cabo suelto. Zorrilla sabía que en el Gran Oriente Nacional muchos masones estaban hartos de Prim, tanto que el marqués de Seoane y José María Pantoja, viejos afiliados, denunciaban permanentemente que el Conde de Reus utilizaba la masonería en su propio beneficio y en especial para favorecerse de los contactos extranjeros que le procuraba la obediencia. El *World*, un periódico norteamericano, había publicado una entrevista con el general americano Summer en la que contaba cómo el general Prim le había enviado una propuesta en el sentido de determinar la cantidad que estaba dispuesta a cobrar España por ceder a los Estados Unidos sus derechos sobre la isla de Cuba. Los masones cubanos habían denunciado a Prim a sus hermanos de la península porque tan bien a ellos les había propuesto venderles la isla y retirar las tropas acuarteladas bajo su mando. Prim lo negó todo pero los secesionistas cubanos pusieron en manos de sus hermanos españoles las pruebas sobre cantidades que habían adelantado a Prim para permitir la sublevación. Prim había traicionado a los traidores después de aliarse con ellos, había traicionado a sus hermanos cubanos y no estaban dispuestos a perdonárselo. Había malestar en el Gran Oriente Nacional por los manejos de Prim, pero que no eran menores que los que apadrinaba Espartero, otro afiliado. Tanto así que Alfredo Vega, vizconde de Ros, quería escindirse de la obediencia y formar el Gran Oriente Ibérico para provocar una reforma constitucional en la obediencia que anulara los poderes de Prim. Frente a él estaban José María Pantoja y Eduardo Caballero de Puga, que tampoco estaban de acuerdo con Prim pero que preferían esperar a su caída política para tomar el poder en sus manos, defenestrando a José María Calatrava, hombre de confianza de Prim y Gran Maestre del Gran Oriente Nacional.

Ruiz Zorrilla quería aprovecharse de todos esos conflictos y, a partir de ellos, acometer un gran proceso de transformación en la masonería española; quería que el Gran Oriente Español, su obediencia, aglutinara en adelante una gran cantidad de masones descontentos con la actuación de Prim, independientemente de su doctrina política. Ruiz Zorrilla deseaba fortalecer su organización y procurarse con ello una cuota mayor de influencia cerca de Amadeo de Saboya en detrimento de la de Prim. Todos sabían que Amadeo de Saboya era masón y que ese detalle había influido especialmente en su candidatura para Rey de

España. Todo ello suponiendo que Prim siguiera vivo. En ese escenario, las conjuras contra Prim le ayudaban y, en cierta medida, entendía que la transformación de las obediencias y el complot contra Prim, iban unidos y eran beneficiosos para el Gran Oriente Español. Prim era para él un estorbo, tanto en la política como en la masonería. Además él tenía su propio plan y nadie, ni Somera, ni Angulo ni ninguno de los que formaban la trama, sabía hacia donde tiraba la cuerda. Él había conseguido introducir algún hombre de su confianza en el grupo que estaba formando el Duque de la Torre. Sabía por ellos que se habían celebrado varias reuniones en el Campo del Moro a las que asistieron unos tales Carratalá, José López, Enrique Sostrada y Ruperto Merino a fin de preparar un plan con el que asesinar a Prim. Era el Coronel Pastor quien andaba urdiendo las mimbres de ese cesto y a él no le interesaba que el agua se escapara por esos mimbres. Tendría que procurar que los planes criminales siguieran adelante pero que no se le fueran de las manos. Ni siquiera los implicados debieran maliciar la larga mano del Presidente del Congreso.

–Juan –dijo al cabo de un rato. El landó había parado ya y dos oficiales le esperaban al pie de la escalerilla.

–Dime, Manuel.

–Quiero que ese Martínez se inicie en nuestra obediencia. –Somera iba a decir algo cuando un gesto de la mano de Ruiz Zorrilla, en la que el sol naciente hacía brillar el anillo de Gran Maestro, le hizo callar–. Además iré yo personalmente a la ceremonia. Avísame cuando esté previsto. Hasta entonces no le molestéis, y decidles a los hermanos del Gran Oriente Nacional que el asunto no tiene la menor importancia.

Ruiz Zorrilla hizo ademán de bajar del coche.

–Pero... –comenzó a decir Juan de la Somera, que no se movía del asiento.

–¿Ha quedado claro, Juan? –interrumpió Ruiz Zorrilla volviéndose y dando un portazo.

Dos Coroneles le estaban esperando al pie de la escalerilla y se le cuadraron antes de escoltarle en el camino hacia el tren que esperaba a la delegación destinada a recoger para España al nuevo Rey, Don Amadeo de Saboya. Somera vio desde detrás de la ventanilla cómo su jefe descendía hacia el andén por la rampa de llegada.

La estación estaba ocupada por las tropas. Había soldados por todas partes, en los tejados, por los andenes y cubriendo todas las entradas. El mismo convoy de la comitiva llevaba como escolta un batallón de cazadores distribuido entre los coches de tercera y en el último vagón.

El miedo a un atentado era evidente. Prim, que iba a la estación a despedir a la embajada, ya no se movía con la misma libertad que antes, aunque seguía mostrándose sereno. La gente no le ovacionó al llegar a la estación como en otras ocasiones en que aparecía en público; Prim iba perdiendo por días el apoyo popular. La población estaba cansada ya de una crisis tan larga y era notorio que el rey italiano despertaba pocas simpatías. No le querían los republicanos ni tampoco la Iglesia, los partidarios de la casa de Borbón le llamaban usurpador y los anarquistas querían matarle. Sólo le apoyaban Prim y los pocos amigos que le iban quedando.

Cuando Ruiz Zorrilla se acercó a cumplimentar a Prim en el andén, el Presidente estaba despachando con Balaguer, uno de los diputados comisionados para la embajada. Todavía le dio tiempo a escuchar el final de la conversación:

–... Cuando el Rey venga, se acabó todo. Aquí no habrá más grito que el de «¡Viva el Rey!». Ya haremos entrar en caja a todos esos insensatos que sueñan con planes liberticidas y que confunden la palabra progreso con la palabra desorden, y la Libertad con la licencia.

Hacia la una de la tarde el tren arrancó. Era el día 23 de noviembre de 1870.

* * *

Prim almorzó con Ricardo Muñiz en el Ministerio de la Guerra y a media tarde ambos dejaron el palacio de Buenavista camino del Congreso. En el orden del día de esa sesión, la del 27 de diciembre, estaba prevista la votación sobre la consignación civil al nuevo Rey, que ya estaba navegando hacia Cartagena. Pi y Margall había anunciado un discurso en cámara parlamentaria contra las posiciones políticas de Prim y la llegada a España de Amadeo de Saboya.

Cuando Prim entró en el Congreso serían las cuatro de la tarde. Todavía iba despachando con Muñiz algunas ideas para desgranar en la tribuna contra el jefe de los federalistas, que tenía la peculiar capacidad de sacar de quicio a Prim con sus intervenciones. Siempre que esperaba una proclama de Pi y Margall se preparaba unas notas defendiendo sus posiciones con los argumentos que le daba su amigo Muñiz. La semana pasada el federalista se había despachado contra Prim con una sarta de lindezas a las que el Conde apenas pudo responder: «En política, señores –empezó Pi y Margall desde la tribuna– hay una especie de pudor que obliga a los hombres a sacrificar sus propios intereses a las ideas que sustentan, y que los hace inaccesibles a toda clase de promesas: pero, ¡ay del día en que se pierda ese pudor!, pues entonces sucede al hombre lo que a la mujer cuando pierde el suyo. Y no lo dude Su Señoría, pues a su lado tiene al señor Presidente del Consejo de Ministros, que habiendo perdido el pudor en edad temprana es la inconsecuencia andando. ¿No le habéis visto combatir a Espartero, después a Narváez y luego aceptar de él la Capitanía General de Puerto Rico? ¿No le habéis visto sostener a O´Donnell y luego combatirle; jurar fidelidad a Doña Isabel y luego sublevarse al frente de unos escuadrones? ¿Y quién sabe lo que todavía estará reservado a Su Señoría después de lo que hasta ahora ha hecho?». Hoy no esperaba que el federalista le saliera por ese registro pero, en todo caso, llevaba unas notas que había preparado en la comida dispuestas a ese efecto.

Ambos caminaban por el pasillo circular externo al hemiciclo cuando el Presidente paró de repente y se encaró con un grupito de diputados que hacían corrillo, allí estaba Sagasta. Uno de los diputados que hacían tertulia, un tal García López, le dijo unas palabras al oído a don Juan Prim que pese a prestarle atención oyó algo que decían en el grupito y que debía ser referente al nuevo armamento que se pensaba adquirir para la tropa:

–Poco a poco, señores, que eso de los fusiles sólo me corresponde a mí o al ministro de la Guerra, que es lo mismo –les dijo mirando a Sagasta.

Los diputados se quedaron cortados viendo cómo el Presidente del Gobierno, acompañado por el jefe de su escolta Ángel González Nandín, se apresuraba hacia su despacho dejándoles plantados.

Un poco más adelante también se encontró con el diputado Paul y Angulo.

–Pronto habrá juicio contra usted y entonces tendremos que meterle en vereda –le dijo al libelista y siguió andando sin esperar respuesta. Angulo se volvió hacia Prim pero el general estaba ya a más de diez pasos.

–A todo cerdo le llega su San Martín, general. Recuérdelo –le respondió en un tono lo suficientemente alto como para que dos diputados que estaban cerca le oyeran pero no lo bastante para que lo escuchara el ya lejano general Prim.

Cuando llegaron a su despacho Prim invitó a pasar a Muñiz y a sentarse cerca de su mesa. Mientras recogía unos papeles para la sesión que estaba a punto de empezar, Muñiz aprovechó para insistir sobre la lista de posibles criminales que conspiraban contra la persona del Presidente. Era la lista que ya le había comentado días antes, la que le había dado Bernardo García.

–No insistas, Ricardo. El gobernador me dijo que ya ha detenido a dos de ellos y que los demás están controlados.

–No lo creas, Juan. Seguramente serán mentira las dos cosas. El gobernador es un inútil, ese pobre hombre no controla ni la hora de su reloj. En el fondo no cree que haya una conspiración contra ti. Dice que todos son enredos de periodistas y que no debiera hacer caso a Bernardo. Para este gobernador los periodistas son casi tan delincuentes como los ladrones.

Y razón tenía Muñiz porque Ignacio Rojo Arias, el entonces gobernador de Madrid, pese a tener la lista no había movido un dedo en investigar el supuesto complot.

Cuando salía hacia el hemiciclo, Prim se volvió hacia su amigo:

–Si no tienes nada que hacer puedes esperarme aquí. No creo que esta tortura dure mucho. Tendré que oír a unos cuantos, contestar a Pi y Margall y... ¡a otra cosa!

Prim se fue dejando la puerta abierta y González Nadín le esperó en el pasillo, cerca de la puerta. A eso de las seis y cuarto volvió a su despacho. Se habían aprobado las consignaciones para la nueva familia real y un grupo de diputados esperaba a Prim para saludarle. Le acompañaba el diputado Morayta, que también era masón de su misma obediencia, y venían comentando la sesión. En esos momentos caía sobre Madrid una copiosa nevada. Los diputados formaron un corrillo alrededor del Presidente y Prim encendió uno de sus cigarros habanos mientras escuchaba a sus amigos. En una parte del corrillo, un grupo de diputados masones estaban comentando que esa noche, en la fonda de Las Cuatro Naciones, se celebraría una cena ritual patrocinada por el Gran Oriente Nacional para celebrar la fiesta de San Juan de Invierno, el Evangelista cuya fiesta canónica coincide con el solsticio. Morayta propuso a Prim que acudiera a esa cena y los demás masones jalearon la invitación. Sin embargo, Prim declinó la invitación porque al día siguiente, les dijo, tenía que madrugar para salir temprano en tren a Cartagena para recibir a la comisión de parlamentarios españoles que traerían a España a Don Amadeo.

–A lo mejor me paso después de la cena y os acompaño a los brindis rituales –dijo Prim–. Tengo muchas cosas que hacer en casa antes de irme.

–Debes ir a esa cena. Total, ¿qué te cuesta? –le insistió su amigo Muñiz en un aparte y sin que le oyeran los otros.

–Es una pérdida de tiempo y, además, no pararán de pedirme que coloque a sus parientes en cualquier sitio. Que si un despacho, que si un gobierno civil, hasta ha habido uno que me pidió tres duros para un cuñado suyo el otro día en plena tenida –replicó Prim molesto–. Son unos sacaperras y unos aprovechados.

–Te conviene que te vean con tus hermanos –le insistió Muñiz–. Tienes a muchos descontentos y es una oportunidad para ti de confraternizar con quienes pueden servirte en tus proyectos.

–Está bien, iré.

Prim salió del Congreso por la puerta de Floridablanca a las siete de la tarde. En la calle se volvió a encontrar con García López, un diputado republicano con el que mantenía cierta amistad. Su amigo se acercó a saludarle y, al saber que iba a la fonda de Las Cuatro Naciones, le conminó a que cambiara el itinerario:

–Don Juan –le dijo el republicano–, cuide, que tiene usted muchos enemigos y éstos son malos días. Mejor váyase a su casa con la escolta o, si insiste en cenar con sus amigos, vaya a la fonda por otro camino, no le vayan a estar esperando en cualquier esquina.

–Pues ahí me tendrán, querido amigo.

Y se fue dándole unas palmadas en el hombro. Los demás diputados le jalearon la bravura. Eran ya las siete y cuarto cuando un ayudante de Prim, González Nandín, ordenó al cochero que acercase el coche del Presidente del Gobierno a la puerta del Congreso. En la portería del palacio, alrededor de un brasero, se calentaban en ese momento un agente de orden público, un oficial de carabineros y dos paisanos. Uno de ellos, al ver que salía el general Prim, se despidió con prisas y salió corriendo hacia la calle del Sordo, lo que debió hacer sospechar al oficial de carabineros.

–¿Quién es ese hombre? –le preguntó al otro paisano.

–Se llama Montesinos. Viene por aquí a veces a tomar noticias de las sesiones, trabaja en *El Combate*[44].

[44] Periódico fundado por Paul y Angulo el 1 de Noviembre de 1870. Recién abierto el periódico Paul y Angulo ataca desde sus páginas a un tal Felipe Ducazcal, jefe que era de la llamada «Partida de la Porra» que era un grupo de alborotadores y camorristas al servicio no confesado del Gobierno de Prim. Como consecuencia de las denuncias de Paul el tal Ducazcal retó a duelo a Paul y Angulo para las once de la mañana del 19 de Diciembre delante de las tapias del cementerio de San Isidro, a orillas del Manzanares. De ese duelo salió herido, que no muerto, Felipe Ducazcal.

–¿El panfleto de Angulo?

Si alguna sospecha albergaba el carabinero, aquella noticia se la confirmó.

–Sí, muchas veces vienen juntos y Montesinos espera aquí abajo a que Angulo le pase unas notas para llevarlas al periódico.

En el mismo momento en que Prim se disponía a subir al coche llegaron Sagasta y Herreros de Tejada, que salían del Congreso buscándole. Querían hablar con él.

–Suban conmigo al coche, caballeros, que con esta nieve mejor estaremos dentro.

Prim les invitó a entrar en el coche, parado ante la puerta del Congreso, pues no quería despachar con ellos en donde pudieran oírles. Prim había dejado a su ayudante la carpeta con sus papeles y al poco abrió la portezuela para pedírsela. Eran las siete y media cuando bajaron los dos diputados.

–Señores, a cenar –dijo Prim desde dentro del coche.

González Nandín y Juan Moya, sus dos ayudantes, subieron con él y se sentaron en el banco situado frente al suyo, mirando en sentido contrario a la marcha. Prim, contra su costumbre, se sentó a la izquierda dejando vacío su sitio habitual. El coche arrancó hacia la calle del Turco. Al llegar cerca de la calle de Alcalá, el coche del Conde de Reus se paró bruscamente. A la izquierda, en la calle, un coche parado y vacío obstruía el camino; delante otro coche también parado, pero con conductor, impedía la salida a Alcalá. De pronto se oyó un silbido. Justo en ese momento, ocho embozados se acercaron al coche del Presidente desde atrás y en un instante se dividieron en dos grupos de cuatro para rodear el coche por cada lado.

González Nandín se dio cuenta, a través del cristal, de que se acercaba al coche un hombre bajo y barbudo que estaba intentado sacar un trabuco que se le había enredado en la capa. Sólo le dio tiempo de advertir al Presidente:

–¡Cuidado, mi general!

Dentro del coche resonó un trabucazo. Los cristales estallaron. Prim se encogió esquivando el disparo, pero resultó herido en la mano derecha.

---

[44] (cont.) Desde entonces los ataques de *El Combate* contra Prim fueron cada vez más despiadados.

Una voz desde el exterior, a la derecha del carruaje de Prim, que es en donde debía haber ido el general, dio la fatídica orden.

–¡Fuego, puñeta, fuego!

La descarga hizo blanco en el general. De nuevo la voz se oyó en el exterior del vehículo y el grupo de la izquierda disparó otra carga cerrada sobre el interior del coche.

El coche arrancó, detenido hasta ese momento a pesar de que el cochero fustigaba continuamente a los caballos sin conseguir que se movieran. La carreta de delante le obstruía el paso, pero logró esquivarla y por fin enfiló la calle de Barquillo hacia el Ministerio de la Guerra. Nandín se dio cuenta de que en la calle Barquillo había apostado otro grupo de hombres con capas y sombreros, semejantes a los que acababan de dejar atrás en la calle del Turco. No dispararon porque el coche pasó veloz y porque habían oído los disparos, de manera que debieron pensar que Prim había muerto.

Los asesinos huyeron deprisa hacia la calle de la Greda, por la que desaparecieron. Nadie los había visto, nadie los detuvo. Prim no pudo saber que esa noche los guardias adscritos a la vigilancia de esa calle se habían retirado de ese servicio, por órdenes expresas de su superior, el comisario de policía del distrito Andrés Valencia, y que estaban en otros destinos: una pareja en Caballero de Gracia, otra en Montera, otra en Barquillo, la ultima en la Puerta del Sol y dos guardias más disponibles en comisaría como retén. Nadie vigilaba esa noche los alrededores del Congreso. La noche era fría y la nieve quitaba la poca visión que daban las luces de los faroles. No había transeúntes por la calle, sólo una castañera que recogía sus bártulos en la esquina del Turco con Alcalá y una sirvienta que pasó rauda huyendo ante el estrépito de los trabucazos.

–Nandín, ha sido Angulo[45]. He reconocido su voz –dijo Prim, que permanecía inclinado sobre su asiento, herido en la mano y en el hombro, pero sin perder la consciencia.

Moya le taponaba las heridas del hombro derecho y del codo del mismo lado con el capote. El cochero guió al galope a los caballos con rumbo al palacio de Buenavista. Por los surcos de las ruedas en la

---

[45] El 19 de Febrero de 1871 el Magistrado Don Emilio Ayllón dictó auto de prendimiento contra Paul y Angulo por su presunta implicación en el asesinato del General Prim. Para esas fechas, Paul y Angulo había huido de España y se encontraba en Paraguay donde en 1883 publicó una obrita de Teatro «Lo absurdo se elimina. Drama en tres actos» donde relata la implicación en el crimen.

nieve se iba quedando la vida de Prim en forma de una fina línea roja de su sangre que caía por la portezuela. A primera vista las heridas no parecían graves por la profundidad pero habían desgarrado vasos importantes y era mucha la hemorragia.

Al poco, el carruaje de Prim entró en el palacio de Buenavista. El general subió por su propio pie las escaleras y es él mismo quien le participa a su esposa que está herido:

–No tiene importancia, Francisca. Es sólo un rasguño–. El general llevaba la mano izquierda metida dentro de las solapas de la levita a modo de cabestrillo.

En ese momento Prim tuvo un desvanecimiento por la perdida de sangre y entre Moya y Nandín ayudaron a doña Francisca a llevarle a su dormitorio.

La primera comunicación oficial respecto al atentado la extendió, a las 9,20 de la noche, el Subsecretario de Guerra en una nota dirigida a los Capitanes Generales y al Comandante de Ceuta:

«El Excmo. Sr. Presidente del Consejo de Ministros al salir de la sesión del Congreso de hoy ha sido ligeramente herido por disparos dirigidos al coche en la Calle del Turco. La tranquilidad no se ha alterado».

El propio Juan Prim, cuarenta y cinco minutos más tarde, dirigía una nota al Capitán General de Barcelona:

«Sírvase V.E. decir a mi madre que la herida recibida no ofrece cuidado alguno, que esté completamente tranquila».

Al día siguiente Juan Bautista Topete tomaba posesión como Presidente interino del Consejo de Ministros y se convocaba sesión del Congreso para las cuatro de la tarde. El plan iba saliendo como había previsto Ruiz Zorrilla, sólo faltaba esperar a la gravedad de las heridas. Algo le decía que su plan podía torcerse, todo dependía ahora de la vitalidad, o de la falta de ella, del Conde de Reus.

Al parecer las lesiones evolucionaban favorablemente y la vida de Prim no corría peligro al decir de los partes oficiales que iban extendiendo el Subsecretario de Guerra y el Gobernador Civil de Madrid. Los muchos enemigos de Prim temían por su recuperación. Súbitamente, la madrugada del veintinueve al treinta de diciembre, la situación empeoró y la fiebre aumentó debido a la infección de las heridas. La situación se fue agravando, tanto que a las 7,15 de la tarde el Subsecretario de Guerra envía una nota a don Juan Topete, que se encontraba en Cartagena, y a todos los Capitanes Generales anunciándoles que «se ha agravado rápidamente el Sr. Conde de Reus y está gravísimo».

El 30 de diciembre de 1870, a las 9 y 14 minutos, expiraba en Madrid el general Prim[46]. «El Rey llega y yo muero. ¡Viva el Rey!» fueron sus últimas palabras.

* * *

Ruiz Zorrilla, sentado en su puesto de la Presidencia, vestía una levita negra de paño con solapas de seda del mismo color. Sobre su pecho, la medalla de Presidente del Congreso brillaba en oro como el anillo de su mano. Delante de él, de pie, se encontraba Amadeo de Saboya, que en pocos minutos pasaría a llamarse Amadeo I de España. Todos los diputados del Congreso estaban sentados en sus escaños, también el cuerpo diplomático estaba presente[47]. En ese momento, instantes antes de tomar el juramento al nuevo monarca, le vinieron a la mente las palabras de Prim poco después del atentado: «No me matan los republicanos, que son los míos los que lo hacen».

Cuando Ruiz Zorrilla llegó a Cartagena acompañando a Don Amadeo todos se sorprendieron de que ninguna falúa se acercara a la flotilla real. La comitiva fondeó el día 30 de diciembre y Don Amadeo preguntó por qué Prim no venía a recibirle. Topete, que había subido a recibirle, le informó del atentado y al poco llegó un telegrama en el que se daba la noticia del fallecimiento. El futuro Rey oyó a Ruiz Zorrilla referirse a la gravedad del acontecimiento y a las consecuencias que podía tener y a continuación se retiró en silencio a su cama-

---

[46] Al saberse de la muerte del General Prim, el Coronel Felipe Solís y Campuzano, secretario del Duque de Montpensier, huyó a Londres donde fue requerido el 24 de Agosto por el Ministro de Estado. Igualmente salió de España el Duque de Montpensier camino de su refugio en París.

[47] Para los ingleses la muerte de Prim no fue considerada como algo muy grave. El despacho que el Ministro del Reino Unido en España remite al Secretario de Estado inglés el día 31 de Diciembre de 1870 es bastante indicativo:

> «La muerte del General Prim producirá un cambio considerable en la situación de los partidos. La impresión general parece ser que el Regente va a tener el principal control sobre los asuntos públicos, y que se formará un gabinete con los principales miembros de «La Unión Liberal», o partido conservador. Muchos destacados demócratas y progresistas son de la opinión que un gabinete de este género es deseable en interés del Rey y de la tranquilidad pública. Desgraciadamente las suspicacias de carácter personal y la postura adoptada por los partidarios del Duque de Montpensier son tales que será muy difícil, por ahora, formar un gobierno realmente fuerte con ese partido».

rote. Amadeo desembarcó el día 31 y continuó el viaje en tren hacia Madrid. Con él iba Ruiz Zorrilla, informado de todos los detalles del atentado por su amigo Juan de la Somera, que había acudido a Cartagena a esperarle.

Ahora, Don Amadeo de Saboya estaba delante de él, vestido con el uniforme de gala de Capitán General y con el bicornio bajo el brazo. Acababa de llegar a Madrid esa mañana y lo primero que hizo fue desfilar a caballo hacia la basílica de Atocha para rezar ante el cadáver de Prim. Desde allí marchó al Congreso y ahora estaba a punto de ser Rey de España. Todo pasó muy deprisa por la cabeza de Ruiz Zorrilla. Sabía que ahora debería jugar sus cartas, había llegado su momento. Prim estaba muerto y para aquel hombre que estaba delante de él, que pasaba por tonto y mediocre y al que ya le llamaban «Macarroni I», comenzaba un calvario en el que no se le ahorrarían los insultos más descarnados. Cuando iba a tomarle el juramento, Don Amadeo hizo un gesto que nadie esperaba. Tomó el bicornio con su mano derecha y describió lentamente, con el brazo rígido, un arco de círculo en sentido horizontal. Tras ello, dejó el sombrero en la mesa que había a su derecha y a continuación puso los dedos índice y medio abiertos en ángulo apoyando las yemas sobre el tablero.

El Rey, desde abajo, no podía ver una carta que estaba encima de la mesa del Presidente de las Cortes; se la había dado Juan de la Somera antes de comenzar la sesión y dentro contenía otro sobre dirigido al M:.R.:G.:M.. del G:.O..E:. D. Manuel Ruiz Zorrilla. Era una carta de Ramón Martínez.

–Don Amadeo de Saboya, Duque de Aosta... –comenzó a leer solemnemente el Presidente del Congreso.

* * *

«A quien corresponda:

Todo el mundo esperaba que los acontecimientos de los días venideros traerían paz y contento a la nación, pero estaban errados, nada se había solucionado. Tras la apariencia de alegría por la venida del rey Amadeo estaba anudándose la traición de los suyos; los mismos que le traían le estaban preparando la desgracia. Sólo Prim había sido honesto con el candidato. Serrano, el regente, callaba su participación en el crimen, pero escribía al monarca lisonjeándole y alabando lo oportuno de su venida para restablecer la paz y el orden. La solución que habían adoptado los partidarios del Duque de Aosta no tenía sentido, Amadeo no podía ser rey. No queríamos más reyes en España.

Ante el lamentable espectáculo de las discusiones en las Cortes, ante la provocación permanente de los hombres de Prim en su pretensión de instaurar en el trono al Duque de Aosta, ante las conspiraciones de los realistas de distintas raleas, ante la inminente llegada del nuevo rey a Cartagena, ante el posible levantamiento carlista y ante los rumores continuos de una conspiración militar fomentada por Montpensier, ante todo eso y ante mi conciencia, yo, Ramón Martínez, me decidí a actuar.

No podía seguir postergando por más tiempo mi obligación con la justicia y el progreso de los hombres libres. Angulo me hizo ver la luz y Juan de la Somera me acercó a mis verdaderos hermanos. Nunca agradeceré bastante a la Hermandad de los Hijos de la Viuda la comprensión que me da en estos momentos tan difíciles. Y más desde que otros, que se decían hermanos pero no lo eran, seguían al regente y al general en el camino del error. Ellos habían prostituido su obediencia igual que querían envilecer España.

Desde la lucidez que me daba el conocimiento, resolví hacer justicia y participar en el crimen sobre la persona del Presidente del Consejo de Ministros, el más honesto de mis enemigos. La conjura estaba hecha, sólo faltaba ejecutarla y conducir sus resultados hacia el nuevo orden. ¡Paz y República! ¡No más reyes! Los republicanos por fin gobernaríamos y la comunidad de hombres honestos tendría la oportunidad, después de tantos esfuerzos y sacrificios, de conducir a España por caminos de progreso y de igualdad. El 27 de diciembre sería un día de importancia histórica para nuestro país. A partir de ese momento, España sería una más entre las naciones libres hermanada en la fraternidad de los pueblos justos.

Por fin mi vida ha encontrado su sentido. Mi familia está vengada, mi promesa a los Hijos de la Viuda cumplida y mi espíritu satisfecho. Como republicano he hecho justicia y como hombre he lavado con sangre la sangre derramada de mi familia. Como masón he cumplido la promesa de lealtad y fraternidad hecha a mis hermanos.

Un triple abrazo fraternal.

Hermano Saint Just. A:.M:.»

* * *

Manuel Ruiz Zorrilla, Gran Maestre de Gran Oriente Español, fue nombrado Presidente del Gobierno el 24 de julio del 1871, después de ocupar, durante dos meses la cartera de Fomento, en el Gobierno del General Serrano.

El Rey Amadeo de Saboya, Don Amadeo I, abdicó y se proclamó la Iª República Española el 11 de Febrero de 1873.

Manuel Ruiz Zorrilla partió al exilio y ese mismo año hubo una escisión en el Gran Oriente de España[48], protagonizada por Juan Antonio Pérez, que constituyó su propio Gran Oriente.

---

[48] En Enero de 1874 Manuel Ruiz Zorrilla dimitió como Gran Maestro del Grande Oriente de España y fue sustituido, después de un interregno, por Juan de la Somera que, en Diciembre de ese año expulsó de su obediencia a 35 logias.

Ese mismo año el Gran Maestre del casi extinto Grande Oriente Íbero, Juan Utor, decretó la fusión de su obediencia con las mermadas filas del Grande Oriente de España. El 7 de Abril de 1876 era nombrado Gran Maestro del G:.O:.E. el Presidente del Gobierno y jefe del Partido Liberal Práxedes Mateo Sagasta.

Juan de la Somera se escindió del G:.O:.E:. y fundó otra nueva obediencia que desapareció con la muerte de su fundador en 1881.

5

La voladura del «Maine». 1898

La impotencia

El día se levantaba brumoso, como si el siglo que ahora boqueaba estuviera cansado de tantos amaneceres y le costara hacerse a la luz cada mañana, ese siglo en el que España se despertó en Cádiz con «La Pepa» y se acostaba con un sistema constitucional corrompido por el turno de partidos. La fe y el sacrificio de los soldados que servíamos en Cuba estaban muy lejos de los manoseados sentires patrióticos de cuantos, Atlántico por medio, se reían de la minúscula fuerza del león norteamericano[49] oponiéndole la inigualable bravura del toro español. En la península se creía que Cuba podría mantenerse vinculada a España sólo con la fuerza y el tesón de un ejército mal abastecido y peor dirigido frente a unos insurgentes que, no faltos de razones para oponerse al dominio colonial, contaban además con la simpatía y el apoyo financiero de los Estados Unidos[50], un coloso dormido al que

---

[49] En 1880, la marina de los Estados Unidos era la duodécima en el mundo; en 1900, con 17 acorazados y 6 cruceros armados, ocupaba el tercer lugar. En 1889 Henry Cabot Lodge escribía que «*nuestras relaciones con los demás naciones no ocupan hoy más que un modesto lugar en la política norteamericana y sólo despiertan generalmente un interés lánguido*». Apenas diez años más tarde el espíritu del «destino manifiesto» se iba atener en cuenta como fundamento de la posición política de Monroe en los años 20: «*América para los americanos*».

[50] Desde 1890, por el conflicto sobre las tarifas aduaneras, los EE.UU había sostenido un enfrentamiento económico y político constante con las autoridades españolas.

Los norteamericanos tenían inversiones en la isla por valor de más de 50 millones de dólares y en 1891 forzaron a España a la firma de un tratado de reciprocidad. Los EEUU compraban el 95% del azúcar cubano y el 87% del conjunto de las exportaciones.

En 1893 los EE.UU denunciaron el tratado y por ello cayó el precio del azúcar. Se perdieron las cosechas y los obreros de las plantaciones fueron al paro. Como

todos ignoraban aún en Europa. La catástrofe se nos venía encima, y nadie en el Gobierno era capaz de reaccionar con tiempo a la hecatombe de sangre y desgracia que se nos venía encima, como las nubes que anunciaban aquella tormenta mañanera en La Habana. Era el día 15 de Febrero de 1898.

Las calles de aquella amada y hermosa ciudad no estaban pavimentadas, excepto algunas privilegiadas, como el Paseo del Prado, O´Reilly y la calle del Obispo. Y, ni siquiera por éstas, era recomendable caminar en verano. Cubiertas de un asfalto como betún chocolateado, la andadura por ellas era como imitar a los zancudos de las fiestas populares, y los zapatos se quedaban enganchados en aquella pasta húmeda que se deshacía al pisarla. Los automóviles circulaban de uno en uno y siempre por el mismo carril; el que se salía de él no volvía a arrancar, como barca varada en el bajío arenoso lleno de cardúmenes. Sólo se podía sacar para convertirlo en chatarra para el desguace, lo mismo que estaba ocurriendo con las maltrechas fuerzas españolas en la isla de Cuba. Su misión testificaba el despiece del otrora imperio español. Las otras calles, de piedra apisonada, y no todas, aparecían horadadas por enormes baches, verdaderos lodazales veraniegos de aguas estancadas y hediondas, que en verano constituían focos activos de toda clase de fiebres. Los cafeteros, que aquí se les decía achicadores, con su vestimenta blanca y gorro de paja, eran auténticos enfermeros que desinfectaban aquella ciudad purulenta en que se convertía la Habana durante el estío, caldo de cultivo perenne de la temida fiebre amarilla para los soldados españoles[51].

En la comandancia Militar se había prohibido beber leche de los establos habaneros. El desfile de las vacas al alba era digno de contemplarse, y era motivo de asombro para los que acababan de llegar a la isla. El comercio en esos insalubres locales tenía por fin abastecer de leche tibia a los habitantes de la ciudad, como era su gusto, y no había forma de convencerles de que hervida y fría era como se debía tomar para evitar las epidemias. No había manera. Cada mañana,

---

consecuencia de eso José Martí, exiliado en EE.UU, ordenó al Partido Revolucionario iniciar el levantamiento contra los españoles el 29 de Enero de 1895.

[51] Las insalubres condiciones higiénicas de la isla favorecían la propagación de numerosas enfermedades que se propalaban con mayor velocidad aún, debido a la pésima alimentación de los soldados españoles. Entre los «azotes» del ejército español, el más peligroso era la contagiosa fiebre amarilla, debida a un virus transmitido por un mosquito y que se caracteriza por la coloración amarilla de la piel y los vómitos de sangre negra.

enormes colas de gente se formaban en rigurosa procesión en la esquina de Virtudes y Consulado, entre el estiércol, la paja y el heno del suelo mientras andadas de moscas azuzaban a los fervorosos compradores que, con su cantara de medio, iban a beber por un real la leche tibia, salida directamente de la ubre del animal. La pestilencia de aquel lugar no remitía ni cuando, antes de la caída de la tarde, las vacas se retiraban de nuevo a los potreros de las afueras de la ciudad, mas allá de la calle Belascoaín.

Unos suaves golpes en la puerta de mi habitación me sacaron de mis pensamientos mañaneros. Era mi ayudante, el sargento Martín. Llegaba justo a tiempo, cuando yo estaba terminando de afeitarme y me estaba enjuagando la cara con el agua de la jofaina. Me sequé y me dirigí hacia la puerta.

–Pase –le dije al sargento–. ¿Qué novedades me trae hoy?

–Mi capitán –respondió–, tiene una entrevista a primera hora de la mañana con el general Blanco y con el Teniente Coronel Justiniano García Delgado, jefe de policía de La Habana.

–Bien, ya lo suponía. Ayer por la noche, después de la cena, quedaron en avisarme para hoy, pero me sorprende lo temprano de la hora.

–Estoy aquí para ayudarle en lo que desee.– Martín era mi ayudante desde que llegué a La Habana, un gallego que se había casado con una mulata y que no pensaba volverse nunca a la Península. Estaba ahorrando para montar una peluquería para la que únicamente tenía, hasta ahora, el nombre «*El peine americano*». Era un buen hombre y se le veía más entre el filo de las cuchillas de afeitar que entre el de las bayonetas.

–Puede retirarse, sargento. Dentro de una media hora bajaré e iremos juntos a la Capitanía General.

–A sus órdenes, mi Capitán.

En poco más de diez minutos me había vestido el uniforme blanco de hilo que, dado el calor, en Cuba no llevábamos con el cuello alto sino con el cuello vuelto, «a la marinera», dejando ver los picos de la camisa. Me puse el cordón de oficial sobre la chaquetilla y me ajusté las bocamangas. Allí llevaba los tres galones dorados del grado bajo las tres estrellas de seis puntas de mi empleo. Me armé con la Smith & Wesson reglamentaria y cogí la gorra teresiana.

Salimos de la Plaza Nueva, bordeamos la fuente, mandada construir por el Marqués de Casa-Torres, en dirección de la calle del Obispo, para torcer por ella a la derecha y encarar el edificio de Capitanía, enmarcado al final de esta calle y la de O´Reilly, en la Plaza de Armas.

El sargento Martín dudó de seguir esa ruta, y yo, recordando el espectáculo de las lecheras a esa temprana hora, le hice caso y nos adentramos en la calle Mercaderes, que también conducía a la del Obispo. Alcanzada ésta, sólo quedaba a una cuadra el edificio de Capitanía General.

No vimos mucha gente por estas calles. Los cafés todavía estaban cerrados y criollos y peninsulares dormían. Pese a sus muchas diferencias, compartían los mismos intereses. Visitaban los mismos lugares, perseguían las mismas posiciones sociales, se casaban entre ellos y todos estaban unidos por fuertes vínculos personales. No podía ser de otra manera. Desde los tiempos de la conquista la población criolla se había ido nutriendo de oleadas de españoles peninsulares que acudían a la isla en busca de la fortuna que acaso les negaba su tierra, de manera que sólo los recién llegados o los criollos de primera generación podían ser considerados ajenos a las inquietudes y aspiraciones de los grupos dominantes de la población local. Así, la relación entre criollos y peninsulares se entretejía en una tupida red cuyos lazos no eran fácilmente discernibles, pero que guardaban una oculta simetría, como las piedras que conforman una a una los sólidos muros de una construcción. La guerrilla independentista no era tanto una lucha de criollos contra peninsulares, sino una auténtica guerra civil en la que se aliaban y separaban intereses cruzados.

Tampoco bajaba nadie de la plaza de la Plaza de la Catedral en dirección a O´Reilly, y apenas nos cruzamos con algún transeúnte por la calle del Tacón[52]. Su teatro parecía un fantasma saliendo de la bruma del amanecer. Incluso a aquella hora temprana podíamos comprobar la sabiduría de los primitivos constructores de La Habana, que, al hacer estrechas sus calles, paliaban los efectos del clima tropical, en el que el sol luce la mayoría de los días del año. Al llegar a la calle del Obispo eché de menos la umbría de los entoldados que lucía la de O´Reilly en verano. Era la manera que tenían los habaneros de jugar al escondite con el sol.

No tardamos en divisar el edificio de Capitanía, de dos plantas, con columnas finas en su parte superior, separando las jambas de las ventanas que daban a sus balcones, siendo las del balcón central las

[52] En la Habana había varios coliseos por aquélla época: el Pairet, el Alhambra, el Irijoa y el Tacón. Éste, probablemente, era el más famoso de todos. Fue construido en 1838 por el arquitecto Antonio Mayo. Debe su nombre al capitán general Miguel Tacón. Era propiedad de la Compañía Anónima del Liceo de La Habana.

más vistosas, y fornidas rejas en las ventanas de la parte inferior. En su frente destacaba la ancha puerta de entrada. Una escalera a dos tramos partía, en su interior, de esta puerta y ascendiendo al piso superior le dotaba de una funcionalidad, enmarcada en dos cuerpos, en la que se había dejado poca oportunidad para mostrar distracción o espacios vacíos en su comunicación, destacando en la planta baja el espléndido salón de actos.

El edificio de Capitanía era la auténtica sede del poder político de la isla, sobre todo desde el periodo en que el general Weyler[53] estuvo al mando de las tropas españolas en calidad de Capitán General. Su sustitución por el General Blanco[54] había supuesto un respiro para los criollos y un tiempo de paz para muchos hombres de bien. Todos los hermanos masones militares estaban de acuerdo en que si todavía quedaba tiempo para mostrar alguna solución al largo conflicto cubano el general Blanco podría ser capaz de dársela.

–A sus órdenes, mi Capitán –dijo el sargento Pedro Pacheco, jefe del retén de guardia ese día en Capitanía. Con él había departido muchos cafés y había fumado muchos cigarros. Su amistad era sincera, pero nunca traspasaba los límites impuestos por el rango y el respeto disciplinario– ¿Cómo a tan tempranas horas por aquí?

–Deberes superiores, Pedro –contesté–. Si por mi gusto fuera, aún estaría entre las sábanas descansando, que ayer me dormí muy tarde por el calor. ¿Han llegado ya los Tenientes Coroneles Erenas y García Delgado?

–No, mi Capitán –anunció Pacheco tras consultar al soldado que estaba en la garita de guardia.

–Avísenme cuando llegue cualquiera de ellos. Mientras tanto estaré en la sala de telégrafos– Quería revisar las notas e informaciones recibidas ayer.

---

53 Valeriano Weyler Nicolau (Palma de Mallorca 1838-Madrid 1930). Descendiente de una familia prusiana, marchó a Cuba voluntario en 1863. Fue sucesivamente Capitán General de Valencia, Canarias, Baleares, Filipinas y Cataluña, para pasar a Cuba en 1896. Su fama de hombre duro, sobre todo en Cuba y Filipinas, le granjeó la enemistad y las denuncias de sus contrincantes políticos. Se hizo famoso por su política de reconcentración, que llevó a Estados Unidos a pedir su destitución por su excesiva crueldad con los cubanos.

54 Ramón Blanco y Erenas, Marqués de Peña Plata (San Sebastián 1833-Madrid 1906). Sustituyó a Weyler a raíz de la aprobación del Decreto de Autonomía en 1897, e intentó conciliarse con los insurrectos. En 1879 puso fin a la «Guerra Chiquita» que siguió a la paz de Zanjón. También fue Capitán General de Filipinas y participó en la campaña militar de Santo Domingo en 1861.

–Así se hará, mi Capitán. ¡A sus órdenes! –dijo cuadrándose.

Pacheco, que pertenecía al Ejército de Tierra, sentía una ferviente devoción por mi persona. Amén de los muchos lances vividos en nuestras salidas nocturnas, pues era hombre que aguantaba bien la bebida y nunca se echaba para atrás ante cualquier lance de amor que se le propusiera, me respetaba porque conocía de sobra que la Armada tenía una excelente preparación para enfrentarse a los riesgos y que los marinos siempre acudían en ayuda de las tropas de Tierra cuando éstas se encontraban en apuros. Por otra parte, la Armada influía en gran medida en las relaciones sociales de los habaneros. Desde antiguo se exigían pruebas de nobleza para acceder a ella y, aunque derogadas formalmente desde la década de1860, se seguían respetando, ahora como costumbres. No se podía pertenecer a la Armada de una forma bisoña o intranscendente. La Armada siempre había conferido un blasón cosmopolita al que pertenecía a ella, no sólo por los continuos viajes de los marinos, sino también por el conocimiento que éstos solían tener de lenguas y gentes remotas. En La Habana, ser invitado a una fiesta organizada por un oficial de la Armada se consideraba una gran distinción. Y si la fiesta se celebraba a bordo de un buque con motivo de un importante evento peninsular, entonces se convertía en algo deslumbrante, pues no se ahorraban gastos para impresionar a los habaneros. Tampoco es menos cierto que los oficiales de la Armada exponían su salud, su criterio, su corazón y sus caudales en una ciudad como La Habana, cayendo las más de las veces en manos de prestamistas y usureros, cuando no eran seriamente apercibidos por los superiores debido a su vida alegre y dispendiosa; eso le ocurrió a mi compañero Pedro Peral, comandante del dique flotante en el puerto de La Habana, que estuvo a punto de perder la cabeza y el rango por una cubana con la que deseaba casarse por lo civil, cosa totalmente prohibida por nuestras ordenanzas. Para la marinería, los peligros eran más graves. Su vida era el precio a pagar, debido a las enfermedades infecciosas que con frecuencia asolaban la isla; la falta de precaución higiénica y la monótona dieta no les fortalecía frente a tales contingencias habaneras. En esas andaba cuando llegué a los despachos de la Información Militar.

–Buenos días, mi Comandante –le dije a Turne, jefe de guardia ese día en las oficinas de información de la Capitanía. Su despacho era un almacén desordenado de expedientes apilados por todos sitios. Por las paredes estaban clavados los planos de las últimas operaciones militares y en unos archivadores de madera, que era lo único cerrado bajo llave de toda la sala, dormían las fichas de casi todos los ciudadanos cubanos que el Ejercito tenía por disidentes, o sea prácticamente todos. El Comandante Turne, un tipo gordo y miope, con la vista quemada por tantas horas de trabajar en las famosas y malditas fichas, llevaba la guerrera desabrochada y sudaba abundantemente.

–Buenos días José María –replicó él levantando la vista del cuadernillo que tenía delante–. ¿Ha llegado el Teniente Coronel Erenas? –me preguntó mientras lo cerraba cuidadosamente. Tenía fama de reservado hasta el extremo que la información, que era su vida, la administraba con usura hasta con sus superiores. Nada se escapaba de sus fichas.

–Aún no y por eso he venido aquí a saludarle, mi Comandante. ¿Tenemos nuevas informaciones sobre los sucesos del asalto de ayer[55] al periódico *El Reconcentrado*? –pregunté por abrirle un tema de conversación que le fuera cómodo.

–Ninguna todavía –respondió Turne cabizbajo–. Pese a todo entiendo a los oficiales aunque no disculpe su conducta antirreglamentaria. Es de lamentar que tan sólo doce días después de conseguida la autonomía[56] los ánimos de todos se hallen tan alterados y abunden las provocaciones contra nosotros por parte de la prensa cubana. La respuesta de la población cubana no ha podido ser más cicatera, acusándonos públicamente a las Fuerzas Armadas de granujas sin que podamos defender nuestro honor ante tanta imputación de despropósitos. Menos mal que la intervención de los Generales Solano y González Parrado ha logrado apaciguar a la oficialidad. Estaban en un tris

---

[55] El 12 de Enero de 1898 un grupo de oficiales españoles asaltaron las oficinas del periódico irritados por los artículos publicados días antes. La autonomía cubana había entrado en vigor el anterior 1 de Enero.

[56] El Gobierno suprimió la esclavitud entre 1880 y 1886. El gobierno de Antonio Maura, Ministro de Ultramar, había propuesto una reforma política para Cuba que fue bloqueada antes de promulgarse. Después de la sublevación de Martí, en 1893, las tropas españolas controlaron la situación militar y perdieron la vida los caudillos cubanos Moncada y Flor Crombet. Les sustituyeron Martí y Máximo Gómez que fueron nombrados respectivamente Jefe Supremo de la Revolución y General en Jefe. Dos semanas después murió Martí y fue nombrado Presidente de la República Salvador de Betancourt, que se dotó de una Constitución Democrática. Fracasado Martínez Campos como jefe militar español en la isla le sustituyó el General Valeriano Weyler. La potencia militar de Weyler y la crueldad de la represión le permitió al gobierno español controlar la situación nuevamente. Muerto Cánovas, y tras el cambio de gobierno en Madrid, Sagasta, nuevo Presidente y jefe de la masonería peninsular, destituyó a Weyler y nombró al General Ramón Blanco en un marco de nueva autonomía para la isla.

de hacer otra barrabasada mayor, en especial los artilleros. Ya sabe como son.

–En eso estoy totalmente de acuerdo con usted –repliqué.

–¿En lo de los artilleros? –me preguntó mirándome por encima de las antiparras. Pese a que ya estaba de pie no me llegaba a la barbilla, y eso que yo no soy muy alto.

–No, mi Comandante. Me refiero a la necesidad de poner calma entre nuestros compañeros.

–No me cabe ninguna duda que es esa su opinión. Conozco bien sus ideas pacifistas y conciliadoras, pero no me negará, José María, que hasta periódicos tan poco alarmistas como *El Diario de la Marina*[57] y *La Discusión* están provocando una situación de gran tensión entre las fuerzas militares destacadas en la isla.

–No se lo niego, mi Comandante.

–Le digo con toda franqueza, Antrán, que no me gusta nada el cariz que están tomando las cosas. Así se lo dije a Canalejas, cuando vino hace poco por la isla, y él también estuvo de acuerdo en que no se iba a poder sujetar por mucho más tiempo a la perla de las Antillas bajo el dominio español.

–Tenga en cuenta, mi Comandante –le contesté–, que el fondo del problema no es una lucha contra nosotros por el hecho de ser españoles, sino contra una dominación ejercida desde un Gobierno lejano que no siempre tiene en cuenta los intereses de la oligarquía local y cuya manifestación más evidente es la presencia de las fuerzas militares. Por eso, somos los primeros en recibir los ataques. La autonomía –continué–, tan largamente deseada por los mambises[58] como por otros pueblos antillanos, y que ahora han conseguido en parte, ha permitido encontrar una válvula de escape en la prensa para poder expresare. Los periodistas saben que denigrando a los militares consiguen un doble objetivo: que sus críticas encuentren una respuesta más fácil y que las protestas consiguientes ayuden a enturbiar más aún los ánimos de unos soldados cansados, mal abastecidos y abandonados casi a su suerte por el Gobierno de Madrid.

---

[57] Periódico considerado el más prestigioso e importante de la prensa cubana. De ideología conservadora, fue fundado en 1844 por Isidoro Araújo de Lira, con el capital de Ramón Pintó.

[58] Término de origen africano por el que fueron conocidos desde el comienzo de los desórdenes cubanos a los insurrectos contra la soberanía española. También se les daba este nombre a los insurrectos dominicanos. Es sinónimo de manigüero o habitante de un terreno húmedo y cubierto de malezas.

–Creo que ha puesto usted, José María, exactamente el dedo en la llaga de nuestra situación en Cuba. Ésa es la realidad y no otra. Madrid está muy lejos, mientras que los Estados Unidos se hallan a muy pocas millas de nosotros y su Gobierno quiere para los americanos la exclusiva de las riquezas de la isla. No crea que se nos han pasado desapercibidos los apoyos que el cónsul norteamericano, el General Lee[59], está ofreciendo a los enemigos de España en Cuba.

–A sus órdenes, mi Comandante –irrumpió el sargento Pacheco. Se cuadró en la puerta con un taconazo a la espera de las órdenes.

–¿Qué desea, Sargento? –Turne se dio la vuelta y apiló unos legajos que estaban sobre la mesa, no los fuera a ver el sargento.

–Tengo un recado para el Capitán Antrán –dijo Pacheco desde la puerta en posición de firme.

–Adelante sargento –invitó el oficial de Información.

–Vengo a avisar al capitán Antrán de que los Teniente Coronel Erenas y García Delgado ya han llegado a Capitanía y le están esperando en el despacho del primero.

–Gracias sargento, puede retirarse –le licenció Turne.

Recogí mis guantes y mi sombrero. Me alisé la guerrera con la palma de la mano y me dispuse a efectuar la entrevista por la que había acudido allí.

–A sus órdenes mi Comandante –me despedí de Turne.

–Hasta la vista Antrán, y cuide esas opiniones –me dijo cuando salía. Pacheco me esperaba en el pasillo.

El calor ya iba arreciando y se agradecía salir a los pasillos de la Comandancia donde el aire corría por las ventanas abiertas. Esa fachada del edificio estaba en sombra y la corriente aún ventilaba. Seguí a Pacheco hasta el despacho de Erenas.

–A sus órdenes, mi Teniente Coronel –saludé a Erenas al entrar en su despacho.

–Siéntese, Antrán, y póngase cómodo. El Teniente Coronel García Delgado no se reunirá con nosotros hasta más tarde.

Me acerqué a su mesa. Él se levantó y me hizo un gesto para que me acercara a un sofá separado de la ventana y que estaba debajo de

---

[59] Fitzbugh Lee (1834-1905), Cónsul general de Estados Unidos en La Habana. Era sobrino del General de la Confederación Robert F. Lee. Fue gobernador de Virginia. Cleveland lo nombró Cónsul para La Habana. Fitzbugh se mantuvo en todo momento fiel al principio de intervención de los Estados Unidos en la guerra cubana.

un ventilador. Me senté a la vez que el Teniente Coronel. Erenas abrió una caja de madera que había sobre la mesita de centro.

–¿Quiere un cigarro, Antrán? –dijo ofreciéndome uno–. Son fumas de tabaquero de Vueltabajo, son excelentes.

–No gracias mi Teniente Coronel, es demasiado pronto para mí.

Erenas mordió el cigarro y encendió con una cerilla una maderita de boj para encender con ella el cigarro. Dio un par de caladas hasta que se le encendió la brasa en el extremo del cigarro.

–Antrán –me dijo desde detrás del humo–, olvidemos las formalidades y hablemos con toda sinceridad, y más usted y yo, a quienes nos une la hermandad masónica y ésta va más allá del respeto que nos debemos como oficiales. Quiero que hablemos en confianza un asunto de extrema importancia.

–Como usted disponga, mi Teniente Coronel –Erenas era Maestro Masón desde hacía muchos años y era uno de los hombres de confianza de Miguel Morayta[60] en la isla. Los dos éramos miembros del Gran Oriente Español.

–No quiero ninguna interferencia hasta dentro de una hora, y así se lo he comunicado al sargento Pacheco. Abordemos, pues, el asunto sin más dilación. Las comunicaciones mandadas al Gran Oriente durante este último año indican que necesitamos la intervención y el apoyo de Miguel Morayta en Madrid.

La verdad es que no tenía ni idea de por dónde me podía salir, pero era evidente que el asunto sería importante si pensaba tirar de nuestro Gran Maestre. Miguel Morayta era una persona influyente y muy poderosa, no sólo por su condición de Gran Maestro sino porque gracias a su empeño hoy teníamos en España una única obediencia masónica fuertemente implantada y eso, sin duda, se debía a su trabajo y sus capacidades como negociador y hombre de palabra. Cuando Ruiz Zorrilla dimitió de Gran Maestro del Gran Oriente Español

[60] Político y escritor español (1814-1917). Era simpatizante del liberalismo democrático republicano. En 1868 fue secretario de la Junta Revolucionaria madrileña. Durante la Restauración contribuyó a la formación del Partido Republicano Nacional, y creó la asociación masónica del Gran Oriente Español, que aglutinó a las dispersas obediencias masónicas, divididas entonces en más de 15 obediencias. Fue catedrático de Historia de España en la Universidad de Madrid y escribió una «Historia de España» en nueve tomos. Desde 1901 dejó de ser Gran Maestre del Grande Oriente para ser elegido Soberano Gran Comendador del Supremo Consejo del grado 33°. Cinco años después volvió a ser elegido para el cargo.

(G:.O:.E:.)[61] en 1874 la obediencia estaba sumida en una fortísima crisis de enfrentamientos y escisiones. Aprovechando el desorden un tal Juan Antonio Pérez, mediante una maniobra muy confusa, se otorgó a sí mismo los máximos grados masónicos, y constituyó un nuevo Supremo Consejo del Grado 33 bajo su presidencia, con lo que aumentó la crisis entre las distintas familias de la masonería española. El interés del tal Pérez era, por su nueva condición, administrar en propio provecho los beneficios económicos que se derivaban, precisamente, de las logias cubanas. Su gestión acabó en una ruina y desapareció al poco de la escena masónica totalmente desprestigiado pero, sin duda, más rico. Las cosas no iban mejor en la obediencia rival, el Gran Oriente Nacional de España (G:.O:.N:.E:.). Cuando murió su Soberano Gran Comendador, Ramón María de Calatrava, en 1876, se eligió como sucesor al Marqués de Seoane pero ya al año siguiente desaparecieron la Gran Cámara de Ritos y su Supremo Consejo del grado 33. Cuando falleció el Marques de Seoane estaba prácticamente extinguido el GONE pero José María Pantoja y Eduardo Caballero de Puga se propusieron reorganizarlo, adjudicándose cada uno de ellos los cargos de Gran Comendador Interino y Gran Secretario. Les apoyaban otro grupo de masones del Grado 33 que reivindicaban el título de G:.O:.N:.E:. para todos ellos, y convocaron una Asamblea para marzo del 87 donde acordaron que el Filosofismo se adhería a las resoluciones del Convento de Lausanne[62] y que se adoptaba sus resoluciones. En segundo lugar se contemplaba la separación absoluta entre Filosóficos y Simbólicos. Esta Asamblea eligió como Gran Comendador a Mariano Castillo, cargo en el que permaneció durante poco tiempo, debido a la aparición en escena del Vizconde de Ros, elegido miembro del Supremo Consejo en la Asamblea del 87. Ros

[61] Ver capítulo 4º.

[62] El seis de Septiembre de 1875 se celebró en Lausana el Congreso Internacional Masónico, al que no asistió ninguna obediencia española, ni el G:.O:.E:. ni el G:.O:.N:.E:.. Allí se acordó que el Consejo de Colón, organización masónica cubana, era bastante para representar los intereses de la masonería en la isla de Cuba. Eso era una quiebra gravísima en el principio jurídico masónico de que no puede haber representación masónica que no coincida con la jurisdicción territorial y política donde se instala la actividad. Desde ese momento estaba «decretada» la independencia cubana. El supremo Consejo del Sur de los Estados Unidos forzó esa resolución que era claramente humillante para los intereses españoles. Cuba fue antes independiente desde el punto de vista masónico que desde el punto de vista político formal gracias a esa maniobra de los norteamericanos.

terminó asumiendo, también, la jefatura del G:.O:.N:.E:. e impidió cualquier proceso de consolidación interna masónica, no permitiendo pactos entre las Logias de su Oriente y las Grandes Logias Simbólicas Independientes, suscitando que el colectivo Simbólico que quedaba en el G:.O:.N:.E:. pensara en unir sus fuerzas al mejor postor.

Visto el desastre en la masonería española fue necesario recurrir a Juan de la Somera, un hombre respetable para todos los masones, e instalarle como Gran Maestre del G:.O:.E y Soberano Gran Comendador del Supremo Consejo reuniendo en una sola persona las dos magistraturas, como en época de Ruiz Zorrilla. De la Somera cedió sus dos cargos, en 1876, a Práxedes Mateo Sagasta[63] que además de Jefe del Partido Liberal era Presidente de Gobierno. A partir de entonces la masonería española comenzó a sacar la cabeza del pozo. Pero al poco se planteó un problema que no era nuevo en la historia de la orden: la regularidad. Ese problema no es otro, por más que se camufle en complicados argumentos doctrinales, que el de cuál de todas las obediencias españolas, por entonces dos, el G:.O:.E:. y el debilitado G:.O:.N:.E:., era reconocida por los ingleses de la Gran Logia Unida de Inglaterra, verdadero vaticano en esto de los mandiles. Ese reconocimiento, en el fondo un marchamo, comportaba el reconocimiento por las demás potencias masónicas europeas y americanas, excluida la francesa que nunca se plegó del todo a esa especie encubierta de imperialismo británico. El enfrentamiento entre las dos obediencias se puso delante del Gran Comendador del Supremo Consejo de Charleston, Alberto Pike, considerado el verdadero fundador del Rito Escocés Antiguo y Aceptado, que adoptó al G:.O:.E:. como el único cuerpo legítimo y regular del Rito Escocés Antiguo y Aceptado, a lo que se opuso el GONE sin ningún éxito.

En 1881 terminó el liderazgo masónico de Sagasta y la dirección del G:.O:.E:. recayó en Romero Ortiz, hasta 1884. A Ortiz le sustituyó Manuel Becerra, como Gran Maestro, hasta 1886 en que volvió a estallar la guerra civil entre las familias masónicas del G:.O:.E:.. Esta vez el conflicto era a consecuencia del poder desmesurado acumulado por los titulares de los Grandes Orientes Provinciales, que llegaban incluso a anular la potestad ejecutiva del Gran Maestre.

[63] Práxedes Mateo Sagasta, político e ingeniero de Caminos, era, a la vez, Gran Maestro del Gran Oriente Español y Presidente del Gobierno de la Corona. Fue nombrado Presidente de Gobierno el 4 de Octubre de 1897.

Ignacio Rojo Arias pasó a ocupar el puesto de Soberano Gran Comendador y abrió la controversia entre Filosofismo y Simbolismo, un lugar clásico para las peleas internas, suprimiendo la Gran Logia Simbólica que agrupaba bajo ella a todas las Logias simbólicas, dejándolas sin autonomía, la cual pasó al Supremo Consejo del que él era Gran Comendador. El cargo de Gran Maestre desaparecía, siendo el Supremo Consejo el que aglutinaba todos los poderes. Los simbolistas se rebelaron y declararon fuera de al ley al Supremo Consejo de Rojo Arias.

En medio de esa turbamulta, mediado el 1889, apareció Miguel Morayta para liderar las fuerzas simbólicas del Gran Oriente de España. El Supremo Consejo estaba presidido por Cipriano Carmona, tachado de ilegal y poco ortodoxo por los altos grados y, por ello, convivían dos Supremos Consejos del GOE, el presidido por Rojo Arias y el de Cipriano Carmona. Desde ese momento Morayta, que conservaba toda la autoridad moral, se convierte en el verdadero dirigente de la Obediencia y se dispuso a organizar semejante desconcierto. Morayta hace prevalecer a Cipriano Carmona sobre Rojo Arias, convirtiendo a los «simbólicos» en la fuerza base del GOE. Desde entonces Miguel Morayta, cuyo nombre masónico era «Pizarro», lideró el GOE con firmeza. Únicamente quedaron fuera los amigos del Vizconde de Ros, los más numantinos y recalcitrantes de los adscritos al GONE que no aceptaron su integración en el GOE en 1889.

–Usted dirá, mi Teniente Coronel –le invité a seguir.

–Morayta tiene unos excelentes contactos con el Gobierno Provisional recién nombrado en Cuba.

–No me cabe duda –asentí.

–Por eso tal vez seamos nosotros, los masones, los que podamos, en última medida, evitar lo que parece una catástrofe anunciada. En los dos lados del conflicto estamos hermanos de cualquier obediencia, pero todos masones, y debemos usar esa fratría común para unir lo que otros quieren enfrentar

–De acuerdo, Erenas. Sería lo razonable y para eso estamos– me apeé ya del tratamiento militar. Erenas me lo agradeció con una sonrisa.

–Lo primero de todo es procurar reconstruir nuestras relaciones fraternales con el Consejo de Colón, ¿no cree Antrán? –él hizo lo mismo.

–Sin dudarlo un momento. –El Supremo Consejo de Colón era la unión federativa de los Supremos Consejos de la América Meridional, formada por México, Santo Domingo, Puerto Rico y Cuba. De hecho era una fuerza política muy eficaz en el Caribe–. El Consejo de Colón tiene unas excelentes relaciones con los norteamericanos. Muchos políticos yankees son masones y ven el Consejo de Colón un instrumento aunque a ellos les hagan creerse aliados.

–Así pienso yo también, Erenas, pero me temo que Madrid no se da cuenta de esto. Es un tremendo error romper nuestros vínculos con la masonería cubana[64]. Pese a que un grupo de hermanos se lo hemos hecho ver al Gobierno, Sagasta hace oídos sordos a nuestras embajadas y les sobran los ruegos fraternales.

–Algo habrá que hacer. Las noticias recibidas en este último mes de los Supremos Consejos de Cartagena, Santa Fe de Bogotá, Caracas y Buenos Aires y las negociaciones establecidas con Chile y Perú hacen urgente cambiar nuestra postura respecto a la masonería cubana. La Federación de Supremos Consejos de Sudamérica es, de hecho, un frente contra la política yankee y sería un error que se sindicaran todos contra nosotros. Que la Federación se fortalezca es bueno para nosotros, pero es necesario pactar cuanto antes.

–En efecto, la Federación tiene muy claro que en su unión está la fuerza contra la poderosa influencia de los Estados Unidos de América, pero no podemos hacer más. Necesitamos el apoyo político de la Corona, y ésta no escucha ninguno de los ruegos que tanto desde la isla como desde el propio Madrid se le hacen.

[64] La masonería cubana era pro*yankee*. La primera logia cubana «El templo de las Virtudes Teologales» dependía, en 1804, de la Gran Logia de Pennsylvania... Hubo hasta cinco talleres cubanos dependientes de esa obediencia y en 1826 se cerraron por falta de actividad. Entre 1815 y 1818 la Gran Logia de Lousiana abrió tres talleres y la de Carolina del Sur, dos. En 1819 los franceses del Gran Oriente de Francia abrieron otros dos y por fin, en 1822, el Gran Oriente Nacional de España abrió talleres en Cuba. En 1823 había 50 logias de obediencia española en la isla. En 1823, al concluir el Trienio Liberal, fue prohibida la masonería en la isla por el General Deonision. Fueron los americanos los que en 1859 volvieron a abrir una logia en Cuba, la de «San Andrés» dependiente de Carolina del Sur. Esa logia y dos más, «Prudencia» y «Fraternidad» se fusionaron naciendo la Gran Logia Soberana de Colón. Al poco nacía el Supremo Consejo de Colón bajo los auspicios del Supremo Consejo de la Jurisdicción Sur de los EEUU. La masonería seguía estando prohibida. En 1868 las autoridades españolas fusilaron a 18 masones y encarcelaron a 100 más. Las logias pasaron a la clandestinidad. En 1875 renacieron por vía de defender la política antiesclavista como motivo de propaganda y el 1 de Agosto de 1876 nació la Gran Logia de la Isla de Cuba. En 1880 el censo de logias era el siguiente: 56 en la Gran Logia de Colón, 21 en la Gran Logia Simbólica de Colón, 28 en el Gran Oriente de España, 17 de la Gran Logia Soberana y 7 del Gran Oriente de Colón. Total, 6000 afiliados.

–Estoy de acuerdo –replicó el Teniente Coronel Erenas–. Y es por ese motivo por el que deseaba encontrarme con usted. Permítame ir al grano: ¿estaría dispuesto a llevar a Madrid una embajada para intentar salvar el prestigio de la Armada?

–Estoy a su entera disposición, Erenas –le dije poniéndome en pie–, como soldado y como hermano masón.

–Sabía que su respuesta iba a ser positiva y, atreviéndome, así se lo comuniqué al general Blanco en la noche de ayer. La propuesta que le voy a comunicar no sólo es mía, pues la he discutido con el general Blanco y no le ha parecido descabellada. ¿Ha pensado, José María, en la oportunidad de un viaje a España, y más aún después de la visita de don José de Canalejas[65], para entrevistarse con los políticos del Gobierno?

–La verdad es que no, Erenas.

–Sería un intento más, tal vez el último –continuó–, de abrir de una vez por todas sus ojos a la realidad cubana.

–¿Qué debo hacer?

–Usted debiera procurar, ni más ni menos, convencer a nuestros hermanos masones próximos al Gobierno de Madrid de la necesidad de negociar con los rebeldes, entre los que también abundan los masones, e incluso de establecer conversaciones con los demás gobiernos hermanos de América para configurar una especie de asociación o federación de estados hispanos capaz de rivalizar en pujanza política y militar con las grandes potencias del mundo.

He de confesar que la propuesta me dejó sorprendido. No eran ésas mis expectativas en modo alguno, y menos en los últimos tiempos, pues, según estábamos informados, la actividad naval de los Estados Unidos era mucho más acusada que en semanas anteriores.

–Mi Teniente Coronel, con toda sinceridad le respondo que creo que tal viaje sería inútil y, es más, creo que mi misión de militar está en la isla, y no en los despachos de Madrid.

---

[65] José Canalejas Méndez (El Ferrol 1854-Madrid 1912). Estudió en Madrid y se afilió al Partido Republicano en 1880. Fue Ministro de Fomento y de Gracia y Justicia en gobiernos de Sagasta (1889-1890), quien le ofreció también la cartera de Hacienda (1894-1895). Se mantuvo al margen de los liberales y de los conservadores al frente de un pequeño grupo de diputados. Su programa político hizo que fuera considerado como jefe de un grupo liberal de izquierda y que se le acusara de tendencias socializantes. Cuando se anunció el proyecto de autonomía para Cuba, rompió con el líder liberal. Llegó a ser Presidente del Congreso. Murió asesinado por Manuel Pardiñas.

Erenas no se sorprendió de lo que le dije. Me conocía bien y sabía de mi sinceridad y lealtad a la orden y a las armas. Yo no estaba expresando una queja, y mucho menos un desacato. Lo que hice fue exponerle mis dudas, creo que fundadas, ante la probable ineficacia de la misión que se me proponía.

–Comprendo su prudencia y sus dudas, pero no contamos con otro embajador más cualificado en estos momentos que usted, querido José María, y que despierte menos sospechas partidistas, teniendo en cuenta su reconocida neutralidad y su tendencia pacifista dentro del Ejército. Dentro de tres días a partir de hoy, día 15 de febrero, partirá hacia la madre patria con dirección a Cádiz en el carguero Montserrat, al mando del capitán Lozano, pues, como bien sabe usted, no podemos prescindir de ningún buque de guerra en la isla.

–No comprendo tanta celeridad –le objeté–, pues nuestras reuniones y contactos con los hermanos masones en el Gobierno local cubano, los autonomistas, nombrado el 1 de enero caminan por buen sendero, pero aún habrá que esperar hasta que dicho gobierno esté lo suficientemente asentado[66] y tenga fuerza para negociar tanto con los rebeldes como con Madrid.

–No se puede esperar. Don José Canalejas está convencido de que la guerra con los Estados Unidos es inminente, y por eso me pidió que un militar de la entera confianza del general Blanco fuera a Madrid. Él, como muy bien sabe usted, venía de entrevistarse con altas personalidades americanas y no traía ninguna buena impresión de esos contactos. Don José es un hombre de talante paciente y liberal, y sus opiniones siempre han sido de gran estima para mí, pero ahora está convencido de que las circunstancias se están precipitando de forma inequívoca en la dirección a la guerra. Sobre todo después del desagradable incidente provocado por el embajador español en Washington, Enrique Dupuy de Lome[67], y por la carta que remitió a Canale-

[66] El 26 de noviembre de 1897 publicó *La Gaceta* el edicto por el que se decretaba la autonomía de Cuba.

[67] Los periódicos neoyorquinos publicaron el 9 de febrero una carta de Dupuy de Lome, embajador de España en Washington, dirigida a don José Canalejas, que a la sazón se hallaba en Cuba inspeccionado la isla, procedente de Estados Unidos, en la que afirmaba juicios hostiles contra McKinley, el Presidente de los Estados Unidos, y a la vez, formulaba indiscretas apreciaciones personales sobre la tensión hispano-yanqui. Esta carta, que nunca llegó a las manos de Canalejas, fue interceptada por el secretario de Dupuy de Lome y entregada a un agente de la insurrección en La Habana. A consecuencia de este incidente tuvo que dimitir de su cargo de embajador, siendo sustituido por don Luis Polo de Bernabé.

jas mientras estaba en Cuba, que fue interceptada. En ella se expresaba en unos términos impropios de un diplomático contra el juicio hostil que le inspiraba el presidente norteamericano, el republicano McKinley[68], y su inclinación hacia una solución no pacífica del conflicto antillano, presionado por senadores como Teodoro Roosevelt[69], Subsecretario de Marina. Por eso, ahora Canalejas sólo ve una salida al problema: reforzar la defensa de la isla y prepararla para un posible ataque de los norteamericanos.

–Aún así, no creo que los masones tengamos la fuerza suficiente como para que nos escuchen en el intento de paralizar la guerra –respondí.

–La masonería tiene más fuerza que la que usted cree en estos momentos en España, y sus hombres están colocados en puestos de enorme influencia política.

–Eso es cierto –convine.

–Usted, como capitán de navío de la Armada, lleva aquí destinado tres años. Conoce muy bien la isla y sus debilidades militares: el armazón de madera de los barcos, muchos de los cuales necesitan una urgente reparación, así como el limitado alcance de sus baterías, frente a los cañones más modernos de la Marina estadounidense. Igualmente, las baterías situadas en la ciudadela del Morro y la Cabaña, aquí en el puerto de La Habana, no pueden apoyar desde tierra ninguna operación de cobertura a nuestra Marina, pues sólo sirven para defender la entrada de la bahía. Es verdad que, aún así, si evitamos una batalla naval en mar abierto, podríamos defen-

---

68 William McKinley (Niles, Ohio, 1843-Buffalo 1901) fue elegido diputado en el Congreso por el Partido Republicano (1877-1890). Derrotado en su primer intento para ser gobernador de su Estado en 1890, lo consiguió al siguiente año y fuera reelegido en 1893. En 1897 fue elegido presidente de los Estados Unidos. Inclinado a la política financiera del patrón oro y las tarifas proteccionistas, inició la expansión internacional con la anexión de Hawai (1897-1898). Tras la voladura del *Maine* en La Habana, decidió la intervención en el conflicto hispano-cubano, con el resultado de la ocupación de Cuba, Puerto Rico, y Filipinas. Murió asesinado por el anarquista L.Gzolgosz.

69 Estadista norteamericano (Nueva York 1858-Oyster Bay 1919). Diputado republicano, Secretario adjunto de la Marina (1897), dimitió a fin de participar en la guerra hispano-cubana. Llegó a ser Presidente tras el asesinado de Mckinley. En el plano internacional practicó una política imperialista e intervencionista. Una de sus frases más célebres pronunciadas en sus primeros discursos decía: «Habla quedamente y lleva un buen garrote, *big stick*, y así llegarás muy lejos».

der muy bien la isla durante mucho tiempo, incluso en el caso de que no pudieran llegarnos refuerzos desde la península, pero los argumentos anteriores son muy ciertos y podrían resultar convincentes para proponer en Madrid una solución negociada al conflicto con los independentistas cubanos.

–Lleva toda la razón, Erenas, pero no creo que contemos con demasiadas simpatías para que nos oigan, puesto que ya lo intentó Canalejas y ya ha visto usted el caso que le han hecho nuestros hermanos.

–Puede ser, pero no olvide que nosotros, sin poner en duda la eficacia de nuestro amor y lealtad a España, tenemos también otras armas. Nuestra hermandad masónica nos hace acreedores de unos resortes que otras representaciones sociales no tienen. No estamos solos, como lo prueba la labor efectuada en nuestros contactos diplomáticos y el apoyo recibido para ello por otros Grandes Consejos. Ahora ha llegado el momento de poner a prueba nuestra fraternidad masónica en España, con las personas que le serán indicadas, antes de que el desastre sea irreversible.

–Esperemos que así sea –repliqué–, pero aún tengo que decir que, en mi modesta opinión, creo que hay militares con mayor talento que yo y hermanos más preparados para llevar a cabo esta misión.

–Respecto a nuestros compañeros, probablemente haya personas mejor preparadas, pero también lo están más implicadas en la política, y la misión que le encomiendo no es para personas de gran notoriedad pública, sino para alguien que pueda pasar desapercibido y no levantar sospechas. Igualmente, cualquier hermano masón estaría dispuesto a desempeñar esta misión, pero eso no nos vale, puesto que ninguno de ellos conoce los problemas militares como los conoce usted. No piense que su elección ha sido casual. Está basada en una valoración exacta de la misión que hay que desempeñar. Hágame caso, José María, no todo está perdido. La paz y el acuerdo con los rebeldes e incluso con los Estados Unidos pueden ser posibles. Usted, José María, es un militar con grandes dotes de político. Los hombres bajo su mando le son fieles y no han dudado nunca de su autoridad. Sus compañeros de armas saben de su valía y sus hermanos saben de su pureza de ideales y honestidad de vida. ¡Marche a Madrid!, no todo está perdido aún. Hágales tomar conciencia de la gravedad del desastre que se avecina. En España, se lo aseguro, no se dan cuenta cabal más que unas cuantas personas.

¿Con qué apoyos contaré y qué cartas credenciales podré utilizar?

–Con testimonios cerrados y lacrados del general Blanco, del hermano Rafael Montoro, ministro de Hacienda del Gobierno Autonomista, de Antonio Govin, ministro de Gracia Justicia y Gobernación, y del propio Presidente del Gobierno, don José María Gálvez. Además, viajará en misión secreta, sin uniforme militar, y cuando llegue a Madrid le estarán esperando otros apoyos en el Ministerio de Ultramar. Hay importantes intereses en juego, pero no estará solo en su viaje. Aquí, en Cuba, le protegen hombres poderosos que desean que se entreviste en Madrid con personas de alto rango, militar y político. No tengo que recordarle que la Gran Logia de Carolina del Sur y el Supremo Consejo Meridional de los Estados Unidos, representado por Andrés Cassard, cubren con la escuadra y el compás su misión en España.

Justo cuando había pasado una hora desde que habíamos iniciado la entrevista, unos golpes en la puerta anunciaron una visita en el despacho del Teniente Coronel Erenas. Mi amigo se levantó e introdujo en la sala a García Delgado, que venía acompañado de José María Gálvez. Ambos nos saludaron y se dispusieron a participar en la conversación que estábamos manteniendo.

–Imagino que ya está usted informado de los planes que estamos elaborando para su posible marcha a España –dijo el Presidente Gálvez.

–Sí, señor –respondí haciendo ademán de cuadrarme.

–No hace falta que guarde formalidades, Capitán. Nuestro asunto va más allá de cualquier oficialidad. Por mi parte, he estado conversando largamente con García Delgado, que como muy bien sabrá es el encargado de mantener el orden en nuestra ciudad. Él me ha comunicado sus inquietudes, las cuales comparto enteramente. La presencia del *Maine*[70] en el puerto no deja de ser una provocación ante la que no

[70] Buque a vapor de 6.682 toneladas de desplazamiento, dos hélices, 96 metros de eslora, 17 metros de manga, un calado de 6,6 metros y una velocidad de 17 nudos. Estaba dotado con una artillería heterogénea. La batería principal se componía de 4 cañones de 10 pulgadas (250 mm), situados en dos torres dobles, una a proa y otra a popa, de una manera muy peculiar, «en diagonal». Contaba además con 6 cañones de 6 pulgadas. Como artillería secundaria, el buque disponía de 7 piezas de 6 libras. Completaban el armamento 4 tubos lanzatorpedos, dos a cada banda. Algunas partes del buque estaban acorazadas por planchas de hierro de entre 8 y 12 pulgadas. Su construcción había comenzado en 1888, pero hasta casi 7 años después, no se le consideró apto para el servicio. Su aspecto exterior era de casco y botes blancos, superestructuras, mástiles y chimeneas de ocre, cañones y proyectores de negro.

estamos dispuestos a permanecer impasibles, y lo mismo puede decirse de los manejos anexionistas del señor Woodford[71]. No nos vale que España mande una flota de refuerzo; sólo podemos salir de esta situación con una negociación de fuerza por nuestra parte, ahora que el Gobierno que presido tiene poderes para hacerlo. Ahora ya no es España sola la que debe negociar, y si lo hace, deberá contar con nuestra intervención y con nuestras pretensiones, que no son otras que las de quienes hemos vivido durante cinco siglos fieles a España y a su civilización, pues al cabo somos criollos y españoles a un tiempo, pero a la manera cubana.

Los Tenientes Coroneles García Delgado y Erenas afirmaron con la cabeza para dar su anuencia a lo que estaba diciendo Gálvez.

–Su presencia en España –continuó el Presidente– es esencial para corroborar de primera mano lo que ya ha hecho Canalejas, reafirmando que nuestra situación es insostenible. Su fuerza estriba en que usted, Capitán, conoce la situación de la isla sobradamente y es militar de la Armada. Sus palabras y las cartas que portará no dejarán ningún cabo suelto en el cometido de su misión. Nosotros desde aquí también apoyaremos en el argumento de la negociación con toda nuestras fuerzas, pero necesitamos allí un hombre de nuestra entera confianza para convencer a nuestros hermanos de la Corte y para que, a su vuelta, nos traiga las impresiones de lo que allí vea y viva de primera mano.

No sabía qué responder. Realmente había luchado mucho, como militar y como masón, por un entendimiento entre las distintos Supremos Consejos para alejar el poder de los Estados Unidos y su deseo de dominio sobre las repúblicas hispanas de América. Aunque la fraternidad masónica había sido prohibida en la isla al poco de mi llegada, la actividad había seguido de forma clandestina. Defendía entonces, como sigo defendiendo, que la masonería es mucho más que una asociación de personas honestas. Su voz y su íntima unión en una Confederación Iberoamericana no sólo masónica, sino también política, era el único modo de que las naciones de ascendencia hispana formaran un bloque capaz de evitar la creciente hegemonía estadounidense en el continente. Erenas notó mi indecisión y, antes de que yo respondiera nada, me autorizó para abandonar el despacho. Una vez hubiera serenado mis ánimos, esa misma noche le daría una respuesta

[71] Embajador de Estados Unidos en Madrid. Tuvo su momento de gloria en la participación secreta de la venta de la isla de Cuba a los norteamericanos por parte del Gobierno español, llevadas a cabo por él y el ministro de Ultramar, Moret. Esas negociaciones fracasaron.

en una cena que se iba a celebrar en honor de Prudencio Rabell, Gran Maestro de la Gran Logia Simbólica.

Salí del edificio de Capitanía General, no sin antes despedirme del sargento Pacheco y saludar a la guardia que en esos momentos cambiaba sus emplazamientos. Ante la puerta del café Escanriza, en la misma plaza de Armas, me encontré con Antonio San Miguel, director del periódico *La Lucha*, que me saludó efusivamente pero con aire de preocupación. Conocía sobradamente los tejemanejes de la política española y las victorias militares de las fuerzas independentistas cubanas, que eran silenciadas por los partes oficiales. Antonio sabía de la censura de prensa que se ejercía en la isla para ocultar el avance de los intereses anexionistas norteamericanos, así como las indecisiones de la Regente Doña María Cristina frente a la postura de fuerza de los Estados Unidos. Él nunca me preguntaba nada; sólo escuchaba mis silencios, que, para él, representaban la confirmación de las noticias que portaba.

Pese a la tensión acumulada me hizo reír a gusto contándome los últimos chismes esparcidos por La Habana de la agitadora española Eva Canel, que propagaba sin ningún recato el inminente regreso del General Weyler a Cuba al mando de impresionantes tropas expedicionarias que, con sed revanchista, derrocarían al general Blanco y abolirían la odiosa autonomía, tan perjudicial para la soberanía española. Además, la cosa no pararía ahí, sino que esas fuerzas invadirían Estados Unidos e impondrían en el Capitolio la enseña hispana. Aparte de estos risibles chismes e infundios, Antonio me indicó que en la redacción de *La Lucha* tenían la copia de una carta dirigida por Weyler a Eva Canel anunciándole tan alocado propósito. Nos despedimos en Oficios esquina a Churruca, no sin antes expresarnos mutuamente nuestra preocupación por la situación en La Habana, que se estaba deteriorando por días y era casi insostenible.

A continuación, me dispuse a adentrarme en el Paseo del Prado, que encontré muy concurrido. Los criollos se dedicaban a sus asuntos mezclados con los peninsulares. Militares uniformados se cruzaban continuamente con la gente de paisano. El café Alemán, en el parque Central, esquina al Paseo del Prado, regentado por el catalán Pujol, era un hervidero de gente. No quise pararme porque sabía que mi estado de ánimo denotaba preocupación y no estaba preparado para enfrentarme a la batería de preguntas que me harían los corresponsales de los periódicos cubanos y extranjeros, que en aquel local mantenían una sucursal de sus redacciones. Cualquier militar español, creían ellos y más si era de Marina, era fuente de noticias.

Desde el Paseo del Prado se observaba con toda nitidez la silueta del acorazado *Maine*, el buque de guerra de la Marina de los Estados

Unidos que el 25 de enero se había situado en visita «amistosa» en el centro de la bahía, en la boya de amarre número 4 del sector de los buques de guerra. Sabíamos, por la información obtenida de nuestros espías en los Estados Unidos, que su mayor debilidad en operaciones de guerra era que los depósitos de combustible o carboneras rodeaban a los pañoles de municiones con el propósito de servir de amortiguador al paso de los proyectiles que eventualmente lograran atravesar su blindaje. Estos depósitos estaban ubicados en las cubiertas inferiores, debajo del alojamiento de la tripulación.

El *Maine* estaba al mando del capitán de navío Charles D. Sigsbee, oficial de cincuenta y tres años de edad y su segundo era Richard Wainwright. La ficha que me había cogido de la oficina de Tuner decía que el número de sus oficiales era veintiséis y trescientos veintiocho marineros. Era el mayor buque de guerra que jamás hubo entrado en la bahía habanera, una auténtica fortaleza flotante frente a la capital cubana. Su aspecto imponente no dejaba de recordarme, premonitoriamente, la escena del Caballo de Troya inmortalizada por el ciego Homero. Sólo deseaba, en lo más profundo de mi conciencia, que esa premonición no se cumpliera. El contraste que ofrecía la endeble figura del crucero español «Alfonso XII», fondeado a unos doscientos metros del buque norteamericano, no ayudaba a disipar la sensación de peligro inminente.

Se acercaba el mediodía, así que dirigí mis pasos al Hotel de Inglaterra para almorzar. Me arrellané en un cómodo sillón y me dispuse a tomar un ron. La mañana estaba siendo de las que no se olvidan y necesitaba templar mis emociones. Había apurado mi vaso cuando un camarero se acercó a mí para entregarme una nota. La desplegué con cuidado. En ella se me invitaba a almorzar de parte de don Manuel Téllez, naviero y hombre de negocios, un tipo agradable y bonachón que se perdía por la gula y con el que me conocía desde que, de niños, estudiamos en el mismo colegio de Madrid, el «San Antón», de los padres escolapios. Levanté la vista.

–Indíqueme el lugar –le dije al camarero.

En pocos instantes estaba en presencia de mi amigo. Téllez estaba acompañado por el Marqués de Apezteguía, un riquísimo hacendado que había hecho su fortuna con los ingenios azucareros. Al verme llegar se levantaron para saludarme.

–¡Qué gusto verle, José María! Había reparado en usted cuando llegó, pero le noté tan absorto en sus pensamientos que no quise molestarle. Esperé un rato hasta entender que había apurado su primera copa de la mañana.

–¿Cómo sabía que era la primera de la mañana, Manuel? –le dije riendo.

–Conozco lo suficiente a los marinos como para distinguir al vuelo cuándo están bebiendo por gusto, lo cual sólo ocurre con la primera o segunda copa del día, y cuando están bebiendo para olvidar el viento saldado que se le mete en sus pulmones.

–¡Buena observación! –repliqué.

–Me imagino que conoce ya a mi buen amigo el Marqués– dijo a modo de presentación. El de Apezteguía me dio la mano.

–Sí, he compartido mesa con él en algunas ocasiones, en las fiestas celebradas en su casa.

–Bueno, José María –siguió Téllez–, y ¿a qué se debe ese aire taciturno de hace un rato? ¿Es tal vez por algún asunto de amores?, porque aquí hay mujeres que pueden quitar la respiración a un hombre.

–No, Manuel, no. Obligaciones profesionales y sentido del deber, nada más.

–Bueno, entonces, tratándose de eso, vamos a aliviar sus responsabilidades con una excelente comida, si es que nos permite a mi buen amigo y a mí contar con usted como tercer comensal. Dos es un buen número, pero tres es lo perfecto. Así nunca empataremos en opinión y siempre habrá un punto de vista que rompa la monotonía de un acuerdo. Tres españoles nunca coinciden en nada, es imposible.

Don Manuel dijo algo al oído de su amigo el Marqués de Apezteguía, quien al oírlo sonrió con expresión pícara.

–José María –continuó don Manuel–, ¿y sí cambiáramos de sitio para almorzar? Este es un sitio muy serio y creo que nos vendría bien algo más de bullicio. ¿No cree Marqués?

–Por mi encantado.

–Y usted José María, ¿se anima? Nos parece que un oficial de Marina que sirva hoy en Cuba necesita distracción y buena compañía para aliviar sus preocupaciones.

–Por mí no hay ningún inconveniente –repuse.

–Pues entonces, ¡en marcha! Vamos a disfrutar de unas horas de placer.

Ya en la calle, el Marqués de Apezteguía hizo señas al conductor de su calesa para que se acercara a recogernos. El coche de motor era una introducción muy reciente en las maltrechas calles habaneras y no contaba con los favores del Marqués. Además la calesa, decía él y era verdad, amortiguaba de maravilla los abundantes baches de las calles gracias a sus dos grandes ruedas. El calesero tenía a gala vestir de la forma más remilgada, como correspondía a su servicio en la casa del Marqués. Calzaba botas altas y acharoladas y lucía pantalón de lienzo blanco y casaca con escudos de armas en los galones, todo ello rematado por un sombrero de napa con escarapela.

–A Campeche –dijo el Marqués.

Aquella palabra me transportó a una sensación grata. Muchas horas de placer había guardado en aquel barrio. Campeche era un distrito muy particular de La Habana. Estaba situado en la parte más meridional de la ciudad, y aunque sus límites no eran muy precisos, la calle de la Merced al norte y la de Desamparados al sur podrían considerarse sus lindes. Su momento grande eran las fiestas de la Merced, cuya iglesia estaba en el centro del barrio. En esas fiestas se bailaba el baile de la cuna, auténtica explosión de lujuria mulata. San Isidro era su calle principal, y a ella nos dirigíamos.

–A casa de Manuela «la Flaca» –dijo de seguido. La verdad es que yo sabía bien de las aficiones putanescas de mi amigo, pero no pensé que a estas horas estuviera en ese empeño ni que el Marqués fuera del mismo gusto. La casa de Manuela era un sitio muy famoso en donde las bellezas criollas y las mulatas arrebataban el sentido sin dar tiempo a respirar.

–José María, ¿ha visto usted ya a Rosa Fuertes en el teatro Albisu? –me preguntó Manuel.

–No, todavía no. No he vuelto desde la representación de «El pobre Balbuena».

–Pues no se la debería de perder ni un día más, José María. Es una diva excelente, que adorna su voz con un cuerpo de sugestivas formas.

–No creo que supere a la Ibáñez en atractivo y picardía –le repuse. Era celebrado el pique entre ambas.

–Eso es de discutir. Cierto que la Ibáñez es más joven, pero no alcanza la teatralidad y puesta en escena de Rosa.

–Ya sabe, don Manuel, que nuestros gustos musicales difieren, y no sólo en cuestión de cantantes. Usted prefiere al bajo Villarreal, y yo al barítono Piquer.

–En lo que sí estamos los tres de acuerdo es en las facultades histriónicas geniales de Alen, el cómico, ¿o no, caballeros? –terció el Marqués.

–Por supuesto –respondimos Téllez y yo.

–Otro espectáculo al que seguro que no ha asistido –insistió el Marqués– es a las corridas del famoso matador de toros Mazantini en los terrenos de Ayestarán.

–No, pero sí conozco los rumores de que él y Rosa Fuertes están enamorados, aunque parece que la diva se resiste aún a los encantos del torero. Sin embargo, pese a los rumores, ha accedido a estrenar en el teatro Albisu «El padrino de El Nene», que es una zarzuela que le viene al hilo a su novio, va de toreros.

–Pues no se pierda el espectáculo en la plaza.

–Descuide, que no me lo perderé, Manuel. Los compromisos militares me lo han impedido hasta ahora, pero no dejaré de acudir la semana entrante.

–Hace bien, se divertirá con Mazantini, es un mago con la capa.

Al rato habíamos llegado.

Unos suaves golpes con el pomo del bastón del Marqués hicieron descorrer la mirilla. La puerta quedó franca y «La Flaca» nos recibió con toda clase de honores y arrumacos. «La Flaca» era una mulata cincuentona, enjuta y elegante, que regentaba el burdel más exclusivo de La Habana. Vestía a la francesa y su mejor joya era sus dientes, perfectos, que iluminaban su cara mejor que los brillantes que le colgaban de las orejas. Su casa estaba adornada con profusión de telas a la última moda parisina. La casa era famosa por la belleza de las pupilas y lo lujoso del servicio que aquí se usaba cubertería de plata peruana y los cuadros de sus paredes denotaban un cierto buen gusto, estaban comprados en París. Grandes butacones, forrados de terciopelo azul, adornaban la antesala, dispuestos de tal manera que la espera era de lo más agradable, pues las pupilas estaban solícitas a cualquier deseo apuntado por los visitantes, por extravagante que fuese. «La Flaca» no paraba de hacer comentarios pícaros sobre los chismes del día en La Habana y, entre risas y bromas, adornado todo ello con vasos de buen ron, cada uno de nosotros se fue retirando a la habitación a la que cada muchacha le llevaba de la mano. Yo me retiré con Fernanda, mi mulata preferida. Tenía veinte años, un tipo perfecto, unos modales exquisitos y los tesoros que se escondían en sus curvas eran para no contados. La tarde era joven, la noche lejana y las horas tropicales corrían muy despacio, tenía el placer asegurado, lo que no me venía mal para relajarme y poder reflexionar con serenidad después en los asuntos que habían venido a mi vida aquél día tan extraño.

Cuando entré en la habitación, que era una de las que no conocía, me asombró el lujo. Era una salita con alcoba abierta hacia el jardín de la fina. A la entrada, detrás de unas cortinas de seda, un lavabo y una bañera esperaban el servicio al lado de un rimero grande de toallas blancas de algodón rizado dispuestas sobre una banqueta. Una alfombra de coco cubría el centro de la sala y enmarcaba una cama tan ancha como larga donde un montón de almohadones de raso ponían una nota de color sobre el blanco impoluto de las sábanas de hilo. Cerca de la balconada había un tresillo de raso en cuya mesita de centro ardía una ramita de sándalo y en la terraza, protegida de las vistas por unas buganvillas, una mesa de teca con tres sillones guardaba unas bandejas de fruta y dulces que se ofrecían a los huéspedes junto con unas jarras de zumo helado una, y de agua otra, y dos botellas de ron. El aire batido por un ventilador en el techo movía los visillos clareando la vista a la terraza.

Fernanda entró delante en la salita y según cerró la puerta se dirigió a mí tan provocativa como siempre. Se quedó desnuda en un tris mediante un gesto tan sensual como sólo ella sabía hacer y, sin mediar palabra, enroscó su lengua en la mía mientras con su brazo derecho se colgaba de mi hombro. Su lengua sabía a miel y sus labios eran pura delicia, tanto que apetecía morderlos como si de gajos de naranja fresca se tratara. Esa provocadora llamada a los instintos me despertó la pasión, que de por su natural poca llamada necesita, y lo que éramos dos figuras de pie, delante de la balconada, nos convertimos en un instante en un torbellino que iba dejando mis ropas tiradas por el suelo. Fernanda no era una mulata común, normalmente sobradas en carnes; por el contrario era menuda y sus pechos, tan dulces como su boca, eran poco más que un esbozo de luna rematado en unos pezones oscuros tan pronunciados como el brillo de sus ojos. Era muy difícil, imposible más bien, resistirse a sus antojos carnales, nada le quedaba lejos y siempre me empujaba al placer más exquisito. El caso es que me dejé llevar durante un tiempo del que no sabría dar cuenta, pues con Fernanda se pierde la sensación del tiempo y la vergüenza, y fui de valle en valle por un camino de delicias que bien podía cruzar toda Cuba, o al menos así me parecía a mí siempre que Fernanda me guiaba por las cuevas y las montañas de su cuerpo. Y no sé contar más porque aquí, en Cuba, el sexo es de otra manera, es una forma de sentir y una especialísima suerte de inconsciencia que se arrastra por debajo de cada gesto a fin de allegar un mundo diferente donde el tacto es la puerta por la que se empieza un camino que no tiene final.

Al cabo de unas tres horas, los tres clientes de la casa nos encontramos de nuevo en los butacones de la entrada fumando unos excelentes cigarros puros que venían a rematar los placeres de la tarde. En ese momento la calma se interrumpió por una voz conocida:

–¡Vaya, vaya! ¡Qué suerte encontrarse aquí con el Capitán Antrán.

Quien así hablaba era don Rafael Montoro, ministro de Hacienda del reciente Gabinete autonomista, que se acercaba a mí por el mismo corredor por el que poco antes habíamos ido nosotros. No me sorprendió verle, pues no era la primera vez que coincidíamos en aquel lugar o en otros parecidos.

–Me alegro de verle don Rafael.

–Y yo a usted, ¿espera compañía? –dijo guiñando un ojo.

–No, ya no. Usted dirá –le dije poniéndome de pie.

–Perdone que le asalte y más perdón necesito por ser aquí donde le molesto.

Cuando me dio la mano lo hizo con el toque del grado de maestro masón y yo se lo correspondí. Yo sabía...

–Por favor señor Montoro....Usted dirá.

–Mire Capitán, quiero preguntarle una cosa, porque usted es un experto marino sin duda bien informado sobre los asuntos que a todos nos preocupan estos días en la capital.

–Sin duda menos que usted señor Montoro.

–No crea, amigo Antrán. Tenemos Gobierno autónomo ahora pero sirve de bien poco, en el fondo siguen mandando ustedes los militares. Pero vayamos al asunto.

Nos habíamos retirado a una esquina del salón, cerca de la balconada sobre el jardín. Dos mulatas jugaban al fondo, en un columpio.

–Mire Antrán –continuó el político–. Estoy muy preocupado con el actual estado de cosas. La autonomía es muy débil y los que nos hemos comprometido con ella nos podemos cocer entre dos fuegos. He oído que hay grupos militares planteando la venida del señor Weyler otra vez y suprimir el Estatuto. ¿Qué sabe dé eso?

–Nada señor. Son sólo rumores, no les de importancia.

–Pero las cosas se están poniendo peor cada día –insistía el político–. Estamos muy preocupados.

–En efecto, don Rafael, yo también estoy muy preocupado –le repliqué de manera muy poco convincente.

–Me parece –continuó insistiendo el Ministro– que se están agotando todos los recursos diplomáticos y Madrid no responde con eficacia.

–Eso parece.

–Ya veo que no tiene muchas ganas de hablar. Pues yo le diré algo que he sabido esta mañana antes de venir a almorzar y es que el general Lee, el Cónsul americano, está presionando sobre las autoridades españolas, e incluso ha llegado a insinuar la posibilidad de una intervención más contundente de su gobierno, con la excusa de necesitar una mejor garantía de la seguridad de los ciudadanos estadounidenses en la Gran Antilla.

Don Rafael siempre había estado bien informado. Así lo pedían sus negocios e intereses pero no dejaba de sorprenderme la rapidez con que ahora se había enterado de una noticia que también a mí me habían comunicado a la salida del despacho de Erenas, tan sólo unas pocas horas antes.

–Lo sé. Lo sé, don Rafael, lo sé. Y no crea que en Capitanía General estamos al margen de este asunto.

–El Presidente McKinley –dijo don Rafael– parece considerar que la actual autonomía concedida por los españoles no sea suficiente garantía de paz para Cuba porque nos considera incapaces de un autogobierno sin su protección. No nos quiere dejar tiempo suficiente para convencer a los insurrectos de que depongan las armas y hacer todos juntos una patria grande y próspera.

–De ello estoy seguro –le repliqué más locuaz–. El control y la influencia, y no la libertad, son las condiciones que pretenden imponernos los norteamericanos. Sin embargo, sabemos de fuentes muy cercanas al Gobierno estadounidense que la decisión de una intervención militar por su parte no está tomada, ni mucho menos. Lo que quieren los Estados Unidos es mantener y acrecentar el control de sus intereses económicos en la isla, pero no están seguros de que una aventura guerrera contra España pueda tener éxito. A fin de cuentas, y a pesar de la falta de refuerzos y de las vacilaciones de nuestros gobernantes, el Ejército español mantiene todo su prestigio frente a un país nuevo y sin demasiada experiencia en guerrear contra una potencia europea. Además, la isla está bien defendida por nuestros soldados y, si se diera la orden de resistir, no sería posible tomarla sin una campaña larga y sangrienta. En todo caso, los norteamericanos necesitarían un motivo inexcusable para declararnos la guerra, y por el momento no lo tienen...

Montoro se acariciaba la barbilla como si lo que le había dicho fuera una sorpresa para él.

Yo creo –continué–, y así lo he hecho saber en nuestras reuniones, que la única manera que tiene el Gobierno de Madrid de proteger sus intereses ultramarinos es dar la máxima libertad y garantía de libre comercio a los territorios antillanos que, por razones de lengua y costumbres, han permanecido junto a ella desde los tiempos de la conquista.

–Tiene usted unas opiniones juiciosas y muy prudentes, pero no esté tan seguro, don José María, de que tales libertades se vayan a reconocer. España no tiene un gobierno fuerte ni tampoco políticos de miras, y la Regencia de María Cristina no va a dar la más mínima libertad a los isleños de Cuba y Puerto Rico. Lo único que les interesa a los gobernantes peninsulares es exprimir a las colonias todo el tiempo que puedan. La reciente autonomía es sólo la consecuencia de una tensión insoportable, tanto social como militar. Pero las aspiraciones de los cubanos, alentadas por los insurgentes, pueden estallar y sobrepasar el marco autonomista, y me temo que el mayor beneficiario de todo ello serán los Estados Unidos, dado que los rebeldes están dispuestos a venderles la isla si no pueden vencer a España por sí solos.

Sus palabras tenían un tono profético que me conmocionó. No venían de un exaltado ni de un imprudente.

–Se lo aseguro, don José María –continuó–, en España no quieren saber la verdad de lo que aquí está ocurriendo. Miran para otro lado, y se les llena la boca de gloria y honor mientras la isla se desliza por una pendiente que no conducirá a la independencia, sino a la sustitución del dominio español por la opresión estadounidense. Nosotros, los cubanos leales a la Madre Patria, no deseamos esa situación, pero la tardanza española en ofrecer una solución nos está arrojando en los brazos de los yanquis como un ratón en las zarpas de un gato hambriento.

Las palabras de don Rafael no hicieron más que confirmar lo que había comentado por la mañana en la Capitanía General con los oficiales Erenas y García Delgado. En ese preciso instante decidí que marcharía a España. Si había alguna posibilidad de evitar la catástrofe, por pequeña que fuera, debería intentarlo, como soldado y como masón. Las vidas de muchos hombres valientes venidos de la Península y de otros tantos de la propia Cuba merecían que se luchara por ellos con la palabra y las ideas hasta el último momento.

–Le ruego –prosiguió don Rafael– que pasemos un momento al reservado contiguo, si los demás caballeros que le acompañan no tienen inconveniente, para comentar en privado un asunto que tengo la obligación de comunicarle en mi calidad de político y amigo.

Las palabras de don Rafael despertaron en mí una extraña inquietud, añadida a la que ya me venía asediando. El caso es que me acerqué al Marqués y a Téllez para pedirles que me disculparan un momento. El Marqués se había dormido y roncaba ruidosamente. Con el cigarro, que se le había quedado entre los dedos y luego se le había caído al suelo, se había quemado el blanquísimo chaleco de lino. Téllez le soplaba la ceniza para no despertarle. Me disculpé con Manuel Téllez. Una vez en el reservado, tras comprobar que nadie podía oírnos, comenzó de nuevo a hablar:

–Supongo que estará extrañado de mi insistencia en hablar con usted y del lugar escogido para hacerlo, pero le aseguro que nadie va a sospechar la gravedad de lo que le tengo que comunicar, y menos en un local como éste. José María, le conozco bien y desde hace años. Sé que su planteamiento y percepción del problema cubano es claro: los Estados Unidos son una nación emergente, mientras que España decae lentamente desde hace siglos; vive del recuerdo de las glorias del pasado, pero no es capaz de crear un régimen político y administrativo capaz de mantener unidos de buen grado sus territorios, y no sólo aquí, en Cuba, sino también en la península, donde catalanes y vascos han empezado a fraguar los fundamentos de sus propias conciencias nacionales al margen de la historia y las tradiciones compartidas con los demás pueblos de España. Por lo que respecta a Cuba y a Puerto Rico, como también a las Filipinas y a los demás territorios del Pacífico, España no sólo no ha sabido integrar a sus poblaciones locales en un proyecto político común, sino que ni siquiera a dispuesto la creación de unas fuerzas autóctonas para hacer frente al arrogante vecino estadounidense, cada vez más crecido ante la indiferencia de nuestros gobernantes peninsulares, que parece que sólo están interesados en exprimir el limón colonial el mayor tiempo posible, aunque para ello tengan que aceptar a regañadientes la autonomía. ¿Me equivoco, don José María?

–No, don Rafael.

–Supongo que está perfectamente enterado de que el despliegue de la Armada de los Estados Unidos es más preocupante de lo creíamos en días pasados.

–Estoy enterado –repliqué–. Se están reagrupando al norte de la isla, dirigidos por el almirante Sampson, el crucero auxiliar *Merrimac* y los acorazados *New York* e *Iowa*. Este agrupamiento está formando una pequeña flota, pero no sabemos aún con qué cometido.

–Además –continuó don Rafael–, por si las cosas no estuvieran ya de por sí difíciles, la prensa norteamericana sensacionalista, sobre todo el *World* y el *Journal*, propiedad del golfo ese de Randolph Hearst, al que apoya Joseph Pulitzer, ha publicado la carta interceptada al embajador en Washington, Dupuy de Lome, en la que exponía con cruda sinceridad sus opiniones sobre el Presidente de los Estados Unidos.

–También lo conozco. Hemos cablegrafiado a Madrid ante este cúmulo de acontecimientos y la respuesta es que debemos mantenernos en una actitud de espera y calma.

–Pero comprenderá que esto es mucho más que el grito de Baire con que dio inicio la nueva insurrección independentista de José Martí y los hermanos Maceo hace casi tres años. Todos sabemos que los rebeldes por sí solos no son capaces de lograr sus objetivos, pero con la ayuda estadounidense y la apatía del Gobierno... La situación es más grave ahora. Espero que entienda la urgencia de una reacción cabal de Madrid, y esa reacción no puede ser solamente el envío de tropas y buques de refuerzo, sino la aceptación plena del régimen autonómico y la negociación con los insurgentes para integrarlos en la autonomía. Esta opinión también la comparten el Gran Maestro, Prudencio Rabell, y Ramón Martí, Primer Vigilante de nuestra amada Logia «*Unión y Concordia*».

–La entiendo don Rafael, y comparto las inquietudes del Gran Maestro Rabell. Crea que también a mí me angustia el tener que esperar sin hacer nada concreto por nuestra parte.

–No crea que cito por casualidad a nuestra querida hermandad y a nuestros hermanos. ¿Está enterado, José María, de los avatares de la masonería en España?

–Algo sé de ello, pero he de confesar que mis ocupaciones militares no me dejan estar al día en esos asuntos, como probablemente lo estará usted.

–Como ya debe saber, la permisividad y libertad del régimen de la Restauración, gracias al equilibrio entre Cánovas y Sagasta, atrajo a gran cantidad de hermanos a nuestras filas. Esta permisividad se terminó tras el asesinato de Cánovas en el balneario de Santa Águeda el pasado año. Ahora, en España, nuestra orden está pasando por un proceso delicado, provocado por las continuas divisiones y subdivisiones. La postura de nuestros hermanos peninsulares en favor de la libertad y la federación con los territorios ultramarinos les está restando muchas simpatías, amén de atraer hacia ellos la represión del régimen. La prudencia y la ocultación para no levantar sospechas son imprescindibles en estos momentos también allá.

–Comprendo –repliqué.

–Otra consecuencia nefasta de esa situación de enemistad política y suspicacia es que nuestros hermanos están divididos. El Gran Oriente de España, alentado por Ruiz Zorrilla durante tantos años, atrajo a sus filas a Sagasta y a Becerra, lo que incrementó su capacidad de influencia en la política del reino, pero, tras la dimisión de éstos, el Gran Oriente se ha sumido en la división y el desorden. Los intentos de unificación del Gran Maestro Miguel de Morayta no han dado buen fruto. El principal problema es la postura de Alfredo Vega, vizconde de Ros, que no desea avenirse a ninguna solución de concordia con el resto de las obediencias para formar una sola y gran hermandad. De hecho, el vizconde de Ros se he enfrentado, para gran dolor de nuestros hermanos, con los Grandes Orientes Nacionales de José María Pantoja y Eduardo Caballero de Puga, lo que ha generado un clima de desconfianza mutua entre las Grandes Logias Regionales y Provinciales que está a punto de desbaratar la gran obra de la orden masónica.

–Desconocía yo estos incidentes en su detalle –le dije sinceramente–, pero sí sé que el Gran Maestro, Miguel de Morayta, ha conseguido fortalecer una única obediencia estructurada en el Gran Oriente Español, del que ya dependen tres Grandes Consejos Regionales en Cuba, Puerto Rico y Filipinas. Sé también que su posición ha sido aceptada por una gran mayoría de hermanos, quienes lo han proclamando Gran Presidente del Supremo Consejo.

Mientras escuchaba toda esta larga conversación por parte de don Rafael, quien me confirmaba así la profunda división y atomización de las fuerzas y hombres con que contaba la orden, me preguntaba si en los partidos y grupos políticos españoles ocurriría lo mismo. De reinar en ellos las profundas disensiones y el desorden que había en nuestra orden, la embajada que me llevaría a España estaba, con toda seguridad, abocada al fracaso.

–Si le he hecho pasar al reservado y le he informado tan prolijamente es porque me enterado de que va usted a viajar próximamente a Madrid.

Me quedé helado, pero he de reconocer que, conforme se desarrollaban las cosas, ya iba perdiendo mi capacidad de sorpresa.

–Don José María –continuó–, sé que usted comparte con muchos de nuestros hermanos peninsulares la idea de conseguir una unión federal entre los países hispanos. Yo, como muchos de los masones cubanos, le apoyo en ese cometido, pero debo advertirle: es muy posible que fracasemos en el empeño.

–No comprendo, don Rafael.

–Amigo mío, no se puede ir contra los tiempos, y los intereses económicos priman cada vez más sobre los ideales en el mundo de hoy. Nosotros no podemos competir en el comercio ultramarino en la medida en que lo hacen otras potencias, incluidos los Estados Unidos, que además tienen la ventaja de su cercanía territorial a los mercados productores. Desde Europa, todas las viejas naciones ignoran o desprecian a este león dormido que es nuestro vecino de Norteamérica, pero, créame, ese país, una vez recuperado de su guerra civil, tiene tantas riquezas y tantas ganas de triunfar que, en el siglo que se avecina, estoy seguro de que el mundo tendrá que contar con él.

–Yo también he advertido la creciente pujanza de los Estados Unidos en mis encuentros con los hermanos de todo el continente americano, aunque, en general, sólo he encontrado expresiones de desprecio o indiferencia en relación con los norteamericanos. Los países hispanos no desean desligarse de la Madre Patria. Por el contrario, desean agrupar sus esfuerzos en una confederación política con España, a fin de suscitar el respeto de los Estados Unidos. Pero, por desgracia, la Madre Patria tiene otros asuntos más importantes que ventilar en su propia casa, o eso creen allí, y están sordos a nuestras llamadas.

–Lleva bastante razón en lo que dice, pero no puede olvidar que en el mundo que se avecina la política está pasando rápidamente a un segundo plano en favor de la economía. Hoy, estimado José María, si un país no tiene fuerza económica, no es respetado en el concierto internacional. Es por eso por lo que creo que sus esfuerzos han caído en saco roto. España no tiene la pujanza industrial de otros países europeos y necesita las colonias de ultramar para atraer la riqueza a su propio solar.

Don Rafael se detuvo un instante sin dejar de mirarme a los ojos. Era un hombre abierto y sincero, y pese a su no ser muy mayor, pues no había llegado a la cincuentena, poseía una gran madurez política y un carácter pragmático que lo apartaba de los circunloquios y le hacía ir directamente al meollo de los asuntos. Sin embargo, en esta ocasión yo no entendía muy bien a dónde quería llegar a parar.

–Permítame una última observación –continuó don Rafael–. Para serle totalmente sincero, la máxima preocupación de nuestro joven Gobierno autónomo no es la permanencia de Cuba bajo los intereses hispanos, que, con crudo realismo, damos por muy difícil de mantener, por los motivos que hemos comentado. Nuestra verdadera preocupación es la posibilidad de un levantamiento militar provocado por la frustración y la humillación en que viven las fuerzas armadas y, sobre todo, por la cerrazón de sus elementos más retrógrados, que desde el principio se han opuesto a la autonomía y de ninguna manera desean la negociación con los rebeldes.

–¡Eso no, don Rafael! Como militar le respondo que hemos dado y daremos nuestra sangre por España, como la daremos, si es preciso, por la defensa del Gobierno autonomista.

–Me gustaría creerle, don José María. No pongo en duda sus palabras, pero creo que son pronunciadas más con el corazón que con la cabeza. Como hermano masón, conozco su sinceridad y sus buenas obras, pero el cuerpo militar de esta isla no está formado sólo por la Armada.

Hice acto de levantarme para abandonar el saloncito donde nos hallábamos, pero don Rafael me retuvo con afabilidad.

–José María –prosiguió–, el tiempo apremia, y no le retengo por capricho. Esta conversación me ha servido para comprobar que es usted completamente ajeno a la trama que se está fraguando en torno a su viaje a Madrid.

–¿Cómo dice, don Rafael?

–Amigo mío, lo que le voy a anunciar espero que sea guardado entre la escuadra y el compás, como un profundo secreto, comunicado por la fidelidad que un hermano le debe a otro.

–Por supuesto, don Rafael. No tiene ni que decirlo, pero me imagino que es muy grave lo que me tiene que decir para recordarme unos deberes que sabe cumplo fielmente.

–Así es. Su viaje a Madrid no es más que una farsa, una ambigüedad de entretenimiento para ganar tiempo y despertar unas expectativas que parten abortadas desde la propia Cuba.

–Muy grave es eso, don Rafael. ¿No estará exagerando, quizá atosigado por la responsabilidad política que tiene ahora?

–Precisamente por mi cargo es por lo que me atrevo a advertirle.

–Si no fuera porque las palabras que acabo de oír vienen de usted, don Rafael, me marcharía de aquí de inmediato, pero le exijo, permítamelo, explicaciones concretas.

–Se las daré. Tanto el General Blanco, Capitán General de la Isla, como su sobrino el Teniente Coronel Erenas y el Teniente Coronel Justiniano García, responsable del orden público, han sido convencidos por José María Gálvez de que su viaje a España es imprescindible para conseguir, tal vez, la última oportunidad de ser escuchados y evitar más inútiles derramamientos de sangre.

–Me consta, pues hace escasas horas he hablado con cuatro de las cinco personas mencionadas por usted.

–Lo que probablemente no sepa es que una de esas cuatro personas es un traidor, tanto a los intereses de España como a los de Cuba.

La puerta del saloncito se abrió y «La Flaca» hizo su aparición acompañada de las dos hermosas mulatas que se balanceaban en el jardín. Eran dos muchachas bellísimas, las dos iban descalzas y una de ellas llevaba el pelo trenzado de flores. La otra se movía cimbreante como si fuera un felino.

–Señores, llevan casi una hora charlando y sin venir a visitarnos. Esto no es una sala de reuniones, aquí se viene a otra cosa y hay que dejar los problemas fuera, en la calle. Miren la cara desencajada de nuestro apuesto capitán de la Armada. Eso lo pueden arreglar cualquiera de estas dos preciosas mulatas.

Ciertamente la aseveración hecha por don Rafael momentos antes me había dejado en un estado de completa confusión, y yo no sabía disimular mis emociones en aquellos momentos.

–Para empezar –continuó la Flaca–, no veo ninguna bebida en sus manos, pero eso ya lo voy yo a solucionar.

Tal vez por mi aturdimiento no me di cuenta de cómo habían aparecido como por ensalmo una botella de ron y unos vasos que «La Flaca» se apresuró a llenar, ordenando a las muchachas que nos lo ofrecieran, cosa que hicieron las dos después de tirar al suelo el pareo que las tapaba en un gesto cargado de sensualidad. Desnudas, como Dios las trajo al mundo, nos sirvieron las bebidas. Don Rafael, para no contrariar a nuestra anfitriona, y también porque resultaba muy difícil, incluso en medio de aquella grave conversación, resistirse a los encantos de las muchachas, aceptó el vaso de ron que nos habían preparado con hielo, hierbabuena y zumo de limón y yo hice lo mismo. Isabel, que así se llamaba la muchacha de las flores en el pelo, se le sentó encima y Graciela, que hacía un honor perfecto a su nombre, se acurrucó a mis pies apoyando su cabeza sobre mis rodillas. Una vez apurado el primer vaso, don Rafael, con exquisita diplomacia, les pidió a las muchachas, que ya iban trasteando en la botonadura de nuestros pantalones, unos pocos minutos más para terminar nuestra conversación, bajo la promesa que en breve nos uniríamos con ellas en el salón contiguo. «La Flaca», entre risas y ruegos, animó a las chicas a que siguieran con su juego, pero don Rafael mostró su firmeza y nuestra anfitriona, con un mohín de enfado fingido, mandó a las bellísimas abandonar sus incitantes juegos, no sin antes hacernos reafirmar la promesa de que nos reuniríamos con ellas enseguida.

–Está bien, caballeros, pero, como prueba de su promesa, aquí les dejo un par de botellas para que apresuren su diálogo, pues de tanto hablar se les puede secar la garganta.

En cuanto las mujeres abandonaron la pequeña estancia me dirigí al ministro:

–Don Rafael, espero que pueda demostrar las graves acusaciones que ha pronunciado antes de que nos interrumpieran.

–Como comprenderá, don José María, no es otra mi intención, aunque pueda parecer inverosímil lo que le voy a contar. Hace bastantes años, una persona que forma parte del Gobierno autonomista fue un agente confidencial de Carlos Manuel de Céspedes en los Estados Unidos. Esto funcionó bien para él y para la independencia cubana, pero la garantía de sus buenas informaciones se pagó con un precio muy alto. El espía fue descubierto, pero no se le arrestó. Desde ese momento pasó a ser agente doble. Del incidente no supe sino hasta años después y de forma totalmente casual. Gracias a la hermandad masónica, un buen patriota cubano, masón como nosotros, me entregó un informe secreto con datos detallados sobre las posibilidades de una eventual operación militar de los Estados Unidos en la isla. El informe estaba firmado. Lo mismo que usted ahora, yo no quise dar crédito a lo que estaba leyendo, pero antes de dirigirme a la persona a quien se acusaba comprobé ciertos detalles. Para mi gran sorpresa, lo que contaba el informe era cierto. No revelé nada entonces, por ser el traidor un personaje muy significado y porque los progresos de la autonomía parecían poder fraguar una salida honrosa al conflicto. Ahora no puedo seguir callado, sobre todo después de haberme enterado de que usted marcha para Madrid en una misión del todo inútil y que incluso puede poner en peligro su vida.

–Don Rafael, le exijo que me confíe el nombre de esa persona para que sea detenida de inmediato.

–Me temo que no va a poder detenerla, pues es una persona altamente significada y excelentemente bien protegida, no sólo por su posición política, sino también por su grado masónico. Su nombre es José María Gálvez, el Presidente de nuestro Gobierno.

Si en ese momento se hubieran abierto la tierra y La Habana hubiera desaparecido en sus entrañas habría tenido un gran descanso. La tierra no se movió, pero sí se estremeció mi ánimo. No dudé ni por un instante de las palabras de don Rafael, y en mi mente desfilaron en tropel determinadas conversaciones y posicionamientos de fuerza que, ahora y sólo ahora, encontraban una respuesta veraz. Todo cuadraba. Los masones unidos a la rebelión no estaban ya interesados de veras en ninguna negociación. Lo único que deseaban de mi misión era debilitar el poder español y ganar tiempo mientras el Gobierno de Madrid se decidía a entablar conversaciones. Mientras tanto, no llegarían refuerzos militares de la península ni serían sustituidos los militares incompetentes que había en la isla, y así los insurgentes podrían mantener la guerrilla y, cuando llegara el caso, facilitar la intervención estadounidense. Para mi embajada todo eso resultaba enormemente peligroso, pues en Madrid, los sectores más reacios a la negociación podrían acusarme a mí mismo de traidor y vendido a los intereses extranjeros.

–Don José María –prosiguió el Ministro–, marche a Capitanía y hable con el Teniente Coronel Erenas. Solicite una entrevista urgente con el General Ramón Blanco y entréguele esta carta firmada por mí en la que están especificados numerosos detalles y el lugar donde puede encontrarse la documentación que los confirma, así como las comunicaciones del Presidente Gálvez con Calixto García, el general mambí que es jefe de los insurrectos de las provincias de Oriente, en las que especifica el continuo hostigamiento sufrido por las fuerzas españolas y los datos precisos sobre su instalación, provisiones y pertrechos militares proporcionados por el señor Gálvez. Yo, mientras tanto, parto de inmediato a reunirme con Antonio Govin para procurar convocar una reunión del Gabinete lo antes posible. En documentación aparte, entregada a don Francisco Zayas, compañero de Gabinete encargado de la Instrucción Pública, hay otros documentos que prueban los contactos y actos de desestabilización, aparentemente casuales, acordadas con Fitzbugh Lee, el Cónsul americano, como el motín integrista contra el semanario político *El Reconcentrado*, donde no todo fue cosa de militares españoles; fue un complot donde los manejaron; en esos documentos, de hace escasas fechas, se expresan las alabanzas de Weyler y se exige la renuncia del General Blanco, de todo lo cual son informados puntualmente en Washington. Como entenderá, toda precaución es poca, así que no he dejado en manos de una sola persona la documentación incriminatoria, ni tampoco me he fiado del celo de nuestros hermanos para resguardar mi vida. Ahora estoy en sus manos, y le ruego que acceda y muestre todas estas pruebas a las autoridades militares, pero que en lo posible guarde mi nombre en secreto, hasta que yo mismo me entreviste con don Ramón Blanco.

Un fuerte abrazo sincero y fraternal cerró nuestra entrevista. Don Rafael tenía que recoger su bastón y sombrero. Yo, mis guantes y gorra. Antes, había que despedirse de «La Flaca».

De repente, y como contestando a mis ruegos de hacía unos momentos, pareció como si la tierra se abriera y sonó un gran estruendo en la lejanía. Era una explosión. Los vasos y las botellas de las mesas vibraron, las pequeñas lámparas de araña se balancearon y la mujeres se apretaron contra nosotros. Todos los allí presentes nos precipitamos hacia la puerta de salida.

–¡Calma, caballeros! –les dije a mis acompañantes–. Por la dirección de la explosión, probablemente se trata del polvorín de la batería de Santa Clara.

Su estado era lamentable y estábamos avisados que podía producirse una catástrofe, pero no se hizo caso. Habrá muchos heridos y tal vez muertos, pensé inmediatamente.

–Me voy a Capitanía –les dije

–Le acompaño –dijo don Rafael.

–Pues vamos –repliqué de inmediato.

–Un momento, señores –intervino el Marqués de Apezteguía–, iremos con ustedes y pongo a su disposición mi calesa para que lleguemos lo antes posible.

–Se lo agradecemos y aceptamos con gusto. No hay tiempo que perder –concluí.

El Paseo del Prado estaba atestado de gente y todos se preguntaban con interés qué había ocurrido. A la altura de la calle Churruca me pareció ver al Sargento Pacheco. El tráfico era lento y me consumía la impaciencia. Lo llamé y de inmediato se presentó ante mí.

–A sus órdenes, mi Capitán.

–Pacheco, ¿tiene idea de lo que ha ocurrido?

–Sí, mi capitán. El *Maine* ha estallado[72].

De inmediato mandé parar el coche y me dirigí al Muelle de Luz para comprobar su información con mis propios ojos. A escasos cien metros, delante de mí, del acorazado estadounidense salía una inmensa llamarada del pañol de proa acompañada por todo tipo de proyectiles, así como por trozos de la propia embarcación. Eran las nueve horas y cuarenta minutos de la noche de aquel inolvidable 15 de febrero de 1898 que marcaba el principio del fin de los últimos restos del imperio español. Ya no tendría que ir a Madrid a abogar por el sueño de una federación hispana, ni correr el riesgo de ser acusado de traidor. Tampoco podría evitarse la guerra con los Estados Unidos, cuyo gobierno tenía ahora la excusa que necesitaba para intervenir. Aunque los más beneficiados del suceso serían los intereses norteamericanos y los de los insurgentes cubanos, entendí que ni unos ni otros podían haber provocado el siniestro. La guerra sería inevitable, pero los únicos que estaban neciamente seguros de que podrían ganarla eran los políticos y militares españoles más reaccionarios y contrarios a cualquier postura transigente respecto de las colonias. Esos sectores, entre los que también se contaban muchos masones, despreciaban las capacidades militares de los norteamericanos, y creían que, al provocar la guerra, alejarían para siempre la posibilidad de la negociación por la que yo estaba llamado a abogar. Lo único que querían era seguir manteniendo el dominio férreo sobre los territorios ultramarinos y explotar sin contrapartida sus riquezas. Entonces supe que Cuba, mi amada perla de las Antillas, estaba perdida. La España negra, una vez más en nuestra historia, trataba de imponer la sinrazón de la fuerza bruta por encima de la tolerancia, la comprensión del adversario y el diálogo civilizado.

Una lluvia fina empezaba a caer sobre La Habana, que, oscurecida por el humo procedente del *Maine*, dejaba ver en la bocana del canal del puerto la silueta del Castillo de los Tres Reyes del Morro y, enfrente, la del Castillo de San Salvador de la Punta, que como dos fantasmales figuras cernían su dilatada estructura, de negros cuervos vigilantes, sobre un horizonte sin apenas luz, cargado de oscuros presagios.

---

[72] Hubo 266 víctimas norteamericanas.

6

La guerra civil (1936)

Un mito más que otra cosa

Cuando nos encontramos en la plaza de La Cibeles eran más de las ocho de la tarde.

–¿Nos quedamos un rato por aquí, Luis? –me dijo Perea–, es pronto todavía y aún no habrá llegado nadie.

Eran las primeras palabras que nos habíamos cruzado desde que nos despedimos por la mañana al salir del Cementerio Civil. Habíamos asistido al entierro del Teniente Castillo y quedamos citados para esa misma tarde. Juan Perea era un Teniente de Artillería paisano y de la misma edad que el guardia de Asalto asesinado; los dos eran instructores de las milicias de las Juventudes Socialistas Unificadas y, además, los dos eran comunistas. Perea había sentido profundamente la muerte de su amigo. Precisamente había quedado el pasado domingo, el día de su asesinato, en recogerle en su casa a eso de las nueve de la noche para acudir a una reunión del partido antes de entrar de servicio en el Segundo Grupo de Guardias de Asalto. Castillo, un antiguo oficial de Infantería pasado a la guardia de Asalto y miembro de la Unión Militar Republicana y Antifascista, murió abatido a tiros por unos pistoleros al salir de su casa de la calle Augusto Figueroa cerca de las nueve y veinte de la noche. Perea se retrasó en la cita y, cuando llegó, Castillo se desangraba sobre la acera.

–Me parece bien, Juan –le dije–, así nos pasamos por el Ministerio, que tengo que recoger algunas cosas. Después podemos dar una vuelta.

A esas horas todavía quedaban grupos de sindicalistas por la plaza y un par de camionetas de los de Asalto hacían guardia en la esquina de Alcalá con el Paseo del Prado, delante del Banco de España. Poco antes un coche negro, un Hispano-Suiza, había descendido a todo gas por la Gran Vía enarbolando una bandera falangista mientras hacía sonar el cláxon y se habían cruzado disparos con un piquete de obreros afiliados al sindicato de la construcción de la UGT.

Yo, Luis Apola, había ido al sepelio vestido de paisano y Juan también, pese a estar entonces destinados los dos en el Ministerio de la Guerra, Juan Perea en el Batallón de Honores y yo en la Secretaría del Ministro desde que había ascendido a comandante en diciembre del año anterior. Perea y yo teníamos algo muy importante en común: pese a nuestra diferencia de edad y grado, y también de pensamiento político, los dos éramos masones. Estábamos afiliados a la Logia Unión nº 9 del Gran Oriente Español.

Estábamos delante de la parada del tranvía, delante de Correos, al otro lado de Cibeles, donde Alcalá sube hacia la plaza de la Independencia y cruzamos Recoletos hacia Banco para subir por Alcalá hacia Barquillo. Todavía hacía calor y el sol se ponía por detrás del palacio de Buenavista. Era el martes 14 de julio de 1936.

Antes de llegar a Barquillo entramos al Ministerio por la puerta que da a Alcalá. Los guardias de puesto estaban armados con munición real y equipados con casco y pertrechos de campaña, pues, como me dijo Riquelme, el sargento de guardia, los asistentes al entierro de José Calvo Sotelo, que había tenido lugar esa misma tarde en la Almudena, habían provocado algaradas allí cerca y la Guardia de Asalto se había visto obligada a disparar contra los alborotadores, por eso los de Asalto estaban estacionados aún en la esquina de Banco. Por otra parte, en aquellos tiempos eran muy frecuentes los piquetes de manifestantes por las calles y raro era el día en que los tiroteos entre falangistas y las juventudes de izquierda no dejaban dos o tres muertos sobre las aceras. Especialmente sentido en Madrid había sido el asesinato de Juanita Rico, una muchacha de las Juventudes Comunistas a la que tirotearon en la calle Trafalgar unos señoritos falangistas que iban en un coche; algunos creyeron ver entre los asesinos a Pilar Primo de Rivera y a José Luis Sáenz de Heredia, primo de José Antonio, el jefe del partido.

Le dije a Juan que me esperara en la puerta y yo entré un momento al Ministerio para recoger una cartera de cuero donde tenía mi mandil blanco y los guantes de ceremonia junto con los rituales. La había guardado en la caja fuerte de mi despacho, junto con algunos papeles y mi pistola. Mi amigo solía dejar sus aderezos en el propio taller de la Logia y los recogía cada vez que asistía a una tenida. Cuando subí a la segunda planta del palacio, a mi oficina, escuché desde el pasillo que sonaba el teléfono de mi despacho; me di prisa, no era normal una llamada a estas horas.

–Dígame –levanté el auricular después de cinco golpes de timbre. Quien fuera el que llamara parecía esperar a que cogiera el teléfono.

–Apola...

Me cuadré instintivamente. Era la voz inconfundible de José Antonio Trisado, de la Secretaría del Ministro.

–A sus órdenes, mi Teniente Coronel –dije mientras me preguntaba cómo podía saber Trisado que yo me encontraba en ese momento en el despacho–. ¿Desea algo?

–Sólo le llamo para desearle suerte esta noche. Lleve mis saludos a los demás hermanos. ¡Ah!... y enhorabuena.

–A sus órdenes, señor. Buenas tardes...... y muchas gracias –respondí fríamente.

José Antonio Trisado era el verdadero dueño del Ministerio. Casares Quiroga, el Ministro, también era presidente del Gobierno y se ocupaba muy poco del departamento. Casares se había reservado para sí la Cartera y habían despedido a Masquelet, el anterior Ministro, un General republicano cercano a don Manuel Azaña. Don Manuel, el Presidente de la República le había colocado a Casares la presencia de Trisado, por indicación de Martínez Barrio, y así creía controlar el Ministerio dado el poco carácter de Casares. Trisado, que hacía y deshacía a su antojo, tenía ojos y oídos por todas partes del Ministerio y sin duda el oficial de puerta le habría avisado de mi entrada en la casa. Era masón como yo pero, a pesar de nuestra común pertenencia a la Hermandad de los Hijos de la Viuda, no era persona de mi simpatía. Trisado era un hombre de muchas dobleces. Había pasado a sueños en febrero del 35, después de que, el día 15 de ese mes, el diputado Cano López denunciara en las Cortes a los generales Cabanellas, Núñez de Prado, López Ochoa y Riquelme, entre otros, por su condición de masones. Esa delación le costó el cese al general Riquelme y gracias a las denuncias Gil Robles pudo nombrar Jefe del Estado Mayor del Ejército a Francisco Franco, un africanista apadrinado por Alfonso XII. José Antonio Trisado se quitó de en medio y sólo ahora había vuelto a la Orden de la mano del Presidente de las Cortes, don Diego Martínez Barrio, que era quien le había colocado en el Ministerio para servirse de él al margen de Casares y de Azaña. A Trisado le encantaba estar en todas las salsas pero sin comprometerse ni poco ni mucho, lo mismo servía al Presidente de las Cortes que se ofrecía como confidente de don Manuel Azaña. Ahora me hacía ver que me tenía controlado y que sabía de mi elevación en la Orden. El caso es que recogí la cartera y salí a la calle.

Juan me estaba esperando mientras fumaba un cigarrillo. Al verme tiró la colilla y con un gesto me indicó que me diera prisa. Faltaban diez minutos para las nueve y a esa hora se cerraban las puertas del templo, así que apretamos el paso hacia la calle del Príncipe, al número 12, la sede del Gran Oriente. Hoy no podía llegar tarde: en aquella tenida se produciría mi elevación al grado de Maestro Masón. Yo había ingresado en la Masonería, con el nombre de «Vergniaud», en febrero de 1934 de la mano del Teniente Coronel Bermúdez de Castro, y ahora mis compañeros de logia habían decidido proponer mi elevación al grado mayor de los simbólicos. Habían pasado ya dos años desde entonces.

Tomamos por Alcalá hacia la calle Peligros. Pese a los dramáticos hechos que se sucedían en aquellos días, Madrid continuaba instalado en sus actividades de siempre como si no pasara nada. Los cines de la Gran Vía mostraban esas carteleras que tanto me llamaron la atención la primera vez que vine a Madrid: en el Rialto, *Morena Clara* iba ya por más de doscientos pases, y Janet Gaymour y Robert Taylor hacían en el «Capitol» las delicias de los madrileños con *Una chica de provincias*. Cuando pasamos por delante del café de «La Granja del Henar», en la calle de Alcalá, salían las voces entrecortadas de una tertulia torera donde unos oficinistas se abroncaban con sus pareceres al respecto de la corrida del domingo anterior en la Plaza de Tetuán. Paré un momento a escucharlos. Soy aficionado y ese día no había podido ir a ver las artes de Cruz Morales y José Jaén que oficiaban a solas seis morlacos de Mihura. Me acerqué a la terraza y por sus comentarios deduje que la tarde había sido insulsa. Según el más vehemente, «ya no hay toros como los de antes, ni cojones para pararlos», y otro, más fino, insistía en que se estaba perdiendo «el brillo en los oficiantes».

Juan tiró de mí, que llevaba prisa, y yo salí de la terraza comentando la fiesta al paso regimental que iba marcando mi compañero. Ni le gustaban los toros, ni le agradaban los cantes, ni paraba en tabernas; el caso es que, cuanto más insistía yo en las cosas de Cúchares, más deprisa corría él y menos atención prestaba. Mi amigo estaba más preocupado que yo, que es quien debiera estarlo, por lo ajustado de la hora. Vi un gesto inconfundible en sus labios –lo conocía como si le hubiera parido–, y ese rictus no anunciaba nada bueno. Sin más, apreté el paso a su lado. Ya encarábamos la calle del Príncipe y no debíamos retrasarnos más: los hermanos esperaban.

No había muchos automóviles cruzando la Plaza de Canalejas. Las farolas del centro de la plaza comenzaban a encenderse con el color amarillo de unas luces que ni iluminaban ni calentaban. La mayoría de la gente paseaba en dirección al Paseo del Prado. Los que caminaban en dirección a la Puerta del Sol lo hacían con la intención de seguir por Arenal hacia los jardines de Palacio en busca de la brisa nocturna que les calmase el sofoco de un mes de julio especialmente cálido. Cuando íbamos a cruzar la calle un bocinazo y el chirrido de los neumáticos al pegarse al asfalto nos salvó del atropello del mismo coche que antes había pasado delante de Banco desplegando la bandera falangista. Subían despendolados hacia Sol y tuve que sujetar a Juan del brazo no fuera a caer ante los guardabarros de la berlina. Al darse cuenta Juan de quiénes iban en el coche que casi le atropella echó mano al bolsillo de la chaqueta donde llevaba guardada una pistola Astra del 9 corto que gustaba de cargar cuando iba de paisano. Le detuve el gesto.

–¡Hijos de puta! –les dijo levantando el puño y con la mano derecha metida en el bolsillo.

–Tranquilo, Juan –le dije soltándole del brazo–. Son unos niñatos, déjalo y vámonos.

No dejaba de ser curioso que me sintiera tan tranquilo, y que no me afectara el incidente y que tampoco me importara demasiado llegar tarde a la Logia. Ese día sentía una especial laxitud en todos mis actos. No podía explicar por qué, pero algo no me agradaba; no era nada concreto, pero sí lo suficiente poderoso como para trastocar mis hábitos. Tenía la mente en otro sitio. Mis pies me llevaban a la Logia, pero mi cabeza no estaba en ella, no iba a ella, quería alejarme, en el fondo no quería acudir a aquella tenida. El caso es que reanudamos el paseo mientras Juan seguía desproticando en voz baja contra los falangistas.

Yo era hombre de palabra, o al menos me tenía por tal, y bien claro sabía que había empeñado la mía en ser honesto y cumplir con escrúpulo los ideales que profesaba y que eran los que, al menos formalmente, se tenían por propios en la Orden. Así las cosas, no podía hacer menos que subir un peldaño más en la escalera de Jacob y comprometerme del todo con mis hermanos. Los tiempos que corrían no eran para indecisiones. Como queriendo alargar todo lo posible mi llegada a la Logia, busqué una excusa de última hora. Estábamos ya en la plaza de Santa Ana.

–Espera, Juan –dije–, voy a echar un vistazo en el café de Riego para ver si han subido ya todos. Nos vendría bien una cerveza para quitar el sofoco.

–Luis –me replicó con aspereza–, yo no espero, voy subiendo ya.

Continué solo mi camino hacia la plaza de Santa Ana. Necesitaba respirar el aire de la calle, sentir a la gente paseando a mi lado y discutiendo por cualquier nadería. Me acerqué a la puerta del café y, sin entrar, miré al interior. No había ningún hermano, al menos que yo conociera. Efectivamente, hoy sería yo el último en llegar, pero no me importaba. Era un día señalado para mí, pero, tal vez por eso, no tenía prisa.

Cuando llegué al portal del 12 de la calle Príncipe vi que se acercaban el doctor Domingo Salas y José Pérez, un tipógrafo que vivía en la calle de San Andrés y estaba afiliado al Partido Socialista. Me detuve a esperarlos. En mi logia había bastantes hermanos socialistas, pese a que desde marzo del 34, cuando Besteiro, Saborit y Trifón Gómez dimitieron de sus cargos en la Comisión Ejecutiva de UGT, las direcciones del Sindicato y del PSOE establecieron la incompatibilidad de que los dirigentes socialistas pudieran ser a la vez masones.

A nosotros, los militares, también nos había afectado la proposición «no de ley» que el diputado Cano López presentó en febrero de 1935 para cortar los progresos que la masonería estaba haciendo en el cuerpo militar. En ella se pedía que el Gobierno impidiera que los miembros de las Fuerzas Armadas, sobre todo la oficialidad, perteneciera a la Orden. El Gobierno de la CEDA argumentaba que, dado que los militares tenían prohibida la afiliación a cualquier partido, esta prohibición debía ser extensible a la pertenencia a asociaciones secretas. Los compromisos con la Orden no eran compatibles con los intereses de la Patria, a cuya defensa y servicio habían prestado los militares juramento de lealtad incondicional. Todo muy en la línea del pensamiento católico más reaccionario, que veía en la masonería un enemigo más poderoso que el propio Diablo.

Lo cierto es que esa disposición no se cumplía y seguían ingresando militares en las filas de la masonería. Especial importancia había tenido el ingreso del Teniente Coronel Enrique Adrados en la Logia «*Constancia*», de Zaragoza, en marzo del 35. A él se debió la redacción de la plancha *Ejército y Masonería*, conocidísima en el ambiente militar, en la que rebatía punto por punto las tesis profanas que impedían a nuestros compañeros de armas afiliarse a la masonería y donde hacía un clarísimo alegato en favor de la paz entre los hombres y la fraternidad universal. Sin embargo, la disposición sí había afectado a la oficialidad masónica de alta graduación, los oficiales que más preocupaban a los políticos de derechas. Por eso los generales Romerales, Martínez Cabrera, Urbano, López Ochoa y Riquelme habían sido apartados de sus puestos y sustituidos por otros mandos que no tenían ninguna simpatía a la República, como Franco, Fanjul, Mola, Goded o Espinosa de los Monteros. Todo había ido a peor desde entonces. Ni siquiera con el Gobierno del Frente Popular se habían curado aquellas heridas. Las elecciones del mes de febrero habían representado un desencanto para mí. Si bien, al principio, la victoria del Frente Popular dio aire a una República acosada por los monárquicos escondidos en la CEDA, y muchos nos alegramos de ello, bien es cierto que los acontecimientos ocurridos desde entonces y las continuas crisis en las relaciones entre los partidos republicanos llenaban el horizonte de incertidumbres.

Don Manuel Azaña no me parecía el hombre indicado para conducir los destinos de España. Su política de traslados militares le estaba llevando a un callejón sin salida. Masquelet, su anterior Ministro de la Guerra, era un hombre pusilánime, más preocupado por fortificar Madrid que por cualquier otro asunto político, y de verdad que los había importantes, pero él los evadía aparentando una prudencia que en verdad era desidia. Peor era con Casares, que prácticamente no se ocupaba del Ministerio.

Como ya he mencionado, Trisado era el verdadero ministro en la sombra, pero estaba en manos de Martínez Barrio. La pugna entre Barrio y don Manuel Azaña por el control de las fuerzas militares leales a la República producía el desgaste del Gobierno y arrojaba consecuencias nefastas para los demás partidos. Como solía decir mi compañero de servicio, el comandante Muñoz Castellanos, ni cocinaban ni dejaban cocinar, y mientras tanto una parte del cuerpo militar se dedicaba a hacer de las suyas y soliviantaba a la tropa con consignas contra el Gobierno. Mi cargo en el Ministerio me ponía en continuo contacto con el Servicio de Inteligencia Militar, situado en la calle Montalbán. Nuestra coordinación era perfecta, pero todos los mensajes entregados al ministro para que avisara a don Manuel de los movimientos sediciosos de Mola, Sanjurjo o Franco parecían caer en saco roto. Nos devolvía los oficios con el visto bueno o enterado, pero sin ninguna orden adjunta para ejecutar alguna acción al respecto. No servía de nada dar el aviso.

En estas cosas tenía la cabeza cuando llegaron mis amigos.

–¿Cómo estás, Luis? –me saludó Domingo Salas dándome un abrazo.

–Enhorabuena, comandante –me dijo el tipógrafo palmeándome en el hombro.

Con ellos crucé el portal para subir a la sede de la Orden y, allí mismo, Domingo y José me felicitaron por mi inmediato pase a maestro mientras subíamos al segundo piso, donde estaba instalado nuestro taller. Después de llamar a la puerta con los tres golpes rituales un hermano aprendiz, Santiago García, que era de Toledo y se desempeñaba como diputado por Cuenca en las listas de Izquierda Republicana nos dio paso al gran vestíbulo.

–Pasad, hermanos –Santiago era un hombre recién incorporado a la obediencia. Había llegado a la orden de la mano del boticario de Talavera de la Reina, Antonio Riquelme, un viejo masón que mantenía unas pésimas relaciones con Diego Martínez Barrio. Riquelme siempre había considerado al sevillano un oportunista, y se negó a incorporarse al Gran Oriente cuando Martínez Barrio auspició el proceso de integración en una única organización federal de las muchas logias autónomas, «salvajes» decía él, que había por toda España. Riquelme siempre había estado en contra de politizar las logias y más aún de entenderlas al servicio del partido de don Diego, por eso se puso en sueños cuando el taller de Talavera se integró en el G:.O:.E:. La probada amistad de García con Riquelme le hacía permanecer en el grado de aprendiz pese que a otros afiliados de la misma época ya se les había dado el mandil del grado 18. Pese a eso mi amigo García era más maestro que muchos de los entorchados.

–Gracias, Santiago. ¿Han llegado ya todos los hermanos? –le pregunté cuando vi que un murmullo grande salía del fondo del vestíbulo.

–Casi todos, Apola –dijo mientras cerraba la puerta.

–¿Qué tal va el *Atleti*? –le pregunté. García era un entusiasta del Atlético de Aviación y viajaba a Madrid con más frecuencia para seguir su afición al *foot ball* que para asistir a los debates en Cortes. Era pasión lo que sentía por ese equipo.

–Sobrevivimos, Juan, sobrevivimos. Desde que hemos salido del infierno hace dos años todo va estupendamente –Y era cierto. La alineación del triunfo había dado el seis de enero del año anterior la ansiada victoria sobre el Betis gracias a los goles de Sorcnichero y Chacho y los dos más de Elicegui. Este año habían repetido la victoria otra vez, pero ahora en un brillante seis a cero a favor de los madrileños.

Los hermanos mantenían una acalorada discusión en el salón de los pasos perdidos. Esperaban la llegada de Martínez Barrio y los trabajos no iban a comenzar a la hora señalada por obvia excusa de las ocupaciones de don Diego como Presidente de las Cortes ante la reunión de la Diputación Permanente para el día siguiente.

Me presenté a los masones visitantes y tomé una copa de vino de las que el Hermano Secretario, un maestro de escuela, había preparado para entretener el rato en pasos perdidos.

–Esto parece una reunión de la Diputación Permanente, más que una tenida –le dije a Santiago al que había sustituido en puerta otro hermano aprendiz y que ahora me acompañaba en el salón.

–Cierto, Juan. No sabía yo de tanto mandil por el Congreso. Entre que soy aprendiz y no me entero de mucho y que vengo más al *foot ball* que a las tenidas me sorprendo de la de «hermanos» –esto lo dijo con retintín– que tengo y que no conocía. Y lo peor no es que no los conociera es que llevo peleándome con ellos desde el principio de la legislatura.

–Y tú sin saberlo –le bromeé.

–Lo malo no es eso, sino que no se nos nota que seamos familia –me respondió con parsimonia de viejo manchego.

La voz cantante la llevaban en esos momentos José Díaz y Antonio Mije. Los dos diputados comunistas estaban afiliados a otra logia, pero Juan Perea les había invitado a nuestra tenida a fin de dar un mayor realce a mi elevación. Perea creía que era su obligación para conmigo tal invitación y yo se lo agradecí en mi interior. Además conocía a Mijé de otros asuntos y me alegré de verle con nosotros, pues yo no sabía que fuese masón. José Díaz intentaba convencer a su público ocasional de que sólo con sus proyectos podría la República convertirse en un gobierno sólido y capaz de resistir a sus enemigos.

–No hay otra forma de llevar a cabo nuestro proyecto –les decía como si estuviera dando un meeting– más que desde unos planteamientos políticos que, bien razonados, estén sostenidos por la fuerza de las masas y no sólo por las intervenciones parlamentarias. El pueblo es republicano y está dispuesto a defender con la vida de sus hijos una república de trabajadores.

Mije, con su característico acento sevillano, tomó la palabra a su camarada:

–Somos conscientes de que el Partido Comunista es pequeño y carece de una organización sindical propia, pero nos movemos con agilidad y con el convencimiento que da el ser la vanguardia política de un pueblo abocado, antes o después, a un cambio revolucionario. Sabemos que todavía no ha llegado ese momento y, por ello, estamos colaborando en el Frente Popular con el Partido Socialista y la burguesía progresista. Sin embargo, pese a esa colaboración no estamos implicados en el Gobierno, como lo hace el Partido Socialista y eso nos permite realizar una tarea de vigilancia de las fuerzas de derechas que, pese a sus formas democráticas, cohabitan en el Frente Popular.

–Esa afirmación no es del todo cierta –respondí yo. Tenía suficiente confianza con Mijé como para interrumpirle–. En realidad vosotros estáis, solapadamente, desarrollando una labor en contra del resto de las fuerzas políticas y, sobre todo, de los núcleos socialistas, a fin de atraer a vuestras organizaciones a los trabajadores más exaltados o de menor conciencia política, más manejables.

Juan Perea me miró como solía hacerlo cuando se contrariaba. No le gustaban nada mis continuos intentos de pactar con las otras fuerzas y menos aún mi insistencia permanente, como militante socialista que yo era, en frenar los impulsos de los comunistas y su política de división de las fuerzas socialistas. Él pertenecía al PCE, pero toleraba de buena fe cualquier intento de acercamiento pacífico y ordenado con los socialistas. Realmente el Frente Popular había sido posible gracias a los comunistas, pero yo sabía que su aparente espíritu conciliador pretendía el desgaste de los partidos republicanos de izquierda que participan en el Gobierno formado tras las elecciones de febrero.

–Por eso desconfiamos del frente único que vosotros intentáis formar con tanto interés –continué–. La intransigencia es un elemento básico de vuestra ideología, pese a la colaboración que ofrecéis ahora.

–Nuestra tolerancia tal vez haya llegado a su límite –repuso Juan mirándome–. Acontecimientos como los del domingo pasado, con el asesinato de Castillo, han colmado nuestra paciencia. Ahora somos ya una fuerza bien organizada y reconocida como tal, incluso por vosotros, y no tenemos por qué aguantar más provocaciones de los niñatos fascistas. Nuestros camaradas han crecido en número, se han quintuplicado en pocos meses, y probablemente haya llegado el momento de la acción.

–Pero la respuesta no puede añadir sangre a la sangre, y menos en unos momentos como éstos –replicó Ramón Serrano, que en ese momento se estaba vistiendo el mandil de maestro masón. Era un brillantísimo abogado del Estado, cuñado del general Franco, que de manera excepcional había acudido a la tenida invitado por Domingo Salas, el médico, que había sido compañero suyo de colegio y que fue quien le inició en la orden. Había muchos diputados masones por Madrid ese día, por causa de la convocatoria que había echo Martínez Barrio de la Diputación Permanente de las Cortes–. Conozco bastante bien este tipo de escaladas continuas de violencia. Como sabéis, soy diputado por Zaragoza, por cerca tiene el carlismo sus mejores feudos, y Mola los cuida fomentando su tradicional sentido levantisco. En mi tierra los comunistas andan a tiros con los falangistas y los anarquistas cazan a los carlistas, que por otra parte no se dejan, y además no son pocos los muertos que se hacen entre sí los comunistas y los anarquistas. Vuelvo para allá este fin de semana, después de la próxima reunión de la Diputación Permanente, y no me llevó ninguna buena impresión de lo que está ocurriendo en Madrid.

–Y peor que se van a poner las cosas como sigáis animando a los militares, aunque a tu cuñado poco hay que jalearle para que nos haga una avería –le dijo Mijé en tono de guasa.

–Eso no es cierto –dijo Serrano aparentemente airado–, la CEDA no está en ningún complot contra la República y mi cuñado tampoco. Las derechas hemos ofrecido un pacto de lealtad a los partidos republicanos no marxistas, pero la intransigencia y el desacuerdo entre las fuerzas de la izquierda están haciendo que la paz se aleje cada día más y la fraternidad entre los hombres sea sólo un sueño defendido por unos pocos.

–Eso no te lo crees ni tú –le dijo Mijé.

Serrano, un hombre prematuramente cano y extremadamente elegante no descompuso el gesto ante la salida del sevillano y se limitó a ajustarse la cinturilla del mandil para que no le arrugara la chaqueta del excelente traje de lino negro que se había hecho cortar en Lisboa. Tenía por costumbre, algo muy británico, llevar el mandil por debajo de la chaqueta y así descomponer menos el atuendo. Tampoco gustaba de llevar medallas y demás parafernalia ritualística, únicamente una pequeña hoja de acacia de oro en el ojal de la solapa de la chaqueta.

–Estoy de acuerdo con eso, aunque me parece que de poco vale que lo digas –le respondí a Ramón Serrano Suñer antes de que el aragonés disputara con el sevillano–. El asesinato de Calvo Sotelo no augura nada bueno, y al Gobierno del Frente Popular la situación le viene grande. Ni los hombres de la izquierda ni los de la unión republicana están preparados para, ellos solos, asumir el poder en el actual estado de cosas. La crispación se antepone al sentido común y todo camina, cada vez más deprisa, hacia un desastre anunciado. Sólo hay apariencia de gobierno, los ministros esperan que sea el tiempo quien resuelva la crisis y todo vale con tal de no dejar las poltronas. El triunfo del Frente Popular no sirve para consolidar la República, sino para destruirla, y las derechas, Ramón, bien lo sabes tú, es lo que estabais esperando.

Leandro Pérez y Carlos Malagarriga no podían estar de acuerdo con mis últimas palabras. Los dos pertenecían a partidos de izquierda republicana, y no les agradaba que se hicieran afirmaciones tan taxativas, ni aun dentro de la Logia.

Ramón Serrano hizo un mohín de disgusto. Ciertamente él no era de lo peor en la CEDA, no era un cacique ni un extremista y se consideraba un hombre de centro, pero en eso estaba su peligro para nosotros. Era un hombre inteligente y de maneras refinadas y bien podía ser la cara ilustrada, y no por ello menos radical, del bloque conservador. Además mantenía unas excelentes relaciones con los falangistas y también un cierto ascendente sobre su cuñado.

La temperatura en el salón de pasos perdidos era bochornosa aunque las ventanas estaban abiertas de par en par, pese a ello no se movía una gota de aire en la sala. No obstante, pese a lo desagradable de la temperatura, una extraña cordialidad reinaba en el ambiente y la conversación pareciera referirse a algo que pasara muy lejos de allí pues nadie parecía darse por aludido en lo personal. Un impropio distanciamiento afectaba todas las opiniones. Todo era complacencia y la cortesía propia entre hermanos suavizaba las aristas de una conversación que no tenía nada de frívola.

No obstante, mi estado de ánimo no era especialmente complaciente aquella noche. Quería tener la seguridad de que mi paso a maestro masón se efectuaba con toda la libertad posible, teniendo muy en cuenta mis auténticos sentimientos y sin ninguna sombra de duda, y no estaba el horno de mi conciencia para esos bollos. Consideraba importante el paso que iba a dar en mi adscripción masónica y deseaba, ahora más que nunca, que la paz fuera posible y el entendimiento predominara frente a la violencia en que vivíamos por esos días. Justo en ese preciso momento entraron por las ventanas los ecos de unos disparos de fusilería, nadie descompuso el gesto. El pacto, como anunciaba Besteiro, era la única solución para salvar a un gobierno que ya daba señales de agonía a tres meses de su formación.

–Dices cosas muy duras, y en cierta medida injustas, Luis –intervino Carlos, y Leandro asintió con un gesto de cabeza–. No todos los republicanos deseamos sobrevivir a cualquier precio en nuestras poltronas. Estamos trabajando lo mejor que podemos y sabemos, pero no alcanzamos a ir más deprisa que lo que permite el tiempo de las cosas. Los acontecimientos se anticipan a la capacidad administrativa de conducirlos por el sendero constitucional y los resortes que controla el Gobierno son limitados para atajar lo que algunos pronostican que se nos viene encima. Y eso, que para nosotros es disgusto, para otros es buena noticia y procuran sea cuanto antes –mientras decía esto dejó de dirigirse a mí para mirar a Serrano Suñer que ahora se estaba calzando unos guantes blancos de piel de cabritilla. Y ponía cara de que con él no iba el asunto–. Contra este Gobierno están sus enemigos, pero también buena parte de quienes dicen ser sus aliados. La violencia falangista es tan dañina como las divisiones entre socialistas o las conspiraciones permanentes de los comunistas en orden a socavar la autoridad administrativa. Las luchas internas de los socialistas no son precisamente un ejemplo a seguir por los demás partidos. Largo y Prieto no terminan nunca de ponerse de acuerdo; es más, se zancadillean mutuamente para retirar uno al otro del poder. Besteiro es la esperanza que os queda, pero no deja de ser un filósofo bastante apartado de la realidad en que vive. Le sucede lo mismo de que nos acusas a nosotros, Luis.

En el fondo de mi conciencia no tenía más remedio que reconocer que eso era verdad. Carlos Malagarriga, el Venerable Maestro de mi logia, bien sabía de mis simpatías por Besteiro, pero calibraba exactamente lo ineficaz de su posición, al menos en aquellos momentos. Ni la UGT de Largo, ni la CNT, ni la FAI de Durruti habían sido capaces de formar una alianza revolucionaria y sus relaciones eran caóticas. La CNT y la FAI andaban detrás de la revolución y la UGT bastante tenía con sobrevivir a sus peleas internas, que sólo contribuían a hacer el caldo gordo a los comunistas. Las diferencias entre unos y otros se resolvían a tiros en la calle, como se había visto en la reciente huelga de la construcción en Madrid.

–Con seriedad, Luis –dijo Juan, que parecía leerme el pensamiento–. Nos conocemos desde hace años y hoy te noto extraño, más obcecado que de costumbre. Sabes que la labor del Partido Comunista se ha centrado en la captación de los mandos inferiores de los tres ejércitos, pero nunca hemos pactado con los anarcosindicalistas como ha pretendido Largo Caballero, de los que luego, en público, dice que no quiere saber nada. Hoy son un problema para la República tanto los anarquistas como los fascistas, y no sé cuáles son peores. Ni desorden ni fascismo, queremos una República democrática, y si para eso tenemos hoy que hacer cumplir la ley con la pistola en la mano, lo haremos.

–Así no vamos a ningún lado –apostilló Serrano sin pretender mediar la conversación. Mientras decía esto se secaba el sudor de la frente con un pañuelo blanco de hilo que al punto introdujo en el bolsillo superior de la chaqueta dejando que los picos le cayeran hacia fuera.

Demasiado bien sabía yo que en las elecciones de febrero último todas las fuerzas de izquierda se habían aliado en el Frente Popular para conseguir el poder y que esa alianza era de mera conveniencia. En realidad no se produjo un acuerdo entre partidos tan distintos como la Unión Republicana y el POUM, sino que los republicanos se pusieron de acuerdo con los socialistas, y éstos a su vez, lo hicieron con los grupos situados más a la izquierda.

Habían pasado más de tres cuartos de hora desde que llegué y Martínez Barrio seguía sin aparecer. No se debía esperar tanto, y no se habría hecho si el hermano que faltaba no hubiera sido precisamente nuestro Gran Maestro. Al poco volvió al salón el Venerable Maestro, que había salido un instante antes para atender una llamada de teléfono. Carlos Malagarriga pidió silencio con unas palmadas:

–Hermanos, no estamos aquí para seguir con los enfrentamientos de la calle y meter en el templo soflamas partidarias. Venimos a fin de coordinar esfuerzos y voluntades mediante el trabajo en logia para que cada uno de nosotros, dentro de su personal área de influencia, pueda sembrar la paz y la concordia entre todos los de su alrededor. Nuestras constituciones prohíben hablar de política en las logias, así como de religión, y si he dejado que ustedes se explayen es debido, exclusivamente, al peculiar momento que estamos viviendo, pero creo que ha llegado la hora de establecer la unidad entre nosotros; debemos pasar al templo para celebrar la tenida y en ella efectuar el pase a maestro de nuestro querido hermano Luis.

Todos nos callamos. Malagarriga era un hombre bueno y le teníamos un enorme respeto. Bajo su mallete era muy fácil la concordia entre los hermanos.

–Acabo de saber –continuó– que Martínez Barrio va a retrasar hasta última hora su venida a la Logia o que tal vez no pueda venir. Me ha encomendado que le esperemos cuando acabemos, por si llega, pero que vayamos efectuando los trabajos que hoy nos han reunido aquí. En su representación estará con nosotros Rafael Torres, un querido hermano de todos nosotros, que es quien me ha comunicado el retraso del Gran Maestro.

Rafael Torres era un diputado por Huelva, de Izquierda Republicana, e íntimo amigo de Diego Martínez Barrio.

–Hermanos –concluyó Malagarriga–, abandonemos este salón de los pasos perdidos y pasemos al templo sin más tardanza.

Abrí mi cartera y saque los guantes y el mandil blanco. Lo mismo hicieron los demás hermanos. El Venerable Maestro, desde la puerta de la Logia cerrada desde el interior, anunció que el Templo estaba preparado y los trabajos de mi exaltación a Maestro masón debían comenzar.

Todos, vestidos ya para la ceremonia, salimos del salón entre protestas mutuas de fraternidad. Nunca la política podrá enfrentarnos decían unos, mientras otros, adversarios en el Parlamento, se abrazaban antes de entrar en logia.

Juan y yo nos quedamos mirándonos. Sabíamos de la gravedad de la situación por nuestros destinos y las confidencias de algunos compañeros destinados en los servicios del Estado Mayor Central. Se habían interceptado varios mensajes de radio anunciando un próximo golpe militar y el Servicio de Información estaba al corriente de los movimientos del Director y sus amigos.

–El Venerable Maestro sugiere orden y atención, pues el templo va a ser abierto y el desfile de hermanos debe ser efectuado en silencio y orden perfecto.

Todos acatamos la orden masónica y compusimos los mandiles para la solemne exaltación que iba a dar comienzo. El último en pasar al templo fui yo por mi condición de candidato a la elevación.

Había visto muchas veces el templo, pero nunca decorado como lo estaba aquel día. No era grande, pero tenía suficiente tamaño para poder trabajar en él con comodidad. Lo compartían muchas logias y cada una de ellas lo preparaba para sus trabajos en los diversos ritos y grados. Las dos columnas, Jakin, la de la derecha, simbolizando la solidez y la estabilidad, la columna de los aprendices, y Boaz, la de la izquierda, que simbolizaba la fuerza, la columna de los compañeros, marcaban la entrada. Eran dos columnas de madera y estofadas en oro que estaban ornadas sobre el capitel con tres granadas de plata cada una y quedaban situadas justo detrás de la puerta, a ambos lados de la entrada. Representaban las dos columnas que se levantaron ante el vestíbulo del Templo de Salomón, a cada lado de la entrada. Hirám, el arquitecto del Templo, fundió dos columnas de bronce que garantizaban la alianza eterna del cielo y de la tierra, con dieciocho codos de altura y un contorno de doce codos. Las de nuestro templo, como aquéllas, eran serpenteantes, de las que llamamos salomónicas, simbolizando la sabiduría que marca los límites entre el mundo profano y el mundo sagrado. Enmarcaban de forma admirable el delta luminoso del fondo del altar.

El suelo de la Logia era un ajedrezado perfecto, de baldosines blancos y negros, arcidriche que alterna y equilibra el mundo de la oscuridad y el de la luz. El número de baldosas era de sesenta y cuatro, que es la cifra de la unidad cósmica, porque fija los ritmos universales y cristaliza los ciclos cósmicos. Es el símbolo por antonomasia del campo de acción de las fuerzas cósmicas sobre la Tierra, que es el cuadrado limitado a sus cuatro puntos cardinales.

A ambos lados del perfecto cuadrado ajedrezado se situaban los asientos de los aprendices y compañeros, con sus respectivas mesas iniciales o aposentos del primer y segundo vigilante de cada una de las columnas, fieles cumplidores de que los trabajos se realizaran en cada una de ellas de manera justa y perfecta. El actual maestro provincial había dispuesto se tapizaran los asientos en terciopelo rojo dando al conjunto una mayor pompa.

En el fondo de la sala, hacia su oriente, estaba situado el altar, coronado por el delta o triángulo sagrado con la G en su interior y enmarcado por El Sol y la Luna, sempiternas luminarias de nuestra conducta en la Tierra. La mesa de oficiante del Venerable Maestro se situaba delante de estos símbolos y encima se veían, a un lado, el libro sagrado protegido por la escuadra y el compás, y al otro la piedra bruta, un bloque de granito del Guadarrama, entrecruzada por un martillo, un escoplo y un nivel.

En el fondo de la sala, también en oriente, y a los lados de la mesa del Venerable Maestro estaban, a la derecha, el sillón y mesa del hermano Secretario y a la izquierda los sillones en los que se sentaban Venerables invitados de otras logias y cargos del Gran Oriente.

En el centro de la sala y en perfecta simetría con las dos columnas de entrada y el triángulo flamígero del oriente se hallaban las tres luces de la Logia. Cada una de ellas simbolizaba, respectivamente, la paz, la belleza y la justicia que debieran adornar nuestros trabajos. Las tres luces en el centro del templo protegían e iluminaban el cuadro de logia, que en nuestro caso era una cadena fraternal de hermanos unidos en torno a un triángulo equilátero perfecto. A su alrededor estaban las sillas, todas de color negro y orientadas en semicírculo hacia el altar.

Los ojos de los profanos no conocían la espléndida transformación que se producía, y que yo sentía en cada reunión de logia, una vez que las puertas se cerraban al mundo exterior bajo la vigilancia de un hermano. Ahora, al entrar en el Templo, la sala estaba en semipenumbra. Las tres luces centrales no habían sido encendidas aún por el Venerable Maestro de logia. El desfile ritual daba comienzo. Los hermanos comenzaban sus trabajos en silencio. El último maestro iniciado comenzaba la marcha, seguido por todos los hermanos que ese día trabajaban en la Logia. En último lugar desfilaba el Venerable Maestro, precedido de los dos vigilantes del Templo y protectores de sus dos columnas. Yo precedía al antepenúltimo, que era el segundo Vigilante.

Tras las tres vueltas de ritual, quedé centrado entre columnas y todos los demás hermanos, veintiuno en total, tomaron asiento.

–Queridos hermanos –dijo el Venerable maestro–, a mi golpe de mallete doy por abiertos los trabajos que hoy nos han reunido aquí.

El silencio era emocionante, las palabras de Malagarriga sonaban con una gravedad bien distinta a su timbre ordinario. Ciertamente la práctica del ritual escocés antiguo y aceptado comportaba un cierto grado de alteración de los niveles de conciencia. Siempre me sorprendió que, iniciado el ritual, se transformara la apreciación del espacio y del tiempo. De un modesto piso madrileño en una noche calurosa de julio se pasaba, casi al instante, a un espacio intemporal, sin dimensiones, donde el espíritu se instalaba por fuera de toda medida y referencia sensible. Concluidos los trabajos de apertura de la logia tomó la palabra el Venerable maestro:

–El hermano Luis, aquí presente, ha sido merecedor de un aumento de salario por sus excelentes trabajos y probada honestidad. ¿Hay alguno de vosotros que desee manifestar algo en contra?

–El silencio reina en ambas columnas, Venerable maestro –respondió el Primer Vigilante.

–Pasemos entonces a iniciar los trabajos de exaltación a maestro masón del hermano Luis. Con un golpe de mallete doy paso al Primer Vigilante para que inicie las preguntas que nos hagan reconocer la preparación del hermano Luis, en su categoría de compañero, antes de aumentar su salario y ser ascendido a Maestro de esta venerable logia.

El Primer Vigilante, dirigiéndose a mí, inició las preguntas que yo, como postulante a Maestro, debía contestar dando así fe de mis conocimientos y atención hacia la obra masónica.

–Querido Hermano, Luis, estamos en logia reunidos para atender a vuestro aumento de salario, pero antes debéis de pasar el examen correspondiente al grado que deseáis alcanzar. ¿Estáis de acuerdo?

–Lo estoy, Venerable Maestro.

–Tras el golpe de mallete me dispongo a efectuar las preguntas que nos confirmarán si vuestro aprendizaje ha sido justo y perfecto. ¿Estáis preparado?

Los tres golpes rituales dieron la palabra al Primer Vigilante, José Pérez, que ese año trabajaba con tal condición y que si no había alcanzado la situación de Venerable Maestro de la Logia era por su pertenencia a la corriente de Besteiro dentro del Partido Socialista. Muchos de los masones de ese taller eran miembros de Izquierda Republicana y, pese a lo que debiera ser conforme los *landmarks*, tenían muy en cuenta las relaciones de sus miembros con los partidos, como había podido apreciar, una vez más, en las conversaciones de la entrada.

–Lo estoy, Venerable Maestro.

«Ya no hay más que decir», me expliqué para mis adentros. Sabía que mi elevación al grado de maestro masón no era más que el final de un compromiso con la Orden que, en principio, no había querido asumir hasta ahora. Nunca me había sentido demasiado a gusto con mis compañeros desde el momento que aprecié que la fraternidad entre nosotros era más un principio nominal que una práctica esencial. Las peleas entre masones encuadrados en los distintos partidos eran más comunes que los intentos sinceros de procurar la hermandad y el progreso de todos, y bajo una apariencia fraternal apreciaba, con demasiada frecuencia, las pasiones que hacen a la envidia, la ambición y el interés egoísta. Además, como militar que soy, estaba acostumbrado a someterme a la jerarquía, pero a la que viene de la antigüedad o de los hechos de armas y no, como sucedía en la Orden, a aquella que fundamenta su razón en los cabildeos y las componendas. No en vano no había tomado nunca responsabilidades en las logias, y si ahora concurría a la ceremonia de elevación era más por asumir plenamente mi compromiso interior con el progreso y la paz entre los hombres que por prestarme a los juegos de poder entre masones y políticos. La situación política en España reclamaba la unidad, y por eso me decidí a dar el paso, aunque sabía que ello sería malinterpretado por mis compañeros de armas.

–¿Cuál es vuestro nombre masónico? –me preguntó el tipógrafo. Le miré con cariño, era un hombre por el que sentía admiración. José Pérez, a pesar de ser un hombre que ya había cumplido los sesenta y no tener más instrucción que la de unos años de escuela, era una persona serena para quien las letras eran su vida y el mundo de las palabras no sólo era el de su oficio sino el lugar de la felicidad.

–Mi nombre masónico es «Mista» –le dije.

–¿Qué significa ese nombre?

–Significa «Velado», porque durante mi recepción un velo emblemático cubría mi cabeza.

–¿Qué significa ese velo?

–Representa el estado de ignorancia en que me encontraba, aun después de haber pasado por el primer grado de iniciación.

–¿Dónde fuisteis recibido?

–En El Templo de la Sabiduría. –He de reconocer que los rituales masónicos han sido siempre un poco exagerados: nada más lejano a un templo tan venerable era aquel modesto piso.

–¿Cómo penetrasteis en él?

–Me pusieron un mallete en la mano derecha, como símbolo de la fuerza sometida a la inteligencia, e indicando al mismo tiempo los esfuerzos que debemos hacer para perfeccionarnos. Después me iniciaron batiendo tres golpes de apertura.

Realmente no me acordaba de nada de aquella ceremonia, y si algo me venía a la mente se debía a los ligeros recuerdos que me traían las preguntas del propio ritual. Mi instalación en el grado de compañero, algo que tampoco procuré, pues no pensaba pasar del de aprendiz, fue más una imposición de la Logia que un deseo propio. Conmigo fueron ascendidos de salario, entonces, otros cinco aprendices, y lo único que recordaba con cierta claridad fue la juerga que nos corrimos hasta la madrugada al salir de la asamblea de los hermanos, que eran casi todos militares. Por entonces estaba destinado en Jaca, y ahora recordaba con pena a Fermín Galán, que por entonces éramos los dos capitanes y juntos fuimos a por el salario de compañeros. Meses después el capitán Galán sería fusilado por alzarse en armas y proclamar la República. Hoy su recuerdo no se me iba de la cabeza.

–¿Respondisteis adecuadamente a las preguntas?

–Lo hice, Hermano Primer Vigilante. –En realidad no me acordaba de ninguna respuesta de las que pudiera haber dado.

–¿Pasasteis los cinco viajes simbólicos?

–Los pasé, Hermano Primer Vigilante. –El mismo vacío en la memoria. Sólo recordaba la imagen de Fermín Galán riendo con la guerrera desabrochada y trasegando vasos de vino de Cariñena mientras contaba a voces sus aventuras cuando sirvió en Jaca.

–¿De qué modo hicisteis esos cinco viajes?

–Hice el primero con el mallete en la mano derecha, y ante el altar me incliné junto al triángulo luminoso –dije leyendo en un cuaderno que llevaba entre las manos y que me había dado Domingo Salas antes de empezar la ceremonia. Nunca había sido capaz de memorizar los rituales–. Este viaje representa el tiempo que el neófito debe emplear en el estudio de la causa primera: Dios. El segundo lo hice con el compás en la mano, y me incliné dos veces delante del triángulo luminoso. Hice el tercero con una palanca sobre el hombro derecho. Esta palanca es el poder que el hombre recibe por el estudio de las diversas ciencias y las artes. Cuando lo terminé me incliné tres veces ante el triángulo luminoso. El cuarto viaje lo hice llevando en las manos la escuadra y el nivel. La escuadra es el símbolo de la justicia, y el nivel el emblema de la igualdad, compañera inseparable de la verdad. Cuatro veces me incliné ante el triángulo sagrado. Hice el quinto y último viaje llevando la plomada, que es el emblema de la estabilidad de la Orden, y lo acabé inclinándome cinco veces ante el triángulo luminoso.

–¿Qué hicisteis después de estos cinco viajes?

–Prestar juramento, Hermano Primer Vigilante.

–¿De qué modo lo prestasteis?

–De pie, con la mano derecha sobre el Libro Sagrado de la Ley y, después de haber pronunciado mi obligación al Venerable Maestro, fui proclamado compañero ante la asamblea de los otros hermanos.

Recordé entonces que casi todos eran militares cuando fui iniciado en el Pirineo. La Logia se componía casi exclusivamente de oficiales de los regimientos estacionados en Jaca. Yo servía por entonces en Artillería de Montaña y era común que fuéramos a las tenidas de uniforme; a veces incluso se celebraban en el cuartel de mi regimiento, dado que el Coronel al mando también era masón.

–Poneos a la orden: Dadme el tacto y la palabra de paso.

Tomé la mano de mi examinador y puse sus dedos a la manera del grado mientras le sonaba al oído la palabra pedida.

–La postura y las contraseñas son correctas –dijo el Primer Vigilante dirigiéndose al Venerable Maestro, que asistía a la ceremonia sentado en un sillón de tan mal gusto como grande. Ese sillón había sido un regalo al templo de Madrid de Diego Martínez Barrio y parecía más el trono de un dictadorzuelo africano que la sede de la Sabiduría del rey Salomón.

–Decidme Hermano, ¿qué significa el triángulo? –volvió a inquirir el tipógrafo.

–El triángulo representa la fuerza productora de la naturaleza; simboliza la perfección; nos recuerda las grandes verdades y las ideas sublimes. –Seguía leyendo del cuadernillo que llevaba en la mano derecha. Ciertamente me costaba por lo pequeño de las letras, mi incipiente pérdida de vista y la penumbra en que nos movíamos–. Su «G» central es el punto de partida de toda luz, de todo conocimiento y de toda ciencia. El triángulo es la alegoría de las tres verdades fundamentales de los primeros misterios, recordándonos los efectos sucesivos y eternos de la naturaleza, esto es, que todo está formado por medio de la regeneración que anima todas las obras, y que la regeneración restablece, bajo otra forma, los efectos la destrucción.

–¿Qué significan las columnas la entrada del Templo?

–Simbolizan la justicia y la bondad –al menos así venía en el papel. A este punto de la ceremonia no pude reprimir una sonrisa. Procuré que no se me notara y continué con las respuestas–. Tanto la una como la otra son la base de todo el sistema moral. Siguiendo los dictámenes de la justicia, no causaremos nunca daño alguno a nuestros semejantes, pero la bondad va más allá, se eleva hasta la virtud, para hacer a los demás todo el bien posible.

–¿Por qué las columnas están adornadas de hojas de acanto, de rosas, de lirios y de ramas de acacia?

–Todas ellas son una alusión a los frutos y a las satisfacciones que nos procuran las ciencias, las artes y el hallazgo de la verdad, encaminadas a realizar el bien.

–¿Cuáles son los adornos de una logia?

–El pavimento de mosaico, el cíngulo entrelazado, la estrella flamígera y la esfera.

–¿ Qué significan estos adornos?

–El mosaico formado por piedras unidas por medio del mortero significa la estrecha unión que debe reinar entre los masones, ligados entre sí por medio de la sabiduría y la verdad. El cíngulo entrelazado es el emblema del adorno externo de una logia, ennoblecida por las buenas costumbres de los hermanos que la componen. La esfera indica que, por medio del estudio de la naturaleza y de la contemplación de las maravillas del poder divino, se puede llegar al conocimiento de la verdad. La estrella flamígera es el signo dominante del segundo grado de la masonería. Una estrella es para el Compañero la guía que le impide perderse en las tinieblas. Es el emblema del genio que guía las grandes obras y del fuego sagrado del G:.A:.D:.U:., a cuya luz debemos discernir y practicar la justicia y la verdad.

Lectura tan larga me dio para pensar la cantidad de palabras vacías que se decían en logia, a veces como un papagayo repetidor.

–¿En qué dirección viajan los hermanos en logia? –continuó.

–Del Occidente al Mediodía, de Este al Norte y de aquí al Oriente. Este camino significa que un verdadero masón debe volar al socorro de sus hermanos, aunque sea al extremo de la Tierra.

–¿Por qué una logia no es justa y perfecta si no reúne el número siete entre sus maestros?

–Porque el número siete es la armonía, y de ésta nace la justicia.

–¿Qué edad tenéis?

–Cinco años.

–¿Por qué esa edad?

–Porque esos años representan la edad del Compañero. El hombre está dotado de cinco sentidos: la vista para ver el signo, el oído para apreciar la llamada, el gusto para discernir la copa alegórica, el olfato para oler los perfumes simbólicos y el tacto para practicar el saludo. Cinco hermanos son los justos para formar una logia, más el Venerable Maestro, los dos Vigilantes y el Secretario.

–¿Qué significan las tres estrellas colocadas al Oriente?

–Simbolizan la triple esencia de la divinidad: la sabiduría, la justicia y la bondad. Todo hombre debe hacer cuanto de él dependa para llegar a poseerlas.

–Querido Hermano, dad a vuestro cuerpo, a vuestra alma y a vuestro espíritu toda la fuerza, grandeza y la perfección de que son susceptibles por su naturaleza para servir con armonía a Dios, a vuestra patria y a la humanidad de la que formáis parte. Tal es la ley de la naturaleza del hombre.

–Así lo haré, hermano Primer Vigilante.

–Las respuestas son correctas Venerable Maestro, el Compañero está preparado para recibir un nuevo salario.

El Primer Vigilante dio tres pasos hacia atrás y se quedó mirando a Malagarriga, sentado en el sillón de Venerable Maestro.

–¿Persistís en querer pasar a la cámara de en medio?

–Persisto, Venerable Maestro –respondí sin mucha convicción.

–Debéis conocer que tendréis que morir antes de renacer en vuestro nuevo estado de maestría, y que en este camino que os espera estáis solo.

–Lo conozco, Venerable Maestro.

«Otra vez la muerte –me dije–, la muerte en la calle y también en muchas conciencias». Resultaba paradójico que en aquella fraternidad se planteara la muerte como vía necesaria de un nuevo vivir. Ojalá fuera así para nosotros, pero no para España.

–Oscureced el Templo, Hermanos. Sólo puede quedar iluminado por las tres luces. Debemos introducir al compañero en el ataúd para que muera en su estado actual y se convierta en maestro.

De lo que vino después no me acuerdo exactamente: sufrí una especie de desvanecimiento que me nubló la memoria de lo que siguió. Al poco, o así me pareció, la ceremonia había concluido. La ceremonia de iniciación al grado de maestro era un acto singular donde la muerte era la sustancia del esquema simbólico. Ciertamente esta ceremonia no venía de los modos usados en las viejas logias operativas, donde todos los pasos de grado se hacían mediante ritos de juramento y de palabra, sino de una específica aportación de la masonería especulativa a partir del desarrollo del mito de la muerte de Hirám, el constructor. Sólo desde el ritual de 1723 se detalla este procedimiento simbólico. La posición de decúbito a que me llevaron hacía a la muerte, al tránsito de lo que es de una manera para ir a otra sustancialmente distinta. Era una ceremonia «de la mano izquierda», de la tradición cainita de los herederos mistéricos de Tubal-Caín, el hijo del diablo, el de la cara diferente, el hermano de Naema, que nació de Lamec, el hijo de Matusael, que lo fue de Mehujael y ese de Irad, que nació de Enoc, el hijo de Caín. Tubal es, por ello, la séptima generación que nació de Eva y Samael. Y otra vez el número siete. Samael copuló con Eva y Lilith, la hermana de Naema, con Adán. Por eso al venir Hirám de Tubal-Caín sucede que Lilith, la madre de todos los demonios al decir del rabí Simeón Bar Iochai, es la línea por la que Hirám entronca con el diablo y por ello con la sabiduría y las artes del fuego. Algo debe tener esta ceremonia que me llevó a perder la conciencia y se me olvidó lo que pasó desde que mi cuerpo se pegó al suelo con los pies hacia el oriente y la cabeza al occidente. En silencio, como entramos, hicimos de nuevo nuestro paseo ritual dentro del templo y salimos por donde habíamos entrado después de apagar el Venerable Maestro las tres luces del cuadro.

De nuevo en el salón de pasos perdidos, mientras nos quitábamos los guantes blancos y los mandiles, me felicitaron efusivamente todos y cada uno de los hermanos que ese día habían asistido a mi exaltación a maestro masón.

El abrazo más emotivo, tal vez el más sentido de todos, me lo dio Juan Perea, mi entrañable amigo y compañero de armas, un hombre de los pocos siempre dispuestos a defender sus ideas, que en mucho también eran las mías, con la misma entereza con la que lo había hecho Fermín Galán. A él, en secreto, le había dedicado mi pase de exaltación a maestro. Él, sus hechos y sus palabras («Recuerda, Luis –me decía–, sólo con las armas podrás defender al final tus ideas, lo demás son palabras de políticos que sólo quieren mantener sus ventajas particulares») se me venían ahora al recuerdo. No sabía yo, aquel día ya tan lejano, que aquellas palabras serían premonitorias.

Sólo a Juan, a Malagarriga y a Domingo Salas, el tipógrafo, les tenía auténtico cariño. A mi juicio, sólo ellos eran verdaderos masones, los demás fingían serlo. Todos hablaban como si lo fueran y decían sentir como si lo fueran, e incluso proclamaban entre ellos una fraternidad que estaba muy lejos de ser cierta. Hablaban, hablaban y seguían hablando, y todo para hacerse oír, para que se les notase. Sin embargo, pese a tanta palabra y tanto abrazo, después de interminables discusiones nada quedaba que realmente sirviera para algo que no fuera el propio orgullo y las secretas intenciones de cada uno. Mientras, fuera, en la calle, la incomprensión y la violencia de los compañeros de quienes se decían mis hermanos seguían acercándonos a todos al precipicio sin que ninguno de ellos hicieran nada eficaz por impedirlo.

–Vamos a celebrar el banquete que corresponde al grado adquirido por nuestro hermano –anunció Carlos Malagarriga. Habíamos guardado los mandiles y los guantes en las carteras y el templo se estaba despojando de los adornos de la ceremonia, todos los elementos del ornato volvían al baúl donde esperarían otra ceremonia.

Nos disponíamos a ello cuando entró el hermano Martínez Barrio, acompañado por José Antonio Trisado. Se hizo un murmullo de admiración. Yo sabía de sobra que algunos hermanos que me decían haber acudido a la ceremonia de elevación a maestro por cariño a mi persona mentían por cuanto lo que les traía al taller esta noche era la anunciada visita del Gran Maestro. La adulación de los tiralevitas no era ajeno al gusto del Presidente de las Cortes, un favor, el empleo para un amigo, un nombramiento o un escaño de concejal o el acta de diputado era, casi siempre, lo que traía y llevaba a los muchos que mariposeaban alrededor de Martínez Barrio de tenida en tenida. Martínez Barrio vestía un traje negro con corbata de rayas y sudaba copiosamente. Trisado, sin embargo, parecía tan fresco como si acabara de despertarse, todo en él era frialdad, sólo sus ojos, siempre intranquilos, iban de un lado a otro controlando todo cuanto estuviera cerca de él. Los dos me felicitaron efusivamente por el paso dado y por la calidad, a su decir, de mis trabajos profanos desde el Ministerio de la Guerra.

Intercambié una rápida mirada con Juan. Me había sorprendido ver juntos en nuestra reunión de logia a los dos personajes que más estaban haciendo, y de ello no me cabía ninguna duda, por ensombrecer y tergiversar el panorama político, uno desde su presidencia de las Cortes, el otro desde el ministerio de la Guerra.

Leandro Pérez, republicano como don Diego, pero de tendencia distinta, les ofreció sentarse y unirse al banquete, lo que aceptaron de buen grado. A mí no me atraía en absoluto compartir mesa y mantel con aquellos dos invitados de última hora. La verdad es que les tenía poca simpatía. No obstante, y más por el compromiso de procurar la paz y la concordia entre hermanos que por otra cosa, acepté en mi interior la visita, que para mí era más intromisión que cortesía. Además, aquél iba a ser mi primer ágape como maestro masón y debía procurar que una cierta armonía prevaleciera ante el desagrado. Sin embargo, la presencia de aquellas dos personas, pese a que Diego fuera el Gran Maestro de la obediencia, no me auguraba nada bueno al respecto de mis propósitos. Eran dos buitres agoreros que anunciaban la muerte extendiendo sus alas sobre la masonería, para entonces ya casi un cadáver vacío de contenido. Diego Martínez Barrio había convertido la obediencia en un instrumento más de sus ambiciones políticas. Muchos de los masones no eran mis hermanos, eran unos simuladores y ventajistas que usaban el mandil como medio de control de las conciencias de otros. Su logia estaba en las Cortes y en los cenáculos partidistas, y mientras tanto el pueblo, desamparado y confuso, se debatía en un contar las víctimas que se iban produciendo sin saber cuál sería la próxima.

La mesa, en una habitación contigua al salón de pasos perdidos, la habían preparado los hermanos aprendices. Debía estar engalanada al modo del rito y servida con los platos conformes a la celebración. Los entremeses y el cordero que, acompañados de una docena de botellas de vino, debían hacernos pasar una agradable velada se habían subido de la Gran Fonda del Comercio, situada en la avenida de la República. Cuando todo estuvo dispuesto pasamos a celebrar el ágape. Apagué el cigarrillo.

–Hermanos, éste es un gran día para Luis –dijo don Diego al poco de sentarnos todos. Él estaba de pie y a mí me habían cedido el lugar preferente a su derecha–. Hoy asciende un peldaño más en la escalera de Jacob, hoy es más sabio. Y es muy importante que el hermano Luis sea un maestro masón; es importante para él y es importante para nosotros por lo que él representa, el servicio de las armas y la defensa de la patria. Hoy están representadas en él las fuerzas armadas –dijo esto mirando a Juan Perea–. Y por eso, por militar y por masón, su fidelidad, su disciplina y su coraje están fuera de toda duda, como en el resto de los militares fieles a nuestra causa de la fraternidad universal. Atravesamos momentos muy difíciles, pero con hombres como él todo se irá solucionando. Brindemos por ello antes de comenzar la cena ritual.

Juan, que estaba tan tenso como yo, se levantó a brindar y, antes de que nos volviéramos a sentar, se dirigió al Gran Maestro:

–Muy Respetable Gran Maestro –dijo dirigiéndose a Martínez Barrio–, Venerable hermano Malagarriga, queridos hermanos –continuó–. Quiero plantearos a todos un asunto de especial importancia y con el permiso del hermano Luis Apola, a quien todos le debemos especial consideración esta noche, deseo que el Gran Maestro nos aclare unos rumores que hacen a la presencia de nuestra obediencia en un suceso luctuoso acontecido ayer por la noche.

–No es momento de preguntas, según nuestro ritual –le interrumpió Malagarriga.

Se rumoreaba desde el lunes que había habido masones detrás del atentado contra el Teniente Castillo. Como me temía, la cena se iba a convertir en un campo de batalla, lo mismo que ocurría en el exterior. Ya ni en la Logia se podía esperar la paz que tanto se pronosticaba en nuestras reuniones.

Yo también había oído aquellos rumores, pero no les había dado importancia. Vivíamos rodeados de toda clase de chismes y noticias al oído. Juan, sin embargo, sí los creía, tal vez trastornado por el dolor de la muerte de su amigo. Esa misma mañana había mantenido una larga conversación conmigo en la que traté de convencerle de la falsedad de esos infundios. No conseguí convencerle y concluyó diciéndome que esa noche, después de mi elevación al grado de maestro, pediría la plancha de quite y pasaría a sueños. Al final no lo había hecho, al menos durante la tenida. Creo que por deferencia hacia mí. El caso es que persistió en abordar el asunto delante del Gran Maestro.

–No necesito de ningún ritual –dijo totalmente encolerizado–, ni de ninguna hermandad para decir lo que pienso. El hombre ha nacido libre, y perder su libertad por defender una hermandad que sólo existe en el gregarismo inconsciente de los que no saben definirse con voluntad y coraje no es en modo alguno un estandarte que yo vaya a sujetar. ¡Quiero una aclaración del Gran Maestro sobre lo que sepa al respecto del asesinato del Teniente Castillo!

Por la mañana yo había intentado convencerle de que tuviera paciencia. Al parecer, ya habían sido detenidos los criminales de su amigo y la verdad se aclararía muy pronto. En el mismo cementerio, un compañero nos había anticipado que los asesinos eran falangistas, y no tradicionalistas como se pensó en un primer momento, y que entre ellos se encontraba, al parecer, un militar, un tal Alfonso Gómez Cobián, pero aún no se había confirmado nada y que no había ningún detenido. Por otra parte, la situación política no dejaba de agravarse. Para complicar más las cosas, otro asesinato. La misma noche que atentaron contra Castillo, después, a las cuatro de la madrugada alguien había dejado el cuerpo del diputado conservador José Calvo Sotelo en la puerta del cementerio de La Almudena, lo que enseguida fue interpretado por los enemigos de la República como una venganza de la izquierda por la muerte del teniente republicano. Cabía la posibilidad de que la sucesión de asesinatos políticos tuviera como cometido forzar al Ejército a tomar el poder, y que detrás de tales designios estuviera alguno de los jerarcas de la masonería, pero nosotros, por nuestra condición de militares, no podíamos alimentar las dudas que existían al respecto, por otra parte más habladurías que certezas. «Luis –me dijo con tono autoritario–, respeto tus opiniones; primero por nuestra amistad y segundo por tu graduación; pero igual que estoy unido a ti por el vínculo de la amistad y la obligación de la camaradería, tengo también mi corazón puesto en mis compañeros comunistas. No puedo tolerar que la hermandad a la que pertenecemos esté implicada, ni por sí ni por sus miembros, en una componenda política que ha llevado al crimen de uno de mis camaradas. Por ahí no paso, querido Luis».

Y eso me lo decía poco antes de entrar en el cementerio a enterrar los restos del Teniente Castillo. La sospecha de que detrás del asesinato se hallaba alguno de nuestros hermanos masones se acrecentaba por el hecho de que Castillo, que también era masón, militaba además en la UMRA (Unión Militar Republicana y Antifascista), al igual que Perea y yo. Además, daba la casualidad de que Castillo era primo del jefe de la Falange Española, José Antonio Primo de Rivera, lo que venía a añadir mayor confusión a una situación de por sí complicada. Nosotros sabíamos que el hombre de Martínez Barrio dentro de la UMRA era el capitán Urbano Orad de la Torre, y Perea creía que éste podía haber sido quien señalara a los asesinos la presa a cobrar. Al parecer Orad de la Torre era compañero y amigo del tal Gómez Cobián. Ya por la mañana del día de hoy se sabía que a Calvo Sotelo le habían asesinado unos guardias de Asalto del cuartel de Pontejos, que es donde servía Castillo, al mando del capitán Condés, un guardia civil que también era masón y amigo de Urbano Orad de la Torre. Ahora, con Diego Martínez Barrio delante, podía explotar el genio de Juan y darse una escena cuando menos comprometida. Yo creía sinceramente que se estaba dejando llevar por la pasión y que aquél no era ni el lugar ni el momento para enfrentarse al Gran Maestro. «Cuando afirmo esto –prosiguió Juan esa mañana– es porque tengo pruebas sólidas de lo que digo. No sé cuando podré encararme con don Diego, pero él, como Gran Maestro Supremo del Gran Oriente Español, tiene que aclararme cuál ha sido la participación de Pedro Armasa, llamado «Danton» en el mundo simbólico, en la trama de este asesinato». Yo conocía a Pedro Armasa, era un masón en sueños que era conocido por los ambientes derechistas como un pistolero para cualquier trabajo de las milicias falangistas. Los rumores le señalaban como compañero de Cobián en el atentado.

Temiéndome lo peor, pasé el resto del día en un estado de ánimo taciturno. De una parte estaba la ira de Juan, de otra mis propias dudas, y todo ello confluía de manera muy confusa en la ceremonia de esta noche. Desde por la tarde, antes de entrar en logia, yo sabía que don Diego podría acudir a la calle Príncipe aquella noche; es más, estaba seguro de ello después de haber recibido en el Ministerio la llamada de Trisado. Desde hacía unos meses, los que nos manteníamos leales a la República éramos vigilados estrechamente por otros servicios paralelos de seguridad que, partiendo del Servicio de Inteligencia Militar, estaban controlados por Trisado y Antonio Vidal, el hombre de confianza de Azaña que intentaba contrarrestar las actuaciones del primero.

Diego Martínez Barrio escuchó con calma las palabras airadas de Juan y se sentó, no sin antes apurar hasta el final la copa del brindis.

–Hermano –dijo dirigiéndose a Juan como si el asunto planteado con tal crudeza fuera materia menor y en poco le incomodara–, es impropio de tu categoría y adscripción dar pábulo a las habladurías que corren por la calle. Sé lo afectado que estás por la muerte de Castillo, pero más preocupado deberías estar por el segundo asesinato cometido en la persona de Calvo Sotelo. El primero es un execrable crimen de unos exaltados. El segundo es un asesinato político que afecta gravemente a las estructuras del Estado.

«Realmente es un cínico», me dije. Me daba vergüenza oírle decir eso. Le retiré la mirada y la dirigí a la izquierda, hacia la ventana, donde través de los cristales se veía un anuncio de «Bambú, papeles para cigarrillos». Fuera por asociación de ideas, fuera por nerviosismo, el caso es que encendí uno de los míos. No habíamos empezado a cenar todavía, pero don Diego, por la autoridad que le confería su cargo, mandó que se retiraran los aprendices y compañeros, quedando sólo en la mesa los maestros.

–No estoy de acuerdo, Venerable Gran Maestro –replicó Juan–. Tanto el primero como el segundo de los asesinatos son igualmente execrables y tanto uno como otro son dos vidas humanas de la misma importancia y categoría las que se pierden en el crimen. Si uno afecta al Estado en sus cimientos, como usted dice, el otro nos afecta a los servidores del orden público en la misma medida.

–Supongo que para afirmar esto tendrás las pruebas bastantes que justifiquen tal disturbio improcedente en la celebración del banquete a que el hermano Luis tiene derecho en un día tan señalado como hoy.

Martínez Barrio seguía como si el asunto no fuera con él, aunque un rictus en los labios daba pie a que apreciáramos el malestar que le producían las preguntas de mi amigo. En ese momento dejé mi copa sobre la mesa y, poniéndome de pie, como mi amigo, me dirigí a todos los hermanos:

–Precisamente por ser un día tan señalado para mí creo tener derecho de pedir que se aclaren las dudas de nuestro hermano y, de paso, por bien de esta logia, que todos conozcamos la verdad, si es que nuestro Gran Maestro sabe algo que todos debamos conocer a fin de despejar las sospechas que puedan recaer sobre algún hermano de esta obediencia. No me cabe duda de que el hermano Martínez Barrio, por su condición profana tan principal como es la de Presidente de las Cortes, sabrá mejor que muchos la verdad de esos rumores que señalan como implicado en el crimen a un hermano nuestro precisamente.

Martínez Barrio se me quedó mirando sorprendido, parecía más molesto por mi apoyo a Juan que por las palabras de mi amigo. Carlos Malagarriga, ante el cariz que estaba adquiriendo la celebración de la cena ritual, no pudo por menos que disculparse ante don Diego. Aspiraba a ser el próximo Comendador Provincial del Gran Oriente para la zona centro y no quería que peligrase su puesto. Pero de poco sirvieron los oficios del Venerable Maestro: la flecha estaba lanzada y, o bien se le interponía un escudo de evasivas, o iba directamente a dar en el blanco de la certidumbre.

–Si nuestros hermanos militares tanto desean que se conozca la verdad, no han de preocuparse. –Martínez Barrio se dirigió entonces al Coronel Trisado, que estaba al otro lado de la mesa. El Coronel era la única persona que no me había abrazado en felicitación por mi elevación; un simple apretón de manos le bastó para zanjar el expediente–. Trisado –le dijo–, llame al Ministerio y disponga que un reten de la policía militar arreste a estos dos oficiales en cuanto salgan del edificio.

Ciertamente no esperábamos que Martínez Barrio llegara tan lejos. Trisado, tan servil como siempre, salió de la sala para llamar por teléfono.

–No nos importa –dijo Perea después de mirarme–. Pero aquí, bajo el compás y la escuadra, conteste a mi pregunta. ¿Es o no cierto que la masonería, o alguno de sus miembros, ha participado en el asesinato del Teniente Castillo?

Se hizo un denso silencio en la sala. Sólo se oía el batir de las palas del ventilador que procuraba calmar el ardor de la noche.

–Para responder a esta pregunta –empezó don Diego al cabo de unos segundos de teatral espera– tendría que explicarles a ustedes, queridos hermanos, demasiadas cosas, y no estoy dispuesto a hacerlo, ni debo. Sólo les diré que ninguno de nosotros ha participado en semejantes acciones, puesto que no teníamos motivos para ello, y aunque los tuviéramos, nos hubiéramos negado igualmente.

–No son ésas mis noticias –replicó Juan.

–¡Ignoro cuáles son sus informaciones, pero de seguro que son falsas! –respondió don Diego cada vez más airado.

–¿Podría usted afirmar sin ningún género de duda que la participación de Pedro Armaso, o «Danton», como lo prefiera, no es más que una habladuría de la calle? –insistió dejando la pregunta colgada en el aire.

El semblante de don Diego adoptó un tono cerúleo. No le agradó nada oír ese nombre en boca de Juan. Mi amigo había dado en el centro de la diana.

–Desconozco como ha podido llegar ese nombre a tus oídos –Martínez Barrio acababa de apear del tratamiento de usted a mi amigo–. Esa persona a la que nombras hace un año que no pertenece a nuestra orden, y desde luego ninguna de sus posibles acciones tienen nada que ver con nosotros, los masones.

–Podrá haber sido dado de baja, pero con usted –Juan seguía usando el tratamiento de respeto –sigue manteniendo un contacto muy estrecho, como atestiguan los informes de su propia confesión. –Diciendo esto, echó mano de su portafolio y extrajo unos papeles pulcramente doblados por la mitad. Tenían el sello de la Dirección de Seguridad y la firma de Alonso Mallol, al que yo conocía, con una anotación de su puño y letra en la que anunciaba su deseo de que se le entregaran a Martínez Barrio en propia mano.

–¿Quién te ha dado estos papeles? –preguntó don Diego descompuesto–. Son reservados y tú no deberías tenerlos. Con ello añades más cargos para tu detención.

–Lo sé y no me importa, pero la muerte de mi amigo no puede quedar impune. Vosotros trataréis de que así sea, y bien sabemos cómo: diluyendo las investigaciones y las declaraciones de los responsables entre un marasmo de papeles que dentro de unos días pasarán a ser archivados, bajo cualquier excusa, en algún armario de la Dirección de Seguridad. Pero le diré, para su conocimiento, que nosotros también tenemos amistades cerca de Joan Moles, el ministro de la Gobernación. Bien lo saben Mijé y Pepe Díaz, buenos comunistas y hermanos de este taller.

–Tomo nota de tus afirmaciones y pongo por testigo a los hermanos aquí reunidos para que confirmen tus palabras en caso de que sea necesario.

Los dos citados, diputados comunistas, y yo mismo nos levantamos con la mayor solemnidad. Como si nos hubiéramos puesto de acuerdo, hablé yo por los tres:

–Con nosotros no cuente, señor Presidente de las Cortes; no corroboraremos nada de lo dicho aquí ante ninguna persona que no esté ahora entre nosotros. Estamos entre masones, y no en las Cortes ni en un juzgado, no lo olvide –le dije amenazador–. La justicia masónica se dirige a las conciencias, y sus tribunales son las logias. No invoque usted aquí lo que es profano y aténgase a nuestras reglas, que bien parece que las ha olvidado.

Nos dispusimos a abandonar la sala en la que nunca se celebraría el ágape, pero antes Juan Perea se revolvió por última vez contra Martínez Barrio espetándole:

–¿Tendría usted la gallardía de jurar ante la escuadra y el compás que no ha participado ningún miembro de la masonería, activo o durmiente, con su anuencia y conocimiento, en el asesinato de José Castillo?

Por toda respuesta, don Diego cogió del brazo a Trisado, que había vuelto al salón, y se dispuso a abandonar con él la sala dirigiéndonos una mirada de profundo desprecio:

–Vais a tener mucho tiempo para arrepentiros de estas palabras –nos dijo. Y después, hablando para su público espetó.– Con hermanos como vosotros jamás podrá progresar la masonería.

Sin decir más, Juan y yo nos arrancamos el mandil que llevábamos aún puesto y lo arrojamos al suelo delante de don Diego. A continuación y con toda tranquilidad abandonamos el piso segundo de la calle Príncipe. Mijé y Pepe Diez lo hicieron detrás de nosotros. Martínez Barrio se quedó con Trisado en su despacho de respeto en la sede del Gran Oriente, Malagarriga iba tras ellos.

Abajo no había nadie. Nos despedimos de nuestros hermanos los diputados comunistas y nos dirigimos hacia el Ministerio. Sabíamos que nos estarían esperando, pero no podíamos ir a ningún otro sitio. Encarábamos nuestro destino, pero sería delante de todos nuestros compañeros de armas; íbamos a entregarnos en la misma puerta del Ministerio.

* * *

A las dos de la madrugada del día 15 fuimos detenidos en la puerta del Ministerio. Nuestros compañeros se negaron a conducirnos a un calabozo. Nos acompañaron al cuarto de banderas y allí quedamos a la espera de las noticias que nos traería la inmediata madrugada.

El Ministro de la Guerra, don Santiago Casares Quiroga, enterado del incidente de la noche anterior en la Logia, no tuvo más que palabras de apoyo para nosotros ante una situación tan embarazosa como aquella. Por medio del jefe de su secretaría en la Presidencia del Gobierno dispuso ante el Subsecretario del Ministerio que nos liberaran, pero nos prohibió salir de la ciudad, aunque podíamos hacer vida normal y nos ordenó que continuáramos prestando servicio permaneciendo el mayor tiempo posible en nuestros despachos.

El resquemor y las dudas me tenían el corazón encogido. Seguía sin dar crédito a lo que había vivido la noche anterior. Juan, sin embargo, se mostraba mucho más satisfecho que yo. Para él no había ninguna duda de que el Teniente Castillo había sido víctima de una conjura de la que algunos masones no habían estado muy alejados. Con un tono encendido y no exento de amargura, me dijo que la masonería había perdido toda su antigua grandeza y dignidad para convertirse en un club de privilegiados para medrar y conspirar en el que cabían todas las tendencias, desde comunistas a falangistas, pasando por los republicanos y liberales moderados como Casares Quiroga y el mismísimo presidente don Manuel Azaña. A través de ese club, los más avispados se enteraban de lo que hacían y deshacían sus adversarios políticos. De este modo Martínez Barrio podría haber urdido el asesinato de Castillo, a sabiendas de que sus camaradas de la UMRA se conjurarían para vengar su muerte, como de hecho ocurrió. Como luego supimos, confirmando los rumores del primer momento, fueron miembros de la Guardia de Asalto y de la Guardia Civil quienes, en la madrugada del 13 de julio, salieron del cuartel de Pontejos, donde había servido Castillo, con la intención de asesinar a algún dirigente destacado de la derecha. Primero fueron a buscar, sin éxito, a Goicoechea, después a Gil Robles y finalmente a Calvo Sotelo. A través del ministro de la Guerra, Casares Quiroga, había sido informado de esa conjura, pero no hizo nada por evitar el crimen. En realidad, tanto él como Azaña temían más la revolución social que un eventual golpe de Estado militar. Perea estaba seguro de que Martínez Barrio también estaba al corriente de la conjura, e incluso podía haber intervenido en ella para culminar su negra trama contrarrevolucionaria. Ahora, más que nunca, mi amigo estaba decidido a hacer todo lo posible para armar al pueblo si se presentaba la ocasión. Había que acabar con la indefensión de los trabajadores. El Teniente Castillo tenía razón: sólo armando al pueblo podría verse una salida a la inoperancia e ineficacia del Gobierno republicano.

Otro golpe me esperaba.

Bien entrada la mañana del día 15, un teniente de la Secretaría del Ministro se personó en el cuarto de bandera con despachos de nuevo destino para cada uno de nosotros. Juan fue destinado a la Brigada de Infantería de Madrid a las órdenes del general Miaja. Yo marché destinado al Cuartel de la Montaña bajo las órdenes del Coronel Moisés Serra. Casares Quiroga había dispuesto que saliéramos del Ministerio para evitar un enfrentamiento con el siniestro Trisado.

Ese mismo día, en las Cortes, se reunió la Diputación Permanente. El encono con el que se enfrentaban los distintos partidos en la calle se trasladaba a la Cámara y Martínez Barrio no hacía nada por apaciguar los ánimos; tan solo ofreció buenas palabras y la seguridad de que los asesinos de Calvo Sotelo serían detenidos. Del Teniente Castillo, ni una sola palabra. Casares Quiroga no tuvo el valor suficiente para asistir a la sesión. En su lugar compareció el ministro de Gobernación, Moles, quien tuvo que soportar las diatribas de la oposición. Primero el conde de Vallelano y después Gil Robles imputaron al Presidente del Gobierno, Casares Quiroga, la responsabilidad por el asesinato del jefe de la CEDA. Las cosas empezaban a rodar cada vez más deprisa hacia la catástrofe. En realidad, fue en aquella sesión donde se declaró verdaderamente la guerra civil.

Ese mismo día, *El Liberal* de Bilbao publicó un artículo de Indalecio Prieto que resumía con elocuencia el estado en el que se encontraba el país:

«*Son tan profundas nuestras diferencias* –escribía Prieto–, *que ya no pueden estar juntos ni los vivos ni los muertos. Parece como si los españoles, aun después de muertos, siguieran aborreciéndose. Los cadáveres de don José del Castillo y de don José Calvo Sotelo no podían ser expuestos en el mismo depósito. De haberlos juntado se habrían acometido ferozmente ante ellos sus respectivos partidarios y al depósito le hubiera faltado espacio para la exposición de nuevas víctimas.*

El cadáver del señor Calvo Sotelo quedó en el depósito general y el del señor Castillo se llevó al depósito del que fue Cementerio Civil.

El cadáver del señor Castillo estaba custodiado por guardias de Asalto.

El del señor Calvo Sotelo por guardias civiles.

Al primero le rindió homenaje una gran masa proletaria.

Al segundo le escoltó hasta la fosa una legión de señoritos.

¿Se quiere una expresión que pinte con mayor patetismo el actual estado de España? Difícilmente podría hallarse otra más gráfica».

Como luego pude saber, al salir de la sesión de la Diputación Permanente, Indalecio Prieto se dirigió a su casa de la calle Carranza, donde le esperaban muchos de sus seguidores para recibir información de primera mano. Entre los congregados se encontraba Condés, un oficial republicano de la Guardia Civil que se había sublevado en el mes de octubre pasado contra el Gobierno de la derecha. Prieto le condujo aparte y Condés le confesó su participación en el asesinato de Calvo Sotelo. El guardia civil estaba avergonzado por su acción y confesó al líder socialista su intención de suicidarse. Prieto, consciente de lo que ya nada podía hacerse por remediar lo ocurrido, le dijo que en lugar de quitarse la vida la entregara al servicio de la República en la guerra que, indudablemente, se avecinaba de un momento a otro.

Esa misma tarde, cuando llegué al Cuartel de la Montaña, el capitán Antúnez, antiguo compañero del Ministerio, me citó aparte para saludarme y ofrecerme sus servicios. Él también era un republicano leal. Cuando después de saludarme al modo militar yo le extendí la mano, él me correspondió al saludo civil dándome el toque correspondiente al segundo grado simbólico, el de compañero. Yo no sabía que era masón.

–Mi comandante, si le he hecho venir a esta habitación antes de que se presente al Coronel Serra es para saber su opinión al respecto de un asunto capital. Le ruego me disculpe el atrevimiento.

–No hay problema, Antúnez. Usted dirá.

–Como usted sabe, mi comandante, somos hermanos en la obediencia y también estamos en las filas de la UMRA.

–Siga Antúnez, por favor. Y esté tranquilo. –Se veía que al capitán le costaba trabajo entrar por derecho y se estaba procurando con tanto rodeo un respaldo ante la posible negativa mía a lo que me fuera a plantear.

–Iré directamente al grano –dijo más tranquilo.

–Así debe ser –le dije con una sonrisa que le invitara a la confidencia.

–Quiero saber su posición al respecto de la entrega de armas a los ciudadanos de Madrid en el caso de que se produzca un golpe de Estado de la derecha.

Antúnez sudaba. Se secó la frente con un pañuelo que sacó de la bocamanga de la guerrera.

–Me conoce bien de mi anterior estancia en el Ministerio, y sabe que soy persona prudente. Las armas son para los soldados, en otras manos traen muchas desgracias y no es asunto que haya que tomarse a la ligera. Sé que las organizaciones sindicales quieren armarse, sobre todo a instancias de los comunistas, pero nuestra misión es custodiar las armas. Los militares estamos al servicio del pueblo y si los fusiles están en nuestras manos es como si estuvieran en las suyas. Eso es lo que tiene que comunicar a sus amigos.

Todo esto lo dije en voz alta, como si declamara, para me escuchara quien pudiera estar haciéndolo sin yo saberlo. Últimamente los falangistas habían captado a bastantes oficiales en los cuarteles y bien sabía que los amigos del hijo de Primo nos tenían vigilados por ser nosotros, los leales a la República, minoría dentro de la oficialidad de la Academia. Haciéndole una seña a Antúnez, lo atraje a un lugar más reservado.

–Antúnez, le dije–, llevo aquí destinado sólo unas pocas horas, pero deduzco por su interés que en este regimiento hay oficiales que no están de acuerdo, al igual que usted, con las órdenes del Coronel Serra de no entregar las armas al pueblo. No dude de mí y comunique a sus compañeros que estoy a su disposición para unirme con ellos.

–Supongo, mi comandante –me dijo Antúnez–, que tendrá usted noticia de lo que esta mañana ha dicho en sede parlamentaria el diputado del Bloque Nacional, el señor Suárez Tangil, amenazando a la izquierda con ser las primeras víctimas de la violencia que provocan. Usted y yo nos percatamos que eso no es cierto. Los dos sabemos, y con nosotros otros muchos, los preparativos que están haciendo las derechas en muchas partes de España preparando un golpe de Estado. Aquí todos sabemos que la mayor parte de la oficialidad de este cuartel y de otros de Madrid está comprometida con el golpe que preparan los fascistas en torno al general Fanjul, es un secreto a voces.

–Ya lo avisó José Díaz –repliqué–. Esperemos que todo sea una falsa alarma, como otras veces, pero por si acaso, Antúnez, hay que estar preparados ya, desde ahora mismo. Como comandante con plaza en esta guarnición tenga por cierto que, de ser necesario, entregaré los fusiles al pueblo para que estén en las manos de los que de verdad tienen que utilizarlos para defender la República.

A la mañana siguiente hablé por teléfono con Juan Perea, quien, tras preguntarme por mi situación, me advirtió que la Dirección General de Seguridad había practicado más de ciento ochenta detenciones. La Policía y la Guardia de Asalto había encontrando pistolas y ametralladoras en manos de jefes locales de la Falange en toda España. Los detenidos reconocieron en los interrogatorios que habían recibido instrucciones para provocar movimientos subversivos en esos días y para, en caso necesario, ponerse a las órdenes del Ejército. En grupos de tres o cuatro, los falangistas habían estado merodeando por las calles de Madrid provocando a la gente sin que nada justificara tal actitud a horas tan tempranas de la madrugada.

–Luis –me dijo antes de colgar–, el destino ha jugado con nosotros una mala partida, pero ahora tú estás en un puesto que puede sernos muy útil. Conozco tu sensatez y sé que las órdenes para ti son sagradas, pero ¿podemos contar contigo para que, llegado el momento, facilites la entrada de nuestros milicianos al cuartel?

Callé durante unos segundos que le debieron parecer eternos a mi amigo, como lo fueron para mí. Sabía que los órganos de seguridad del Estado estaban al corriente de lo que se preparaba, pero el Gobierno no actuaba en consecuencia. Para colmo, después del asesinato de Calvo Sotelo, Moles había cursado un telegrama a los gobernadores civiles con la advertencia de que «debían desconfiar de los guardias y de la oficialidad de Asalto». El Gobierno de Casares seguía luchando contra sus adversarios, la derecha y la izquierda revolucionaria, en el mismo momento en que la primera tenía a punto su dispositivo contra el Gobierno republicano. Pensé que no podía ignorar mi responsabilidad y, en consecuencia, no iba a permanecer de brazos cruzados en aquellos críticos momentos. Los acontecimientos vividos con tanta rapidez en los días anteriores se juntaban en mi mente y las emociones se me anudaban en la garganta. Con la mano cerrada sobre mi guerrera y apoyada en el corazón, respondí:

–Juan, cuenta conmigo y tenme informado del momento en que deseéis que actúe.

–Gracias, Luis. Informaré al general Miaja de tu decisión. Sólo lamento no poder estar a tu lado, pero el partido me ha encomendado otra misión: estoy coordinando la movilización de las organizaciones juveniles obreras. Desde primera hora de la mañana se están concentrando en los locales de barrio. Los oficiales instructores ya deben estar allí. En la calle Carranza se encuentran Prieto y Zugazagoitia y José Díaz está desde anoche en el local de la calle Piamonte. Yo ayudo a Mijé en la coordinación de los dos partidos. Ponte en contacto con el capitán Antúnez. Es nuestro hombre ahí. Él te dirá lo que tenemos preparado.

–Ya lo he hecho –respondí. Juan guardó silencio. Un click metálico cortó la conversación. Alguien había intervenido la línea.

La tarde del sábado 18 la actividad del cuartel no correspondía al comienzo de un fin de semana de verano. Todos los oficiales estábamos acuartelados y muchos más de otras guarniciones habían venido desde la mañana. En el bar de oficiales no cabía un alfiler. Desde el medio día fueron entrando en el cuartel algunos grupos de civiles. Casi todos entraban de paisano y al poco se vestían con la camisa azul de Falange Española. Algunos oficiales, también falangistas, sacaban los picos del cuello de la camisa sobre la guerrera del uniforme. Después de comer, el Coronel Moisés Serra me convocó en su despacho.

–Comandante Apola, me alegro de tenerle con nosotros.

–Es para mí un honor, mi Coronel.

–Como bien sabrá usted, lo ha enviado aquí directamente el Ministro mediante orden de su Secretaría.

–Así es, mi Coronel. Espero que no le haya parecido mal mi destino a su regimiento. Sé que no ha sido un procedimiento muy regular el que se ha empleado conmigo.

–No se justifique, comandante, conozco el motivo. Tampoco a mí me cae muy bien el señor Martínez Barrio –dijo con una sonrisa de complicidad. La verdad es que no sabía yo a qué podía referirse, pero seguro que a nada bueno. Martínez Barrio era de los políticos más odiados por las derechas, por masón y porque le consideraban un traidor después de la pifia que le hizo a Alejandro Lerroux–. Bueno, supongo que estará usted al corriente de las últimas noticias...

–No sé a qué se refiere, mi Coronel –respondí con cautela. El Coronel Serra parecía un buen hombre, pero se le decía a las órdenes de Fanjul e implicado con los conspiradores.

–Ayer por la tarde, las fuerzas coloniales del Ejército de África se apoderaron de Melilla después de detener al general Romerales. Franco se ha trasladado a Canarias al entierro del general Balmes.

–¿Ha muerto Balmes? –Me quedé helado. De la sublevación en Melilla sabía algo, pero no que le hubiera pasado algo a Balmes. Era un hombre al que admiraba como persona y como soldado. Había sido mi profesor y me había tenido a su servicio.

–Sí, al dispararsele el arma reglamentaria mientras la limpiaba en su despacho. ¡Una desgracia! –El Coronel parecía sentirlo sinceramente, pero para mis adentros pensé que estaba fingiendo descaradamente.

–Y Franco, ¿se ha sublevado? –pregunté.

–Eso no lo sé –contestó con aparente sinceridad –. De lo que sí le puedo informar es de que a primeras horas de la noche los hombres de Mola, en Pamplona, se han levantado contra el Gobierno y han dado muerte al Teniente Coronel de la Guardia Civil, Rodríguez-Medel.

–Mal están las cosas entonces, mi Coronel. ¿Y qué medidas ha tomado el Gobierno?

–Por una nota interior, llegada hace una hora del Ministerio de la Guerra, acabo de saber que, tras una reunión con algunos de sus ministros y con Martínez Barrio, Prieto y Largo Caballero, el presidente Casares ha dimitido por sentirse incapaz de hacer frente a la rebelión. Largo Caballero quiere armar al pueblo y sacar a los sindicatos a la calle cuanto antes. La sublevación está en marcha.

En ese momento sonó el teléfono negro de baquelita que estaba sobre su mesa.

–Coronel Serra al aparato –dijo, e inmediatamente se puso de pie–. A sus órdenes, mi general –continuó tras permanecer un momento escuchando a su interlocutor–. Todo va como está previsto, mi general.

Durante poco más de dos minutos, el Coronel Serra permaneció de pie atendiendo a lo que, sin duda, eran instrucciones de un superior.

–Se hará como usted disponga, mi general. ¿Ordena vuecencia alguna cosa más? –Otro silencio. Al poco, el Coronel concluyó la conversación–: A sus órdenes, mi general, y... ¡Viva España!

Serra volvió a sentarse detrás de su mesa, nos quedamos callados mirándonos a los ojos. Él era consciente de que a mí no se me había escapado el contenido de aquella conversación. No cabía duda que había llamado el general Fanjul. Al cabo de un minuto y sin que mediara palabra, el Coronel se levantó y se quedó plantado delante de mí al otro lado de su mesa.

–¿Cuál es exactamente su posición? –me preguntó mirándome a los ojos después de ese silencio que se me hizo eterno.

–Por supuesto, la de acatar las órdenes que se me den, mi Coronel –le contesté poniéndome yo también de pie.

–No son ésas mis noticias –respondió Serra–. Tengo conocimiento de una comunicación telefónica mantenida con el capitán Juan Perea en la que usted mostró una actitud favorable a entregar las armas al pueblo.

–No sabía yo que mis compañeros tuvieran la misión de escuchar las llamadas telefónicas que recibo.

–Sabe que no es nuestra misión, pero la Falange ha tomado el cuartel en sus manos y tengo que saber de qué lado está usted para tomar una decisión. Éstos son momentos muy delicados.

–Desde luego no estoy con los sublevados, mi Coronel, y presumo que, por lo tanto, tampoco con usted. Soy leal a la República y a su legítimo Gobierno, pese a que no sea de mi gusto –le dije cuadrándome.

El Coronel no respondió. Se dio la vuelta y se quedó mirando al patio detrás del balcón de su despacho. En ese momento entraban en el cuartel dos coches llenos de falangistas armados.

–El pueblo está pidiendo armas para defenderse –continué–. Necesita armarse si el ejército no actúa contra los sublevados y presumo que, después de lo me acaba de contar usted acerca de lo que ocurre en Marruecos, Canarias y Pamplona, no será así.

Serra se dio la vuelta y se quedó mirándome fijamente. Parecía un buen hombre y era evidente que lo estaba pasando mal. En la cara se le notaba la expresión de contrariedad por verse obligado a obrar contra sus sentimientos.

–No me deja otro remedio, Apola. Me veo en la obligación de arrestarle de inmediato. Entrégueme su pistola.

El Coronel pulsó un timbre sobre su mesa.

–No esperaba otra cosa, mi Coronel. Pero será por poco tiempo. Los batallones milicianos están en la calle y la sublevación no triunfará.

–Lo veremos, Apola, lo veremos.

Inmediatamente entraron en su despacho dos tenientes, uno de ellos lucía la camisa azul de Falange bajo la guerrera. Era evidente que estaban esperando la orden.

–A sus órdenes, mi Coronel –dijo el más joven, el falangista. Se llamaba Del Río y era un señorito del Puerto de Santa María a quien, desde que había llegado yo al cuartel, no había parado de encontrármelo por todas partes. Llevaba la pistola desenfundada e inmediatamente se apoderó de la mía, que yo había dejado sobre la mesa del Coronel.

–Llévense al comandante, está detenido.

Del Río me encañonó por la espalda:

–Venga, jodido rojo, que te estábamos esperando –dijo encajándome el cañón de la pistola entre los homoplatos–. De esta no te escapas, masón de mierda.

–¡Teniente Del Río! –ordenó Serra.

–A sus órdenes, mi Coronel –respondió el señorito volviéndose y cuadrándose.

–Conduzca al prisionero con todo respeto. Es un jefe del Ejército. No quiero ese lenguaje en mi despacho.

–Pero, mi Coronel... –se revolvió el Teniente.

–¡Cállese! –le increpó Serra.

–Mi Coronel –le interrumpí–, le ruego disponga que sea un oficial de mi grado quien me arreste. Al menos espero que se me trate conforme disponen las ordenanzas.

–Tiene razón, Apola. Teniente Del Río –le ordenó con autoridad al falangista–, vaya a buscar al comandante Echaniz, mi ayudante, para que se lleve a banderas al comandante Apola. No quiero ninguna violencia contra su persona.

–A sus órdenes, mi Coronel –replicó el señorito dando un taconazo y encarando con chulería a su superior. Al darse la vuelta, una mirada de desprecio y de odio se clavó en la mía. Cuando llegó a la puerta se volvió hacia nosotros:

–¡Arriba España! –voceó, levantando el brazo en el saludo fascista. Se fue dando un portazo.

–Mal van las cosas –dijo Serra en voz baja–, no sé si podremos con estos locos.

–Lo dudo, mi Coronel. Ellos podrán con ustedes.

Unas horas después me encontraba en un calabozo, pues no me llevaron al cuarto de banderas. En cuanto salí del despacho del Coronel acompañado por el comandante Echaniz se acercó a nosotros el Teniente Del Río:

–Mi comandante –le espetó, cuadrándose–, este preso es nuestro. No merece que se le trate como un oficial del Ejército. Es un traidor y un masón. Le ruego que nos lo entregue.

Del Río encabezaba una partida de falangistas que iban pertrechados con correajes y mosquetones. Todo el cuartel era un desorden de partidas de civiles armados que habían entrado en las últimas horas y que iban de un lado a otro gritando consignas y saludándose entre ellos brazo en alto. Se oían tiros de fusilería cerca de nosotros, en el mismo patio principal del cuartel, y por los pasillos del cuartel corrían grupos de civiles mezclados con oficiales que les llevaban de una parte a otra. El caso es que Echaniz cedió a las presiones del tenientucho y allí mismo me esposaron camino de los calabozos de tropa. Un civil me golpeó en la espalda con la culata de su fusil y en ese momento, justo cuando yo trastabillaba como consecuencia del golpe, el tenientillo falangista me propinó un fustazo en el cuello.

–Te vas enterar, rojo de mierda. De aquí no te va a sacar tu Coronel, y que se ande con el bolo colgando el maricón ese, que a poco que se descuide también tendremos que darle café.

«Dar café» a alguien significaba fusilarlo ilegalmente y sin procedimiento, lo que Queipo de Llano llamó «dar el paseo». Inmediatamente Del Río me arrancó la estrella de comandante y mandó que me quitaran el cinturón y la guerrera, cosa que hizo, con más miedo que otra cosa, un falangista que tenía poco más de dieciséis años y que me miraba asustado.

Me llevaron por los pasillos a empujones y al poco me encerraron. Cuando entré en la celda me encontré allí a Antúnez. También él estaba detenido.

–¡Amigo Apola! –exclamó al verme. –Se levantó y se acercó a mí. Iba en mangas de camisa, estaba despeinado y se veía que le habían golpeado. Tenía un ojo tumefacto y el labio superior partido. Un resto de sangre seca le manchaba la mandíbula y la pechera de la camisa–. No es que me alegre de verte aquí dentro, pero mejor estaremos juntos en estos momentos.

Nos dimos un abrazo y nos contamos lo que cómo nos habían arrestado a cada uno. Antúnez estaba preso por la denuncia de un capitán de artillería que se había refugiado en el cuartel y sabía de su asociación a la UMRA. Cuando le apresaron le metieron en un calabozo de tropa donde unos falangistas le habían golpeado para sacarle información sobre otros oficiales de la misma afiliación que pudieran estar emboscados entre los encerrados del cuartel. Antúnez había aguantado la tortura porque, sinceramente, no sabía nada. Su único contacto con la organización eran Urbano Orad de la Torre y Juan Perea, y los dos estaban en ese momento fuera del cuartel de La Montaña.

–¿Crees que los habrán apresado los fascistas? – me preguntó.

–Lo dudo. Juan estará fuera de su cuartel al frente de las columnas milicianas de las juventudes, seguramente habrá colgado el uniforme para mayor seguridad. Si le han cogido dudo que esté preso, le habrán matado después que se haya llevado a unos cuantos por delante.

–¿Y Urbano?
–No sé.
–¿Crees que el gobierno controlará la situación?
–Lo dudo. Hay mucho incapaz y mucho traidor en nuestras filas. Sólo nos queda confiar en el pueblo armado.
–Tal vez nuestros hermanos puedan hacer algo...
–No esperes nada de la masonería. Nuestros hermanos están haciendo prevalecer su posición partidaria a la fraternidad que les obliga el juramento. Hay masones en los dos lados.
–Por eso precisamente, porque estamos en los lados es por lo que es nuestra obligación frenar esta locura.
–Eres un ingenuo, Antúnez. La masonería española no existe. No es nada. Hemos sido incapaces de frenar esto, nuestras peleas y nuestras miserias lucen en toda su dimensión trágica estas horas. Hemos sido un grupo de intereses antes que una opción respetable, las tenidas y los talleres han servido a muchos para medrar y ahora vamos a pagar un precio en sangre por nuestra incuria.
–Pero las potencias democráticas intervendrán. Nuestros hermanos franceses e ingleses vendrán en nuestra ayuda. Salvarán la República.
–No esperes nada. La masonería extranjera no reconoce a la nuestra como hermana. Ya nos abandonaron cuando perdimos Cuba y nos abandonarán otra vez. Para los ingleses no somos nada y los franceses, si hay suerte, nos acogerán en el exilio, como mucho. Sólo cabe contar con nuestras propias fuerzas, piensa que las democracias han transigido con Hitler y lo seguirán haciendo mientras no les muerda a ellos directamente. Nuestros hermanos de fuera han pactado con los nazis y eso durará mientras quieran los alemanes. El deslizamiento hacia la URSS de la República Española en estos meses ha roto los pocos puentes que nos quedaban abiertos con la masonería europea. Todo está cantado para que en España se desate el enfrentamiento más cruel que se ha visto hasta ahora entre capitalismo y comunismo. La masonería ha perdido su posición de vanguardia, es ya un resto de otros tiempos.
En eso estábamos cuando una explosión hizo temblar las paredes de la celda y una nube de polvo entró por la ventana enrejada. No podíamos ver nada porque el ventanuco estaba a más de tres metros del suelo, pero sabíamos que el ruido se debía a la explosión de un obús de artillería de campaña. Alguien estaba bombardeando el Cuartel de la Montaña. Aumentaron las descargas de fusilería y a los pocos minutos las explosiones de los obuses se hicieron casi continuas. Cada

vez era menor la respuesta de fusilería. Era evidente que los madrileños habían reaccionado ante el alzamiento fascista.

–Pronto saldremos de aquí –auguró Antúnez. No le dio tiempo a decir nada más, pues justo en ese momento se abrió la puerta del calabozo y entró el Teniente Del Río seguido de tres civiles armados con mosquetones.

–¡De rodillas! –Del Río llevaba la pistola amartillada en su mano derecha. Se había quitado la guerrera y lucía su camisa azul de falangista. Sudaba copiosamente y llevaba el miedo grabado en la cara–. ¡De rodillas he dicho! –repitió apuntándonos con su pistola.

Antúnez se le encaró con la mirada:

–Estáis perdidos –le dijo mi compañero con un aplomo que resultaba sobrecogedor en tales circunstancias. De repente, pese al ruido de fuera, todo parecía en silencio en la celda, parecía que el tiempo se hubiera detenido–. El pueblo de Madrid os ha rodeado y en poco más estaréis todos detenidos ante las tropas leales al Gobierno.

Fue todo cuanto dijo. Un disparo sonó en el calabozo y Antúnez cayó despacio poco a poco, sin espasmos. Yo no veía a Del Río; Antúnez se había interpuesto entre él y yo. Cuando mi compañero quedó de rodillas unos instantes, antes de desplomarse sin vida, pude volver a encontrarme con la mirada de su asesino. Del Río tenía una expresión mezclada de ira y de terror. El humo del cañón de su arma infectó de amargor el olor de la celda.

Me agaché a sostener a mi amigo. Antúnez tenía los ojos abiertos y un hilo de sangre le corría por las cejas. El disparo le había perforado la frente. Le sujeté la cabeza y me quedé mirando a su asesino. Justo entonces se oyeron carreras por el pasillo y varios oficiales pasaron corriendo por delante de la puerta de la celda. Del Río se dio la vuelta, asustado. Yo quedé de rodillas sujetando en mi regazo la cabeza de mi amigo muerto. Los civiles salieron corriendo y Del Río reculó hasta apoyarse en el quicio de la puerta. Justo en ese momento levanté la cabeza y vi al Coronel Trisado; también él llevaba los picos azules de la camisa falangista asomando sobre el cuello de su guerrera. Nos quedamos mirando, ninguno de los dos esperaba ver al otro.

–Le he matado, mi Teniente Coronel, le he matado –decía Del Río como un niño asustado que se quiere disculpar ante un mayor que pudiera reñirle.

–Tranquilo, Del Río, tranquilo –dijo Trisado mientras desenfundaba su arma.

Fue todo lo que pude escuchar antes de sentir en mi pecho el impacto abrasador de la bala que me disparó Trisado.

7

El tercer partido (1993)

La reconstrucción fallida

–Juan, ¿estás ocupado?.

–Un poco, pero pasa, Julio Torrente era nuestro director financiero, un economista de cincuenta y cinco años que se dedicaba por las tardes, fuera de su oficio y como afición principal, a traducir del íbero los bronces de Botorrita en singular polémica con otro especialista tan extravagante como él.

–¿Qué sucede?

–Algo muy raro, jefe. Me gustaría hablar un momento a solas contigo –Julio era una persona casi imperturbable, y hablo de él en tiempo pasado no porque haya dejado estos valles sino porque se jubiló por anticipo y ahora vive fuera de Madrid dedicado a sus estudios. En esta ocasión parecía alterado.

–Dime, Julio, que tengo mucho lío esta mañana –le dije invitándole a entrar al despacho, una sala grande volcada a la terraza del ático en un edificio principal de la Gran Vía madrileña.

Justo en ese momento sonó el teléfono interior. Marta, mi secretaria, me pasaba una llamada.

–Dime, Marta.

–Juan, te llama el conde de Monteverde, ¿te pongo?

–No, ahora no. Dile a Alfredo que luego le llamo yo, que ahora estoy ocupado, tengo que despachar con Julio.

–¿Pasa algo? –me preguntó Marta antes de colgar–. He visto a Julio muy nervioso. Ha subido fumando un cigarrillo, son las once y sabes que él sólo fuma después de almorzar. No he podido avisarte, ha entrado a verte sin anunciarse, él que es tan cumplido.

–No sé. Ahora me dirá. Discúlpame con Alfredo. Gracias.

Julio estaba de pie, frente a mi mesa, y fumaba nervioso su cigarrillo, un *Lucky* sin boquilla. El humo me llegó pronto desde el otro lado. Yo, por esos días, estaba dejando de fumar, como intentaba cada seis meses, pero ya al oír del cigarrillo de Julio me había apetecido encender uno, pero ahora que olía el aroma del rubio americano tan cerca, no resistí la tentación y tiré de la cajita de plata donde guardaba unos cuantos, por si acaso. «Ya empezaré otra vez en vacaciones», me dije como otras veces.

–Perdona Julio. Tu dirás.

Julio Torrente acercó al tablero una carpeta como la que usaba para pasarme todas las mañanas los estados financieros. Sobre la mesa estaba abierto el *Diario 16* de ese día, tres de noviembre de 1993, que publicaba una colaboración mía sobre política urbanística que había preparado la semana anterior. Abierto por la página 7 un titular avisaba del desplante que los guerristas habían dado al vicepresidente Narcis Serra en la sesión de ayer del grupo Parlamentario socialista en el Congreso cuando dirigentes de esa familia, Sanjuán, Sáenz de Cosculluela y Martín Toval, entre otros, se fueron al comenzar la intervención de su compañero. La tensión esos días entre renovadores y guerristas en el seno del PSOE amenazaba con una posible escisión.

–Mira Juan, ha llegado esto por fax, hace quince minutos. Me lo ha pasado Jacinto.

Se refería al jefe de contabilidad, que también era el encargado del registro de la compañía. Por esos meses yo me desempeñaba como Consejero Delegado de una empresa pública que tenía por misión actuar en la ciudad de Madrid desarrollando un importante proyecto urbanístico de gran trascendencia para el sur de la ciudad, la «Conexión Ferroviaria». Ocupaba esa condición por expreso acuerdo de distintas administraciones públicas y de los partidos políticos que las gobernaban. Habíamos conseguido formar un equipo muy eficaz y la mutua confianza era nuestro principal activo empresarial. Por eso me sorprendía la reserva de Julio Torrente en lo que hacía a la misteriosa carpeta. Se le veía desasosegado.

El caso es que tomé la carpeta.

–¿Quieres un café? –le ofrecí–, aún está caliente –Marta me había preparado una pequeña cafetera porque sabía de mi afición y que era rara la mañana que no me perdía en tres o cuatro tazas.

–No, Juan, muchas gracias. Prefiero un poco de agua.

–Sírvete tu mismo, Julio. Ya sabes donde están los vasos.

Mientras el director financiero se acercaba a una mesita donde estaba la jarra y unos ceniceros que había retirado de la mesa desde que había dejado de fumar, hace poco más de una semana, abrí la carpeta.

–¡Serán inconscientes...! –casi grité.

Julio se volvió inmediatamente, sorprendido. Más lo estaba yo por lo que estaba leyendo del papel térmico que habitaba reservado en la carpeta.

En un folio lleno de escuadras, compases, águilas y demás parafernalia masónica quien firmaba como Soberano Gran Comendador del Supremo Consejo del Grado Treinta y Tres y Último del Rito Escocés Antiguo y Aceptado, un tal Antonio Lusón, me participaba su decreto de fecha de hoy mediante el cual procedía a mi irradiación del citado Soberano Consejo, del que yo hasta ese momento, leía asombrado, formaba parte adscrito como miembro ordinario del capítulo del Grado Dieciocho. Detrás había otro escrito en que con parecida extravagancia y grandilocuencia el Gran Maestro de la Gran Logia de España, Luis Salat, practicaba igual medida sancionadora respecto a mi condición de maestro masón y Secretario de la logia «*Concordia nº4*» de Madrid.

–¡Son una tropa de irresponsables! –repetí cada vez más colérico. Di la vuelta al papel y lo puse sobre la mesa. Me levanté indignado y me dirigí a Julio que estaba de cara a la ventana procurando pasar desapercibido.

–¿Quién ha visto esto? –le espeté.

–Sólo Jacinto y yo, jefe.

–¿Nadie más? –preguntaba esto porque en esa empresa había un funcionario, impuesto por el Partido Conservador, dedicado a vigilar mis trabajos y dar traslado de cuanto supiera al Alcalde de Madrid, un democristiano profundamente antimasón.

–Nadie, Juan.

Nos sentamos cerca de los ventanales y volví a coger la dichosa carpeta.

–¿Quieres un cigarrillo? –le ofrecí a Julio

–No, Juan. Gracias. Esperaré a después del almuerzo. ¿Es grave el asunto?

El director sabía de mi condición de afiliado a la masonería y no era el único, era algo que se comentaba en los ambientes más cercanos a nosotros.

–No en sí mismo Julio, pero ya sabes donde estamos y lo que mucha gente opina de los masones. Ese asunto, bien manejado por los conservadores, puede ser un escándalo.

–Pero, si mucha gente sabe de tu condición...

–No es lo mismo suponerlo, incluso saberlo, que probarlo, Julio. Bien lo sabes.

Me quedé en silencio. En el fondo, pasado el disgusto, me alegraba de lo ocurrido. Era el fin de una historia que había comenzado bien pero que se había torcido desde hacía unos meses y esos dos ridículos papeles, en cierta medida, ponían fin a algo que yo también deseaba dar por acabado. Esos documentos sólo decían, negro sobre blanco, algo que mi corazón ya había dicho hace tiempo.

–Gracias por tu discreción, Julio –le dije a la vez que me levantaba para despedirle. Julio hizo lo mismo y me dio la mano antes de salir.

–Si necesitas algo no tienes más que pedírmelo, Juan.

–Lo sé Julio, lo sé. Gracias otra vez.

Cuando Julio Torrente salió del despacho llamé por el teléfono interior a Fernando Urdán, mi hombre de confianza, que era director general de la empresa. Llevábamos juntos muchos años y era de las pocas personas que sabían completamente mis idas y venidas y la naturaleza de todos mis asuntos.

–Fernando, ¿Puedes venir un momento, por favor?

El despacho de Fernando estaba a pocos pasos del mío y casi no había colgado el teléfono cuando Urdán ya estaba sentado delante de mí. Un leve golpe en la puerta es todo lo que medió entre mi llamada y su presencia al instante siguiente.

–Mira Fernando... –le ofrecí los fax que Julio me había dejado en la mesa.

Sin decir palabra tomó la carpeta y se quedó leyendo los papeles. Fernando encendió un cigarrillo negro sin apenas levantar la vista. Al poco terminó y se me quedó mirando.

–¿Tenemos que preparar algo? –fue todo cuanto dijo. Urdán es un hombre de una discreción absoluta para sus asuntos y para todo cuanto le concierna. Sabiendo de su amistad conmigo no esperaba otra cosa de él. No era la primera prueba de su fidelidad, ni la última, que aún es él el depositario de todos mis intereses.

–Sí, Fernando. Reconstruye, por favor, la historia administrativa de las relaciones de nuestra empresa con la Gran Logia y el Supremo Consejo –hice una pausa para encender el segundo cigarrillo de mi enésima nueva vida como fumador.– ¿Qué te parece el asunto? –dije exhalando una calada que me supo a gloria. Fernando tenía la habilidad de, sin mediar palabra, infundir confianza.

–No tiene la menor importancia, el expediente está perfectamente instruido. Algo me olía desde hace unas semanas por lo poco que me has contado y lo tengo ya todo preparado. ¿Quieres que te lo traiga?

–Si ya lo tienes no me hace falta. Consérvalo y ya veremos por donde sale esto.

–¿Necesitas algo más?

–No, Fernando. Gracias.

–Bueno –dijo levantándose– te dejo que tengo que estar en la notaría de Luis Garay dentro de diez minutos. He quedado allí con Mariola que me tiene arregladas ya unas escrituras.

Cuando salía por la puerta se volvió hacia mí:

–Hasta luego, Venerable –dijo con la sorna aragonesa tan característica en él.

–Que te den…

Cuando me quedé sólo en mi despacho me vino a la mente aquel día de noviembre de tres años atrás en que un domingo por la tarde tuve en mi casa la visita de un vecino de la misma urbanización donde vivo. Manuel Gómez Fernández era un abogado madrileño extremadamente cordial, asturiano de nacimiento, muy bien relacionado en ambientes muy dispares y dedicado a negocios y asuntos varios. Hacía gala de sus muchos amigos y desde que yo me había instalado en un chalet que me hice cerca del suyo no había cesado de darme demostraciones de buena vecindad. Desde que me vine a vivir a este barrio de Madrid era común que algunas tardes de domingo pasara por mi casa sólo o en compañía de su mujer, Rosaura, a tomar un café y comentar noticias generales o divagar un rato charlando de todo lo divino y lo humano. De tales reuniones nació una cierta amistad que dio lugar a que esa tarde de noviembre de mil novecientos noventa y uno, sentados en unos sillones del despacho de mi casa, se produjera una confidencia, que hoy veo como nada casual. Mi vecino era masón y miembro de la logia «*Concordia nº4*» de la Gran Logia de España.

A mí siempre me había interesado la masonería y no sólo desde el punto de vista intelectual e histórico sino también, especialmente, por razones familiares. Un tio-abuelo mío, Luis Apola, militar socialista y masón, había sido asesinado en Madrid por todo eso en los primeros momentos de la sublevación fascista de mil novecientos treinta y seis. Además y del mismo modo, por mi oficio de arquitecto, siempre había sentido un especial interés por esas historias de logias y canteros y por el apasionante mundo simbólico del orden y de la geometría. Todo estaba cantado para que antes o después diera, después de mucho buscar, con mis huesos en tan respetable instituto y era la casualidad de ese vecinazgo quien me procuraba el envite.

Durante el proceso de mi catecumenado, que duró parte del otoño y todo el invierno del noventa y dos, fueron muchas las entrevistas con

Manuel Gómez al hilo de un detalle de la historia antigua de la Orden y de sus usos y costumbres. Al final del invierno fui aplomado por tres maestros masones que me fueron presentados sucesivamente, un médico de Irún, un economista extremeño y un comerciante italiano, Maíz, Izquierdo y Urbetti.

En primavera del año siguiente, cuando el equinocio, fui recibido como aprendiz masón en la Muy Respetable Logia de Masones Libres Y Aceptados «*Concordia nº4*», constituida al Oriente de Madrid. Fue un día feliz, un día en que se cancelaba un contencioso con mis propios recuerdos y se formalizaba ante mí mismo una nueva forma de compromiso con unos ideales, practicados desde siempre, en torno a los principios revolucionarios de la libertad, la igualdad y la fraternidad.

Y ahí comenzó la historia.

* * *

Al principio todo eran parabienes y atenciones. Yo estaba deslumbrado, «no en balde has venido a la Luz», decía mi vecino. Todos mis nuevos hermanos parecían interesarse por mis cosas con una generosidad desmedida y un círculo cordialísimo de gente de apariencia bondadosa se me fue formando alrededor. Todos éramos hermanos, todos debíamos ayudarnos, todos formábamos una gran familia, los Hijos de la Viuda, los descendientes secretos del gran Hirám. Todo era extraordinario, no había día que no conociera un nuevo «hermano» ni semana que no estuviera reunido con alguno de mis nuevos amigos en algún almuerzo. Pero lo que comenzó siendo cordialidad pronto se convirtió en cierto atosigamiento. Por mi domicilio comenzó a llamar gente que sumía en confusión a una muchacha filipina de servicio que, además de su dificultad entonces de comprender bien el español, no salía de su asombro al conocer de la de hermanos míos que ella iba conociendo llamada a llamada.

–Señor, que le ha llamado su hermano Luis, el abogado. Que le llame a su despacho.

La primera vez que Mélany, que así se llamaba la muchacha, me dio un recado de esa naturaleza no pude por menos que insistirla en que se procurara una mayor atención en el servicio del teléfono.

–Mélany, que sólo tengo un hermano, que se llama Antonio, que no es abogado, sino sociólogo y que no tiene despacho. Fíjese más la próxima vez, por favor–. Siempre me ha sabido muy mal que me den confundidos los recados.

–Señor –me dijo compungida al día siguiente, cuando llegué por la tarde a mi casa– que ha llamado a las cinco y cuarto su hermano Luis Miguel, que es urgente. Me ha dicho que le llame a la consulta nueva y me ha dejado su número. –Y la pobre muchacha, más turbada que otra cosa, me tendía un papelillo con el dichoso número. El novísimo hijo de mi madre resultaba ser un dentista panameño que insistía en ofrecerme sus servicios y que, masón él, había sabido de mi número por otro «hermano» de mi taller. Y así un día y otro día.

El caso es que mi familia crecía, mi privacidad menguaba y todo ello desembocó en un episodio de lo más chusco.

Una mañana de julio del 92, a los pocos meses de haberme iniciado como aprendiz masón, había tenido que acudir al Ministerio a despachar asuntos de mi obligación con el Secretario de Estado que ejercía jurisdicción sobre mi competencia. La noche anterior se me había olvidado recargar la batería del teléfono móvil y desde que salí de casa no pude comunicar con el despacho. El caso es que a eso de las doce del mediodía, cuando concluyó la entrevista, Miguel el conductor me dejó en el portal del número diez de Gran Vía.

–Buenos días, don Juan –me dijo con una pizca de sorna el portero, que era un cotilla–. Arriba le espera su hija, que ha venido a verle.

Si sólo tengo un hermano, Antonio, sucedía que por aquellos días sólo tenía un descendiente, un varón, Manolón, que acababa de cumplir los seis añitos. Hoy ya son dos, Roberto vino después, pero sigo sin engendrar hembras.

–Ya, ya. Ahora subo –le dije bajando la cabeza. Estúpidamente cohibido entré en la cabina del ascensor, chocándome con un ejecutivo peripuesto de los de Tabacalera que trabajaban en la quinta, y esos seis pisos se me hicieron los más largos de mi vida. Mis entonces cuarenta y cinco años, una juventud algo disipada y un anterior matrimonio donde la fidelidad brilló por su ausencia me permitían pensar que esa visita, «sin duda un error» me decía mi parte consciente, atenazara mi subconsciente al hilo de esa remota posibilidad que dejan las sábanas frías después de una noche en que la pasión puede al sentido común. Pero el caso es que la noticia del portero no me llevó a la negación sino que, como nunca se sabe, subí al despacho dispuesto a enfrentarme a mi pasado. Entre piso y piso me pasaron por la cabeza cuantas compañeras de vida, novias estables, amigas fugaces o locuras de una noche me venían al recuerdo. «Puede ser», decía el malévolo diablo rojo que te habla por la oreja izquierda. «Es un error», decía el angelote blanco de la oreja derecha. Un sudor me iba y otro me venía. Y así un segundo y otro segundo, que yo tenía la oficina en una sexta y creí subir al ático de Torre Picasso. Yo era feliz en mi matrimonio, de mi divorcio anterior no quedaban, ya, malos recuerdos; no hubo descendencia entonces y la separación fue amigable. Ahora tenía un hijo, estaba esperando otro y todo iba como la seda con Charito, mi mujer. «Me cago en la leche», mascullé. El ejecutivo de Tabacalera, un tipo más bien cursi con el que nunca me saludaba, se dio la vuelta al oír la imprecación en soliloquio cuando pasábamos por el cuarto. En el quinto se bajó mirándome fatal. Del quinto al sexto, me acordé de una novia feminista que me duró muy poco y que insistía que las mujeres se sobraban en exclusiva para criar un hijo, del hombre sólo hacían falta, decía la muy radical, unas gotas de esperma. «Mira que si lo hizo y ahora ha cambiado de opinión», me susurraba el diablillo. Y una miss guapísima con la que tonteé unos meses y que ahora había leído en una revistilla del corazón que había intentado cazar a un conocidillo de provincias con tanto dinero como años y autobuses. «Si le ha fallado el pollo puede volver a intentarlo con otro», insistió el diablillo soplándome en el cogote. Y los viajes a Barcelona, siempre organizados por mi difunto amigo fotógrafo, con sus chicas estupendas, siempre tan complacientes y siempre distintas. Parecían profesionales, pero ¿se quedaría preñada alguna? El angelote se callaba y me miraba con cara de pena.

Se paró el ascensor.

Cuando entré en la oficina se me anticipó Marta. Mi secretaria sabía perfectamente mi vida, o al menos eso se creía ella:

–Juan –me dijo asustada–, que ha venido a verte tu hija–. Más que un dato era todo un interrogatorio.

–Marta, yo no tengo ninguna hija, y lo sabes. ¿Qué locura es ésta?

–Tu sabrás, Juan –dijo más severa que otra cosa–. Por cierto, que te ha llamado tu mujer, que te recuerde que hoy a las cinco tienes que acompañarla al médico. –Por aquellos días estábamos esperando nuestro segundo hijo y ya era paradoja que ahora me quisiera aparecer una tercera criatura, ya criada–. ¿Le digo algo? –dijo Marta con toda la mala leche de la que era capaz, que no es poca.

–No hace falta, que me acuerdo. Gracias.

–Hola Juan, ¿has visto a tu hija?– Era Fernando Urdán, mi adjunto. Al parecer estaba esperándome. Si por naturaleza era socarrón hoy lo era más que nunca. –No la conocía y, por cierto, es una muchacha guapísima con un color precioso– concluyó mientras se sonreía con sorna.

–¡Basta ya! –les espeté a los dos harto de tanta guasa–. Ni tengo una hija ni me imagino de qué va esta historia. ¿Dónde está esa chica?

–En la salita de espera –Marta me señaló con la mano una pequeña habitación cerca de mi despacho.

–Y ¿cómo es? ¿qué edad tiene? –no podía sujetar la curiosidad.

–Unos veinte años, pero es difícil atinar la edad con estas chicas –dijo Fernando encendiendo un cigarrillo y entornando los ojos detrás del humo. Se hacía el misterioso.

–¿Que le pasa? –Yo iba de sorpresa en sorpresa.

–¿No lo sabes Juan?. Es una mulata estupenda –Marta no se quería perder parte en esta sesión de acoso.

–¿Mulata? ¡No jodas! Si a mí no me gustan las negras.

–Pues es muy guapa, Juan. Un poco fondoncilla, pero mona de cara –insistió mi secretaria que tenía muy poco de alma caritativa.

A mí se me debía ir un color para que se me viniera otro. ¿Veinte años? ¿Qué hacía yo por entonces? Mi primer viaje a África había sido hacía siete y, como es cierto que no me gustan las mujeres negras, de allí no podía tener hijos y, menos aún, de esa edad. Sin embargo, al echar cuenta de los años un sudor frío me empapó la espalda. Han pasado ocho años desde entonces y lo recuerdo como si fuera hoy. Diecisiete años antes, mes más mes menos, de aquel aciago momento yo estaba viviendo en Cuba. Tenía veintiocho años y había viajado allí presidiendo una delegación del Partido Socialista ante el Comité Central del Partido Comunista cubano a fin de estrechar las «fraternales» relaciones de ambos partidos y conocer de los avances de la revolución castrista en materia de vivienda popular. Si de aquel viaje la por entonces mi secretaria vino embarazada de un cubano; mira que si a mí ve venía una hija después de casi veinte años y como consecuencia indebida de mi gusto por las mujeres tropicales. Las negras nunca me han atraído, pero por las mulatas he llegado a sentir debilidad. Recordaba a varias de aquellos meses; Gladys, una bailarina del Tropicana que era prima de mi conductor en La Habana y que tenía un cuerpo espectacular que movía como nadie, tanto en el escenario como en la cama; Heidée, una arquitecta funcionaria de la Dirección General de Arquitectura que me hacía de guía por la isla y una de las mujeres más sensuales que he conocido nunca y Caridad, la más soberbia, una mulata guapísima con una sonrisa inigualable, que conocí en el hotel Habana Libre a cargo de la administración de los invitados especiales. Cualquiera de ellas podría ser la madre de la muchacha que me estaba esperando. Me armé de valor y entré en la salita.

Allí, de pie, estaba la muchacha. Vestía una blusa color fucsia que los botones estaban para reventar y si de por sí toda ella ya era grande, más lo parecía subida a unas sandalias con un tacón de aguja de más de siete centímetros que asomaban debajo de unos pantalones acampanados de color mostaza que de rodilla para arriba más parecían pintados que puestos. Cuando aun tenía el picaporte de la puerta en la mano dio un paso hacia la puerta por donde yo entraba y rompió a hablar.

–Soy Clarita, la hija pequeña de Sebastián Riquelme– Gracias a Dios que la muchacha habló inmediatamente que abrí la puerta y no me dio tiempo a ningún exabrupto antes de oírla–. Mi padre me dijo que me presentara como su hija. A su parecer son ustedes como hermanos–. Y eso me lo decía una muchacha mulata, con acento venezolano, que medía cerca de uno ochenta y debía de pesar más de setenta y cinco kilos. Mi posible descendencia cubana se desvaneció en un instante, sólo la había tenido como hija unos minutos y ya me parecieron bastantes. No quise ser descortés, al fin y al cabo la pobre muchacha no tenía culpa de haber nacido del destarifado de su padre, que por cierto era un masón de otra logia madrileña que por su condición, para él importante, de pasado vocal de la dirección nacional de la Gran Logia gustaba de inmiscuirse, y siempre para su provecho, en la vida de sus antiguos gobernados, y le pregunté a Clarita qué deseaba de mí.

–Mi padre, que te manda sus saludos, me dio tu nombre y tu dirección para que viniera a visitarte. Por cierto, te envía este regalo–. Y la muchacha me dio un sobre donde se guardaba un CD-Rom con música masónica de Mozart. Por cierto que ya tenía seis, porque al parecer en esta mi nueva cofradía todo el mundo gustaba de regalarse el dicho disco. Que si Federico el Grande, que si Mozart, que si Goethe, todos parientes. En muchos de mis nuevos «hermanos» se declinaba un error silogístico al hilo de estos significativos personajes que nos antecedieron a todos en descalzar un pie y mostrar la rodilla contraria: «Si Federico el Grande fue masón y yo soy también masón, sucede que yo soy Federico el Grande». Se puede cambiar a Federico por cualquier otro ilustre antecesor en la Hermandad y prometo que muchos se aplican la errónea consecuencia. Prometo que ese error silogístico se daba en la conturbada mente de algunos de mis nuevos conmilitones. Yo, al principio y por respeto, solía reservarme las opiniones en tocante a esa perversión espiritual pero poco a poco me fui soltando en expresarlas, con cierto disgusto de algunas jerarquías de la «familia» que me fueron granjeando ciertas enemistades «fraternales». Pero sigamos con la historia:

–¿Qué deseas, Clarita? –intenté hacérselo fácil mientras jugaba con la envoltura del compacto.

–Un empleo. –Dijo bajando la voz. La muchacha parecía azorada.

–¿Para ti?–. Era lo clásico: «Hermano» masón recomienda a su hija, como «sobrina» suya que es, a otro hermano que pueda colocarla. En este caso Riquelme se había pasado, y no por la petición, sino por lo atrevida de la simulación parental.

–No es para mí, es para Julián–, continuó la muchacha.

–¿Y quien es Julián? –me empezaba a divertir la historia.

–Mi novio, don Juan. –La muchacha, al menos, era mucho más respetuosa que su padre, un «okupa» vocacional–. Es un buen muchacho. Antes trabajaba con mi padre, como viajante, pero no van las cosas tan bien como antes y mi padre ha tenido que hacerse cargo él mismo de la carretera y las representaciones al detalle, no hay para dos.

Así supe yo que Riquelme era representante, pues las pocas veces que le había visto en alguna tenida, vestido él siempre con mandiles azules brocados en dorados y muchas medallitas colgadas junto al collarón de pasado miembro de la dirección nacional de la Gran Logia, se arropaba de una opulencia que poco hacía a su oficio civil.

–Es un buen chico –prosiguió Clarita– y podría trabajar en cualquier cosa de oficinas.

Después se deshizo en virtudes del guardián de sus amores y un ratito más ocupó en elogiar la bondad de su progenitor y lo mucho que ella quería a la «familia» de su padre. Lágrima iba contra lágrima que moría en un arrugado pañuelo de batista fueron el lubricante que me enternecieron ante el descaro ingenuo e inocente de la muchacha.

Y así concluyó el extravagante episodio de mi «hija» mulata. Al poco Julián trabajaba de administrativo en la empresa de unos amigos y todos contentos, en especial el antiguo pequeño jefe de mi nueva y amplísima «familia».

Lo que hacía a mi formación como aprendiz seguía su curso. Algunas charlas, pocas, recomendándome la lectura de algunos manuales mejicanos sobre los ritos y casi nada más. Se decía en el taller que lo importante del aprendizaje del recién iniciado es el silencio y, por tanto, lo mejor era ver, oír y, por supuesto, callar. Lo que sucedía es que había poco que ver, poco interesante que oír y yo tenía muy pocas ganas de callar. Supe por esa época de aprendizaje mucho de rencillas, de pequeñas vanidades, de endogamia y de interesada fraternidad. Al principio disculpaba todo ello porque creí estar descubriendo un velo que, más adelante y desaparecido, permitiría apreciar todo el esplendor intelectual y moral de la masonería. Sabía bien de su historia remota, conocía bien el mundo simbólico y me eran queridas las artes mistéricas y las vías iniciaticas. Era un asunto de paciencia. Mientras, yo estaba especialmente interesado en saber de la historia reciente de la Masonería española. Fueron los masones de más antigua afiliación, Miguel Maíz y Manuel Gómez, mi padrino, quienes me fueron poniendo al corriente. Para mí la historia desaparecía en mil novecientos treinta y nueve, seguía con la cantinela franquista de la conspiración judeo-masónico-marxista y se actualizaba con las habladurías y cotilleos recientes sobre el banquero masón, entonces de moda.

Al poco supe que el afamado banquero estaba en sueños y que mi logia madre, «*Concordia nº4*», también había sido la suya. Eso luego lo conocí con más detalle cuando, ya maestro masón, ocupé el cargo de Secretario de la misma y por ello fui el depositario de los libros de actas de tan prestigiosa logia madrileña. Pero eso no es al caso ahora, al menos de momento.

Mis nuevos amigos me fueron contando, fuera de tenida, la parte que a ellos les alcanzaba de la historia reciente. Maíz había ingresado en la masonería a través del Gran Oriente, cuando sólo era un estudiante de Medicina, allá por mil novecientos setenta y siete, y Manuel Gómez lo había hecho directamente en la Gran Logia por mil novecientos ochenta. En cierta medida lo que supe por ellos y por algunos viejos militantes del Partido Socialista, que se habían iniciado cuando la IIª República, es que la masonería española tenía un pasado próximo bastante decepcionante. La masonería española marchó al exilio después de 1939 y pervivió, dormitando más que otra cosa, cerca de las organizaciones exiladas del PSOE. Había masones españoles en Sudamérica, también los había en Francia y unos pocos más, los menos siempre, en el exilio interior. Generalmente los republicanos españoles que se instalaron en Sudamérica se habían afiliado a los Grandes Orientes o Grandes Logias de sus respectivos países de adopción y formaban parte feliz e influyente de las burguesías locales. Eran, además, grupos de ayuda mutua y mantenían viva la llama del republicanismo. Los exilados en Francia, sin embargo, se habían llevado con ellos la organización de sus logias y pervivían con un grado mínimo de organización y alguna conexión que otra con algún hermano solitario del exilio interior. La cercanía entre la masonería y el socialismo en el exilio permitía una broma que se decía por entonces: «Si el Gran Oriente cambia su dirección, hay crisis en el Partido Socialista, y viceversa». Llopis y sus amigos socialistas eran el ejemplo vivo de ese aserto. Y la masonería languideció en el exilio, tan al extremo que en 1975, cuando murió el general Franco, los masones del exterior eran pocos y viejos y en el interior la masonería era sólo un recuerdo para algunos, y casi todos, poco querían saber de la hermandad donde se iniciaron. Era otra historia y otros tiempos los que empezaban. De aquellos años vienen las relaciones de masones, socialistas, algunos liberales y de bastantes monárquicos juanistas que se dejaban llevar por don Pedro Saénz Rodríguez, el hermano Tertuliano, que desde su exilio en Estoril lo mismo servía a la corona que al compás. De esas mezcolanzas más bien promiscuas bien pueden dar fe algunos políticos como Tierno Galván, por aquellos años bien cercano al Consejo Privado de Don Juan.

Fue Villar Masó, un funcionario que había participado en el «contubernio de Munich», quien inició los trabajos para tramitar ante la cambiante administración predemocrática española, a partir de 1975, la inscripción legal del viejo Gran Oriente Español, siendo Martín Villa el ministro de la Gobernación, que era competente para el asunto. Masó, que era un hombre muy activo y del que los viejos masones siempre sospecharon que pudiera ser un infiltrado de los servicios de la Presidencia del Gobierno, ya se había procurado antes de la muerte de Franco y por vía de un empresario catalán, Duran Farell, un contacto para explicarle al entonces Príncipe de España la posición de la masonería ante lo que ya todo el mundo daba por inevitable: el cambio de Régimen. Villar Masó fue el banderín de enganche de la nueva masonería española y sólo tuvo oposición a esa preeminencia en la persona de Rafael Vilaplana, un catalán que, en conexión con la Gran Logia de Francia, construiría desde Barcelona una nueva obediencia masónica, la Gran Logia Simbólica de España (G:.L:.S:.E:.), que entraría en conflicto con la familia de Villar Masó, el Gran Oriente de España (G:.O:.E:.), que decía reconstruir la vieja tradición española. Martín Villa, después de cierta resistencia y unas cuantas denegaciones, acabó permitiendo la inscripción de ambos institutos.

Yo había tenido, no obstante, alguna noticia anterior de los viejos masones. Cuando me afilié al Partido Socialista era aún un estudiante de la Politécnica, allá por el año mil novecientos setenta y tres, y fue poco después cuando celebramos nuestro congreso en Suresnes. Allí los más jóvenes, yo estaba afiliado a las Juventudes Socialistas además de al Partido, nos alineamos con el «Pacto del Betis», la alianza de los andaluces de Guerra y González y los vascos de Múgica y Redondo, contra la vieja dirección de Llopis y los suyos. El congreso lo ganamos los conjurados del «interior» y González desbancó a Llopis, un significadísimo masón, de la Secretaría General. El Partido sacó la dirección del exilio y los perdedores decidieron abandonar la organización y constituirse en un efímero Partido Socialista Obrero Español Histórico, que era más un grupo de logias de viejos republicanos que un partido político capaz de encarar la transformación necesaria en España a pocos meses de la próxima muerte del general Franco.

Y lo que son las cosas. Al igual que Saulo se extremó persiguiendo cristianos para después convertirse con la caída del caballo y pasar a llamarse Pablo y sentar las bases organizativas de lo que después sería la Iglesia Católica, en cierta medida a mí me sucedía parecido asunto. Después de militar en el socialismo renovado contra los viejos masones ahora me encontraba metido de hoz y coz en las logias madrileñas. Cuántas imputaciones de criptomasones que salieron de nosotros no les costaron a alguno de nuestros viejos compañeros su carrera política en el nuevo Partido Socialista. Pese a ello hubo algunos que se reciclaron a tiempo y pasaron a ocupar ciertos cargos de responsabilidad, aunque no demasiado importantes. Eran los casos de Feliciano Páez, Alfonso Guerra, Álvarez Monje, José Prats, Javier Angelina, Rafael Fernández, Alberto Armas o Andreu Abelló y también se decía de José Federico de Carvajal, Calviño, Leguina o Luis Solana, aunque a estos últimos no les he visto nunca adornados con mandil. Por entonces Alfonso Guerra, cual viejo Saulo, los cazaba de manera inmisericorde y no me consta que hoy se haya caído aún del caballo, aunque bien es cierto que esos ardores antimasónicos se fueron calmando con el paso de los años, dando lugar, ya que estaban casi muertos, a una cierta curiosidad intelectual. Por los valles de la derecha supe de pocos hermanos, únicamente Trías Fargas y, así mismo, se decía de Félix Pastor Ridruejo, uno de los amigos de Fraga.

Pero todo eso era historia, cercana pero pasada. Luis Salat i Gusils, que ya descansa en los valles del Oriente Eterno, se convirtió en el hombre que instaló definitivamente, con una cierta eficacia administrativa y con los suficientes reconocimientos internacionales, la masonería en España. Pero hubo que esperar a mil novecientos ochenta y uno.

La primera vez que conocí a Luis Salat, de manera personal y directa, fue en su casa de Barcelona. Era el mes de enero de mil novecientos noventa y tres y un compañero maestro masón y también arquitecto, Néstor Pagán, me servía de presentador. El motivo de mi visita era participarle directamente al Gran Maestro los proyectos del grupo de masones madrileños entre los que yo me encontraba y que, de facto, dirigía el abogado Gómez Fernández, al respecto de la instalación de una nueve sede masónica en los valles de la capital. Todo había empezado cuando un par de meses antes había entrado por el registro de mi empresa una solicitud de la Gran Logia de Castilla, firmada por el inefable Samuel Pariente en su flamante condición de Gran Maestro Provincial, solicitando le fueran cedidos unos terrenos dotacionales de los de nuestra administración a fin de instalar en ellos la sede de la Gran Logia de España. Poco después, al día siguiente, había entrado por el mismo registro, y en los mismos términos de petición, un escrito similar dirigido a mi atención aunque, esta vez, firmado por quien se decía Soberano Gran Comendador del Consejo Supremo del grado 33 del Rito Escocés Antiguo y Aceptado. Tras la natural sorpresa del encargado del registro por lo extravagante y ceremonioso de los títulos que usaban los peticionarios me pasaron ambos documentos a mi despacho. Yo bien sabía de esos escritos, pues se urdieron en el despacho de Manuel Gómez con la asistencia de Urbetti. A mí me convocaron después para participarme su deseo de promover ese expediente de solicitud de suelo ante las administraciones públicas. Resultaba evidente que tenían en mí a un colaborador, lo que no me participaban era su particular interés en apalancarse en la cesión de suelo para remover a Luis Salat de la primera magistratura de la Orden. Lo que a mí me sorprendió fue que la solicitud, si tanta era la importancia que tenía, la formulara una instancia menor de la jerarquía masónica como era la organización castellana y no la dirección nacional. Todavía era aprendiz y eran muchas las cosas que Gómez, Urbetti y sus amigos se reservaban para conmigo, pero no era necesario haberse licenciado en Harvard para colegir que algún manejo se traían entre manos. Ciertamente mosqueado por esa circunstancia y por la sicalíptica presencia de un organismo para mí desconocido como era el afamado, y reservadísimo, Supremo Consejo del Grado 33 recurrí a mi amigo el arquitecto masón, que era Maestro Venerable de una logia de investigación, para que me procurara la entrevista con el Gran Maestro. De todo esto fui hablando con Pagán en el vuelo de Iberia a Barcelona. Pagán me puso al corriente de algunos asuntos. Que ya estaba abierta la carrera por la sucesión de Salat; que el grupo de Caneneti y Gómez estaba preparando la candidatura del segundo para el próximo Consejo Nacional de la Gran Logia; que el núcleo duro de esa operación era precisamente «*Concordia nº 4*», mi logia madre; de los estrechos vínculos entre ese grupo y el Soberano Gran Comendador del Supremo Consejo del Grado 33, Francisco Espinar, y de otras cosas más, a cual más interesante, que me ayudaron a abrir un poco los ojos ante tantas tinieblas.

Luis Salat me recibió después del almuerzo. Su domicilio en Barcelona era un ático de una casa del Ensanche típica de la clase media alta de Barcelona. Salat era un leridano fuerte y muy alto, de poco pelo, casi blanco y peinado hacia atrás, sólo una ligera cargazón en los hombros le ponía en la edad de sus años. Con él estaban su mujer, Anzulia, que no paraba de interesarse por todo lo que se dijera, fuera asunto profano o de la familia, y su amigo de siempre José Munté, un ejemplo de discreción.

Mientras me ofrecía un café y él se servía otro acompañado por una generosa medida de su bebida preferida, «Johnny Walker-Etiqueta Negra», con poco hielo y nada de agua, me fue contando su vida para comenzar la conversación después de las cortesías al uso. Por su boca supe que se había iniciado en 1935, en la Logia «Hermes», del Gran Oriente de España, y por las mismas supe que sus primeras armas en política las había velado en el Partit Nacionalista Catalá, organización que después se integraría con Estat Catalá y con Esquerra Republicana de Catalunya. De esa militancia le venía su amistad inquebrantable con Josep Munté, su eterno secretario en la dirección de la Gran Logia de España. Precisamente por esas fechas el Ayuntamiento de Barcelona, donde había unos cuantos concejales masones en el Partido Socialista, le acababan de rendir un homenaje a Munté por su glorioso pasado de luchador antifranquista.

Salat me dijo que se exiló a Francia al poco de comenzada la guerra civil y que antes de que finalizara ya se había instalado en Sudamérica dedicado a sus negocios. De esa época le venía su colaboración con los norteamericanos, pues no en vano había trabajados para el gobierno de los Estados Unidos suministrándole caucho desde Manao durante la Segunda Guerra Mundial. Después de eso dejó Brasil y se fue a vivir a Colombia y Méjico para domiciliarse, al final, en Venezuela. Allí estuvo dedicado a sus negocios y consiguió una posición económica comodísima, cosa que ya sabía, que unida a sus excelentes vínculos de familia, pues no en vano era pariente de Ferrer Salat, el presidente de los empresarios, y de Vilarasau, el financiero de La Caixa, le permitieron un desahogado regreso del exilio tras la muerte de Franco.

Ya se ponía la tarde y estaba más que mediada la botella de whisky cuando Salat se interesó por el motivo de mi viaje:

–¿Cómo van las gestiones del nuevo templo, hermano Juan?

–Muy bien Luis, ya se han recibido las respectivas peticiones de donación ante la secretaría de la empresa y tras su estudio las propondré al Consejo de Administración para que se resuelva en esa instancia.

–¿Favorablemente?

–Espero que sí, Luis–. Yo ya había hecho un sondeo entre consejeros y sabía que la propuesta de cesión tendría el voto de la mayoría de los miembros y, como mucho, la abstención de los que no estuvieran conformes. La mitad de los consejeros, yo entre otros, estábamos designados por la administración ferroviaria tutelada por el Ministerio de Obras Públicas que a la sazón ocupaba el socialista José Borrell, dos miembros de esa mitad era nombrados directamente por el Ministerio. La otra mitad la formaban concejales en representación de todos los partidos presentes en el Consistorio madrileño, populares, socialistas y comunistas. Era obvio que los socialistas, sumados los de uno y otro lado, tenían mayoría sobrada y que como no todos los populares estaban en contra, habría abstenciones y la propuesta prosperaría. Pero esa previsión, desde el sentido común, no era así de simple en lo que hacía a la realidad. La cosa era más compleja, tanto entre populares como socialistas y comunistas había partidarios, contrarios e indiferentes. Desde un concejal popular que había sido alférez provisional y creía eso de la «conspiración judeo-masónica» hasta un antiguo comunista, ya socialista de siempre, que se oponía por el carácter burgués y secretista, decía muy fino, de la organización masónica. Con la ayuda de Álvarez Monje por la RENFE, que era compañero y un antiguo concejal del Ayuntamiento de Barcelona y ahora se desempeñaba como Director General de Patrimonio de la compañía ferroviaria, y Enrique Gamazo, por los populares del Ayuntamiento y que era una persona tolerante, no se prometía mal el final de este empeño.

–Ya le he dicho a Munté que tenemos hermanos en RENFE que ayudarán en este asunto y están avisados. Por cierto –dijo mirándome fijamente–, ¿tú crees que este asunto beneficia a la Orden? ¿A toda la Orden? –insistió.

Entendí la pregunta, pero sin duda había un doble sentido en ella. No quise entrar al trapo, al menos de momento, del astuto Salat.

–Sin duda, Luis. A toda la Orden –le remarqué. Yo sabía que a Salat no le hacía ninguna gracia que Madrid contase con un nuevo templo de cierta dignidad que supusiese una, en cierta medida deseada por todos los masones, presentación pública de la Orden. Luis, catalán y catalanista, había inscrito Barcelona como capital masónica de la Gran Logia Española y de esa manera él y sus amigos catalanes, Crozet y Munté, entre otros, eran mayoría en el cuadro de dirección de la Gran Logia. En Barcelona, la sede estaba instalada en un local excelente en los bajos de un bellísimo edificio altoburgués de la Gran Vía de las Corts y era desolador el contraste con el local madrileño, un sótano mal ventilado en un vulgar edificio de viviendas de clase media en la populosa calle López de Hoyos, pegado a una zapatería de barrio. Salat temía que si ese estado de las cosas cambiase podría ponerse en cuestión la primacía catalana, y por ende la suya, en la dirección de la Orden. Y no iba descaminado.

–No estoy yo tan seguro –dijo por toda respuesta y se ensimismó un momento mirando el fondo de su vaso.

Salat pertenecía a esa generación de hombres que se habían hecho a si mismos desde la voluntad y el mucho esfuerzo; gente emprendedora por condición natural y por las circunstancias en que han vivido que no dudan en tener por suyo cuanto emprendimiento realizan y suelen tener por suyo en propiedad lo que administran en nombre de muchos. Los hombres de esa generación, en la que están gente como Llopis, Fraga o Carrillo, difícilmente deslindan lo público de lo privado y tienden a creer que las cosas que han creado son suyas por título moral, sea un partido o un instituto civil, y que eso es inamovible de por vida. El caso es que Luis Salat, era un gran organizador, un hombre incansable que se había entregado a la Orden en cuerpo y alma desde que volvió a España y ello con notable esfuerzo y pérdida de salud y patrimonio.

–Está bien que eso vaya para delante –dijo saliendo de repente de su ensimismamiento–. Es necesario salir ya a la calle en Madrid y esta es una oportunidad excelente. Que la Administración nos ceda un terreno público es un paso importante en el reconocimiento de nuestros derechos históricos. –Volvía a ser el organizador ambicioso de siempre–. Han sido más de diez años hasta llegar aquí.

Y se extendió otra vez en la historia de sus trabajos por bien de la Orden.

A punto de comenzar los años setenta, Luis Salat me contó que se entrevistó con oficiales norteamericanos miembros de la francmasonería destinados en las bases de Torrejón de Ardoz y Rota y uno de ellos, de ascendientes hispanos, le puso en contacto con otro oficial, destinado en Alemania, que era Gran Maestro de la Logia Continental de Alemania. Salat siempre ha tenido una relación excelente con los americanos y especialmente con los militares y, además, ha sabido valerse de ellas. El caso es que ese oficial, muy bien conectado con la masonería inglesa, le puso en contacto con Roux, un dirigente de la Gran Logia Nacional Francesa, que es una obediencia masónica admitida por los ingleses, de talante conservador, y distanciada del Gran Oriente Francés, más radical y celosa observante del Viejo Rito Escocés Antiguo y Aceptado. Gracias a esas carambolas Luis Salat toma contactos con la masonería inglesa, el Vaticano de las obediencias conservadoras y garante de lo que ellos llaman «la regularidad masónica». Una forma más de la tradicional política imperial británica. A partir de ese momento comenzó su trabajo en España.

Durante esos tiempos, hasta el año setenta y ocho, contó con la ayuda de su fiel amigo Munté, de José Carretero, un masón español, que le abrió las puertas del Gran Oriente de Italia, de Ramón Montes, un abogado madrileño, y de un pequeño comerciante italiano radicado en España, Rafael Urbetti, que no tiene nada que ver con el prestigioso escritor de parecido nombre. Por fin consiguió que los franceses le permitieran trabajar en «la regularidad» por él tan deseada y, mientras el viejo Gran Oriente Español se iba deshaciendo por abandonos y peleas internas, Salat consiguió que la Gran Logia Unida de Inglaterra, «la Central» como gustaba decir, permitiera a la Gran Logia Nacional Francesa instalar logias en la Occitania donde se reunieran exclusivamente los españoles que se iban acercando al círculo de Salat, bien desde la bisoñez de la primera afiliación, bien desde el abandono del Gran Oriente o de la Gran Logia Simbólica.

Lo que venía después lo sabía por unos amigos del Gran Oriente que se habían resistido a ingresar en la obediencia de Luis Salat. Por ellos sabía más de lo que me contó Luis. Antes de venir a Barcelona ya sabía yo que desde mil novecientos setenta y ocho hasta mil novecientos ochenta Salat jugó una estrategia inteligente para cuajar «su» obediencia. No quiso entrar en peleas con las demás obediencias españolas y decidió jugar la carta de la «regularidad» con el apoyo de los ingleses. Los británicos nunca habían visto con buenos ojos a sus «hermanos separados» del Gran Oriente Español por entenderlos unos viejos radicales infectados del pensamiento republicano y socialista, algo que casa poco con el orden monárquico y conservador de la masonería inglesa. Salat les ofrecía a los ingleses una solución para España, algo que ya procuraban los británicos desde el siglo XVIII, cuando intentaron romper el Pacto de Familia de la Casa Borbón entre Francia y España por vía de pactar con Esquilache la instalación en España de la masonería inglesa. Los británicos tendrían, por fin, una Logia amiga en España y Luis Salat sería su gran Maestro, y los americanos, tan contentos. La *longa manus* británica actuaría, en esta ocasión, a través de la minoritaria y conservadora Gran Logia Nacional Francesa, donde se encuadran bastantes de los pocos monárquicos reaccionarios que aun quedan en el país de Robespierre.

En esos dos años Salat hizo un gran trabajo. Su organización creció, fue nombrando Maestros Masones e instalándolos, después, como Venerables Maestros y abriendo nuevas logias, hasta que consiguió que uno de ellos ocupara el cargo de Gran Oficial de la provincia de Occitania de la G:.L:.N:.F:.. Cuando alcanzó el número suficiente de logias y de maestros consiguió que se constituyera una «provincia masónica catalana» de la G:.L:.N:.F:. y desde esa plataforma abrió secciones de la «provincia catalana» en Madrid, Valencia, Canarias y, pocas pero algunas, en Andalucía. Ya estaban todas las mimbres, ahora sólo faltaba terminar de tejer el cesto. Por fín, en mil novecientos ochenta y uno, nació la Gran Logia de España, después de cumplir el mínimo requisito estatutario de englobar, al menos, tres provincias masónicas. Luis Salat era el Gran Maestro de la G:.L:.E:.. Pese a todo los ingleses no reconocerían hasta mil novecientos ochenta y cinco la «regularidad» de la G:.L:.E:., antes lo había hecho Alemania e Irlanda. Los ingleses, para demostrar quien manda en este negocio, hicieron firmar a Luis Salat el reconocimiento de la Gran Logia de España como logia «hermana y regular» de la Gran Logia Unida de Inglaterra en Gibraltar y ante la presencia del Gran Maestro de Gibraltar y no en Londres, ante el Duque de Kent, como debiera de haber sido. Pese a esta humillación, resto de un colonialismo querido a los británicos, Salat aceptó el «trágala». El gran mandil bien valía, a su parecer, esa pequeña incomodidad. Por esa humillación, que hace más al vasallaje que a otra cosa, Salat recibió un regalo de los ingleses, cerca de mil quinientos masones jubilados. Viejos masones ingleses jubilados en España en las costas andaluzas o valencianas y que habían formado logias dependientes de Gibraltar o de su país de origen fueron adscritos a la neonata Gran Logia de España, provisionándola, de paso, de casi la mitad de sus efectivos humanos y dándole a Salat una cómoda mayoría en las votaciones precisas, en adelante, para sostenerse como Gran Maestro. Aun hoy, muerto Salat, los jubilados extranjeros residentes en España que no han pasado «a sueños», en muchos casos al eterno, suponen la mitad de la afiliación de la Gran Logia, en muchos de cuyos talleres el rito, el de *emulation*, «of course», se sigue en inglés. Del Viejo Rito Escocés Antiguo y Aceptado, tan querido en España y consustancial con la historia de las logias españolas, no queda ya en la G:.L:.E:. más que una práctica minoritaria reducida a unos pocos nostálgicos.

Precisamente ese es uno de los asuntos donde tanto Luis Salat como Tomás Sarobe Piñeiro, quien le sustituye actualmente desde su fallecimiento, más han insistido. Ellos, especialmente el segundo del que hablaré más adelante, han procurado el tránsito de la tradición republicana, librepensadora, anticlerical y progresista, con fuertes componentes sectarios y conspiradores, hacia una obediencia conservadora, deista, promonárquica y más concebida como un club social de clases medias que como un taller de pensamiento solidario y de progreso. Y lo han conseguido. Pero eso vendrá más adelante.

El caso es que la reunión con Salat iba concluyendo. Yo sabía que el viejo Maestro no gustaba de la operación «Templo madrileño» por cuanto, de prosperar, alteraría el *status-quo* de la Orden. En eso no podía estar de acuerdo con él, pero tampoco me parecía oportuno que algunos de mis hermanos madrileños, precisamente bastantes de mis compañeros de logia, auspiciaran ese asunto a fin de procurar, fundamentalmente, una operación «política» que acabara con Luis Salat. Yo estaba en contra de esa instrumentación conspirativa que procuraba convertir, lo que sin duda era un bien para la Orden toda, en una maniobra para cambiar a Luis Salat por alguno de mis amigos madrileños. La Constitución de la Orden redactada por Salat era antidemocrática y profundamente autocrítica, su gestión al frente de la masonería dejaba bastante que desear en el plano espiritual y la calidad del discurso simbólico estaba, por entonces, bajo mínimos. Pero yo era de la opinión de plantear estos asuntos frontalmente, en las logias, incluso mediante el proceso electoral respecto al puesto de Gran Maestro que estaba por abrirse próximamente. No era, sin embargo, partidario de construir un grupo fraccional de poder dentro de la organización masónica madrileña a partir de una gestión privativa de lo que era el principal proyecto de la Orden por esos días, la construcción del templo madrileño. Ese había sido el motivo de mi viaje, participarle a Luis Salat la naturaleza del asunto en que andaba incurso, bastante de cuyos detalles le eran desconocidos, y hacerle ver que, por bien de la Orden, debiera prosperar felizmente.

Salat concluyó la conversación con el deseo de que todo fuera bien en adelante y ofreciéndoseme para apoyar cualquier iniciativa. Cuando se levantó para despedirme me estrechó la mano con una señal que yo no conocía aún desde el punto de vista simbólico. Era el saludo entre maestros.

–¿Ha ido todo bien? –dijo Anzulia, acompañándome al vestíbulo–. Ya sabes –prosiguió–, si necesitas algo de Luis no dejes de llamarme.

Luis y Anzulia no habían tenido hijos y, tal vez por ello, la mujer del Gran Maestro actuaba en la organización por encima de su competencia simbólica, que era ninguna. Pese a ello no había asunto del que no estuviera al corriente y a través del fiel Munté nada se escapaba de su control. El caso es que un par de horas después estaba en Madrid y a la mañana siguiente casi toda la organización madrileña sabía de mi visita al Gran Maestro. Eso no me sorprendió demasiado porque ya me había dado cuenta que el cotilleo y la maledicencia no transitaban muy lejos del salón de pasos perdidos de las logias.

A los pocos días, ya entrado febrero, recibí una llamada del Maestro Provincial

–Juan, te llama Samuel Pariente, ¿te pongo con él? Parece que te conoce –dijo Marta con cierto retintín– ¿No será también familia tuya?

–Sí Marta, pásame. Y, por cierto, menos bromas –le dije.

–Perdona Juan. Te pongo con tu pariente –insistía en la chanza sobre el equivoco del apellido de quien me llamaba.

Después de unos segundos, que aproveché para encender un cigarrillo, sonó el *click* de la conexión:

–¿Qué hay, Samuel? ¿Cómo estás?

–Muy bien Juan. ¿Y tú? Por cierto, primero de todo quiero darte las gracias por atenderme, que sé lo ocupado que estás–. Y él ¿qué sabe, me dije para mis adentros, si estoy ocupado o dejo de estarlo?

–Nada, Samuel –le corté, molesto–, no interrumpes nada. Tú me dirás.

–Pues verás, Juan. Hay un asunto de especial trascendencia que debo participarte...

–Continúa –le dije. Yo sabía de la afición de Samuel a las exageraciones melodramáticas, así que no le di importancia al prolegómeno y procuré que no se extendiera en los comentarios.

–Sucede que ha llegado un decreto de la Gran Logia de España en donde el Muy Respetable Gran Maestro, Luis Salat, tiene a bien disponer en uso de las facultades personales que le están conferidas por nuestra Constitución que seas elevado inmediatamente a la condición de Maestro Masón.

–Pero, si yo soy aprendiz –le interrumpí sorprendido. Ese decreto iba contra los usos y costumbres de la Orden–. Tendré que pasar por el segundo grado, el de compañero, y permanecer en él un tiempo. Los estatutos de mi logia recomiendan un año entre el paso por cada grado, ahora me tocaría ascender al salario de Compañero Masón.

–No hay objeción que valga –ahora era él quien interrumpía–. El Gran Maestro lo ha dispuesto así y así se hará. A mí me corresponde establecer el procedimiento, que esa es mi competencia. Parece que le impresionaste muy favorablemente en tu visita a Barcelona –me dijo con retintín–. No te preocupes de nada, que yo me encargaré de todo... y ¡enhorabuena! –dijo despidiéndose. Aunque Samuel era un enredador no era mala persona y parecía que se alegraba sinceramente. Además, como no era tonto, y se sentía marginado de los manejos del grupo de Urbetti y Gómez, los verdaderos jefes de mi logia, al respecto de sus proyectos particulares inmediatos, esta medida de Salat era, en cierto modo, un aviso a ese grupo. La verdad es que el viejo era el más listo de todos ellos.

Al día siguiente toda la organización madrileña sabía del decreto del Gran Maestro. Este asunto supo especialmente mal al grupo de promotores de la operación «Templo madrileño». Fue una mañana de continuas llamadas a mi despacho.

Primero me llamó Alfredo Tagar de las Roces, conde de Monteverde, que era un compañero de logia ajeno a ese asunto que estaba sujeto por entonces a una sanción administrativa por una imputada falta de respeto a Luis Salat durante una tenida regular. Alfredo, un editor de pasado bohemio, tenía a gala su probada pelea a favor de las formas democráticas y estaba empeñado en una particular campaña contra la dirección de la Gran Logia para que se renovaran las Constituciones de la Orden, ciertamente una pieza manifiesta del autoritarismo patrimonialista de Luis Salat. Con su vehemencia común me llamó indignado para participarme su rechazo, «con toda la fraternidad del mundo, eso sí», decía, al decreto de Salat por cuanto contravenía los usos de nuestra logia y a partir de ahí, y tras citarme de corrido unos cuantos artículos de la Constitición masónica y dar una de doctrina sobre los *landmarks*, recitó de corrido sus habituales diatribas contra Salat y, casi sin despedirse, colgó el teléfono.

Al poco llamó Gómez Fernández. Tampoco él estaba de acuerdo con el decreto y me quería trasladar el malestar del comité de logia, «que no el mío, querido Juan», al respecto. Me prometió que haría todo lo posible por «limar asperezas», dijo, y se despidió preguntándome cuando iría al consejo de administración de la empresa la solicitud de cesión del suelo para el templo masónico.

–¿Mantienes tu posición favorable? –me preguntó de sopetón, cuando creí que ya íbamos a colgar el teléfono..

–¿Por qué habría de cambiar de opinión? –le respondí–, no te preocupes, vecino. Y..., gracias por la llamada.

Antes de despedirse se interesó, no hay que dar puntada sin hilo, por el estado de tramitación de una licencia de obras de un polémico edificio de legalidad discutible que un amigo suyo, tal vez socio, dedicado a los negocios de la noche, proponía al Ayuntamiento de Madrid con poca fortuna. Mi cercanía a la burocracia municipal le impelía a esa «fraternal» recomendación.

El siguiente en personarse al expediente de las opiniones fue un adjunto a Francisco Espinar, el Soberano Gran Comendador de los

33. Ya ni me acuerdo de su apellido, sólo sé que tenía un nombre de pila muy extravagante y que era un militar retirado. Esta llamada fue para participarme todo lo contrario de lo que hasta ahora había oído. Mi olvidado comunicante me trasladó el apoyo del Supremo Consejo a mi persona y al decreto de Luis Salat. Me dijo que una representación del Consejo asistiría a la ceremonia de mi elevación a maestro y que en cuanto tuviera ese tercer y último grado de los simbólicos ya mantendrían conmigo una entrevista personal para determinar el modo y manera de acceder a los grados filosóficos, los que van del tres al treinta y tres en el Rito Escocés Antiguo y Aceptado. Querían programar mi «carrera» masónica, me dijo para despedirse, no sin antes autoalabarse un poco contándome que el Supremo Consejo es la aristocracia de la masonería y que era ese el lugar donde debiera instalarme.

Así iban las cosas cuando poco antes de la una y media recibí una llamada que no esperaba en modo alguno:

–Dime Luis...–. Era Luis Sánchez Freire, un aprendiz como yo, de la logia «Fénix». Era un economista de poco más de treinta y cinco años con el que había coincidido circunstancialmente en alguna tenida, pero apenas nos habíamos cruzado palabra en los talleres.

–¿Cómo estás Juan? Anda, que buena la has montado... –dijo a modo de saludo. Pese a que apenas nos habíamos cruzado palabra Luis y yo nos caíamos bien, la común condición de aprendices, el común ejercicio liberal de nuestras respectivas profesiones y una cierta química no verbal nos daba más confianza mutua que muchas de las grandísimas parrafadas cruzadas con otros hermanos más conspicuos e instalados.

–No es para tanto Luis, no es para tanto... Pero perdona que te pregunte directamente, ¿tú estás a favor en contra?, porque imagino que llamas para darme tu opinión, así que te lo pongo fácil. Dispara...

–A favor Juan, a favor y, además, encantado. ¡Ya era hora!

–Hora, ¿de qué?, Luis –yo estaba sorprendido de la euforia de Sánchez Freire.

–Ahora no, que ya sabes que los teléfonos están pinchados casi todos. Si me aceptas la invitación te lo explico almorzando–. Ciertamente por esos días había psicosis de espionaje telefónico, que si los del CESID, que si los judíos, que si servicios particulares. El caso es que todo el mundo espiaba a todo el mundo y las empresas de barridos telefónicos estaban haciendo el agosto. Por aquellos meses si no te espiaban no eras nadie. En muchos despachos se instalaron, como setas, unos aparatitos con botones y lucecitas que alertaban, o al menos así decían quienes los vendían, de las caídas de tensión en la línea telefónica y, por eso, prevenía de las escuchas. Pasó a ser un símbolo más de estatus empresarial, como los teléfonos celulares, por entonces incipientes, o el conductor en la puerta.

–¿Cuándo?

–Hoy mismo, en media hora en «La Nicolasa».

–De acuerdo, voy para allá –le acepté.

–Yo reservo –dijo por despedida.

Cuando entré en el restaurante, en punto de las dos y cuarto. Luis Sánchez Freire ya estaba en la barra esperando. Una espesa barba negra, las cejas pobladas y sus más de cien kilos en menos de uno setenta le hacían inconfundible. Al verme me tendió la mano con la seña de aprendiz mientras me palmeaba la espalda.

–Enhorabuena, maestro–. Dijo con toda la doble intención que pudo.

–Gracias, Luis.

–Pasemos al comedor– y dejó el medio whisky sobre la barra.

Mientras elegíamos el menú Luis no cesó de hablar de la situación política que en aquellos meses era especialmente interesante. Por lo que le oí estaba muy al corriente de los entresijos del Partido Socialista. Mientras nos servían unos aperitivos de chistorra, Luis se calló de repente y poniendo cara de picardía se me quedó mirando:

–Te traigo recuerdos de Antonio Padilla.

Me quedé con la chistorra en el tenedor.

–¿De qué conoces tú a Antonio?– me había sorprendido. Padilla era un abogado amigo a cuyos servicios había recurrido en más de una ocasión y lo que empezó siendo una relación profesional en un recurso que me preparó contra un acuerdo de la Junta de Gobierno del Colegio de Arquitectos terminó convirtiéndose en una sincera amistad. Tan al extremó que después de encargarse de la tramitación de mi divorcio se ocupaba de todos los aspectos jurídicos de mis asuntos personales. Era mi abogado de confianza.

–Colaboro con él en temas económicos. Yo audito empresas donde él lleva la asesoría jurídica. A ti estuve a punto de tenerte por cliente antes de conocernos en la orden.

En efecto, hacía poco más de un año yo le había comentado a Padilla que deseaba modificar el régimen económico familiar y constituir alguna sociedad patrimonial. Deseaba también un estudio de mi situación fiscal y le pregunté por algún especialista de su confianza. ¡Ahora caía, de qué me habían sonado siempre los apellidos de Luis!, ¡Fue a él a quien me recomendó Padilla! Recuerdo que, además, tenían el despacho cerca uno de otro, en Marqués de Urquijo, precisamente el abogado ocupaba un piso encima del bufete que había instalado hacía un par de años en el mismo inmueble José María Calviño, el cesado director General de RTVE. Sin embargo, no recurrí a sus servicios porque, por aquellos días, un buen amigo de siempre, Javier Martínez, me procuró el auxilio de unas consultoras que son quienes de entonces me atienden en estos asuntos.

–¡Claro! Ahora recuerdo, Luis.

El caso es que a partir de ahí, bajo el paraguas de un buen amigo común comenzó un torrente de confidencias. Luis había ingresado en la Orden más o menos cuando yo y él, también, se había visto desbordado por lo numerosa, impertinente y muchas veces promiscua familia que se le había venido encima. Que si un empleo para un pariente, que si me haces la declaración de la renta, que mira que tengo una inspección de Hacienda en las cuentas de la peluquería, un sinfín de pequeños asuntos que le ocupaban tanto como algunos buenos clientes. Pero lo que le tenía más atacado era la indefensión de los aprendices ante muchas estupideces de los viejos maestros.

La instrucción de aprendices y compañeros, a su decir y yo compartía la opinión, brillaba por su ausencia y el principal trabajo masónico de los viejos maestros era cuidarse de ellos mismos y discutir de manera cainita sobre los retóricos empleos masónicos y los artificialísimos problemas habidos en los talleres, cuando no construidos por necesidad para justificar la existencia administrativa de la propia Orden. Luis me contó que, cada año, entraban en la Orden tantos nuevos aprendices como miembros la abandonaban, bien fuera porque «entraban en sueños» de manera regular, bien porque fueran expulsados por infracción o por falta de pago o bien, era lo más común, porque se despedían a la francesa. Al día de hoy los masones españoles son en su mitad jubilados extranjeros, en su veinte por ciento son «fijos de plantilla», decía con gracia, y el treinta restante, y se incluía, somos transeúntes. En total dos mil quinientos.

En estos lamentos andábamos cuando nos retiraron los platos donde nos habían servido una menestra de verduras y mientras llegaba el segundo pedí que llenaran las copas, otra vez, de un excelente «Contino» del 82.

Luis atacó un bacalao a la riojana y yo un solomillo abierto al plato mientras la conversación derivó, con menos acritud, hacia otros aspectos de la orden. No sé como a partir de comentarnos nuestros respectivos motivos de afiliación terminamos hablando de la situación de la Orden fuera de España.

–Las cosas fuera no son así –decía Luis apesadumbrado–. ¿Conoces la sede inglesa?

–Sí, he ido varias veces– se refería al soberbio edificio de planta triangular en Great Queen Street y que ocupa una manzana completa.

–¿Está claro que la Orden en Inglaterra es una institución respetable?

–Al menos eso parece–. Le contesté. No sabía por dónde quería ir Luis.

–Y no es de otra manera. Más de seiscientos mil afiliados, una potentísima obra social de corte filantrópico, una innegable presencia social y un delicadísimo sistema de influencias y pese a todo ello está comenzando a manifestar una importante crisis que puede explotar a medio plazo.

–Explícate– le dije. La verdad es que el asunto me importaba bastante poco.

–Mira Juan: la masonería inglesa está teniendo problemas muy graves. El primero de ellos lo tiene en la cabeza.

–¿El Duque de Kent?

–No, el príncipe Carlos. El heredero no se ha iniciado todavía y no piensa hacerlo y, antes o después, Carlos está llamado por condición a suceder al Duque.

Eso lo sabía y lo había oído anteriormente. Cierto es que la falta de iniciación del príncipe Carlos es un problema porque la Orden inglesa es parte del sistema institucional británico. Monarquía, Masonería e Iglesia Anglicana son tres caras del aparato político inglés. Desde la expulsión de la casa Estuardo y la ocupación del trono por la casa alemana de los Hannover la masonería ha sido un medio del que se ha servido la corona para allegar fidelidades y proyectar su política. La casa Estuardo, vinculada con los escoceses por el pacto de corona era un instituto protector de los grados masónicos del Rito Escocés, el Viejo Rito. La llegada de la nueva casa supuso la ruptura de los acuerdos con los escoceses y por ende del reflujo a Escocia de los Viejos Usos y Costumbres. La masonería que nacerá en Inglaterra a partir de las Constituciones de Anderson, un pastor anglicano, poco tendrá que ver con las viejas tradiciones y sí mucho con la política palaciega. Carlos, el actual heredero, había cometido un error al no iniciarse y apoyar ciertas medidas antimasónicas del gobierno, pero también había cometido otro error al divorciarse de la princesa Diana Spencer, su esposa, cuando su obligación como futuro rey de Inglaterra le lleva a la condición de Protector de la Fe y por ello de la Iglesia Anglicana, instituto que nunca aprobó su divorcio. Demasiados errores para alcanzar la Corona y más en un país en que los masones tienen una presencia principal en la judicatura, la policía, el ejército y ciertas universidades.

–Y, a nosotros, ¿qué más nos da? –le quise cortar.

–Pues no nos da lo mismo –dijo muy serio, como si se nos fuera la vida en ello–. Si a eso añades que la Duquesa de Kent, la esposa del Gran Maestro, se ha convertido al catolicismo y que las relaciones de la masonería inglesa y el Opus han mejorado últimamente se nos presenta un panorama inestable para la Orden en Inglaterra y por ello para todo el entramado constitucional monárquico. La masonería inglesa y la Corona de Inglaterra desaparecerán a la vez–. Y se llevó a la boca un generoso trozo de bacalao.

La verdad es que el asunto seguía pareciéndome una especulación más de Luis, algo muy característico en él. Si bien es cierto que yo siempre he tenido tendencia a comprender la Historia con una cierta componente conspirativa no es menos cierto que en eso resulto un aprendiz ante Luis Sánchez, que sólo ve la conspiración como motor de la Historia y por ello siempre procura conectar, por extravagante que resulte la manera, las distintas piezas de cuanto conoce. Dejé pasar unos instantes para reanudar la conversación.

–Cambiemos de tema Luis...

–No, Juan, que ahora viene lo interesante. –Me daba por rendido, Luis era mucho más tenaz que yo–. Ahora viene lo que está pasando en Italia.

–Tu dirás...–dije resignado.

–Pues que allí también hay problemas con la Orden. –Y sin dejar hueco a opinión alguna siguió con su soliloquio–. La Masonería, la Mafia, la Democracia Cristiana y el Vaticano habían tejido desde después de la Guerra Mundial un complejísimo sistema de relaciones y todo ello ha dado en crisis. Bien lo estás viendo, Marzinkus, Sindona, Andreotti, la «P-2», el Ambrosiano y la muerte de Juan Pablo I. ¿Cómo lo ves?

–Bien, muy bien–. Demasiado para mí, y menos a estas horas, estuve por contestarle. Pero qué le iba a decir.

–¿Cómo que te parece bien?– dijo indignado y hasta mi lado de la mesa llegaron algunas migas de bacalao. Casi se atraganta.

–Quiero decir –rectifiqué– que me parece gravísimo–. No quería líos y preferí seguir oyendo a mi amigo.

–Pues claro que es gravísimo– asintió más contento. Pero es necesario que todo se pudra para que renazca, bien lo sabemos nosotros– dijo guiñando un ojo en signo de inteligencia. Yo la verdad es que no alcanzaba a comprender ese «nosotros» a quien hacía referencia, pero le deje seguir mientras asentía con la cabeza.

–Lo de Italia nos puede afectar especialmente– continuó.

–Claro, claro...– no pensaba interrumpirle más.

–¿Conoces a Giuliano? –soltó de sopetón, dejando el tenedor encima de la mesa.

–¿Qué Giuliano? –la verdad es que esto empezaba a parecerme ridículo.

–Giuliano di Bernardo– respondió como si resultara evidente que el tal Giuliano sólo podía ser el apellidado di Bernardo.

–Pues no, para que te voy a decir otra cosa. –Y así era.

–Y, ¿a Iván?–. Ahora Luis me miraba con cara de estar desvelándome la sustancia del arcano.

–¿Qué Iván? –o yo era gilipollas o mi amigo era un paranoico. Creo que preferí esto segundo como algo más confortable para mi espíritu.

–Iván Mosca, es que no te enteras de nada. El caso –continuó como reprochándomelo –es que debías conocerles.

–¿Por qué?–. La verdad es que no habíamos acabado aún con la botella de «Contino» y no había motivos, al menos aparente, para que la conversación tomara un derrotero tan surrealista.

–Porque son amigos de amigos tuyos –dijo muy convencido en la evidencia de su lógica– y, además, son hermanos nuestros.

–¿De qué logia?– quería mostrarme colaborador.

–De ninguna de las nuestras, Juan –respondió otra vez indignado–. ¿De verdad que no conoces a Giuliano ni a Iván?

–El caso es que me suenan... –le mentí por seguirle la corriente.

–Claro, hombre, si lo sabes. No te hagas el ignorante, que conmigo no te hace falta.

Yo me quedé mirándole y puse cara de enterado, no me quedaba otra salida:

–Al grano, tu dirás. Y quítate los detalles –decidí entrar así porque no me quedaba otro remedio–. Comprenderás, Luis, que no debo decir, al menos de primeras, algunas cosas.

–Es evidente, pero conmigo puedes tener confianza –respondió encantado de mi aparente confidencia.

–¿De qué conoces tú a Giuliano y a Iván?–. Ahora tomé yo la iniciativa de abordarle, aunque no sabía dónde podía terminar todo esto.

Y me contó una historia complicadísima de sus viajes a Italia. Que si iba a Milán vía Suiza para que no se notara que iba a Milán, que si allí visitaba una casa de las afueras donde se reunía una logia italiana, que si allí había visto a Silvio, presumí que Berlusconi, pero no podría asegurarlo porque la verdad usaba los nombres de pila como si tuviera con esa gente tanta intimidad como con sus cuñados. Y así un montón de confidencias más de las que saqué en claro algunas cosas. Primera, que el tal Giuliano di Bernardo era desde marzo de ese año el Gran Maestre de la Gran Logia Regular de Italia, de obediencia inglesa, que dirigía tras un proceso secesionista respecto al Gran Oriente, que se decía regenerador, y que quería romper amarras con sus viejos vínculos mafiosos en las logias del sur. Segunda, que el tal Iván Mosca era un ancianito romano, maestro masón, y al parecer un dirigente principal de la vía martinista. Tercera, que los martinistas eran un grupo de masones que seguían la doctrina de su fundador, un valenciano afrancesado de nombre Martínez de Pascualy, cuyas teorías, reguladas después por el marques de Saint Martín, había sido actualizada a principios de siglo por un psiquiatra belga, el doctor Encause, de nombre mistérico Papus. Que estos martinistas tenían un núcleo en España que dirigía Rafael Urbetti y al que estaba también adscrito Manuel Gómez Fernández y otros miembros de mi logia «*Concordia nº4*», que di Bernardo mantenía relaciones en España con Mario Conde a través de Urbetti y quinta, y última, que mi amigo estaba metido en un buen lío.

–¿Tú también vas a Italia? –me preguntó de repente, como quién dispara una pistola haciendo hincapié en el «también».

–Pues sí, todos los años. –Hice una pausa para aumentar el dramatismo–. En febrero, siempre nos vamos a Venecia mi mujer y yo a pasar alguna semana –no le iba a contar otra cosa. El caso es que se quedó mirándome con cara de estupefacción. Al poco hizo un guiño, dándose una palmada en la frente.

–¡Es una coartada excelente! –aplaudió riéndose a carcajadas. Ciertamente la visión conspirativa de las cosas le atenazaba el discernimiento. Para Luis nada podía ser como parecía–. ¿Y a Suiza? –me preguntó con voz queda y mirándome a los ojos como si me inquiriera por un crimen secretísimo– ¿Vas también a Suiza?

–También –no podía defraudarle–, a mediados de Marzo –además era verdad–. En esa ocasión nos vamos, de igual forma mi mujer y yo, con los hijos y la familia de mi socio a esquiar a Crans Montana, una estación cerca de Ginebra.

–¡Soberbio!, es inteligentísimo. Ya sabía yo.... y, para colmo, a Ginebra, eh... pillín... –Se le veía encantado. Cualquiera le explicaba que eso no eran coartadas ni disimulos sino la pura y simple verdad.

–¿Y tú? ¿Vas a Suiza? –tomé otra vez la iniciativa.

–No, todavía no –estaba apesadumbrado–, pero espero ir pronto. Ya he pedido a unos amigos italianos, ya sabes, que me presenten en un taller de la Gran Logia Alpina. Es fundamental tener contactos con ellos y más ahora con lo que está pasando en Italia.

–Claro, claro, es fundamental... –yo le seguía el carrete–. Por cierto, ¿cómo ves tú lo de Italia?

–Fatal y lo peor es que nos puede salpicar a nosotros–. Ahora Luis ponía cara de persona muy preocupada. Únicamente se le descompuso el gesto cuando trasegó un bocado demasiado grande de bacalao.

–No me digas... –y dale carrete.

–Como lo oyes –insistió poniendo cara de gravedad–. Por eso tenemos que actuar deprisa, no podemos esperar más.

–Pues tú diras... –se lo quería hacer fácil.

–Por eso te he llamado, Juan. Primero para felicitarte por el decreto de Luis Salat sobre tu elevación a maestro y, segundo, para decirte que los nuevos aprendices y muchos maestros estamos contigo.

La verdad es que cada vez me admiraba más de la particularísima endogamia, tanto organizativa como intelectual, de esta peculiar familia. Me resultaba sorprendente, por impropio, que un vulgar decreto, por más arbitrario, como casi todas las cosas de Salat, supusiera materia de tanto interés para tanta gente. Me empezaba a dar cuenta por entonces de que, tal vez, fuera la organización de la Gran Logia lo único que interesara a sus miembros, porque hasta el día de la fecha, salvo asuntos de cocina y familia, poco había visto en los talleres que no hiciera a una cierta forma de autismo.

–¿Conmigo? ¿En qué sentido? –la verdad es que no entendía nada.

–¡Ya está bien de permitir que las cosas sigan como están! Tu ascenso al grado de maestro por una vía tan extraordinaria es, en cierta medida, el reconocimiento de la importancia que tenemos los aprendices en esta organización. La vida de las logias está secuestrada por cuatro burócratas desocupados que poco bien hacen a la verdadera masonería–. Esto último lo dijo tan alto que los vecinos de la mesa de al lado se nos quedaron mirando con cara de asombro. No era común en un restaurante de lujo oír estas cosas.

La verdad, pensé, es que sin estar de acuerdo en la primera no podía disentir de la segunda. La masonería española, por lo poco que iba conociendo, poco tenía que ver con lo que fue. Hoy tan venerable institución era lugar de ocio de bastantes pequeño-burgueses urbanos que suplían con la parafernalia ritualística cierta vocación insatisfecha de aventura personal. Un club social de poco calado, más que una orden iniciática, era el lugar donde se destilaban muchas conductas y apariencias que, fuera de allí, hubieran resultado patéticas. De trama poderosa se había devenido en grupo de autoayuda; de laboratorio de ideas que fue, no quedaba más que la repetición machacona de lugares comunes, generalmente, vacíos de todo contenido; de la opción de progreso social y común que supuso la Hermandad de los Hijos de la Viuda no quedaba ya más que unas levísimas referencias ritualísticas; lo cierto era que un mediocre neutralismo complaciente respecto al estado de las cosas, tanto de dentro como de fuera, había anidado en las logias españolas y en especial en el corazón de sus dirigentes. Desde ese punto de vista la actitud de Luis era encomiable, tenía entusiasmo y ganas de hacer cosas.

–Algo de razón llevas– consentí sinceramente.

–¿Algo de razón? La tengo toda –se contestó el mismo. Al final va a resultar que el viejo Salat va a ser el más lúcido de todos. Con tu elevación desbarata en gran parte la maniobra del grupo de Gómez y de Urbetti.

–Sí, eso es cierto. Pero lo cortés no quita lo valiente y convendrás conmigo, querido Luis, que ese grupo es mucho más activo y lúcido que los actuales dirigentes, y excluyo de ellos a Salat.

–Correcto, pero no es esa la solución. El problema no está sólo en la administración propia de la Orden, fundamentalmente está en la incapacidad manifiesta de sus dirigentes para proyectar civilmente de manera eficaz el discurso masónico. –La verdad es que Luis estaba diciendo verdades como puños.

–¿Te acuerdas del ritual de la tenida en el grado de aprendiz? –le interrumpí.

–Sí, bastante. ¿Algo en particular?– Luis no presumía por donde iba yo.

–«*¿Sois masón?*», dice la pregunta. ¿Te acuerdas?

–Perfectamente.

–¿Recuerdas la respuesta?

–Claro: «*Por mis obras me tienen como tal*».

–¿Te das cuenta? Ahí está el problema, no es masón quien sólo dice que lo es sino aquel al que se le reconoce por sus obras. Nuestra organización es hoy un mundo de autocomplacencias, perdido en estériles discusiones internas, en donde nos otorgamos una condición que la sociedad no nos reconoce porque no se conocen nuestras obras. Cosa nada sorprendente por otra parte, porque casi nada hay que conocer en el mundo profano que venga actualmente de las logias –Luis asentía con la cabeza–. Y si nos vamos al plano mistérico la cosa puede ser aún peor: –la masonería como camino de iniciación espiritual y vía capaz de discernir desde la simbología el conocimiento esencial de las cosas del hombre ha decaído ante la estulticia intelectual de muchos de sus dirigentes principales. Hoy, en la Orden, lo analógico ha sustituido a lo simbólico y lo riguroso se ha dejado de aplicar para esconderse en lo rutinario.

–¿Le ves tú salida a esta situación? –Luis había dejado los cubiertos sobre el plato ya vacío y se atusaba la barba con cara de preocupación.

–Personalmente creo que no tiene salida. Habría que emprender un trabajo en muchos frentes a la vez y somos muy pocos los que podríamos estar por la labor. Además no nos conocemos apenas entre nosotros, pues básicamente es, entre los aprendices, donde hay fuerza hoy para ese proyecto.

–No creo que sea por ahí por donde haya que trabajar, o al menos que sea por esa vía exclusivamente –dijo Luis con tono de misterio.

–Pues tú dirás, soy todo oídos –le invité a continuar.

–Tenemos que aprender de los italianos, tanto de sus aciertos como de sus errores.

–Pero, ¿no dices que las cosas van allí fatal?

–Aparentemente. Pero no te creas todo lo que cuentan los periódicos. Empecemos por el principio.

Yo aproveché para indicar al camarero que nos rellenaran otra vez las copas de vino.

–Pues sucede –siguió– que las cosas ya no son como eran, que hay que cambiarlo todo, y deprisa, para que todo siga igual. La masonería italiana, y tú lo sabrás igual o mejor que yo, puesto que vas por allí, ha sido lugar de encuentro de muchos intereses, demasiados, y no ha podido controlar todo lo que ocurría bajo el compás. Vaticano y Democracia Cristiana; Democracia Cristiana y Mafia; alianza debajo de la mesa entre socialistas y democratacristianos para repartirse el pastel que se cocía en «*Tangentópolis*»; y muchos jueces de acuerdo; los servicios secretos infectados por fascistas y controlados por la CIA; y la masonería por medio, la «P-2», por ejemplo.

–Pero la «P-2» es, era más bien, una logia irregular –protesté sin mucho convencimiento.

–Así lo ha contado la prensa porque así convenía contarlo. La Logia «P-2», «Propaganda nº2», es una logia regular cuya maestro, Gelli, organizó el crecimiento del taller a espaldas de la dirección, pero «P-2» es una logia regular, al menos en su nacimiento. Lo que sucede es que a Licio –volvía a usar los nombres de pila, parecía que también conocía al tal Gelli de toda la vida– se le fue el asunto de las manos. Llegó a tener dos mil quinientos afiliados de los que sólo se han llegado a conocer mil ochocientos. Era una organización dentro de otra, pero el tumor, si así entendemos lo que fue, y aún es la «P-2», era más grande y más poderoso que el cuerpo que lo alojaba.

–Claro, claro –no era cuestión de discutirle.

–Y además se habían equivocado en algo muy grave.

–Tú dirás.....

–Creyeron que podrían controlar todo el sistema actuando a la vez desde dentro de todos los partidos políticos y ese fue su error. Eso es lo que debemos aprender. Giuliano ya se ha dado cuenta y aquí lo haremos de otra manera.

Si hasta ahora la conversación me había parecido un juego de desocupados arreglando el mundo desde un restaurante caro ahora las cosas habían cambiado de repente. Ese «haremos» me había despertado la atención más que nada de lo dicho hasta ahora:

–¿Haremos?

–Sí, Juan, haremos. ¿No vas también por Italia? Estarás al corriente. Ya nos ha llegado el momento.

–Claro, claro... es evidente –ahora no podía desdecirme.

–La masonería no puede poner huevos en todas las cestas, ese ha sido el error de los italianos. Igual que no se puede estar en misa y repicando…

–No se puede jugar a todos los palos –le apostrofé, para que viera que le seguía.

–Exactamente. Debemos de apostar a una sola carta y eso debe de hacerse desde nuestro ideario. La masonería sólo tiene sentido si proyecta sus ideales hacia fuera y eso debe ser de manera clara, nos tienen que conocer por nuestras obras y nuestros proyectos y no por nuestros enredos.

–Estoy de acuerdo –asentí.

–Ya hay muchos pasos dados –me dijo Luis bajando el tono de voz.

–¿No me digas? –fingí extrañeza pues sabía que eso espoleaba la facundia oratoria de mi amigo.

–Sí, más de lo que te podrías imaginar. Pero ahora no es el momento de entrar en detalles–. Se calló y se quedó mirándome. Hizo un silencio lo más teatral que pudo y al poco me espetó:

–¿Te interesa trabajar con nosotros?

–¿Quiénes sois «vosotros»?

–Gente que conoces y gente que no. Hay con nosotros bastantes amigos tuyos.

–¿De la orden?

–No, por favor. Gente del mundo. Algunos son especialmente cercanos a ti. No sé si ahora tanto como antes. Te llevarás una sorpresa.

Todo esto había sucedido entre varios cafés y respectivos habanos y ya era hora de levantar la mesa. Luis pagó la factura y cuando salíamos se volvió hacia mí de repente escopetándome una pregunta:

–Por cierto Juan, ¿dónde os reunís en Venecia?

–Tú sabes que tengo que ser discreto –le dije evasivo.

Y nos despedimos quedando en vernos dentro de quince días.

A la semana siguiente, el lunes, me llamó Miguel Maíz. Quería participarme que el próximo jueves se celebraría la tenida donde se me otorgaría el salario de compañero y después el de maestro. También me llamó Samuel Pariente para avisarme que Luis Salat vendría a la ceremonia y lo haría acompañado de Munté, el Gran Secretario y concluir que él mismo también asistiría acompañado de otros oficiales de la dirección provincial. Por lo que estaba viendo nadie quería estar lejos de Salat cuando viniera a Madrid. El caso es que pasaron los días sin más avisos, salvo alguna noticia indirecta respecto el malestar del grupo de Manuel Gómez al respecto de mi elevación a maestro, pero sabía que no harían nada en concreto contra el decreto del Gran Maestro.

El jueves, a las ocho de la tarde, fui a la sede del taller en la calle López de Hoyos. Tras los tres timbrazos rituales me abrió la puerta el Secretario Provincial, un cubano exiliado que era administrativo en su vida profana.

–Enhorabuena, compañero –me dijo con un acento cubano que conservaba purísimo pese a sus muchos años en España. En el salón de pasos perdidos estaban vistiéndose los mandiles casi todos miembros de mi taller y algunos hermanos de otras logias que habían venido, curiosos, a presenciar la discutida ceremonia. Saludé a algunos de ellos e, inmediatamente, pasé al despacho de la Secretaría donde estaban Maíz, el Venerable Maestro de mi logia, y Samuel Pariente. Me pusieron al corriente respecto a algunos aspectos administrativos de mi próximo cambio de grado y vi que estaban ocupados en resolver el problema ritual de celebrar ordenadamente dos ceremonias que, de ordinario, no se celebran nunca juntas.

Les dejé en esos asuntos y yo pasé a otra salita donde esperaba otro aprendiz que ese día iba a recibir conmigo el salario de compañero. Nos saludamos y nos presentamos nosotros mismos:

–Compañero, encantado.

–Julián Pisano, de la logia «*Caballeros del Templo*». He oído hablar mucho de ti últimamente.

–No me extraña –le dije un poco seco queriendo dar por terminada la presentación. No me apetecía ahora entablar una conversación cortés.

–¿Te apetece un vino? –insistió mi compañero. Pisano había traído unas botellas de vino del Penedés y se había descorchado una para aliviar la espera. Por lo que se veía los maestros no se ponían de acuerdo en precisar el modo de las ceremonias y el asunto parecía que se iba a demorar.

–Gracias –le dije–. No nos vendrá mal, que parece que esto va para largo.

Y así pasamos casi una hora hasta que nos llamaron para darnos el salario de compañero. De la botella de blanco quedaban unas gotas.

De la ceremonia de pase a compañero casi no me acuerdo y de la de elevación a maestro sólo me queda en la memoria la parte desde que se oscurece el taller.

–Querido hermano Juan, ¿persistís en querer pasar a la Cámara del Medio?–. Era Miguel Maíz, oficiando como Venerable Maestro de la logia. La verdad es que era de las personas más entrañables de mi taller y, aunque estaba en el grupo de Urbetti y sus amigos, no se le vio un mal gesto ni una sóla descortesía hacia mi en todo el proceso del dichoso decreto.

–Persisto, Venerable Maestro –le dije. Y bien clara tenía la persistencia. Esta ceremonia no tenía para mí exclusivamente el significado simbólico de la elevación de grado. Después de que en Barcelona me entrevistara en reserva, cosa que en horas dejó de serlo, con el anciano Gran Maestro, era éste un procedimiento para recuperar una libertad de movimiento dentro de la Orden que algunos compañeros habían procurado hurtarme o, al menos, limitarme.

–Que se haga la oscuridad en el templo para que el hermano Juan, aquí presente, conozca la oscuridad antes de llegar a la luz. –Un gesto de Miguel sirvió para que se apagara la luz

Como ya me había dado cuenta al entrar en la sede no todos mis compañeros de logia estaban allí para esa ceremonia. El decreto del Gran Maestro disponiendo mi elevación desde el grado de aprendiz hacia el de compañero y el de maestro, simultáneamente, había disgustado a varios compañeros de la logia, los más influyentes, y por ello algunos no habían venido a la tenida. Tampoco todos los asistentes se complacían en el asunto, pero se callaban.

Una vez oscurecida la Logia fui conducido delante de un ataúd negro. La tapa del mismo estaba en su parte izquierda. Una única vela iluminaba la estancia, a los pies del ataúd.

El silencio era total ente todos los miembros de la logia. Allí estaban Javier Izquierdo, otro maestro aplomador, Manuel Gómez Fernández, mi vecino el abogado; el empresario Daniel Portales, el buen amigo Paul Sinail, un francés de origen argelino y otros más. En el Oriente presidían la ceremonia, al lado de Miguel Maíz, el Gran Maestro y el Gran Secretario y el Maestro Provincial y alguno de sus oficiales.

Acercándose el Hermano Experto, que para esta ocasión lo era el inefable Rafael Urbetti, el demiurgo, empezó a narrar una leyenda mientras yo permanecía atento, o eso parecía, con las manos cruzadas sobre el pecho.

–Querido hermano Juan –dijo con su acento extranjero que, pese a sus muchos años en España, no corregía aún–, Hirám fue el arquitecto del rey Salomón, hijo de David. Aquél fue conminado a levantar un templo al G:.A:.D:.U:., pidió permiso al rey de Tiro, para cortar de sus montes del Líbano las maderas necesarias de cedro y de pino para la construcción del edificio.

Se me vino a la cabeza el primer día que mi vecino y otros significados masones madrileños me citaron a un almuerzo para participarme su intención de construir un templo importante en Madrid y así abandonar el mísero local alquilado en un sótano de la calle de López de Hoyos. Era un proyecto de máxima importancia para la orden y debía colaborar en él dada mi condición profana de arquitecto y gestor inmobiliario. Eran muchos los masones afiliados ya, me decían, y de muy notable calidad pública, insistían, y no nos faltarían apoyos importantes en el proyecto. «Ya sabes quien», me decía Urbetti, con un guiño de inteligencia, «con él, aunque esté en sueños, nunca nos faltará un buen crédito». Se refería, sin duda a su amigo el banquero que por esos meses era más popular que un torero.

El rey de Tiro –siguió declamando el italiano– concedió la autorización y Salomón reunió treinta mil operarios para mandarlos al Líbano. A éstos los dividió en tres escuadras de diez mil hombres cada una, para poderlos cambiar todos los meses. Después de trece años de trabajos no interrumpidos, el Templo se concluyó; entonces, Salomón hizo venir a Hirám a su presencia. Hirám era un maestro experto en el trabajo del bronce y Salomón le encargó que construyera dos columnas. Cada una debía tener dieciocho codos de altura cada una, y aparte dos capiteles de cinco codos, superpuestos a las columnas. Las dos columnas se colocaron en la entrada del Templo en su vestíbulo. A la de la derecha le dio el nombre de BOAZ, y a la de la izquierda, el de JAKIN. –Recordaba entonces las reuniones con mis hermanos, yo por entonces era un «aprendiz entrado», para definir las trazas del nuevo templo masónicio en Madrid, que si una sala grande, que si tres pequeñas, que si una biblioteca, que si allí ponemos el restaurante Yo estaba «deslumbrado», pues bien poco hacía de mi nacimiento a la luz y aun no distinguía con precisión las luces y las sombras en ese nuevo mundo de relaciones. Todo me parecía bien por cuanto me empeñé en colaborar en cuanto pudiese con ese proyecto que para todos ellos parecía tan importante. Había pasado poco más de un año, pero qué lejos quedaba ahora–. Construyó después una fuente de metal fundido –seguía relatando el ritual que leía el italiano–, de diez codos de diámetro y cinco de profundidad, contorneada por modillones en forma de hendidura. Y todo ello estaba sostenido por doce bueyes: tres miraban al Septentrión; tres hacia el Occidente; tres al Mediodía y tres al Oriente.

Urbetti hizo una pausa. Algunos compañeros se removían incómodos en sus sitiales porque el viejo aparato de aire acondicionado se había roto el día anterior y el calor en ese sótano mal ventilado era asfixiante. El Gran Maestro Provincial, que debía rondar los ciento diez kilos, y que había venido a la ceremonia más para adular al Gran Maestro Nacional que por interés simbólico, no paraba de moverse en su sillón, que le quedaba estrecho, y de alisarse el mandil, cada vez más arrugado por las apreturas. Urbetti se secó el sudor de la frente y continuó su parlamento:

–Los operarios colocados a las órdenes de Hirám estaban distribuidos en tres clases: Aprendices, Compañeros y Maestros. Los aprendices, para recibir su salario, se reunían al lado de la columna B. Los compañeros al lado de la columna J. Y los maestros en la cámara del medio. Quince compañeros, viendo que el Templo estaba casi construido, sin que hubieran podido obtener el grado de Maestro, porque no habían cumplido su tiempo, resolvieron obtener de Hirám por la fuerza, la palabra, el signo y el tacto de este grado, a fin de pasar a Maestro y recibir el salario de tales. Doce de estos compañeros reflexionaron acerca de las consecuencias de su mala acción y acabaron por renunciar al proyecto. Tres persistieron, y decidieron forzar al Maestro Hirám para obtener la palabra y el signo.

La verdad es que la historia se representaba como un psicodrama y el argumento era propio de un trhiller. En adelante la acción corría más deprisa y todos queríamos terminar cuanto antes. El caso es que Urbetti tomó resuello y continuó de carrerilla con su parlamento:

–Hobhen, Sterké y Austerfluth que era el nombre de los tres compañeros, sabiendo que el maestro venía siempre a media noche a orar al

Templo, se escondieron. Sterké, en la puerta del Sur, Austerfluth en la de Occidente, y Hobhen en la de Oriente. Tras orar el Maestro se dirigió a la puerta de Oriente para salir. Hobhen se presentó delante de él y le pidió la palabra de Maestro, a lo que Hirám respondió que no podía dársela, que era preciso ante todo que concluyera el tiempo de compañero, y que después, si había merecido realmente un aumento de salario, le sería comunicada la palabra en presencia de él y los reyes de Israel y Tiro, ya que, sin la reunión de los tres, la palabra no se podía comunicar.

El calor seguía aumentando, yo mismo estaba empapado. El sudor me corría por las cejas y los ojos me escocían. El Gran Maestro, sin embargo, se había quedado apaciblemente traspuesto y dormitaba en la penumbra. Unos leves ronquidos acompañaban el discurso de los traidores en el sincopado relato de Urbetti.

–Descontento Hobhen con esta respuesta le dio un golpe con la regla al Maestro en la garganta –el italiano estaba levantando el tono de la voz y procurando sorprender a sus oyentes. Justo en ese momento yo me estaba secando el sudor de la frente y de los párpados con un pañuelo y no ví que era a mí a quien golpeaban en el cuello.

–¡Hostias!–. Me salió por instinto y, a la vez, sujeté el brazo del teatral agresor.

Urbetti se quedó helado y yo también. Nos habíamos salido del guión. Hasta el anciano Gran Maestro se despertó por mi imprecación y todos se le quedaron mirando. Don Luis Salat sonrió divertido, era el que más oficio tenía de todos, e hizo un gesto con la mano para que todo continuara.

–Querido compañero –reemprendió Urbetti que, prudentemente, se había retirado de mí un par de pasos–, ¿me queréis dar vos ahora la palabra de Maestro?

Todos callados y yo especialmente.

–Querido compañero –reclamó– os he pedido la palabra de Maestro.

Todos callados y yo más de lo mismo.

–Querido compañero os golpeo en la garganta por no pronunciar ni querer decir la palabra –me dijo muy serio. Y continuó con su cantinela:

–Hirám se dirigió entonces a la puerta Sur. Allí le estaba esperando Sterké. Hirám se volvió a negar a dar la palabra y fue golpeado brutalmente en el costado derecho por la palanca de hierro con la que estaba armado Sterké.

–Querido compañero –decía ahora dirigiéndose a mí– ¿queréis darme la palabra?

El silencio reinó en la Logia.

–Os conmino de nuevo, querido compañero, a que pronunciéis la palabra que sólo vos conocéis.

Y yo debía persistir en mi terquedad para no contestar nada. La escena me recordaba un interrogatorio que pasé en comisaría allá por el setenta y cuatro en que un funcionario de la Brigada Politico-Social se empeñaba, con tan poco éxito entonces como Urbetti ahora, en que le contara qué hacía yo con otros muchos en Atocha la mañana del uno de mayo. Aunque, ciertamente, Urbetti era de sincero natural más afable, en esta ocasión ponía voz y cara de mala persona para representar mejor su papel.

–Querido compañero, os golpeo con la escuadra de hierro en vuestro costado izquierdo porque os negáis a pronunciar la palabra–. Como yo ya me lo sabía, esta vez no descompuse el gesto cuando amagó un golpecillo en mi costado. Como él no estaba tan seguro de que yo no reaccionara parecido a como antes, sólo esbozó el gesto.

–Hirám, herido de muerte, intentó salvarse –prolongó el relator–, bamboleándose se dirigió hacia la puerta del oeste. Allí le esperaba Austerfluth. Hirám de nuevo se negó a pronunciar la palabra y el tercer compañero le asestó un golpe tan terrible en la frente con el mallete que portaba, que le dejó cadáver a sus pies.

–Querido compañero, ¿queréis darme ahora la palabra de Maestro?

El silencio reinó en la Logia y yo me previne al nuevo golpecillo.

–Querido compañero –Urbetti se procuraba ahora un registro sepulcral y terrible para su voz, que de ordinario era un poco aflautada–, vuestra negativa no os puede conducir más que a la muerte.

«Pues empezamos bien», me dije. El caso es que siguió callado todo el mundo, pero yo me daba cuenta que ya faltaba poco para terminar. Algunos viejos maestros, más aburridos que otra cosa, se abanicaban con los rituales y alguno se había dormido. El Gran Maestro, sin embargo, estaba despejado y charlaba en voz baja con su secretario, un viejo masón y anarquista, que le acompañaba siempre en sus viajes desde Barcelona.

–Querido compañero, os golpeo con el mallete en la frente para que muráis como compañero.

Y así lo hizo, pero flojito.

Una vez que Urbetti me practicó ritualmente la muerte simbólica yo me dejé caer hacia atrás, como si hubiera quedado fulminado fatalmente por su golpecillo, mientras dos maestros ayudantes recogían mis setenta y cinco kilos antes de que llegaran al suelo y, así parado, depositarme, cual cadáver recientísimo, en un ataúd que esperaba detrás de mí a estos efectos. Ciertamente esta ceremonia, de las más dramáticas que se practican en la masonería de Rito Escocés Antiguo y Aceptado (R:.E:.A:.A:.) no me estaba calando, no me llevaba a su significación simbólica, no pasaba del estadío alegórico. Era inevitable. Desde que fui iniciado como aprendiz había pasado un año y muchas cosas. Aquella primera ceremonia de mi iniciación sí me supuso algo muy profundo, para mí fue como atravesar una puerta que siempre había deseado transitar. En aquella ocasión sí descubrí la Luz y un pedazo de mí mismo que estaba dormido. Me reencontré entonces con parte de mi historia, con recuerdos de mi familia, con aventuras del espíritu y con sueños... con muchos sueños. Fue aquello una suerte de bautismo y reencuentro. Esto hoy no era así, no pasaba de ser una alegoría y, además, en algunos momentos un poco chusca. Ya había conocido, desde entonces, mucho de la simulación, de la falsedad en la apariencia, de la grandilocuencia vacua, de mucha palabrería y, sobre todo, había conocido de la mentira. De todo ello sabía por el mundo profano, y de manera sobrada, pero no supuse nunca que entre columnas se diera igual condición de manera tan intencionada.

El caso es que me introdujeron en el ataúd, una imitación hecha al efecto con unas tablas pintadas de negro, y me pusieron una rama de acacia entre las manos antes de tapar la caja parcialmente con un negro paño funerario. Concluido esto siguió Urbetti:

–Habiéndose reunido los tres asesinos se preguntaron recíprocamente la palabra de Maestro; pero viendo que no habían podido obtenerla y descorazonados por haber cometido un crimen inútil, pensaron en hacer desaparecer el cadáver de Hirám y para ello lo escondieron de momento bajo un montón de materiales y después, durante la noche, lo sacaron fuera de Jerusalén, enterrándole al pie de una montaña. –Y Urbetti me señalaba a mí con el dedo–. A la mañana siguiente –continuó– al no comparecer Hirám al trabajo, Salomón hizo varias pesquisas que no ofrecieron resultado alguno. Los doce compañeros que se habían retirado de la conjura sospecharon la verdad de lo ocurrido y se pusieron los guantes y el mandil blanco en señal de su inocencia y se presentaron delante de Salomón para contarle lo que creían que pudo haber pasado. Salomón envió a buscar a Hirám, prometiéndoles la maestría si sus pesquisas daban buen resultado.

O el remedo de ataúd era muy estrecho o yo había engordado más de lo que debiera. El caso es que las tablas de los lados me apretaban los costados más de lo era conveniente. Fuera por eso, fuera por la natural aprensión que da estar en figura tan poco atrayente, el caso es que yo me procuraba con los codos un cierto mayor desahogo. Como no me estaba tan quieto como decían las normas ni el cajón era un prodigio de habilidad carpintera el caso es que, de repente, se cayó el costero y por ahí se fue el paño negro y vino el ruido.

«Esto no va a terminar bien», me dije. Las risitas del Gran Maestro llevaron a que se tranquilizaran todos, menos el pobre Urbetti que cada vez estaba más azorado. Jordi Moll, un catalán orondo y bondadoso, aunque de expresión confusa, recompuso el incidente lo mejor que pudo y con un gesto le dijo al italiano que siguiera. También Luis Salat hizo un gesto recomendando que siguiera con la ceremonia. El director de la ceremonia carraspeó antes de reemprender lo suyo:

–Temiendo que la palabra sagrada hubiera sido obtenida de Hirám antes de su desaparición, se convino que la primera palabra que fuese proferida al encontrar al Maestro sería desde entonces la palabra de Maestro. Después de haber recorrido la montaña durante cinco días los compañeros volvieron en presencia de Salomón y le comunicaron lo inútil de sus pesquisas. Salomón hizo salir de nuevo a nueve maestros para buscarlo. Uno de ellos, fatigado por lo inútil de la búsqueda, se sentó a descansar en un montecillo. Entonces, descubrió la tierra removida recientemente y sospechó lo peor. Llamó a sus otros hermanos y juntos cavaron el terreno. Encontraron un cadáver que presumieron era el de Hirám, pero no atreviéndose a continuar sus pesquisas, volvieron a cubrir la fosa y, para reconocerla, plantaron una rama de acacia, dirigiéndose después a buscar a Salomón para darle cuenta de su triste descubrimiento.

De nuevo mandó Salomón a los maestros para que exhumaran el cadáver. Cuando descubrieron el cadáver y debido a los nueve días transcurridos desde el homicidio, uno de los maestros proclamó a Mak-B´enak . Uno de ellos trato de levantarlo por el índice de la mano derecha pero el brazo cayó inerte a lo largo del cuerpo. Un segundo maestro tomó el índice de la mano derecha, y el brazo cayó inerte sobre el cuerpo. Un tercero tomó el puño derecho del cadáver y, formando un arco, pasó la mano izquierda bajo la espalda derecha. Y por los cinco puntos de la maestría lo levantó diciendo Mak-B´enak, «la carne abandona los huesos». Salomón organizó para el Maestro Hirám –pareció concluir Urbetti– magníficas exequias, después de las cuales fue inhumado en una tumba triangular de oro en la cual estaba grabado el gran nombre de Jehová.

Todos estaban callados y sólo se oían las tosecillas del secretario Munté.

Al poco, todos los maestros presentes en la ceremonia formaron una fila y me rodearon durante tres vueltas en torno al desvencijado cajón. Parecía que ahora mis vecinos querían repetir lo dicho por el italiano y fingir que me buscaban. Andaban en esa tarea cuando el Segundo Vigilante, Luis Sánchez Freire, colocado al pie del altar en la parte Norte, dio un golpe de mallete y dijo:

–Nuestras pesquisas han sido inútiles.

No me pareció oportuno intervenir y recordarles que me tenían en el medio de la logia tapado con un trapo. Tal vez no les hubiera parecido bien.

–Volved a partir –les dijo Maíz– y recordad que la rama de acacia señala la tumba.

El Venerable Primer Vigilante dio dos vueltas más alrededor del ataúd y se detuvo en su parte derecha, levantó el paño fúnebre y tomó la rama de acacia que yo llevaba sobre mi pecho. La verdad es que agradecí que me quitaran el paño, entre el calor del ambiente más lo angosto de mi cubículo estaba desando salir de allí. Esto era un alivio, de momento. Hizo que yo sostuviera la rama con la mano izquierda y colocando su derecha sobre mi pecho se dirigió al Venerable Maestro:

–Venerable Maestro hemos encontrado la fosa y el ataúd, presumimos que es el de nuestro respetable maestro Hirám, y para reconocer el lugar hemos plantado una rama de acacia.

–Imitemos a nuestros antiguos maestros e intentemos levantar juntos los restos del infeliz maestro –le contesto Maíz.

Y me volvieron a echar el paño encima.

El Venerable Maestro dió dos vueltas más alrededor del ataúd y se paró en la parte sur de la Logia, a mi derecha. Levantó el paño mortuorio y lo vi sobre mí gritando muy excitado:

–¡Ah, Dios Mío! Hemos encontrado el cuerpo de nuestro maestro. Cumplamos el triste deber de exhumarle.

El Venerable Segundo Vigilante me tomó la mano derecha y prendiendo el dedo índice procuró levantarme del suelo tirando de él mientras decía:

– ¡BOAZ!

El Venerable Maestro Primer Vigilante hizo lo mismo con el mismo dedo, pero de la mano izquierda, y dijo:

–¡JAKIN!

El Venerable Maestro me tomó por el puño derecho y con la ayuda del Primer y Segundo Vigilante del Templo, me levantaron del cajón tomándome por los cinco puntos de perfección diciendo:

–¡MOBON!

En este momento Jordi Moll que se definía a sí mismo como «la columna armónica», porque siempre le tocaba poner la música, conectó el magnetofón para que sonara en el ambiente alguna pieza de Mozart, que en esta logia sólo se usaba un único disco de tan eximio hermano. Mientras sonaban los compases yo me incorporé del todo. Urbetti, que llevaba un rato callado, volvió a sus parlamentos:

–El Venerable Maestro anuncia: olvidemos nuestro dolor. Hemos encontrado al Maestro Hirám, vencedor de la muerte. Qué se ilumine esta sagrada bóveda con la llama del alma activa e imperecedera.

Y se encendieron todas las luces.

El Venerable Maestro subió de nuevo al altar y tras un golpe de mallete, invitó a todos los maestros presentes a saludar con la triple batería el nacimiento de un nuevo maestro. Así lo hicieron y, mientras yo me acerqué al altar, coloqué la mano derecha sobre la Biblia abierta por el principio del Evangelio de San Juan y me dirigí a todos los compañeros de la Logia:

–En Presencia del G.A.D.U. y de todos los hermanos miembros de este Respetable Logia, juro obediencia y sumisión a los estatutos y reglamentos generales de la Orden masónica y de los particulares del Taller.

En este punto paré el recitado de manera intencionada para subir el clímax, como si me estuviera pensando si seguía con el juramento. Al cabo de unos segundos, los que consideré suficientes, seguí:

–Me comprometo a despojarme de todo vicio, a ser afable y bondadoso con todos. Prometo amar a mi prójimo como a mí mismo, practicar todas las virtudes y extender las luces de la verdad. Juro no revelar nunca misterio alguno que me sea confiado, y me comprometo a dar el ejemplo de obediencia a las leyes de mi país, trabajando constantemente el perfeccionamiento de mí mismo.

Miguel Maíz puso la espada sobre mi cabeza:

–Que el G.:A.:D.:U.: os ayude –concluyó.

Y fui, desde entonces, Maestro Masón, el último de los grados simbólicos. Y comenzó otro episodio de esta historia.

* * *

Hacia mediados de Mayo fui nombrado Secretario provisional de la Logia por la falta reiterada a las tenidas de quien tenía esa competencia. Los papeles del taller estaban mangas por hombro y yo siempre he sido ordenado para esas cosas, así que, más por necesidad que por gusto de ambas partes, mis compañeros maestros y yo convinimos que me haría cargo de forma transitoria y hasta el otoño de los papeles de Secretaría. La verdad es que fue asunto interesante por dos cosas: la una fue saber por las fuentes la verdadera historia de una logia tan afamada en el mundillo masónico madrileño, una especie de Gotha masónico pasaba por las cuartillas de sus actas, y la otra fue permitirme unos cuantos gustos a la pluma y narrar las tenidas como realmente fueron y dejar constancia en las actas de todo cuanto se decía en ellas verdaderamente. Por ello, a veces, los hermanos protestaban: había un cierto «naturalismo» descarnado en la técnica narrativa que convertía las actas en pequeños relatos casi novelados. Y así siguieron las cosas hasta finales de Mayo. Por esos días, el Venerable Maestro Miguel Maíz me dijo que convocara una reunión de la Cámara de Maestros de la Logia para despachar asuntos ordinarios del taller. Asistí a la cita, no faltaba más, que era carente de cualquier formalismo ritualístico y mi sorpresa fue que se planteara en ella, como asunto de nuestro especial concernimiento, una materia que a mi juicio no competía al taller sino a todo el instituto masónico.

–Creo que debemos despachar un asunto que nos atañe especialmente– dijo Manuel Gómez. Si bien es cierto que su condición formal era la de Pasado Venerable Maestro de la logia, no menos cierto era que se desempeñaba con autoridad respecto a los demás maestros, tal que si fuera el actual titular del magisterio en la logia. No en vano estaba preparando su candidatura para competir contra Salat en las próximas elecciones a Gran Maestro.

–Tu dirás, Manuel -le invitó Maíz que era quien presidía la cita.

–Sucede que, como bien sabréis y mejor que yo nos podría informar el Secretario Provincial, obran en su empresa dos escritos de petición ante su consejo de administración, uno lo suscribe la Gran Logia de Castilla, que dice actuar en nombre de la Gran Logia de España, y otro lo insta el Supremo Consejo del Grado 33. Los dos escritos piden la misma cosa, la cesión a favor de los respectivos institutos de un solar donde poder edificar un templo masónico.

–Por cierto, Manolo –interrumpí–, ya que se me alude. ¿Podías explicarme, ya que nadie lo ha hecho hasta ahora, el porqué de la presentación de dos escritos a fin de lo mismo?

–Es un asunto complejo y tal vez no sea ahora lo más importante.

–Yo creo que es muy importante –insistí. Todos se quedaron mirándome porque no era costumbre replicar al abogado–. Tanto lo es que no pienso tramitar el expediente si no me explicáis el porqué de esta aparente falta de coordinación. Así que, tú mismo, querido Manolo.

Se hizo un silencio incómodo y fue Urbetti quien acudió al quite.

–Querido amigo, tal vez te hayas expresado mal y te hayamos entendido, sin duda equivocadamente, que no piensas tramitar las solicitudes si no se te da una explicación. Suena como una amenaza y seguro que no es eso lo que has querido decir a esta cámara.

–Sí, precisamente es una amenaza y es lo que he querido decir. Así que soy todo oídos.

El silencio volvió a hacerse en la pequeña oficina donde estaba reunida la cámara de maestros. Fue Maíz, mucho más sincero, quien agarró el toro por los cuernos.

–Verás –rompió a hablar–, no es lo mismo la Gran Logia que el Supremo Consejo.

–Hasta ahí llego –no hacía falta empezar por el catecismo de la organización–. Sé de sobra que el Supremo Consejo agrupa a los hermanos maestros que deciden transitar por la vía filosófica del escocismo y también sé que todos los miembros del Supremo Consejo son miembros ordinarios de la Gran Logia y no así a la inversa. Me alcanza que la mayoría de los hermanos no están afiliados al Supremo Consejo, los más porque no hacen al rito escocés y los menos porque no se les antoja aunque lo practiquen en logia en los tres grados simbólicos. Desde la lógica de una teoría algebraica de conjuntos cabría decir que la Gran Logia es un conjunto y el Supremo Consejo es un subconjunto. Por eso donde cabe lo mayor cabe lo menor y debiera ser bastante una única solicitud, la de la Gran Logia, para resolver las necesidades de todos los masones sea cual sea el rito de su observancia. ¿Por qué, entonces, dos peticiones?

–Porque no son cosas homogéneas –respondió Urbetti, un tanto molesto y dando el asunto por zanjado–. Te digo más, son tan poco homogéneas que deben estimarse las dos peticiones de manera solidaria y ceder el bien inmueble en régimen proindiviso.

–¿Es una sugerencia, un consejo o una orden? –dije mirando a los demás maestros–. ¿Para esto has convocado la cámara, amigo Maíz?

–No lo malinterpretes –Miguel Maíz tuvo que explicarse–. No es intención de esta cámara establecer presión alguna ni indicarte como debes de proceder....

–Ni está entre sus competencias –tercíe yo interrumpiéndole.

–Es cierto, ni está entre sus competencias –dijo Maíz mirando a Gómez Fernández.

–Ni yo quiero se me entienda así– Urbetti acudió rápido a la disculpa.

–Visto que nadie quiere inducir a nadie y que todo transcurre en amigable hermandad, ¿Porqué nadie me dice el motivo verdadero de la doble petición? –no quería dejar el asunto así.

–En la historia de nuestra orden en España –empezó Gómez– el Supremo Consejo representa la tradición de lo antiguo, de lo que es de siempre. Es el testimonio vivo de una tradición liberal y progresista, laica y democrática que tanto ha contribuido al progreso de este país. El escocismo es la esencia de la francmasonería y hasta bien reciente el mundo masónico español se ordenó desde el Supremo Consejo. Hoy las cosas no son exactamente así. La Gran Logia entiende que el Supremo Consejo es parte de ella y eso no es cierto, son dos institutos masónicos diferentes con naturaleza jurídica y organizativa diferente que vienen de pasados distintos y encararan la vida ritualística de manera distinta y desde tradiciones bien dispares.

Y siguió durante un buen rato citando las peculiaridades del Supremo Consejo, cosa común en cualquier historia de la masonería. Un masón escocés, Miguel Ramsay, propuso en 1724 a la Gran Logia Unida de Inglaterra, ya por entonces un instrumento al servicio de la casa Hannover, la adopción de los grados escoceses, los del Viejo Rito. Con sus propuestas de introducción de nuevos grados, por encima de los tres de la primitiva albañilería, Ramsay se proponía devolver a la masonería especulativa su profundo carácter espiritual, místico e iniciático, y contrarrestar a la tendencia protestante, moralista y antiesotérica, que le habían impreso Anderson y Désaguliers. Los ingleses no lo permitieron y Ramsey tuvo que recurrir a los franceses que acogieron estos ritos y lo que querían decir, que en términos políticos era la restauración de la casa Estuardo. Como esta opción ritual, de origen irlandés y escocés, tuvo gran aceptación en Francia se consolidó organizativamemente con la constitución en París, en 1754, del «Consejo de Emperadores de Oriente y Occidente», una especie de academia de donde salieron muchos ritos, como el Heredom o de Perfección, en 1756, que se dio en llamar Escocés Primitivo de 25 grados y muchos otros. A partir de ahí se produjo la Unificación Masónica y se disolvió la Gran Logia de Francia para nacer el Gran Oriente Francés en 1772. Ya estaban sentadas las bases para regular la administración de los llamados «altos grados» masónicos, tanto que en 1782 el Gran Oriente creó una Cámara de Grados para atender a la complejidad de los distintos sistemas masónicos. Estaban a punto de nacer los Supremos Consejos. El primero de los constituidos en el mundo fue el Supremo Consejo de Carolina del Sur, en Mayo de 1801, en la ciudad de Charleston a instancias de Esteban Morin, un judío francés que importó a América el Rito Escocés. Desde entonces hasta hoy la masonería mundial se había movido bajo la influencia inglesa o desde la influencia francesa.

En cierta medida no era demasiado equivocado colegir, al menos eso pensaba yo, que los supremos Consejos eran una opción masónica ciertamente diferenciada de la practicada por las Grandes Logias. Los Supremos Consejos solían animar las formaciones simbólicas conocidas como Grandes Orientes, donde se practicaban los rituales escoceses en los tres grados simbólicos, los tres primeros del R:.E:.A:.A:. Así pues no era descaminado entender dos grandes grupos, claramente diferenciados, cuando no enfrentados: Grandes Logias y Grandes Orientes, siendo estos segundos la «organización de masas», valga la expresión, de los Supremos Consejos, donde se practican los altos grados masónicos, del 4 al 33.

Las diferencias estaban claras. Las Grandes Logias eran organizaciones deistas, conservadoras, ajustadas al reconocimiento de los ingleses, practicantes del rito «azul», el de emulación, un rito específicamente británico y volcadas a la filantropía y a la autoayuda, más un club social que una orden iniciática. Los Grandes Orientes, y por ende los Supremos Consejos, practicaban el rito escocés (R.:E:.A:.A.), el rito «rojo», eran agnósticas, claramente republicanas, más en la tradición jacobina francesa y vinculadas, generalmente, a partidos de izquierda. En Francia el Gran Maestro del Gran Oriente era, precisamente, el hermano de François Miterrand, el Presidente de la República.

Estaba claro que Salat había iniciado un viaje desde la masonería «roja» a la «azul». Quería prescindir del significado republicano e izquierdista del pasado próximo de la masonería española y la estaba llevando a los plácidos pastos de un club recreativo, mas cercano a los Lion´s o a los Rotary´s que a las antiguas logias españolas. En el plano iniciático también había procedido a un, por decirlo de alguna manera piadosa, «desarme ideológico» que había llevado a su organización a cotas bajísimas de instrucción y muy grandes de adocenamiento.

Ahora entendía el porqué de la doble petición. En España aún había una cierta resistencia a las posiciones inglesas y, parte de la resistencia contra Salat, se había enrocado en los altos grados escoceses de tal manera que el Soberano Gran Comendador, Francisco Espinar, un viejo republicano, estaba comprometido con el intento de sustitución de Salat por Gómez Fernández. Cada una de las solicitudes correspondía a una tradición masónica distinta. En el fondo había un conflicto hacia la supervivencia de los viejos modos masónicos, que no es que fueran más respetables, simplemente eran más acordes con la tradición española. Más debía la masonería española a los franceses que a los ingleses, aunque sólo fuera la acogida fraternal de tanto liberal, primero, o republicano, después, que tuvieron que cruzar a Francia por razón del exilio político.

Gómez Fernández siguió su parlamento relatando historias de los Supremos Consejos y así hasta que dieron las diez. No respondió a mi pregunta, pero dejó clara la respuesta: el Supremo Consejo era una de las plataformas electorales de Gómez Fernández y por eso instaba a una resolución administrativa favorable a los dos institutos. El caso es que después de tan largo soliloquio la reunión del comité concluyó sin más materias que tratar y emplazándose a una próxima cita para dentro de un mes.

A la salida, me acompañó Maíz hasta el coche que, por cierto, estaba mal aparcado y tenía una multa sobre el parabrisas.

–Juan –dijo al poco de cruzar la calle– debes de instar una resolución pronta. La adjudicación solidaria a las dos peticiones es una baza electoral de nuestro amigo Juan y debieras estimarla por bien de toda la orden. Su candidatura traerá la renovación necesaria que con Salat no ha sido posible y el Supremo Consejo es una ayuda importante, de ahí que convenga que su régimen patrimonial no esté afecto a la dirección de la Gran Logia.

–¿Por si nuestro amigo perdiera de las elecciones? Así se podría enrocar en el Supremo Consejo, sería el perfecto sucesor de Francisco Espinar si pierde las elecciones ante Salat, ¿no es así? ¿Cuándo son las elecciones?–. Estaba claro que ese era el fondo del asunto. La construcción de un nuevo templo en Madrid se había convertido en una opción electoral y a la vez en un seguro.

* * *

El seis de Junio se celebraron elecciones generales. El PSOE, contra algunos pronósticos, volvió a ganarlas con más de nueve millones de votos y sacándole una ventaja de dieciocho escaños al Partido Popular quien, pese a aumentar en casi tres millones de votos sus resultados anteriores, se quedó en un 34% de votos. Al día siguiente, lunes, me llamó Luis Salat. Quería saber del estado de la gestión administrativa del expediente para la cesión de suelo. Después de comentar de pasada los resultados de las elecciones que a él le parecían convenientes por cuanto, según su opinión, los socialistas tendrían que contar con los votos de Pujol y eso, decía contentísimo, era bueno para Cataluña, se fue al asunto de su llamada. Le puse en antecedentes del procedimiento formal que había que seguir y le avancé que pensaba proponer al Consejo de Administración una resolución favorable a ambas peticiones.

–¿En que régimen jurídico? –me preguntó. Ahí estaba la raíz del asunto–. He consultado con mis abogados y creen que lo mejor para la orden sería que propusieras una resolución a favor de la Gran Logia y que establecieras una servidumbre obligando al concesionario, en este caso a nosotros, a ceder parte del uso del solar cedido y del inmueble resultante al Supremo Consejo, un instituto supeditado a nuestra superior jurisdicción.

–Eso no puede ser Luis, porque no son esos los términos en que se han formulado los escritos. Pienso proponer al consejo de administración la resolución favorable a las peticiones de adjudicación otorgando la propiedad de la cosa cedida en régimen de proindiviso a favor de los dos peticionarios. Es lo justo, lo que dice el sentido común y lo que procede en derecho. He dicho, Venerable Maestro– le respondí a la manera ritual.

El conflicto ya estaba planteado con claridad. De una parte Salat y la vieja dirección, poco partidaria de la operación «templo madrileño», pero que no se podían oponer a ella, al menos frontalmente, por una elemental vergüenza torera. De la otra, el grupo madrileño que quería suceder a Salat y que se enrocaba en los ritos escocistas como coartada ritual a lo que era un intento de modificar los modos y maneras de la renacida masonería española bajo la tutela inglesa.

Salat no entró a la réplica y la conversación prosiguió por otros derroteros de pura cortesía. Poco conocía yo a Salat o esto no iba a quedar así. Aun le faltaban al Maestro muchos peones que mover. Esa tarde yo me había quedado en casa a poner orden en los muchos papeles que se me iban acumulando en la mesa de mi despacho porque, ciertamente, por la mañana, en la oficina, poca tranquilidad tenía para escribir mis cosas ante tanto ajetreo de visitas y de llamadas y prefería reservarme las tardes en mi casa para el trabajo personal que exigiera de cierta paz y silencio. Y como las casualidades no existen, al poco de colgar el teléfono y ya casi la una del mediodía, volvió a sonar. Esta vez era Luis Sánchez Freire:

–¿Sabes la última, Juan?–. Dijo a modo de saludo. Luis siempre presumía de saber cuanto pasaba por Madrid un par de días antes de que la noticia saliera en los periódicos. A veces la cosa contada con tanto secreto y prisa era tan extravagante y, a todas luces, incierta que nunca se confirmaban algunas de sus primicias y él entonces lo imputaba a alguna poderosísima conspiración que secuestraba la pública difusión del evento.

–Depende, Luis. ¿A qué te refieres? ¿A la victoria socialista?

–No Juan, eso no es noticia, eso es historia –y se quedó tan fresco–. Me refiero a que el sábado pasado por la tarde se celebró en Madrid, en su local de la Gran Vía, una reunión del Capítulo de los grado 33 y allí ha dimitido Francisco Espinar forzado por sus compañeros de grado. Parece que es una maniobra de Salat para asegurarse el control del Supremo Consejo y quitarle así un apoyo importante a Manuel Gómez. En su lugar han nombrado a un tal Antonio Lusón.

–Y, ¿ese quien es?– la verdad es que el nombre no me sonaba de nada. Era claro, me dije, que Salat no se había dado por rendido en lo que hacía al templo madrileño.

–Un mejicano amigo de Salat. Bueno, un español que se fue a Méjico y que ahora vuelve a España con cierta fortuna.

–¿Un exiliado?–. Era lo lógico porque en Méjico aun quedaban grupos de españoles republicanos, restos del Gran Oriente Español.

–No, no tiene nada que ver con los republicanos, si estas pensando en eso. Emigró después, bastante después de la guerra y fue por razones económicas. Es un tipo muy vinculado a los norteamericanos, como Luis, y parece que le apoya el Supremo Consejo del Sur de los Estados Unidos. Además sucede que aquí, en España, está muy vinculado a los amigos de Fraga en Alianza Popular, él mismo está afiliado.

–¿Qué tal es?– pregunté más por estilo que por otra cosa, porque con lo poco que había contado ya había dicho mucho.

–Un patán y un derechista muy pegado a los negocios del PRI. A mi juicio es un testaferro de Luis, aunque acabará dándole problemas, porque es muy ambicioso.

–Que sea lo que Dios quiera– dije con un suspiro. Salat iba moviendo sus piezas con muchísima habilidad. El caso es que ya me empezaban a cansar los enredos de esta singularísima familia y la pasión emocional e intelectual de los primeros meses iba dando paso a un cierto cansancio mezclado con aburrimiento.

–Pero te llamo, también, por otra cosa..

–Tu dirás....

–El caso es que el asunto no es para contarlo por teléfono– ciertamente Luis, si hubiera nacido antes sería un conspirador profesional, un carbonario al viejo estilo. Para él no había historia sin misterio ni negocio sin enredo.

–Entonces te invito yo a comer. ¿Puedes hoy?

–Desde luego –afirmó impaciente–. El asunto es muy urgente.

–¿Donde te apetece?

–Donde quieras– grave debía ser el asunto cuando le daba igual el sitio sabiendo de él que era un exquisito para eso de la gula.

–¿Te parece bien «Señorío de Alcocer»?– tampoco quería provocarle el gusto, así que le elegí un sitio de una excelente cocina, donde me tenían por parroquiano antiguo.

–Perfecto, me viene al lado del despacho.

–Te espero a las dos.

–De acuerdo. Hasta luego.

–Hasta luego, Luis. Un abrazo.

–Otro.

Al poco de colgar con Luis sonó otra vez el terminal de mi mesa:

–Juan –dijo Marta–. Te llama otra vez Luis Sánchez Freire. ¿Te pones?

–Sí, claro. Pásame–. El click de la conexión restableció la comunicación.

–Seremos tres– dijo Luis sin darme tiempo a saludarle.

–¿Qué?–. La verdad es que Luis era de lo más atropellado y gustaba de dramatizarlo casi todo.

–Que seremos tres en el almuerzo.

–Buenos días lo primero –le reconvine–. Y ahora vamos a lo segundo: ¿Quién es el tercero?

–Lo sabrás allí– y no se dio por aludido. Seguía en los misterios.

–Luis no me empieces con jueguecitos–. La verdad es que empezaba a cansarme.

–Que no es un juego Juan, que es un asunto muy serio. Confía en mí.

–De acuerdo– le dije tras pensármelo un rato.

Como no sabía por donde me iba a salir, y podía ser por cualquier registro, descolgué el teléfono.

–Dime Juan– me dijo Marta.

–Llama a Martín, de Señorío de Alcocer y pídele un reservado de mi parte. Dile que estaremos allí a las dos.

–Ahora mismo.

El caso es que le pedí a Marta que no me pasara más llamadas y me puse a despachar tres informes preparatorios del próximo consejo que aun esperaban mi visto bueno. Uno de ellos era, precisamente, el que hacía a las peticiones de las familias masónicas que venía acompañado de dos dictámenes de respectivos expertos en derecho administrativo. El caso es que apuré el tiempo lo más que me fue posible y cuando salí del despacho ya estaban vistos y corregidos para su edición y envío a consejeros. Me acerqué un momento por el despacho de Fernando Urdán:

–Buenos dias, Fernando. ¿Te han pasado ya el informe del estado de obras, el control de presupuestos y el estado de tesorería?

–Buenos días, Juan. Alfonso ya me ha pasado lo suyo y estoy esperando que Julio termine su parte–. Julio Torrente siempre terminaba sus informes al punto crítico de lo posible. El caso es que tenía que salir ya la documentación preparatoria del consejo.

–Llámale y le dices que no se vaya a almorzar hasta que no termine. Por cierto, te dejo aquí tres asuntos más que me ha revisado el abogado para que los metas en el orden del día. Ponlos al final y mándalo todo esta tarde a los consejeros–. Y le di los tres expedientes de mi mesa: una propuesta de contratación, el calendario de inauguraciones y la propuesta de adjudicación de suelo a la Gran Logia de España y al Supremo Consejo.

Fernando se quedó mirando los papeles. Cuando llegó al último levantó la vista sobre las antiparras:

–Juan, ¿crees oportuno tramitar esto?–. Fernando nunca había sido partidario de estimar la petición de mis nuevos amigos. Yo sabía que no se iba a oponer, pero él no pensaba dejar de manifestarme su desacuerdo. Era su obligación.

–Creo que sí, Fernando. De todas maneras te diré que, por ser parte interesada, pienso abstenerme en la votación y no pienso detallar la petición. Que el consejo obre como mejor decida.

–Puestas así las cosas es lo más correcto. Y de la documentación no te preocupes, sale esta misma tarde.

–Gracias Fernando.

A las dos en punto mi conductor, Miguel, me dejaba en la puerta del restaurante en la esquina de la Castellana con Alberto Alcocer.

–Buenos días, señor Apola. –Martín, tan amable como siempre me atendió en el vestíbulo del restaurante–. Ya han llegado sus invitados, les he pasado al reservado pequeño.

La señorita de la puerta me tomó el abrigo mientras Martín me contaba cómo su mujer había preparado hoy una menestra a la riojana que sabía que era de mi gusto y que cocinaba en contadas ocasiones. No me pareció prudente preguntarle por la identidad de mis invitados, resultaría extraño que no supiese con quien iba a almorzar. Ciertamente me picaba la curiosidad de saber quien era el tercer acompañante, el invitado de Luis Sánchez. El caso es que entré al comedor para ir al reservado y estaba cruzando el salón cuando de una de las mesas se levantó Pedro Areitio, un peculiar ingeniero de caminos que se desempeñaba como gerente municipal de urbanismo del Ayuntamiento de Madrid, que se acercó a saludarme:

–Juan, ¿cómo estás?

–Bien, Pedro, muy bien–. El restaurante de Martín era un sitio muy frecuentado por políticos municipales, arquitectos, abogados y empresarios de la construcción o inmobiliarios por la cercanía con la gerencia municipal. Se decía con cierta broma que un asunto no prosperaba en si antes no se «cocinaba» en casa de Martín.

–Mira Juan, te presento al concejal de este distrito, Miguel Araujo, y a Antonio García Ferrer, el director de construcción de Dragados.

Saludé al primero con un apretón de manos y una mirada y un gesto de cabeza bastó para hacerlo al segundo, pues nos conocíamos de antiguo. Su empresa era proveedora de servicios respecto a la que yo administraba y en especial en lo que hacía a la ejecución de túneles para uso ferroviario.

–Por cierto –me dijo Pedro– ¿has visto a esos dos del fondo? Al final del salón, cerca de la puerta del reservado al que yo iba había una mesa donde estaban sentados dos hombres vestidos con traje gris y que no se habían quitado las gafas de sol, pese a ser un día de frío y lluvia y estar en recinto cerrado.

–Pues no me había dado cuenta. Ahora que me fijo, te digo que huelen a pasma a un kilómetro.

–Vienen de escoltas de Patxi Rementería. Patxi está en el reservado con un tipo obeso y con barba que no conozco. Acaban de entrar hace poco menos de diez minutos.

Puedo jurar que era el último a quien esperaba. Pedro debió notarme algo.

–Tú le conoces, ¿no Juan? –afirmaba más que preguntaba–. Ese es de los tuyos y además del partido es de tu familia.

Pedro era un hombre de derechas, pero no afiliado, que sabía de mis posiciones en política, más pasadas que en activo, y eran muchas las coincidencias entre nosotros pese a nuestra dispar posición general, él un independiente de derechas y yo un socialista en excedencia vinculado desde siempre a la familia guerrista. En lo que de antiguo estábamos de acuerdo, él por españolista y yo por jacobino, era en la crítica al título VIII de la Constitución y en lo que, a nuestro común criterio, era el desastre del fenómeno autonómico que por aquellos días ya apuntaba sin tapujos hacia posiciones federalistas en los programas de los partidos regionales.

–Sí, le conozco hace muchos años, casi tantos como los que no le trato –me dije más para mí que para Pedro. La verdad era que Patxi era la última persona que me esperaría de la mano de Luis Sánchez Freire–. Precisamente vengo a comer con él

–Curiosa cita, entonces.

–No sabes tú cuanto.

–¿Qué estáis tramando?

–Ya lo sabrás por la prensa, Pedro –le dije bromeando y dándole una palmada en la espalda para despedirme–. Hasta luego, señores

–saludé a sus compañeros de mesa. No me di cuenta entonces de alguien que entraba en ese momento en el restaurante y que me pasó desapercibido.

Cuando entré en el reservado Luis Sánchez le estaba pasando una carpeta a Patxi que dejó en la mesa, a su izquierda. Patxi se levantó inmediatamente y se acercó hacia mí con los brazos abiertos:

–Juan, ¿Cómo estás? Mucho tiempo sin vernos–. Patxi, ciertamente, era desde siempre un tipo cordial y por ello supo saludarme como si nos hubiéramos visto ayer por última vez.

–Mucho, Patxi. Estás igual que siempre –mentí mientras le correspondía al abrazo. Rementería estaba mucho más grueso que entonces, hacía más de diez años que dejé la militancia activa, y había encanecido totalmente.

–Tú tampoco has cambiado nada, Juan– mintió él también.

–Veo que os conocéis.....– dijo Luis Sánchez Freire, poniendo cara de enterado. A veces pensaba de mi amigo que era un estúpido redomado o que era yo el incapaz que no le entendía casi nunca sus constantes afirmaciones llenas de sobreentendidos y segundas intenciones.

–Un poco –dijo Patxi.

–Casi desde que éramos pequeños, ¿verdad? –concluí.

–Por cierto, enhorabuena Patxi. Aunque sea por los puntos repetís legislatura.

–Calla, Juan. No sé que hubiera sido mejor.

Algunos compañeros de Patxi estaban por la labor de haber perdido las elecciones y con ello haber pedido responsabilidades a Gonzáles desde dentro del Partido. Querían forzar la salida de Felipe y con la victoria del domingo, por pírrica que fuera, descendían un paso más en la escalera de su perdida de influencia. No les quedaba más remedio que aguantar el saberse excluidos del próximo gobierno y procurar un reagrupamiento de sus fuerzas de cara al cercano congreso del Partido.

Ya sentados consumimos un par de cervezas en hacer el inevitable recorrido de nuestras ocupaciones desde que no nos veíamos mientras un camarero acompañaba los vasos con unas excelentes croquetas y un plato de virutas de jamón. Entonces no de me di cuenta tampoco que ese camarero que acababa de servir la mesa con los aperitivos era quien había entrado detrás de mí al restaurante. De eso, ya veremos luego como, me enteré unas semanas más tarde.

En los prolegómenos Luis sacó de su portafolios un libro, era *La filosofía de la masonería. La imagen masónica del hombre* y lo firmaba Giuliano di Bernardo, el Gran Maestro italiano.

–Toma Juan, para que conozcas el pensamiento de Giuliano. Lo ha editado en España un hermano nuestro.

–Gracias, Luis. Lo leeré.

–A ti también te he traído otro, Patxi –le ofreció Luis otro ejemplar al político.

–Gracias Luis, pero no esperes que me lo lea. Estos líos tuyos tienen su gracia pero no es algo que me quite el sueño. Además, seguro que no se entiende nada.

–Pasa a veces –apostillé.

Al poco entró Martín a tomar la comanda. Una menestra para mí y dos arroces con almejas para mis compañeros, de primero, y merluza a la romana para todos de segundo. La interrupción permitió que Luis, a quien correspondía dirigir la conversación, cambiara de asunto y con tono de enterado se dirigió a Patxi:

–¿Como está el *one*?.

–Se cree «dios» –contestó el otro–, y más desde el domingo. Ahora sólo despacha con su amigo Mijail o con Margaret, que parece su cuñada, la de Huelva. ¿Os acordáis cuando el Duque se ponía estupendo con aquello del estrecho de Ormuz y ya no le entendía nadie?, pues el *one* está igual o peor –se contestó solo.

No había que ser un lince para darse cuenta que estaban hablando de Felipe González. Por la prensa se sabía de las tensiones estas semanas entre el sector guerrista y los renovadores, que ya eran casi todos los socialistas, detrás de González. En el fondo nada nuevo desde que dimitió Guerra, la única noticia es que cada vez quedaban menos guerristas porque muchos de ellos, caído el jefe, eran ya renovadores «de toda la vida». Patxi era, sin embargo, el adalid de los más contumaces. Santesmases un dirigente madrileño de Izquierda Socialista, una corriente crítica del PSOE, decía por esos días en los periódicos que «los guerristas están perplejos y con su postura, cada vez más minoritaria y cada vez más radical, sólo pretenden salvar los muebles y negociar una cuota que les asegure la supervivencia». El caso es que el primer plato pasó entre críticas a González e insultos al equipo económico del gobierno, en especial al que llamaba «el enano de Tafalla», que tampoco había que estudiar en Harvard para colegir a Carlos Solchaga tras ese apelativo. Se les apreciaba un odio africano. Patxi se puso como un energúmeno cuando nos contó las maniobras de sus enemigos para promover a Carlos Solchaga a presidente y portavoz del Grupo Parlamentario Socialista, «otra puñalada más del *one*», decía. Mis contertulios iban recorriendo todos los lugares comunes de la opinión publicada y yo me limitaba a asentir sin especial atención.

Lo que me intrigaba realmente era lo que pintaba Patxi en esta comida, o qué pintaba yo allí, que al fin y al cabo era lo mismo.

–Pero esto puede cambiar muy pronto –sentenció Venegas–. González no puede ser imprescindible en el partido y menos aún si le movemos el escenario entre unos cuantos, aunque habrá que esperar un poco todavía.

La verdad es que eso era lo único verdaderamente interesante por cuanto me sorprendió que, pese a las enemistades de las familias y la posición de González contra los guerristas y el viejo aparato, nadie de esa fracción, facción que decían los renovadores, se había planteado un enfrentamiento directo con el secretario general. La posición de Guerra al respecto de los continuos desaires de Felipe era similar a la de esa vieja esposa que protesta, y mucho, de los devaneos e infidelidades de su marido pero que siempre le espera en casa dispuesta a darle una nueva oportunidad. Guerra era, en el fondo, la «santa» de González. A mí siempre me había parecido que Guerra era en el fondo un ingenuo y que nunca se atrevería a ir por González, tal vez por devoción no confesada, tal vez por miedo, pues pocos como Alfonso sabían del verdadero carácter cruel del Presidente de Gobierno.

–¿Cómo es eso? –le incité.

–La habilidad principal de Felipe es la de estar siempre en el medio. ¿No te parece?

–Hombre –exclamé sorprendido–. Creo que tendrá alguna otra.

–Todas sus capacidades devienen de un instinto poderosísimo para saber, en cada momento, lo que tiene que decir y lo que tiene que hacer, cosas que casi nunca coinciden pero que a él no le importa; su habilidad reside en eso, en decir una cosa y hacer la contraria y que la gente, a pesar de ello, no se dé cuenta y le crea a pesar de la evidencia. Él siempre consigue estar por encima de sus contradicciones, está en el medio de ellas, y sin embargo proyecta a sus colaboradores la responsabilidad de la contradicción. No sólo en el centro de las decisiones, que eso le gusta más que a un tonto una tiza, sino que ha conseguido llevar al partido a ocupar las posiciones del centro político y él, además, es el centro del partido. El centro del centro, la mitad de todas las cosas. Su fuerza es ésa, la de estar en el centro. ¿Te das cuenta?

–Pero los populares también se han percatado que ese es el camino, «centrarse», como dice Aznar. Bueno, no había que fijarse mucho ni hacer estudios de doctorado para saber que en el centro sociológico está el granero de votos de quien quiera vivir en La Moncloa. Los populares van ahora a por esos votantes de UCD que se instalaron en el PSOE, pero no lo conseguirán, no hay más que ver los resultados. Pese a que han subido no llegan a medirse con González. González es mucho González y esos votos moderados son suyos.

–¡Pues se los vamos a quitar! –dijo Patxi eufórico, que ya llevaba trasegadas casi dos botellas de un excelente Campillo.

–Quienes, ¿vosotros los guerristas? –«tanto vino no es bueno», me dije–. Porque, ¿no te referirás al muchacho del bigote?

–No. –Se calló un instante para recalcar más lo que venía–, me refiero a vosotros –y alzó la copa.

La verdad es que era aun muy pronto para que el juicio se le nublara del todo a mi antiguo compañero.

–¿Quiénes? –no pude por menos que preguntarle.

–Nosotros, has oído bien –repitió Luis.

–Pero se puede saber de una puñetera vez ¿quiénes somos nosotros? –yo estaba empezando a cabrearme. Entre lo poco que se le entiende a Luis y las sandeces que parecía decir Patxi la conversación era ya más chusca que otra cosa.

–Nosotros somos un grupo de amigos –dijo Luis– que estamos montando un proyecto político nuevo que ponga a González en su sitio y, querido Juan, contamos contigo. Patxi está al corriente de todo y hemos pensado que un almuerzo con un antiguo compañero tuyo te ayudaría a decidirte.

Esto pasaba de castaño oscuro. El caso es que, intrigado, quise seguir adelante.

–Tu dirás... –invité a Patxi.

–El proyecto es quitarle al PSOE y al PP el espacio político del centro, lo que ambos se disputan. Perdido ese espacio por la aparición...

–Irrupción, diría yo –le interrumpió Luis, como siempre.

–Por la irrupción, está bien, de un partido de centro que fuera especialmente atractivo en sus mensajes. Las estrategias del PSOE y del PP tendrían que cambiar radicalmente.

–Sigue...–. Dije. La verdad es que hasta ahora había poco de original en el proyecto. El último intento similar fue la «operación Roca», un partido reformista montado por Garrigues, Florentino Pérez y otros aventureros más, repescados de la vieja UCD, que dio un fracaso estrepitoso. El partido del Duque tampoco levantaba cabeza y poco a poco sus hombres se iban pasando al PP. No parecía serio el asunto.

–En ese supuesto y ocupado el centro por vosotros –«y dale», me dije– Felipe tendría que recular a la izquierda y Aznar hacia la derecha y allí les estaríamos esperando respectivamente los clásicos de cada partido.

– No queréis ganar.

–¿Quiénes? –Esto era un lío. Hasta Patxi empezaba a confundirse.

–Tus amigos, los nuevos centristas.

–Desde luego que no. Sólo queremos que obtengan un hueco parlamentario entre los dos grandes que nos permita a los viejos partidos poner orden ante tanta modernidad «renovadora y centrista» –dijo con retintín–. Así ajustaremos cuentas. Sería una vuelta a los orígenes.

–Pero entonces «ellos» serían bisagra...

–No nos importa, siempre se puede hablar. Además, hay mucha gente del PP que está de acuerdo con nosotros porque tampoco les gustan a ellos, los de siempre, las maneras y las ideas del «Charlotín». Tampoco creas que íbamos a dejar descontrolado el nuevo partido.

–No, claro, ya veo... –Y tanto que lo veía: el acabóse. Los guerristas metidos a fontaneros fuera de su casa. «Menudo estrépito», pensé.

–Otro día almorzaremos con Maturado, que también está en el ajo–. Desde la vicepresidencia del PP a la asesoría de Mario Conde habían ocurrido muchas cosas para el financiero liberal. La llegada de Aznar no había sido una buena noticia para Maturado, ni para muchos otros que estaban esperando la primera oportunidad para saltarle al cuello a Aznar, un advenedizo sin carisma, decían. Decían que su verdadero oficio cerca del presidente del BANESTO, era prepararle una plataforma para el desembarco en política.

En esto estábamos cuando entró Martín acompañado por ese camarero nuevo que había servido los entrantes y por Julián, el camarero de siempre que atendía este reservado. Entonces me fijé que el nuevo llevaba unos gemelos muy grandes en los puños de la camisa, algo impropio de un camarero y que se cruzaba los brazos sobre el pecho, algo más impropio aún. Entonces lo atribuí a una falta de corrección en el servicio. Ordenamos los postres y el camarero nuevo se quedó limpiando las migas de la mesa mientras Martín y su ayudante pasaban a cocina.

Hubo un momento de silencio y Patxi lo aprovechó para encender un cigarrillo mientras el camarero salía del reservado.

–Volviendo a lo nuestro –dijo Luis–. El caso es que ya se ha avanzado bastante en la organización del partido.

–Y tanto –dijo Patxi dirigiéndose a mí–, como que nuestro amigo Luis ya está en la ejecutiva.

–No jodas, Patxi –Luis se molestó–, en el Foro no hay ejecutiva.

–¿Se llama El Foro el partido? –dije con guasa–. No se si ganaréis, pero castizo ya es...

–No es un partido, es un movimiento– apuntó Sánchez muy circunspecto, para que me diera cuenta de la diferencia.

–La estás jodiendo Luis, que eso del «movimiento» suena fatal.

–Escucha y no te cachondees –dijo muy serio–. Es un proyecto de Punset que...

–El que faltaba –le interrumpí sin poder evitarlo–. Mira Luis, quienes seáis estáis inventando la gaseosa, un «Roca-bis». ¿Habéis llamado también a Florentino?

–Si sigues con el cachondeo lo dejo, Juan–. Luis se estaba enfadando de verdad.

–Espera Juan, no le tomes el pelo que el asunto va en serio–. Templó Patxi.

–Eso es lo malo, Patxi.

–Te lo contaré yo, que parece que me haces más caso.

–No es eso, Patxi. Y tú no te mosquees, Luis –le dije a mi amigo ofreciéndole un cigarrillo–. Fúmate el cigarro de la paz, anda.

–Sólo fumo puros, pero te acepto las disculpas –me dio la mano a través de la mesa en son de paz.

–El caso –continuó el socialista– es que Punset, no te rías Juan, lleva meses trabajando en un proyecto político interesante. Él propone un partido sin organización burocrática, sin dirección formal. Un movimiento asambleario y apoyado en los cambios sociales que proponen las nuevas tecnologías. Un movimiento de opiniones convergentes que se organizan en cada momento de la manera conveniente a cada etapa de su actividad. Ahora que el Duque ha abandonado el CDS, Punset se siente liberado de obligaciones con su viejo partido y desde el 28 de Mayo, que lo dijo en primicia en el programa «Contrapunto» de TVE-Cataluña, dedica todo su trabajo a construir una nueva solución centrista.

–Eso suena bien, sigue.

–¿Lo ves?

–Sucede que él parte de un discurso sobre las necesidades políticas cambiantes de una sociedad desarrollada y estima que la partitocracia es una degeneración hoy del sistema político democrático.

–Y no le falta algo de razón –apostillé.

–Sigues igual que siempre Juan, crítico hasta para afeitarte.

–Por eso llevo barba y por eso, también, dejé el partido y aún no he vuelto y tampoco me afeito.

–Sigo. –No parecía el mismo hombre que antes, ciertamente para Patxi la política era una droga que le daba lucidez–. Los pilares de su discurso son tres: las nuevas tecnologías y su influencia en los modos sociales, la democracia directa como manera básica de alcanzar la legitimidad en el ejercicio de la representación y considerar, por último, que la sociedad civil es mucho más activa que lo que los políticos consienten con sus limitaciones tanto legislativas como burocráticas.

–¿Una fórmula de liberalismo libertario con practicas asamblearias?

–Algo así.

–Tampoco está mal....

–Si es que eres de los nuestros Juan –dijo Sánchez Freire dando palmadas en la mesa.

–No seas gilipollas, Luis. Por favor. –La verdad es que era buena gente, pero de lo más inoportuno–. Lo siento, Luis –dije inmediatamente.

–No importa –dijo condescendiente el amigo Sánchez.

–No os peleéis, que para eso sois «hermanos» –dijo Patxi con mucho retintín. Yo me quedé mirando a Luis con cara de asesino. Él se dio cuenta de mi gesto de sorpresa y pareció disculparse:

–Juan, Patxi sabe que somos masones. Es parte de la estrategia.

–Perdona, Juan –terció Patxi–. Luis me puso al corriente de tus nuevas amistades. Cuando supe por él de tu nueva condición es cuando le propuse que nos viéramos. Hay pocos masones con nosotros..

–No me extraña, acuérdate cuando tu jefe levantó la veda después de Suresnes...

–Todo eso ha pasado ya...

–¡Ya! –le dije–. Ahora me vienes con esas...

–El caso, Juan –continuó Patxi– es que nos venía bien que uno de los nuestros, y que está ya retirado de la política activa, estuviera con los masones para poder incorporarle al proyecto de Punset.

–¿No os valía Calviño?, os ha hecho buenos servicios. Además se dice de él que era un hombre del Gran Oriente, por algo empezó en Acción Republicana.

–Hubiera cantado mucho. Además no es de fiar, se lo podía acabar creyendo y terminar reclamando para él la presidencia de la Tercera República, y tampoco se trata de eso. Cuando Luis nos habló de ti nos pareció algo excelente. Tú siempre has sido un tipo díscolo y extravagante, podías aparecer por cualquier sitio y no eres demasiado ambicioso. Eres el hombre perfecto.

–¿Perfecto para qué?

–Para participar, de parte nuestra, en el control del nuevo proyecto.

–Ya me estáis hartando entre los dos –se me iba acabando la paciencia–. Punset, un partido sin partido, los guerristas enredando y tan contentos, la vieja guardia del PP haciendo palmas con las orejas, los masones, ¿quién falta?

–Mario Conde y el BANESTO, ¿te parece poco? –dijo Patxi tan ufano.

–Y ¿no hay nadie de la Conferencia Episcopal?

–Si esperas unos días tendrás noticias –volvió a interrumpir Luis, misterioso como siempre.

–Mira Luis, no me toques los cojones.

–Espera y verás. –Y la verdad era que tenía razón. Mario Conde había asistido, invitado por el Vaticano, a un seminario en Roma en enero del año anterior, el día catorce exactamente, sobre «Capitalismo y Ética» en celebración de la encíclica «Centesimus Annus». Habían asistido cuarenta personalidades de todo el mundo, entre otros el ex consejero de seguridad norteamericano Zbigniew Brzezinsky, el escritor francés Jean François Revel y el economista de la perestroika Alexander Yakovlev. La noticia llamó entonces la atención por lo extraño de la convergencia. Para algunos, yo entre otros, el asunto no era, sin embargo, demasiado chocante. De entre los distintos ritos masónicos hay uno, el escocés rectificado, que se dice también «rito cristiano». Siempre se ha dicho que bajo el mandato de Pablo VI el poder del lobby masónico, el que se dice practicante de ese rito, había crecido en los pasillos vaticanos gracias al encumbramiento administrativo de clérigos de esa obediencia. No era demasiado descabellado ese aserto y más desde que era público que las singulares conexiones del IOR (*Instituto de Opera per la Religione*), que dirigía Marcinkus, estaba metido, de hoz y coz, en la trama del Ambrosiano donde casi todos los asuntos llevaban el amparo del compás como pasaporte necesario al lucrativo mundo de la «Tangentópolis» y la corrupción fiscal y administrativa. El arzobispo lituano-americano Marcinkus como responsable financiero Vaticano, Gelli como responsable superior de la logia «P-2» y Michele Sindona como hombre de la Mafia eran las tres esquinas de un triángulo poderosísimo bajo el papado de Pablo VI. Pese a que el nuevo papado del polaco Juan Pablo II, un conservador en lo dogmático, había supuesto sustituir la influencia del grupo «masónico» por la de las gentes del Opus Dei no menos cierto era que en delicadísimo equilibrio de fuerzas vaticanas el clan emergente había prevalecido sobre el otro, más liberal y cercano a los jesuitas, pero no les habían suprimido totalmente su influencia en algunos dicasterios. Todo cuadraba.

–Calma, amigos –Patxi era un negociador nato–. Dejemos el asunto aquí, por el momento.

–Mas vale -dije yo.

–Mira Juan –siguió Patxi–, piénsatelo un poco y dentro de unos días volvemos a hablar. Esa vez invitaré yo al almuerzo. ¿Te parece?

–De acuerdo Patxi, te prometo que lo pensaré.

–Si quieres algún dato más que necesites para tu decisión consulta con Luis Sánchez Freire que está al cabo de todos los detalles.

–Para eso somos hermanos–. Si Luis no apostillaba siempre le podían dar los siete males.

Los postres siguieron entre bromas y algún comentario mordaz de Luis sobre la última novia de Patxi, que al parecer era mujer menuda de grandes pasiones y habilidades carnales. Y así entre copas de orujo y el humo de unos habanos nos dieron las cinco de la tarde.

El resto del día lo dediqué a repasar en mi casa el orden del día del próximo consejo de administración que estaba convocado para el lunes siguiente. Un par de llamadas a mi oficina y algunos documentos que Fernando Urdán me remitió por fax completaron la información necesaria. Casi eran las nueve de la noche cuando sonó el teléfono de casa. Le cogí yo mismo y atendí la llamada. Era Samuel Pariente, el Maestro provincial, que quería interesarse por el expediente de cesión. Él también me presionaba para que hiciera caso a los deseos de Salat:

–Juan, es por bien de todos.

–No lo considero yo así pero, si resulta tan evidente, decaed en la petición y formularla en otros términos, aunque no os lo aconsejo porque no está el horno para bollos en el consejo de administración.

–Eso no podría ser porque los del Supremo Consejo no se avienen a un cambio.

–¿No habéis echado a Espinar?, el nuevo os hará caso sin duda.

–No creas Juan, en cuanto se quitan el mandil no sabes como se crecen–. Samuel se refería a que los masones del grado 33 no usan mandiles en sus rituales.

–Pues vosotros veréis que es lo que hacéis. Las cosas están como están y yo pienso abstenerme en la votación.

–Es lógico Juan.

–Pues lo dicho, Samuel. Que haya suerte y buenas noches.

–Buenas noches.

A la mañana siguiente, martes 8 de junio, pasé primero por mi despacho particular y cuando llegué a la empresa ya eran más de las once de la mañana. Marta me pasó recado de las llamadas; había dos de Manuel Gómez y otra de Raimundo Álvarez Monje, consejero de la empresa por su condición de Director de RENFE y también hermano de la Orden que había ingresado en la G:.L:.E:. desde la Logia «Europa», un núcleo masónico catalán imbricado con el grupo socialista del fallecido Josep Verde i Aldea.

–¿Te contesto a alguna? –preguntó mi secretaria.

–No, no hace falta–. No quería recibir más presiones. Así que le dije a Fernando Urdán que convocara al Comité de Dirección y que avisara también al Gerente.

–Así se enterará bien el alcalde de lo que decimos –le dije a mi amigo. Celebramos la sesión y dimos un repaso al estado de obras y a la situación financiera. El gerente se interesó por el calendario de inauguraciones y así pasó la mañana. A eso de la una del mediodía recibí una llamada de Luis Sánchez Freire:

–Joder, ¡cómo te pusiste ayer! –empezó después del saludo de cortesía.

–Si es que eres un liante Luis. ¿A quien se le ocurre semejante encerrona?

–Perdona Juan, pero pensé que si te avisaba no querrías venir.

–No te quepa duda.

–Pues te llamo para invitarte otra vez a comer.

–Otra encerrona.

–En cierto modo sí, pero esta vez te aviso antes.

–Tu dirás.... –podía salir por cualquier esquina.

–Es una reunión con Eduardo Punset.

–No es tan grave –le dije. A mí siempre me había caído bien Punset, era un tipo bastante extraño para lo que se da en política y tenía un atractivo intelectual ajeno al gremio. En todo caso un almuerzo con Eduardo siempre sería interesante–. ¿Dónde?

–En «Nabucco», un restaurante italiano que está en la calle Hortaleza. Es de su mujer–. Si Luis no daba una información a la vez que una noticia reventaba.

–¿A qué hora?

–A las dos.

–Allí nos vemos. Por cierto, ¿no habrá sorpresas?

–No, esta vez no. Te lo juro. Por cierto –dijo cambiando de tema–, ¿Quieres ir mañana, día nueve, a la investidura de Mario Conde como doctor Honoris Causa en la Complutense?, tengo invitaciones. Estará el todo Madrid.

–No gracias, no me gusta ese «sarao». –No se comentaba otra cosa esos días, era el encumbramiento definitivo del banquero, su episodio olímpico. Estaría el Rey, sus amigos, la clase política expectante.

–Estará también Di Bernardo y algunos amigos italianos –insistió como si eso fuera algo excepcional–, ¿no quieres conocerles?

–Mira Luis, ya me he leído el librito de vuestro «gurú» y lamento decirte que no es para tanto, lo siento.

–Bueno. Piénsatelo y luego lo hablamos.

–Hasta ahora, Luis.

A en punto de las dos cruzaba la puerta del restaurante, justo enfrente del colegio de Santa Isabel, un colegio de chicas que rondábamos los que éramos estudiantes de los escolapios de San Antón, un par de manzanas más atrás en la misma acera. Me dio pena, al pasar por la esquina con la calle Farmacia, ver el abandono del viejo caserón escolapio, vacío y esperando la piqueta y enfrente el convento que fue de las Arrecogidas convertido entonces en flamante sede de la UGT. Al fondo del restaurante estaban Luis Sánchez y Eduardo Punset, inconfundible con su melena a lo Garfunkel, aunque con menos pelo en la frente.

–Juan te presento a Eduardo Punset –dijo Luis muy ceremonioso cuando llegué a la mesa.

Y así comenzó una conversación que, la verdad, fue muy interesante. Entre los excelentes espaghettis «al pesto» y un Quianti más que aceptable Punset fue desgranando su peculiar visión de los cambios habidos en la sociedad española en los últimos años. Contó que había formado con unos amigos un nuevo modo de actuar en política, lo que el llamaba el Foro Democrático, una asociación de personas cambiante en el tiempo sin burocracias ni organizaciones intermedias, «ni sedes, ni comités» enfatizaba el catalán, que utilizaba las herramientas de las nuevas tecnologías para acceder a una mejor información y una más eficaz toma de postura en los asuntos políticos. En cierta forma quería reinventar la democracia española descalificándola de los componentes partitocrático, que, a su juicio y también el mío y el de otros muchos, podía acabar ahogándola. Los amigos del Foro, así llamaba él a los simpatizantes, se conectaban por el correo electrónico y de vez en cuando se organizaba algún encuentro en cualquier restaurante popular para que se conocieran entre ellos. Al día de aquellas reuniones más de treinta y cinco mil personas se habían interesado por las noticias del Foro a partir de visitar sus páginas en la red. La Unión Europea, y las ventajas para nosotros de un integración plena, y la necesidad de revisar la ley electoral española para evitar la oligarquía política de los aparatos partidarios eran los dos principales asuntos donde se centraban las discusiones. Arquitectos, médicos, pequeños empresarios, estudiantes y profesionales liberales eran la base social del nuevo fenómeno político. Me refirió de amigos comunes que estaban cercanos a la organización y concluimos la comida prometiéndole mi ayuda en cuanto pudiera aportar a su proyecto. Curiosamente Luis, contra lo que esperaba de él no habló ni de su amigo el político socialista ni del banquero masón ni de los italianos ni de ninguna extravagancia. Estuvo inusualmente prudente. Tal vez, pensé, Punset no esté al cabo de la calle de toda la tramoya. Cuando me dejó un cuadernillo con los estatutos de la asociación me llamó la atención el emblema del Foro Democrático, un circulo amarillo inscrito en un fondo azul cuadrangular.

–El sol en el cielo –me dijo guiñándome un ojo–. ¿Te gusta?

La verdad es que me desconcertó. Era una referencia evidente a la simbología masónica, no podía estar más claro. Si quedaba alguna duda de que había algo más debajo de la mesa se me fue al momento.

–Por cierto –me dijo al despedirnos–, tu amigo Manolo Gómez nos ha ayudado en la redacción de los estatutos y es uno de los miembros de nuestra Fundación.

–¿Gómez Fernández? –pregunté sorprendido.

–Sí, el abogado. ¿Te sorprende?, creo que es tu vecino.

–No, claro que no me sorprende. Ya lo sabía –mentí. La verdad es que toda la madeja era sorprendente. O todo eran casualidades o estaba ante una conspiración casi perfecta.

Al día siguiente tomaba posesión Mario Conde como doctor Honoris Causa. Su anfitrión, Gustavo Villapalos, el entonces Rector Magnífico de la Complutense estaba pletórico. Se decía en los mentideros que el banquero financiaría la construcción, en el paraninfo de la Complutense, de un jardín botánico. «Do ut des», me dije. También se cotilleaba que por esos días el inquieto Rector estaba negociando con Salat, a través de un profesor universitario afiliado a la G:.L:.E:., un tal Samplús, su ingreso en la obediencia. Yo no sabía si ese rumor era cierto, lo que sí sabía es que Salat había almorzado por esos días en el comedor del Rectorado a instancias de Villapalos. La prensa recogió el despliegue de asistentes. Por allí se habían paseado Cela; el Duque de Suárez; el presidente de la Audiencia Nacional, Clemente Auger; los Duques de Soria; los Duques de Calabria; el Gobernador del Banco de España, Luis Ángel Rojo; Francisco Luzón, de Argentaria; Amusategui, del BCH; Ybarra, del BBV; Jose Luis Leal, de la AEB y José María Cuevas, de la CEOE. Además se hicieron ver Giulio di Bernardo, con sus amigos italianos, y Slomo Ben Ami, embajador de Israel y profesor honorario de la Complutense, que se desdijo en cumplidos al banquero.

Los días siguientes pasaron sin más novedad. Pedí a Carlos Martínez Duque, nuestro jefe de prensa, que me procurara todo lo aparecido en los medios sobre el Foro Democrático y cuando le conté que había conocido a Punset y sus proyectos se echó las manos a la cabeza. Carlos había militado en la UCD desde la fundación hasta su desaparición y conocía bien a sus clásicos, no en vano había sido Secretario de Información en la ejecutiva de UCD.

–Está loco, Juan. Es un pésimo organizador aunque es muy buena gente. Tiene la cabeza muy bien amueblada, es un excelente polemista y la verdad es que estaba más adelantado que el partido en muchas cosas, con el aparato tenía unas relaciones pésimas, pero de ahí a dejarle llevar un partido para adelante hay un abismo.

La verdad es que esa era la sensación que me había dado Punset, un hombre poco práctico y muy por delante de los políticos al uso. Pero me daba a mí que era el hombre apropiado para un proyecto como el que se traían entre mano mis amigos. Punset era un hombre honesto, que tenía una imagen moderna y europea, políglota y escritor y, como todo intelectual, ajeno a la organización eficaz de las cosas públicas. Seguramente resultaría un hombre cómodo para permitir ciertos manejos de quienes estaban con él, bastaría con no tenerle al corriente de todo el guiso.

–Pues no lleva un mal discurso con su proyecto. Pero te quería pedir un favor...

–Dime...

–Quiero que te muevas, si te es posible, con tus viejos contactos con la gente de UCD y te enteres de qué asunto es ese del Foro que está montando Punset. Pregunta si ellos saben algo.

–Dalo por echo, Juan–. Carlos era amigo mío desde que estudiamos juntos el bachiller en los escolapios de San Antón y sabía que podía confiar en él.

Al día siguiente, viernes, Carlos había dejado en mi mesa un informe con unas cuantas notas aparecidas en los periódicos y alguna entrevista donde Punset explicaba su proyecto. Nada relevante y la apariencia era más la de un club de opinión que la de un proyecto político. La puesta en escena del Foro tenía, por lo menos hasta ahora, un perfil muy bajo. Una nota de su puño y letra me decía que pasado el fin de semana me daría más información en persona.

Cuando llegó el lunes fui al despacho muy pronto. Los días en que se celebraba consejo me gustaba estar en mi oficina desde primera hora porque era muy común que los consejeros fueran llamando a lo largo de la mañana, antes de que comenzara la sesión, que era a las doce, para recabar información complementaria de algún punto del orden del día que fuera de su interés. Curiosamente esa mañana no llamó ninguno pese a ser el último que celebrábamos antes de las vacaciones de verano.

A las doce fueron llegando los consejeros.

El primero en llegar fue el presidente, Honorio Echaniz, un fino aristócrata carlista que actuaba por delegación del alcalde, el pío democristiano Álvarez del Manzano. Era un tipo hábil y mucho más directo que su jefe de filas y representaba dentro de su partido a los sectores históricos y más duros de la vieja Alianza Popular. En cuanto llegó a las oficinas pasó a mi despacho donde le ofrecí un café y comenzamos a repasar el orden del día. Teníamos la costumbre de celebrar una sesión preparatoria, un «consejillo», minutos antes de la convocatoria formal con los portavoces del Ayuntamiento y de la RENFE para despachar los asuntos antes de su exposición al plenario. Hicimos tiempo a que llegara el otro portavoz repasando las últimas noticias del ayuntamiento y en especial un rumor de política general que cada día iba tomando más cuerpo, que Mario Conde iba a dar el paso a la política encabezando un partido de centro. Curiosamente, a Echevarria el asunto le parecía bien y daba un argumento que yo ya estaba harto de oír esos días:

–Buena falta haría y así nosotros, los populares –dijo mientras encendía un cigarrillo negro con un mechero de oro–, estaríamos donde tenemos que estar.

–¿En la derecha? –le incité.

–Por supuesto. Y no en esas mariconeces del centrismo moderado. Si va a ser al final que hemos ingresado en UCD después de disolverla y sin pedir el carnet. ¡Tiene cojones la cosa!

Justo entonces entró en el despacho Álvarez Monje, el vicepresidente, que lo era en representación de la RENFE y por delegación de Mercedes Sala, la primera mujer presidente del organismo ferroviario. Era un burgalés recriado en Cataluña que había convertido el Raimundo de pila por un Raimón de circunstancias. Socialista y masón era uno de los principales aliados que tenía en el consejo. Nos saludamos a la manera de aprendiz y yo me di cuenta que el saludo no había pasado desapercibido a Echaniz.

–A ver que maldad me traéis hoy entre los dos, que os temo más que a un nublado–. Ciertamente el asunto era de temer porque si bien la presidencia del organismo la tenían los populares, por ser el alcalde de ese partido, eran los socialistas los que tenían mayoría sobrada al contar con los siete votos ferroviarios, la mitad del consejo, yo incluido, y los dos votos municipales de los representantes del PSOE y de Izquierda Unida. Ocho votos la izquierda, cinco la derecha y yo que votaba según lo considerara oportuno, casi siempre con la izquierda. El presidente siempre estaría horquillado por un voto contrario y eso le obligaba a una práctica continua de consenso en las decisiones. Pese a eso era evidente que la frase tenía una doble intención.

–Nada, presidente. Asuntos de trámite –le dijo Raimón.

–¿Es de trámite ceder suelo a los masones? Señalaba con el dedo ese punto del orden del día–. Como se entere el alcalde me corta las venas, ya sabéis como es de meapilas.

–Pero si es una cesión más –contestó Álvarez Monje–. También se las hemos hecho a Cáritas, al Consorcio para realojos de población marginal, a la Empresa Municipal de Vivienda, a todo el mundo que ha pedido cosas de interés público o social.

–¿Y creéis que yo me voy a tragar que los masones son gente de interés publico?

–Hombre, así mirado… –le dije condescendiente. «Si lo conocieras por dentro no tendrías esa prevención, son inofensivos», pensé.

–¿Estáis todos de acuerdo? –y se dirigió a mí.

–Casi todos. A los socialistas del ayuntamiento no les parece mal y a los comunistas tampoco.

–¿Y a los ferroviarios? –Se dirigió a Raimón. El Director de Patrimonio se lo quedó mirando con ironía.

–Si no sé para que pregunto –se respondió el solo–. Me tenéis rodeado.

–Yo pienso abstenerme, Honorio –tercié.

–¡Cómo que te hace falta! Pues no eres zorro, ni nada. Les haces el favor y encima quedas como un marqués.

–Eso tú, Nacho, que lo eres por cuna–. El concejal popular era título carlista y lo tenía a orgullo. Siempre llevaba un anillo con el escudo de su casa en el meñique de la izquierda.

–Encima no me tomes el pelo, Juan.

En ese momento sonó el teléfono de mi mesa.

–Perdona, presidente–. Me disculpé.

Sonó el teléfono interior, Marta me avisaba que ya habían llegado todos los consejeros.

–Señores, nos esperan en la sala–. Concluí, y allá nos fuimos.

La sesión comenzó como siempre y transcurrió sin incidencias, aprobándose todas las propuestas sin apenas discusiones hasta llegar al punto que hacía referencia a la petición de los masones. Presenté el asunto de la misma manera que los dos anteriores, una cesión de suelo para el realojo en el distrito de un núcleo de población marginal y otra a favor de Cáritas para la instalación de un albergue de indigentes. Álvarez Monje tomó la palabra proponiendo la aprobación y después de su intervención nadie quiso debatir otra postura. Tras un silencio que era más bien incómodo tomó la palabra el presidente indicando que no estaba a favor de la concesión pero que no pensaba votar en contra en aras a la política de consenso. Justo entonces el concejal del distrito, un viejo falangista reciclado desde el sindicato vertical, sector del transporte, que no era una mala persona pero sí menos diplomático que sus compañeros soltó un exabrupto sin hacer uso del turno de palabra:

–Entre gitanos, comunistas y masones me vais a poner el barrio perdido.....y para esto no hemos ganado una guerra.

Se hizo un silencio de muerte. Enrique Gamazo, otro concejal del PP, también antiguo falangista pero reciclado perfectamente al nuevo estado de cosas y que tenía autoridad moral sobre esa familia terció el incomodísimo lance:

–Vicente –que así se llamaba el interfecto–, no seas bruto, que ya no vas de uniforme. Yo me abstengo –le dijo al montaraz fraguista mirándole a los ojos.

–Joder… ¡y yo! ¿Qué se le va a hacer? – se rindió Vicente–, son las cosas de la democracia –apostilló para salir del paso.

Una carcajada llenó el salón y con un gesto de calma preguntó el presidente:

–¿Votos a favor?

Levantaron la mano cinco consejeros del organismo estatal y el concejal comunista.

–¿Votos en contra?

–Sólo uno. Sorprendentemente este voto era el de un concejal del PP afiliado al sector más liberal, un arquitecto que era concejal de cultura. Se había doctorado en Estados Unidos y no era, en modo alguno, un intransigente.

–¿Lo explico? –preguntó.

–No hace falta –dijo incómodo Echaniz. El disidente era un conocido adversario suyo en las peleas internas de los populares y era hombre que se caracterizaba por una actitud independiente dentro de sus filas.

–¿Abstenciones?

Y los demás levantamos la mano, incluyendo a Vicente.

–Lo que hay que hacer por la disciplina del partido –farfulló el montaraz–... tiene cojones el niñato ese. Siempre va de guapo –dijo bajito y mirando al concejal de cultura.

–Queda aprobado el punto –zanjó Echaniz–. Y que no nos pase nada.

A las dos se levantó la sesión y nos despedimos hasta la próxima. Solíamos celebrar una pequeña comunicación a los periódicos de los acuerdos del consejo y el presidente y el vicepresidente se quedaban un poco más en las oficinas a fin de atender a los periodistas. Ese día no se comunicó, ninguno de los dos lo hizo, si bien quedaba claro que por razones diferentes, a ninguno de las cesiones de suelo practicadas. Cuando Carlos Martínez Duque despidió a sus compañeros de la prensa se acercó a mí, una vez me quedé sólo en el despacho después de despedir a Echaniz y a Álvarez Monje:

–Juan –me dijo– el asunto ese de Punset va más en serio de lo me parecía al principio. Gente del PP de toda la vida están más cabreados que otra cosa con la llegada de Aznar y el empeño del nuevo presidente de jubilar a las vacas sagradas del partido. Dicen que se ha traído un grupo de amigos de Valladolid, los liberales que se dicen, y está dispuesto a purgar Génova. Te puedes imaginar la gracia que les hace a gente como Osorio, Fernando Suárez, o al mismísimo Miguel Herrero. Por cierto, la Tocino está que trina, dice que Fraga la dejó tirada al final. Tampoco están contentos los democratacristianos de siempre y los liberales de Segurado están al cabo de la calle. Parece que tiene debilidad por excomunistas reciclados y la gente del Duque a los que ya ha ido llamando. Si a eso le unes que las derechas de siempre no dan un duro por él y que, salvo Cuevas, en la patronal tampoco se fían está todo echado en la mesa para que le hagan una avería sus propios compañeros. Sólo le apoyan las gentes del Opus Dei y los cuadros más jóvenes del partido.

–Y Punset, ¿qué pinta en todo esto?

–Nada en principio. Eduardo ni está en el PP ni va a estar nunca.

–¿Entonces?

–De eso se trata, de que no esté. Gente importante del partido vería con muy buenos ojos que el espacio de centro, lo que Aznar busca, lo ocupara alguien en la medida suficiente para empujar al PP, otra vez, a la derecha. Una derrota de Aznar por no ganar el centro sería el fin del castellano y la vuelta de los barones. Punset, para ellos, es un aliado si le cuaja el partido.

Me sorprendió oír casi con las mismas palabras el análisis de Patxi respecto a González y el PSOE.

–Además hay otra cosa...

–Tú dirás –le interrumpí.

–Mario Conde... También quiere entrar en política.

–Bueno, eso lo lleva propagando desde hace seis meses la gente de su entorno.

–Van en serio. Él está decidido.

–¿Qué quiere, ahora? ¿no tiene bastante con el banco?

–Se ve que no, ahora quiere el poder. Ya tiene el dinero, la fama, los medios –ciertamente el banco había emprendido una carrera de inversiones en los medios de lo más atrevida comprando revistas y cadenas de televisión que hicieran de voceros de la figura del banquero emergente–, sólo le falta el B.O.E.

–Y eso ¿qué tiene que ver con Punset?

–Todavía no lo sé. Pero fíjate una cosa...

–Dime...

–Conde ha fichado al liberal, que ha dejado la política y que no se lleva nada bien con Aznar, como mentor áulico de su debut político en el centro derecha. Una cosa lleva a otra. El consejero y Punset viene de las mismas familias liberales y me dicen que Punset se ve de vez en cuando con los amigos de Mario. ¿Te cuadra?

–Me cuadra–. Y tanto que me cuadraba. Realmente era una operación ingeniosa, pero no parecía demasiado viable. Era una más de esas composiciones de restaurante de lujo a que tan aficionada es la política madrileña.

–Además hay otra cosa...

Encendí un cigarrillo y esperé que continuara.

–Se dice por Madrid que Mario Conde se ha propuesto al Rey para presidir un Gobierno de concentración.

–¡No jodas!

–Como te cuento. Cuatro días después del seis de junio hizo la propuesta a través de su discurso de investidura en la Complutense. Después se lo participó en privado a algunos colaboradores del Rey, no se te olvide que Fernando Almansa, el jefe de la Casa Civil, fue compañero del banquero en Deusto y son amigos. Juega a dos bazas, de una parte auspicia el partido de Punset como estrategia a medio y a largo plazo y como política a corto propone un gobierno de concentración. Se basa en el modelo italiano de Carlo Azeglio Ciampi coincidiendo con la debacle italiana del Partido Socialista y la Democracia Cristiana. Quiere que el Rey le nombre presidente y él formaría un gobierno con diputados del PP y del PSOE con los que al parecer ha sostenido conversaciones. ¿Te cuadra?

–Me cuadra–. Claro que me cuadraba. ¡Demasiado!

Y con eso en el coleto me fui a almorzar a mi casa.

Al día siguiente le pedí a Joaquín de Sources, el secretario del consejo de administración de nuestra empresa y que lo era también del consejo de administración de RENFE, que me preparara las oportunas certificaciones de los acuerdos de la sesión celebrada.

–¿Los quieres con prisa? –me preguntó por teléfono

–Unos más que otros –le contesté–. Los que hacen a actos económicos cuanto antes, los de la cesión de suelo me los puedes dejar para septiembre.

–Te lo agradezco, porque salgo esta tarde de vacaciones y no me da tiempo a prepararlos todos.

–No es necesario, de verdad–. Y era cierto. Yo no quería participar la noticia a mis amigos masones inmediatamente, quería ver como seguían sus peleas al respecto de la candidatura alternativa a Luis Salat.

–Te los mando antes de las tres con un mensajero.

–Yo me encargo de recoger la firma del presidente –le ofrecí–. No te preocupes de eso.

–Gracias, Juan.

Gracias a ti, Joaquín. Por cierto, ¿dónde os vais de vacaciones?

–Donde siempre, a Asturias. Estaremos hasta septiembre. ¿Y vosotros?

–A Málaga, como todos los años.

–Pues que paséis un buen verano.

–Y vosotros, Joaquín. Un abrazo y hasta septiembre.

–Otro, Juan. Hasta la vuelta.

Antes del almuerzo tenía las certificaciones y esa misma tarde los firmó Ignacio Echaniz.

Una semana después salía con mi familia de vacaciones a nuestra casa de Marbella, donde pasábamos el mes de agosto desde que nació nuestro primer hijo. Esas vacaciones las dediqué a trabajar en la novela que narraba en clave de *Thriller* histórico el asesinato de Juan de Escobedo, el que fuera secretario de Don Juan de Austria, allá por los finales del siglo XVI y a aprender a preparar *gin-tonic* que desde entonces es afición que rueda junta a la escritura. En especial trabajé sobre Juan de Herrera, el nudo de la narración, y sobre los aspectos mistéricos de su trabajo como constructor y alquimista. De Madrid sólo sabía por los periódicos, que si el CDS había roto los pactos con los socialistas en Rioja, que si los guerristas acosaban al ejecutivo por sus pactos con Pujol al respecto de la cesión del IRPF y, sobre todo, la crónica de los intentos de los diferentes dirigentes guerristas de agrupar esfuerzos y contar efectivos propios de cara al 33º Congreso del PSOE previsto para enero del próximo año.

El cinco de Septiembre estaba de nuevo en mi despacho de Madrid con cinco kilos más en el cuerpo y casi toda la novela escrita. Los primeros días, a parte de ponerme a dieta, los emplee en revisar el estado de las obras ferroviarias y preparar los pliegos de condiciones de las próximas subastas de suelo. Madrid iba cogiendo poco a poco el pulso de la vida política después del descanso de Agosto. El día once supe por la prensa que Jorge Verstrynge, el antiguo secretario general de AP en la época de Fraga, había ingresado en el PSOE de la mano de Alfonso Guerra. «Vivir para ver» me dije. Y que al día siguiente, el domingo, era Guerra quien se desdecía de unas declaraciones suyas en que acusaba a Felipe de estar extorsionado por los nacionalistas catalanes. Un joven diputado, un tal Caldera, pedía que Guerra dejara la dirección del partido y Sanjuán, otro amigo de Alfonso, llamaba «necio» a Solana. Las cosas se iban calentando. El trabajo en la oficina transcurría mecánicamente y no había vuelto a tener noticias de mis amigos los conjurados. El martes el secretario de los socialisas vascos declaraba en Antena 3, un canal propiedad de su amigo el banquero masón, que el PSOE corría riesgo de división y, mientras, Raimon Obiols coordinaba una operación de acoso a las menguadas huestes de Guerra. La verdad es que había toda una cruzada contra los amigos de Alfonso y comencé a presumir que la operación Foro, el «partido tampax» como empezaban a llamarle, era una baza utilísima para ellos. De los masones tampoco había vuelto a tener noticias, salvo una carta circular de la Gran Logia Provincial de Castilla en que nos comunicaban a los masones madrileños que los trabajos rituales comenzarían la próxima semana, disculpándose de no haberlo hecho antes por los trabajos de adecentamiento del modesto local de López de Hoyos. Pensaba comunicar ya a la Gran Logia y al Supremo Consejo los acuerdos de Julio y llamé a Bernardo Alemany, nuestro abogado, para que preparara la notificación bajo mi firma.

–¿Lo quieres para hoy? –Era jueves, 16 de septiembre.

–No, prepararlo mañana y lo enviamos el lunes.

–Como quieras.

Ese día tenía previsto un almuerzo con unos periodistas que se había suprimido así que aproveché para trabajar en el despacho hasta las tres de la tarde y luego me fui para casa.

El viernes no bajé a la oficina y dediqué todo el día a la inspección de obras. Por la tarde, ya en casa, continué con el trabajo de la novela y consagré el fin de semana a trabajar sobre ella. Esta vez sin *gintonic*, porque la dieta no me permitía ni la ingesta de un gramo de alcohol. Llevaba ya rebajados cuatro kilos desde que había vuelto de vacaciones y quería volver a los setenta y dos, mi peso natural. La línea bien pedía un sacrificio.

El lunes, a primera hora, una secretaria entregó en correos, por envío ordinario, sendas comunicaciones de la resolución adoptada favorable su petición solidaria. La mañana transcurrió sin ninguna novedad.

Esa tarde, a las cinco, cuando desperté de la siesta bajé al despacho para seguir trabajando en la novela. Tenía como tarea preparar una crónica, a manera de prólogo de la novela, sobre la muerte del rey Felipe II. Y en ello estaba, ordenando una documentación sobre los escritos de fray José de Sigüenza al respecto de ese suceso, cuando Mélany me anunció una visita.

–Señor, es don Manuel Gómez, su vecino.

«Rápido vuelan las noticias», me dije. Ya debería saber el contenido de las comunicaciones que había enviado esa mañana. Seguramente había sido alguno de sus amigos que quedaban en la dirección del Supremo Consejo los que le habían puesto al corriente.

–Dígale que pase, Mélany, y acompáñele aquí.

El caso es que recogí los papeles y me apresté a la visita. La verdad es que era francamente inoportuna porque quería dedicar al menos una hora, y ya eran casi las seis de la tarde, a preparar mi clase de guitarra. Llevaba un año con esa afición y los lunes y los sábados los dedicaba a ensayar una hora. Los lunes por la tarde, a las siete y media, tenía la clase semanal de guitarra y solía usar la hora anterior para ensayar en el arte de la música de los doce compases en una emulación bastante imperfecta, por cierto, de las habilidades de John Lee Hooker. Mi *Telecaster* de *Fender* me esperaba en el soporte esperando que repasara los acordes de *This land is nobody´s land*, que era la tarea que me había puesto Pipo, el profesor de guitarra, antes de irme de vacaciones. No me apetecía nada la visita, ni por el asunto ni por lo inoportuno. El caso es que me iba a quedar sin ensayo.

–¿Qué tal estas, vecino? ¿Qué te trae por aquí? –como si no lo supiera– ¿te apetece un café?

–No, gracias Juan. Perdona el asalto pero me iba ahora al despacho y he preferido visitarte un momento que llamarte por teléfono.

–Te lo agradezco –le mentí mientras conectaba el *blues* de Hooker en el reproductor de CD de mi despacho–. ¿Qué tal las vacaciones?

–Muy bien Juan, nos hemos ido a Perú. Sabes que tengo asuntos allí y he aprovechado agosto para ponerlos en orden. –Manuel estaba casado con una rica heredera peruana, de una vieja familia, y se estaba introduciendo en negocios de hostelería en Lima–. ¿Y vosotros?

–Bien, Manolo, como siempre. Pues, tú dirás...

–Vayamos al grano, que no quiero entretenerte –dijo mientras le paseaban la cara unos tics nerviosos muy característicos cuando se alteraba–. Sé por Raimón que habéis aprobado la cesión solicitada por la Gran Logia.

–Sí, con mi abstención –le dije provocador.

–Lo entiendo, Juan. Yo hubiera hecho lo mismo.

–Gracias–. Se hizo un silencio. Los dos nos íbamos tanteando aunque yo no sabía por donde iba a salirme todavía.

–El caso es que quería preguntarte cuando ibas a comunicar la resolución.

–Inmediatamente, ¿por qué? –no le dije que los escritos habían salido esa misma mañana.

–Porque creo que debiéramos negociar antes el contenido de los términos de la resolución que habéis tomado.

–¿Negociar? ¿Quiénes y por qué?

–Porque ese asunto siempre se llevó mal. –En eso estábamos de acuerdo, pero me callé–. Raimón me ha puesto al corriente y creo que esa resolución abre un conflicto de jurisdicción entre las dos familias españolas.

–Lo imagino, pero que hubieran cuidado más los términos de los escritos que presentaron.

–Lo sé, Juan. Pero entonces nadie daba un duro porque este asunto pudiera prosperar.

–¿Ni tú?

–Sinceramente, ni yo.

–Y, ahora, ¿qué queréis?

–Yo particularmente nada, pero creo que tengo que hacer esta gestión ante ti por bien de la orden. Te propongo que el solar se divida desde la administración a fin de que la Gran Logia y el Supremo Consejo no tengan que negociar entre ellas.

–¿Tan mal están sus relaciones?

–Tú sabes que nunca han sido buenas. Lo de siempre, ingleses contra franceses.

–Pero ya había procurado Salat la destitución de Espinar. ¿También Lusón le ha salido rana?

–También – dijo Manolo fingiendo desolación. La verdad, pensé, es que son como niños. Pocos y arrencillados por odios africanos.

–Mira, ¿sabes lo que se me ocurre?

–Tu dirás... –le invité.

–Muy sencillo. Contáis esto en un escrito y lo mandáis por registro al Consejo solicitando la revisión del acuerdo por las razones que se os ocurra exponer.

–Juan, sabes que eso no podemos hacerlo. No se nos permite hablar en el mundo profano de los asuntos que están entre columnas, lo sabes.

–Sé que no se debe, pero en este caso no sería por reserva sino por cierto pudor. Contar esto sería patético y ridículo más que indiscreto ¿no crees?

–Algo de eso habría –reconoció–. Bueno, Juan, el caso es que yo ya he cumplido la misión que tenía.

–Gracias por venir, vecino –le dije para despedirnos–. Entiendo que era tu obligación. Le acompañé a la salida y subí a cambiarme a mi dormitorio, no quería llegar tarde a clase, eran más de las seis y media. En diez minutos conducía el «opelito» hacía Pozuelo con la guitarra en el maletero. Para compensar el ensayo fallido iba escuchando los compases del *No good* de B.B. King que había ensayado la semana anterior. Quería memorizarlo y, de paso, quitarme de la cabeza estos líos de masones que me iban enredando.

Los días siguientes pasaron sin novedad. Curiosamente no hubo una sola llamada de los responsables de la masonería regular española acusando el recibo del acuerdo ni, menos aún, un escrito en tal sentido.

Septiembre acabó.

El jueves iba a celebrar mi cumpleaños. Era de las pocas veces que invitaba a cenar en casa, tenía y aún tengo, gracias a Dios que me sigue dando vida, costumbre de celebrar esa fecha abriendo con mis amigos, durante la cena, una botella de Rioja de la cosecha del año de mi nacimiento, y aún me quedan unas cuantas en la bodega. Estaban convocados esa noche mi socio de siempre, el arquitecto Jaime Urdán, su hermano el ingeniero Fernando Urdán, el aparejador Ignacio Tejero y sus respectivas mujeres, Ana, Inma y France; también asistirían mi hermano Antonio y su mujer Lola y un amigo de todos, el arquitecto José Mata. El caso es que cuando estaban en casa con los preparativos de la cena, a eso de las seis, recibí una llamada en casa. Era Luis Sánchez Freire:

–Juan, felicidades. ¿Cuántos cumples?

–Gracias Luis, pocos todavía.

–Perdona que te moleste a estas horas.

–No molestas, Luis –le corté.

–Sí, Juan. Verás como te molesto.

–Dispara –le dije. La verdad es que Luis era imprevisible. Podía salir por cualquier registro.

–Tienes que venir a una reunión.

–¿De que se trata?

–Del proyecto Foro.

–¿Cuando y con quien? –que ya no estaba para encerronas.

–En media hora...

–No jodas– no pensaba salir ni por asomo el día de mi cumpleaños.

–¿Ves cómo sí iba a molestar?

–Lo has pretendido, pero no lo vas a conseguir –le dije con sorna.

–Es que es muy importante, Juan.

–Mas importante es mi cena, Luis.

–Insisto. No te he podido avisar hasta ahora mismo pero es fundamental que estés en la reunión.

–No pienso ir, Luis. Ves tú y me lo cuentas mañana.

–¿Te interesa reflotar SOLARIS?– Esa era una de las inmobiliarias mas grandes del país, propiedad de BANESTO y estaba pasando una crisis. La verdad es que era un asunto tentador.

–Y eso, ¿qué tiene que ver con el Foro?

–Ahí está el asunto. Todo es parte de un mismo plan. Cuando vengas te enteras.

–¿Quiénes estáis? –la verdad es que me picaba la curiosidad. De otra parte yo estaba ya terminando mis tareas en la empresa pública y quería dejarlo pronto. Reflotar SOLARIS era un reto profesional importante.

–Patxi, un amigo de Mario Conde y yo. También vendrá un amigo de Italia –dijo con intención de darle un doble sentido misterioso a estro último.

–¿Dónde?

–En mi despacho en media hora–. Eran casi las seis, me daba tiempo a estar en casa antes de las nueve.

–De acuerdo. Voy para allá–. El asunto era tentador.

Mi mujer, Charo, y mi padre recibirían a los invitados si yo me retrasaba.

En poco menos de media hora había cruzado Madrid desde Aravaca a Velázquez. Aparqué en el garaje del Hotel Wellington y subí andando hasta el despacho de Luis, en la calle Juan Bravo. Eran las seis y cuarto. Cuando pasé a la sala de reuniones, que era un sitio oscuro adornado de una moqueta de un feísimo color mostaza y con una pesada mesa de falsa caoba, ya estaban todos y debían llevar un rato, porque los ceniceros ya estaban cargados y la botella de whisky de al lado de Patxi iba mediada. Les saludé y Luis me presentó a sus dos invitados que no conocía:

–Emilio Hernández Teruel, abogado del Estado –dijo señalando a un hombre joven y menudo, muy atildado, que sonrió francamente al darme la mano.

–En excedencia, por favor –le dijo a Luis–. Tengo más a orgullo ser de Teruel, que es cosa más importante, tanto que lo llevo en el apellido de mi madre. He oído hablar mucho de ti, Juan. Me alegro de conocerte

–Igualmente. Yo también había oído hablar de ti, y bien por cierto–. Era un antiguo secretario general técnico del Ministerio de Justicia, en época de UCD, y ahora tenía un importante bufete de asuntos civiles. Además había sido miembro de la Junta de Gobierno del Colegio de Abogados y le conocía de oídas por uno de sus clientes y amigo mío, Ángel Muñoz Cosino, un intermediario que se movía bien en el mercado inmobiliario. Se decía que Emilio Hernández era persona cercana a Arturo Romaní, la mano derecha de Mario Conde y también, como él, abogado del Estado.

–Eso nunca es bueno, Juan. Espero que se pase pronto.

–Y Guido Marcone, de Milán. Empresario y amigo.

–Mucho gusto –le saludé tendiendo la mano. Él me correspondió en silencio, con una inclinación de cabeza y con el toque del grado de maestro. Era masón.

–A Patxi no te lo presento.

–Hola, Patxi–. El político me saludó levantando la mano con el pulgar para arriba.

–Bien –dijo Luis muy circunspecto–. Ahora que estamos todos vamos directamente al grano que Juan tiene prisa, es su cumpleaños y espera invitados a cenar.

–Felicidades –dijeron al unísono Emilio y Patxi. El italiano hizo un leve gesto con la cabeza. Marcone era un hombre de unos cincuenta y cinco años, menudo, de pelo canoso y muy corto. Vestía un excelente traje de Armani gris marengo y se adornaba la muñeca con un Rolex *Daytona* de oro con pulsera de cuero. La corbata casi negra y la camisa gris oscura resaltaban más aún el brillo del soberbio reloj. Tenía delante de él, sobre la mesa, una carpeta de cuero color burdeos con una iniciales labradas en letra dorada. L.P. decían.

–El asunto es importante –continuó Luis–. Como todos sabéis SOLARIS no está pasando su mejor momento y es criterio de la Corporación Industrial vender su participación en la compañía a un equipo de gestores que puedan reflotarla.

La Corporación Industrial era la joya del nuevo BANESTO, la unión de todas participaciones industriales del banco en una sola razón jurídica que recientemente se había puesto en cotización en Bolsa. Había sido sonado el asunto de las exenciones fiscales debidas a la fusión y se decía que el ventajoso tratamiento dictado por el Ministerio de Hacienda, se debía a la mediación del político con el Presidente de Gobierno y a la asesoría técnica de los hábiles informes de Emilio Hernández. Los rumores más atrevidos hablaban de un acuerdo debajo de la mesa que había supuesto una importante entrega de dinero a unas empresas administradas por unos amigos del inteligente político. Esos días se hablaba mucho por los mentideros políticos madrileños de la sintonía entre el singular banquero y Alfonso Guerra, «dos desclasados inteligentes y ambiciosos», al decir de los financieros de siempre.

En ese momento, el presidente de SOLARIS era, un financiero judío del que se decía era cercano a los socialistas y en particular a los guerristas, no en vano había montado el fallido proyecto de televisión «Canal 10» con José María Calviño, y que antes había adquirido algunas inmobiliarias de RUMASA después de la expropiación donde obtuvo notables beneficios por la venta de unos activos inmobiliarios excelentes comprados a bajo precio. Desde entonces era uno de los hombres más cercanos al banquero.

–Yo he preparado el cuaderno de ventas de la compañía, Juan –dijo Emilio y me entregó un dossier con el membrete de su despacho y el nombre de la inmobiliaria en portada–. Tóma, hojéalo.

Ciertamente, por lo poco que pude detenerme entonces, la situación de la empresa no era buena al detalle del balance y de la cuenta de pérdidas y ganancias. Tenía un excesivo endeudamiento con el banco y bastantes activos no realizables a corto.

–¿Crees que tiene arreglo? –me preguntó Luis. A partir de ahí nos enfrascamos, casi una hora, en discutir posibles opciones de gestión para reflotar la empresa. La verdad es que Emilio había preparado un excelente cuaderno de ventas y la situación de la inmobiliaria estaba expuesta en sus papeles con la misma claridad que una res abierta en canal en el matadero y preparada para el despiece. Al cabo de varios cigarrillos y medio whisky, todos, salvo el italiano que no había dicho ni una sola palabra limitándose a tomar notas en su carpeta de lo que oía y que le pudiera parecer interesante, estábamos convencidos que con una cierta ayuda financiera del banco, por vía de renegociar los tipos y plazos del endeudamiento, y con una hábil gestión urbanística sobre activos de suelo pendientes de recalificación urbanística la empresa era viable. Patxi se ofrecía a presentarme un despacho de «profesionales», recalcaba, que podían encargarse de esto último.

Emilio hizo un gesto para cortar lo que empezaba a detallar el político.

–Estarás de acuerdo, que ahora no es el momento de «detalles» –dijo Emilio remarcando esa última palabra.

–Claro, déjalo ahora –asintió Luis–. Eso, más adelante.

–Bien. Pero quiero decir que nosotros apoyamos esta operación.

–¿Qué operación? –pregunté.

–Venderte la compañía –dijo Luis.

–¿Venderme la compañía? ¿A mí? ¡Si no tengo un duro! Estáis hablando de más de treinta mil millones. ¡Estáis locos!– Dije en voz alta, escandalizado de la frivolidad de mis amigos.

–Mira Juan –terció Emilio–, no es el momento ahora de decir nada. Piénsatelo.

–¿Cómo que me lo piense? Aunque me lo pensara. El asunto es difícil, habría que llegar a un acuerdo con el banco y poner ese dinero encima de la mesa.

–Del banco me encargo yo –dijo Emilio–. No habría problema en renegociar la deuda y tal vez aceptaran cobrarse parcialmente con algunos activos llegando a un acuerdo satisfactorio en la valoración.

–Por el dinero no debe usted de preocuparse –dijo el italiano. Eran sus primeras palabras, pues había estado callado hasta ahora. Me sorprendió que hablara un español correctísimo y sin acento–. Mi grupo inversor avalaría un préstamo que usted, si lo desea, podría tomar del mismo banco. Nosotros nos encargaríamos de esa gestión. No sería problema.

–Pero falta lo más importante. ¿Porqué habéis pensado en mí?

–Juan –contestó Luis después de un rato de silencio que Marcone aprovechó para volver a sus notas–, tú eres amigo de todos nosotros, conoces ese mercado y tienes una trayectoria profesional brillante. ¿Quién mejor que tú?

–Tú sabes que esas no son razones bastantes, ¿qué más?

–Nada más, ¿te parece poco?

–Sí, francamente.

Se hizo un silencio incómodo. Fue Emilio quien lo rompió.

–Bueno señores, es bastante por hoy –y mirándome a mí siguió, mientras cerraba escrupulosamente una pluma de oro con la que había ido haciendo anotaciones en una copia del cuaderno de venta–. Juan, estúdiate el cuaderno de ventas y piénsatelo más despacio. Tengo todavía una semana.

–¿Qué quieres decir? –la verdad es que todo el asunto era de lo más extraño.

–Que esta es una operación prioritaria para los intereses del presidente –todos entendíamos que se refería al del BANESTO–, y que ese es el plazo que me ha dado para presentarle una oferta, antes de que salga de viaje.

Yo sabía de ese viaje. Conde viajaba los últimos días de octubre a Israel invitado por Slomo Ben Amí, el antiguo embajador en España, para asistir a una reunión con el gobierno israelita y las autoridades palestinas. Se trataba de establecer un marco de colaboración económica en los territorios palestinos para fomentar su desarrollo. Pero eso era lo que se decía en los periódicos y era la verdad, pero no era toda la verdad. No se explicaba que la Gran Logia de Israel celebraba esos días una reunión cerca de Tel-Aviv donde iban a asistir representantes de las Grandes Logias de todo el mundo y que el banquero era uno de los invitados a esa reunión reservada. A mí me habían invitado a asistir mis amigos de la G:.L:.E:., pero había declinado la invitación. Sabía de la presencia del banquero y no quería coincidir con él mediando ese motivo. Intuía que algo no iba a salir bien y consideré más prudente quedarme en España esos días.

–De acuerdo, lo pensaré. Os contestaré el lunes.

–Sin falta, Juan, que yo le tengo que informar al jefe el martes a la hora del almuerzo. –El político levantó su whisky para este emplazamiento.

–Señores... –Y me despedí sin más palabra.

Cuando llegué a la calle llovía copiosamente. El caso es que me refugié en el portal a esperar un momento, por ver si escampaba. Justo cuando reculaba hacia el zaguán salió corriendo del ascensor Luis Sánchez con un paraguas en la mano.

–Menos mal, Juan. Salía a buscarte.

–Menos mal, Luis, que llevas paraguas. Acompáñame al garaje del Wellington.

–Claro, si te iba buscando. Temí que te hubieras escapado ya..

–Te ha salvado la lluvia. Tú dirás...

Salimos debajo del paraguas camino del hotel.

–¿Tienes un instante? –Miré el reloj, eran casi las siete y media. Todavía podía tardar media hora en salir. No quería llegar a casa más tarde de las ocho y media.

–Un rato, no más de veinte minutos. ¿Te vale?

–De sobra. ¿Tomamos un café en el hotel?

–Sí, vendrá bien para despejarme.

Nos sentamos en el salón circular, cerca de la cafetería, de cara al vestíbulo. Más al fondo estaba Jaime Ostos con un grupo de amigos, seguramente una tertulia taurina de las que hacen plaza en el hotel. Mas allá dos ancianos perfectamente trajeados despachaban la lectura de sus periódicos sin decirse palabra y al fondo un grupito de *kotufas* del barrio merendaban su té con pastas. Al poco de sentarnos y mientras pedíamos un par de cafés con leche –«El mío con sacarina» exigió Luis– vi entrar una pareja cogida de la mano y abrigados los dos por gabardinas. Ella era muy atractiva, más alta que él y llevaba una media melena negra y gafas de sol, pese a ser de noche y estar lloviendo. Se sentaron a pocos metros de nosotros y la muchacha, al quitarse la gabardina, dejó al aire unas piernas soberbias calzadas con botas por debajo de las rodillas. Eran unas rodillas excelentemente dibujadas, casi tanto como los muslos que se enseñaban generosos envueltos en unas medias negras. Toda ella vestía de negro, como la gabardina que dejó sobre el sillón de su derecha, junto a la de su acompañante. El único toque de color lo ponían sus labios, muy pronunciados y maquillados con un *rouge* intenso. De él no pude ver más que la espalda porque se había sentado mirando a la puerta, como nosotros. Después de tomarnos la comanda el camarero se acercó a su mesa.

–Está estupenda ¿verdad? –Luis era un tipo que si no te hacía ver lo que él había visto antes reventaba.

–Sí, Luis. Está estupenda, pero no son horas –y ciertamente lo estaba, pero no quería abrir a Luis una conversación de faldas porque entonces nos daban las tantas–. Al grano Luis, que tengo prisa –le dije señalando el reloj.

–Vale, vale...

–Primero pregunto yo –le dije. La verdad es que de una parte estaba cabreado por la encerrona, de otra atraído por el asunto y, más que nada, sorprendido por la extraña mezcla de los asistentes.

–De acuerdo...

–¿Qué pintaba un político aquí hoy, también se dedica a montar empresas?

–Sí, en cierta medida.

–Explícate –y encendí un cigarrillo porque esto iba a durar la media hora cumplida.

–Mira, Juan. Como te habrás dado cuenta no estaba en esto de manera oficial, pero tampoco está de manera particular. ¿Lo entiendes?

–Tampoco te pongas estupendo, que está clarísimo. Viene de parte de Guerra y lo negará siempre, ¿no ves que los conozco mucho antes que tú? Pero responde, ¿qué pinta en esto? En el enredo del Foro entiendo la que está liando pero aquí le veo descolocado. ¿Tiene que ver con la financiación del partido?

–No exactamente, pero por ahí va. Se trata de que tú, un amigo de todos, compres la empresa con ayuda de todos los «amigos», ¿lo pillas?

–Luis, no me cabrees y no hagas juegos de palabras, que luego te lías... Claro que lo pillo. Pero ¿qué gana él en esto?

–Una Fundación –dijo tan serio y circunspecto. Pareciera que estaba revelando los secretos del Arcano.

–¿Cuál?

–La que tú montes desde la inmobiliaria. La Fundación SOLARIS para el progreso social y el estudio de políticas medioambientales de conservación, por ejemplo.

–Y eso, ¿para qué?

–Como lugar de recogida. Puede que la operación política salga mal y en ese caso los «implicados» en el enredo tendrían que salir por pies del partido donde, por cierto, ya les están empujando. Quedaría estupendo: antiguos dirigentes de izquierdas dejan la política activa y de partido para dedicar todos sus esfuerzos al progreso social desde instituciones de la sociedad civil. ¿Cómo suena?

–Impresentable, Luis. Sería un espectáculo de tercera. Eso no se lo cree nadie.

–Te da igual, Juan. Está pactado y es una de las condiciones que tienes que aceptar. ¿Por qué te crees que Marcone pone el dinero? Te puedes imaginar de quien es el capital verdaderamente.

–Me lo imagino, pero no quiero ni preguntarlo.

–Señores, ¿les sirvo la leche templada? –dijo el camarero que en ese momento llegaba con la bandeja.

–No, esta bien así –le dije. Nos dejó unas pastas y se retiró a servir la mesa de la parejita.

–Mira Juan, la cosa es excelente. La Fundación es necesaria, date cuenta que desde allí se podría ayudar al lanzamiento del Foro Democrático. Para ti, además, es un reto profesional.

–Lo que faltaba. Pero Luis, ¿no te has dado cuenta que la empresa está al borde de la suspensión de pagos? No está para dispendios, gollerías y memeces. ¡Que monte el banco la Fundación!

–Eso es imposible. Jorge no quiere tener una conexión directa con los amigos del socialista, por eso te venden a ti la empresa, porque formalmente ya no eres de su familia, del partido quiero decir, y sí eres de la nuestra.

–No me empieces con familias, que luego me salen hijos–. Me acordé entonces de mi «hija» mulata y no pude evitar una carcajada.

–De que te ríes, ¿tanta gracia te hace la historia?

–No, Luis, perdona. Son mis cosas.

Encendí otro cigarrillo y me bebí el café casi de un sorbo. Me quedé mirando a Luis y recordando la escena en su despacho.

–¿Qué piensas?

–Nada Luis, en mis cosas, perdona –le dije levantándome y mirando el reloj–. Son las ocho y tengo que irme, tengo invitados a cenar.

Saqué un billete de cinco mil pesetas e hice seña al camarero pidiéndole la cuenta.

–Deja, Juan. Pago yo, que no tengo prisa

–Gracias Luis, te llamo mañana y ya te diré algo.

Y salí del salón hacia el vestíbulo. Justo entonces me di cuenta que el acompañante de la espléndida muchacha era el mismo camarero que acompañaba a Martín, el otro día, en Señorío de Alcocer.

Entré en el coche preocupado. Era evidente que me estaban siguiendo. A mí o a aquellos a quienes veía o, seguramente, a todos. Y la verdad es que había motivos: guerristas y conservadores montando un partido de centro con un señor que, seguramente, no sabría toda la copla; un banquero con ganas de presidente de gobierno; unos italianos rarísimos que parecían tener todo el dinero del mundo; masones por todos los sitios y unas conexiones bastante sicalípticas entre una gente a cual más extraña.

Salí del garaje e hice una maniobra, aprovechando un hueco, para cruzar rápidamente de carril y ponerme en el lado de la acera de enfrente. Continué por Velázquez para doblar por Goya y al cruzar la plaza de Colon enfilé los bulevares para llegar a Princesa. Iba conduciendo el pequeño Opel Corsa y gracias a su poco tamaño conseguía, con alguna que otra pitada, cambiarme de carril aprovechando cualquier hueco libre. Si me estaban siguiendo quería despistarles, más por juego que por razón pues bien estúpido y simple era mi camino. Iba a mi casa, bastaba esperarme allí.

El caso es cuando llegué a Moncloa me puse en la fila en el correspondiente carril atascado y puse un compact con el excelente punteo de Mike Olfield en *B. Blues* para desenchufarme un rato del jueguecito de los espías. La verdad es que nos podía estar «pinchando» todo el mundo, los del CESID, que ya se sabe que le trabajan a Serra y desde luego el catalán no iba a dejar sueltos a Guerra y a Conde en un enredo que le pudiera costar el puesto. Pero también podían ser los judíos, los oficiales y los otros, no era casualidad que uno de los socios de Conde, el empresario judío, fuera el dueño de «H Seguridad», una empresa montada con antiguos oficiales israelitas. Tal vez fuera una contravigilancia, pero en ese caso no hubieran entrado en Señorío cuando el almuerzo con mis dos amigos. También los americanos podían estar en el ajo por cuanto esos días corrían rumores de todo tipo respecto a los enredos de Conde y sus amigos italianos en los medios de comunicación y raro era que en un asunto de esos, con dinero de por medio, los de la embajada no metieran las narices; de hecho un californiano de apellido español y acento cubano tatuado en el brazo izquierdo con el gato de los marines, se paseaba por Madrid como «agregado de prensa» metiendo las narices en todo cuanto le llevara a las compras y ventas de paquetes accionariales de cadenas y periódicos. Se había despertado una fiebre de alianzas, traiciones y ventas que alimentaban cualquier especulación por extremada que fuera. Y más si era parte de una maniobra política. El caso es que esos días los del CESID no daban abasto. Cualquiera podía tener la «oreja» puesta en un asunto tan extraño y tan imposible que, si salía bien, podía dar la vuelta a la política española.

A las ocho y media aparcaba el coche en el patio de casa, aún no había llegado ningún invitado. Me dio tiempo a subir a mi habitación y darme una ducha antes de vestirme para la cena. A las nueve menos diez bajaba al salón donde puse una pieza de Albinoni, la versión de Michala Petri del «*Concierto para flauta de pico en Si bemol mayor*», mientras me fumaba un cigarrillo. A las nueve menos cinco, justo cuando comienza el Allegro, sonó el timbre de la puerta. Llegaba el primer invitado, Jaime Urdán y Ana, su mujer.

Durante la cena no comenté nada de la extraña reunión ni del asunto que se me iba complicando por momentos. Sólo mi socio, Jaime Urdán, y su hermano Fernando, mi gerente, estaban al cabo de esta trama y no quería que nadie más supiera de un enredo tan chocante. La cena discurrió con la cordialidad que esperaba y que siempre se repetía todos los años con los mismos asistentes, incluso con el mismo ritual. Al final descorchamos una botella de rioja tinto de la cosecha del 52 de «Berberana», el año de mi nacimiento. Y así concluyó el día, con una agradabilísima velada hasta casi las dos de la madrugada.

El viernes por la mañana cuando llegué a mi despacho, cerca de las diez, lo primero que hice fue pedirle a Marta que me pusiera con el despacho de Luis Sánchez Freire. No había llegado todavía así que le dije a su secretaria que me llamara a la mayor brevedad posible. No había pasado media hora cuando Luis estaba al teléfono:

–Juan, te devuelvo la llamada. Me han pasado aviso del despacho. ¿Querrías algo?

–Sí, quería verte cuanto antes.

–¿Es urgente?

–Sí, Luis. Es en referencia a la reunión de ayer en tu despacho, me tienes que explicar algunas cosas.

–Es que no estoy en Madrid. He venido a Salamanca a unos asuntos de unos clientes y no llegaré a Madrid hasta esta tarde, sobre las ocho. Si quieres, nos vemos en cuanto llegue, que esta noche no tengo cena y Mariola se ha ido a ver a sus padres a Cádiz. Estoy de Rodríguez.

–Perfecto. Como bajas a Madrid por la carretera de La Coruña pásate por casa cuando llegues a Aravaca y tomamos una copa aquí. ¿Te parece?

–De acuerdo, allí me tendrás a las ocho. Por cierto...

–Dime.

–Si en vez de una copa son dos y me pones patatas fritas y unas aceitunitas te lo agradeceré el doble y te explicaré todo lo que quieras mucho mejor.

–De acuerdo, Luis. Todo sea por el tipo.

No me sorprendió que, pese a lo cotilla de su natural, no me preguntara nada sobre el asunto que quería plantearle, en esos días había verdadera obsesión con las escuchas telefónicas, las legales y oficiales, las oficiales no legales y las demás, porque cualquiera espiaba a cualquiera. Las empresas de seguridad proliferaban como setas y había que darles trabajo.

–Hasta luego, hermano Juan –se despidió con retintín.

–Hasta luego Luis.

Durante la mañana sólo tuve que despachar asuntos de rutina y a la hora del almuerzo me fui a casa. Después de dormir la siesta estuve poniendo en orden algunas ideas sobre los episodios de estos días y haciendo algunos esquemas de las peculiares y variopintas conexiones que había detectado en las entrevistas que había tenido. Por resumirlo, aun conservo las notas, lo reduje a un sistema de hechos:

–Punset está montando un partido de centro sobre un procedimiento absolutamente singular y nuevo.

–En la dirección de la Fundación que soporta al partido hay bastantes personas afiliadas a la Gran Logia de España.

–El secretario general del Foro también es masón.

–M.C. quiere entrar en política.

–M.C. tiene unas excelentes relaciones con Italia (asunto Montedison).

–M.C. mantiene relaciones con Giuliano di Bernardo, Gran Maestro de la Gran Logia Italiana.

–M.C. fue V:.M.: de la M.: R.: L.: «*Concordia nº4*».

–Algunos de sus colaboradores en el Banco también son masones.

–BANESTO está tomando participaciones accionariales importantes en medios de comunicación: Antena 3, *Época, La Vanguardia,* etc..

–M.C. coquetea con Polanco y con Godó (quiere entrar en *La Vanguardia*).

–Un antiguo dirigente del PP –familia liberal, como Punset– se convierte en el chambelán de M.C al respecto de sus relaciones con la derecha política.

–M.C., con la Corporación Industrial y Financiera y el proyecto de macroampliación de capital del Banco puede controlar, a corto plazo, una parte importante del sistema productivo y de la estructura del crédito en España.

–M.C. ha colocado a un amigo, Fernando Almansa, de Jefe de la Casa Real; navega con el Rey y ha contratado los servicios de su hermana para una fundación del Banco. Está muy relacionado con Don Juan de Borbón.

–La esposa del ministro de Defensa trabaja para otra fundación del Banco.

–El PP ha empezado un viaje al centro encabezado por un dirigente gris y sin carisma que está quitando de en medio a los viejos hombres de Alianza.

–Guerra está en buenas relaciones con M.C.

–Guerra está en minoría en el PSOE.

–Los escándalos por corrupción arrecian en el PSOE.

–El PSOE ha liquidado definitivamente a la fracción guerrista del partido.

–Los dos grandes partidos pelean por el espacio de centro.

–No hay partido de centro. Han fracasado UCD y CDS.

–Punset lanza un slogan: Una política distinta, una democracia más directa, un partido sin comités ni dirigentes, una reforma de la Ley Electoral para suprimir la prima de los grandes partidos.

–M.C. lanza unos mensajes: más sociedad civil y menos Estado, gestión empresarial del hecho público, menos política y más economía.

–Los dos mensajes pueden converger en uno sólo.

Cuando había terminado de escribir esto cerré la pluma y pedí que me bajaran un té al despacho. Mientras, puse en el reproductor de CD una vieja selección de *blues* de Chuck Berry. La pausa de un cigarrillo me dio tiempo a valorar los personajes:

Actores, escribí y lo subrayé en rojo:

–Luis Sánchez Freire– Un masón que es buena gente pero mitómano y enredador. Vocación compulsiva de coordinador.

–T.B.– Un baluarte del viejo guerrismo, puro aparato de partido y amigo de M.C. Una estrella que vira al rojo.

–Punset– Un político cesante a la búsqueda de un nuevo modelo. Brillante, pero poco eficaz. Posiblemente no sepa del todo donde se está metiendo.

–Los italianos– un conglomerado confuso: masones reciclados, «P-2», Tangentópolis, IOR y Vaticano, Berlusconi, etc...¿Quién es Marcone?

–Giuliano di Bernardo –El jefe masón italiano. El mentor espiritual de M.C. Un «padrino». La coartada esotérica.

–BANESTO, ¿un banco? ¿un proyecto político?

–SOLARIS– Una empresa en crisis con una excelente historia y un mal presente. Una opción posible.

–El «Liberal»– Un conspirador poco hábil. Confuso y débil. Muy bien relacionado. Es el vínculo con la derecha.

–Los masones– mano de obra de algo confuso todavía.

–Aznar– Un recién llegado, más enemigos que amigos. Futuro incierto...o tal vez no. Nunca se sabe.

–González– Un objetivo de muchas escopetas, pero demasiado grande para una sola bala. Peligroso si se le hiere. Un elefante vengativo. El más listo de la selva.

¿Y yo?, me dije al terminar esta lista, ¿qué pinto en todo esto? Así que como no sabía contestarme a mí mismo con una mínima claridad cerré la pluma, guardé las notas en una carpetilla y cogí la *Fender* que siempre tenía preparada en mi despacho para acompañar, como pudiera, el excelente *Worried Life Blues* que estaba sonando en ese momento. Así ocuparía el rato en algo realmente útil.

Una hora después yo seguía los compases de John Mayall, el único *bluesman* blanco, en *Room To Move*. La verdad es que los doce compases son una vía al conocimiento tan eficaz o más que la Escalera de Samuel, hay más vida en seis cuerdas que en todos los consejos de administración. Y así me dieron las ocho y media.

–Señor, tiene usted una visita– Melany, la doncella, anunció desde la puerta del despacho.

–¿Quien?–La pregunta era retórica.

–Don Luis Sánchez.

–Acompáñele aquí, por favor, y después sírvanos una botella de «Glenn Fidish», dos vasos largos, hielo, y unas patatas fritas y aceitunas– le encargué recordando la encomienda de mi «hermano» Luis.

Le quité la voz a Glenn Frey justo cuando empezaba a marcar el excelente *Smuggler´s Blues* y dejé la *Fender* en su funda hasta otro día que quisiera subir al cielo de los sabios y los justos y me quede con la púa entre los dedos y los compases en el alma.

Cuando Luis entró en mi despacho yo ya había muerto un poco, lo suficiente y necesario para simular ser útil. Ya era el respetable gestor de cosas útiles, el arquitecto que había encerrado en la mazmorra de mi secreto al *bluesman* que convivía escondido con el escritor de las noches lúcidas. ¡Qué se le iba a hacer!

–Buenas noches, Luis.

–Buenas noches, Juan –Luis me dio la mano y, como siempre me dio el toque en el grado de aprendiz, que era su grado. Desde que se había iniciado, hacía unos meses, Luis no se había quitado de la solapa una pequeña hoja de acacia de latón dorado que le cantaba como masón a cuatro leguas.

–¿Qué tal el viaje?

–Fatal, lloviendo a cantaros desde Adanero.

–Y los asuntos en Salamanca. ¿Han ido bien?

–Tampoco, pero mejor no te cuento. Es una suspensión de pagos que me tiene hasta los mismísimos cojones. Déjalo.

–Vale. Siéntate y sírvete un whisky –Mélany acababa de servir la bandeja con el licor y los vasos.

–¿Algo más, señor? –preguntó la doncella.

–No, Mélany. Muchas gracias, puede retirarse.

Nos sentamos en unos sillones de terciopelo rojo delante de la chimenea, una mesa de acero y vidrio sostenía la bandeja y la gruesa alfombra sorbía los ruidos de los pasos en la sala. Luis se quitó la chaqueta, hacía calor, y se sirvió una medida generosa.

–Tú dirás, Juan, dispara. ¿Qué querías que era tan urgente?

–Que me cuentes toda la historia. El asunto éste en que me has metido huele fatal, me están siguiendo gente que no sé quienes son pero me lo puedo imaginar. Ayer, cuando tomamos un café al salir de tu despacho, me encontré en el Wellington, no te lo dije entonces porque ya me iba, al camarero de Señorío de Alcocer vestido de pijo y acompañado de una morena estupenda. Luis, daban un cante tremendo. Después me siguieron a casa con un coche y oigo ruidos en el teléfono del despacho cada vez que levanto el auricular. ¿Quieres contarme qué coño pasa?

–Nada Juan, lo previsto.

–Tú lo tendrás previsto que eres un irresponsable –casi le grité–, pero a mí me jode que me sigan, me humilla que me pinchen el teléfono y no estoy dispuesto a dejarme manejar, ¿te enteras? –conforme iba contando las circunstancias me iba cabreando más.

–No te enfades Juan...

–¿Cómo no ve voy a enfadar, si estáis montando un enredo propio de un James Bond de Albacete? ¿Qué pretendéis?

–Regenerar la vida política española –dijo tan serio.

–¡Toma ya! –Luis era admirable, o era un ingenuo o era un loco de remate–. ¿Con tu amigo socialista, con Punset, los de la G:.L:.E:. y un préstamo de Mario Conde?

–Parecido– y seguía igual de imperturbable.

–Con los mimbres que tenéis no se hace ese cesto. ¿Tú crees que puede salir bien una cosa tan extravagante? Tres locos, una banda de iluminados nostálgicos, la colección más extraña de políticos resentidos que habréis podido fichar y el dinero fácil de un aventurero inteligente. Aderézalo todos con unos italianos más confusos que otra cosa y la ambición desmedida de quien se cree, en este momento, el rey del mambo.

–Pero es posible –dijo recogido ante la andanada que le había lanzado.

–La idea es buena y el proyecto, al menos la parte explicable, puede estar bien pero me echan para atrás los compañeros de viaje. Agua y aceite nunca dan salsa. Es verdad que la partitocracia puede acabar con la democracia o al menos secuestrarla en manos de una oligarquía de burócratas mediocres. Es verdad también que en la política española actual la mala moneda echa a la buena de la escena. Hasta te puedo conceder que es necesario una reforma radical de nuestra practica política e, incluso, que ahora es el momento.

–Lo ves...

–Pero no te puedo conceder que unos cuantos resentidos porque se les acaba el arroz y otros que todavía no lo han visto pero que quisieran pillar cacho se pongan detrás de un aventurero que manda por delante a un iluminado, ¿no te parece?

–Hombre, visto así...

–Y menos aun –me iba creciendo– que todo pase por «empresarizar» la vida pública. Mira Luis, yo no soy un liberal, soy un socialdemócrata antiguo y creo que el Estado es eficaz, que el bienestar público es necesario y otras cuantas cosas más de las que estos liberalillos consideran antiguas. Para mí un gobierno no es un consejo de administración ni un país es una empresa, ¿lo pillas?

–Sí, pero... –y otra vez se iba apocando.

–Te he dicho sólo el principio, pero quiero que tú me cuentes el final.

–¿A qué te refieres?

–¿Cuál es el plan?

–No te entiendo...

–Pues está bien claro. Mira, Luis: las cosas son como son y, te ruego que me disculpes por lo que voy a decir, sucede que o eres un estúpido y un irresponsable o te guardas cartas en la manga.

Se hizo un silencio incómodo. Yo aproveché para servirme una copa de whisky y tardé en ello todo cuanto pude. Cuando el hielo jugaba con las ondas del licor dejé el vaso sobre la mesa y con la misma parsimonia encendí un cigarrillo y me quedé mirando a mi amigo. Luis comenzó a sudar en la frente y se sacó un pañuelo del bolsillo del pantalón para limpiarse las cejas. Yo seguía mirándole tan serio. Dejé pasar un poco más y me levanté hacia el equipo de música. Cuando puse una pieza de Mendelssohn volví a mi sillón.

–Tu diras –le invité–. Soy todo oídos. Y me senté de nuevo con el vaso en la mano. Mientras, Claudio Abbado conducía el «*Allegro vivace de la Sinfonía nº 4 en A mayor, La Italiana*» entre los muebles del despacho.

–Mira, Juan –Luis seguía sudando cada vez más copiosamente y ahora no era por el calor–. Todo lo hemos preparado con la gente de Mario. El proyecto político se desarrolla mediante un plan en cuatro etapas.

–Adelante –le animé.

–Durante la primera, que ya está casi terminada hemos estado pulsando la opinión de distintos sectores políticos tanto de derechas como de izquierdas sobre la utilidad hoy de un nuevo partido de centro, una especie de UCD más moderna y liberal. Nuestros amigos lo ven posible y ayudarían en ello.

–¿Ese es el negociado de tus amigos liberales y socialistas?

–Sí, claro. ¿Está bien, no?

–Vosotros sabréis. Esos dos tienen más peligro que una caja de bombas, el uno por frívolo y el otro porque le pierde el resentimiento, pero sigue...

–Durante esta fase, gracias a Punset, hemos contactado con bastante gente interesante que está por la reforma de nuestra actual práctica política.

–¿Que gente?

–Intelectuales, profesionales liberales, estudiantes, pequeños empresarios, profesores, funcionarios.

–Esa es la parte que mejor suena –le interrumpí y encendí otro cigarrillo.

–El caso es que hemos conseguido tejer una red de comunicación a través de BBS que ha conectado con el Foro a más de treinta y cinco mil personas. Entre los promotores de la idea y por ello de la Fundación Foro están algunos arquitectos conocidos, un investigador médico muy famoso, algunos profesores de renombre y bastantes hermanos nuestros.

–Ya empezamos...

–Sí, Juan, en la dirección de la Fundación. Los estatutos los hemos redactado nosotros.

–¿Los «nosotros» que yo presumo?

–Sí, Juan. No seas mordaz. Por lo demás te diré que esa fase está concluida: hay interés social por la idea, hay contactos suficientes para arrancar, los grandes partidos comienzan a preocuparse y, sobre todo, ya tenemos proyecto político.

–¿Cuál?

–Algo muy concreto pero muy eficaz: Somos gente dispar pero queremos las mismas cosas.

–No te hagas de rogar...

–Algo muy sencillo pero que resultaría demoledor en su eficacia: Reformar la Ley Electoral y cambiar el modo y sistema de representación política, hoy exclusivamente partitocrático por otro más cercano a una democracia directa y participativa. Eso es lo que nos une a todos, al menos de momento, luego Dios dirá...

–Querrás decir el Gran Arquitecto del Universo, ¿verdad hermano?

–No te burles tú ahora, Juan.

–Perdona. Pasa a la fase siguiente...

–La segunda. Será presentarnos como Foro Democrático a las elecciones europeas, dentro de unos meses, el próximo marzo. Como es colegio nacional y compite una única lista formaremos un plantel de lujo, gente popular y que sean independientes. Habrá gente de centro, pero también habrá hombres y mujeres de izquierdas y derechas. Gente muy conocida y gente del común, desde catedráticos hasta amas de casa, desde premios Nóbel hasta funcionarios, profesores y empresarios, de todo... Queremos que todos sean nuestros candidatos.

–¿Todos? ¿Qué quieres decir?

–Si, eso es estupendo. Mira: Todos los candidatos de la lista serán diputados en Bruselas. Con que saquemos dos o tres representantes, cosa fácil si piensas que Ruiz Mateos, que no es nadie, sacó dos en las anteriores, irá corriendo el turno para que todos pasen por el escaño cuando dimita el compañero anterior en la lista después de una intervención en la materia de la que sea especialista. Y así uno tras otro. ¿Qué te parece? Todos pedirían la reforma urgente de la Ley Electoral española y propondrían reformas particulares, según su especialidad.

–¿También Punset?

–No, ese no. Ese sería el fijo que va dando paso a las estrellas invitadas.

–Ciertamente ingenioso y puede dar mucho juego. Bien llevado, con unos comunicadores brillantes y conocidos por el público tendríais garantizada la cobertura informativa, sería un espectáculo de renovación de la política al uso.

La verdad es que esa parte del plan, la segunda al parecer, podía dar juego y servir como una plataforma excelente para dar a conocer las propuestas del nuevo partido por vía de ocupar las paginas de los medios de prensa con los «espectáculos» de sus diputados fugaces.

–Y, ¿el dinero? –le pregunté–. Esa campaña es cara.

–No creas, con quinientos millones vamos sobrados. Date cuenta que nuestros candidatos tienen tirón por ellos mismos y no por las siglas que representan, eso hace más fácil la cobertura de los medios. La simple presentación de la candidatura de estas personas es noticia, no hay que pagar publicidad. Si no conseguimos ese dinero de los amigos del Foro, por aportaciones voluntarias, iríamos a un préstamo de nuestro amigo, ya sabes –como si no lo pudiera decir a las claras–, y si no fuera conveniente ya haríamos algo con la Fundación que tú montarías desde SOLARIS.

–Para que... todavía no he dicho que sí a nada –le corté–. Venga, sigue con la siguiente fase.

–De acuerdo, pero sírveme otro whisky.

Y así, con otra copa que ya era la segunda, me contó la tercera parte del plan. Se trataba de comparecer a las elecciones municipales. Para entonces, suponía Luis, el Foro ya sería una cosa conocida que habría despertado nuevas adhesiones y consideraba llegado el momento de dar el paso principal, el de la implantación territorial. Y aquí venía lo extravagante: el partido dejaba de serlo para convertirse en una empresa. El plan previsto era demencial, consistía en usar la red territorial del banco como soporte territorial. Foro no se presentaría en las grandes poblaciones, sólo lo haría en las pequeñas y desde luego en todos los municipios rurales donde hubiera una oficina bancaria.

Los directores de la sucursal, a título personal por supuesto, remarcaba mi amigo, irían de números dos de las listas de candidatos a concejales reservando el primer puesto a algún respetable independiente local, fuera el maestro, el médico o cualquier otro que pudiera concitar las simpatías de los vecinos. Como en esos sitios pequeños, decía él y no le faltaba razón, los directores de sucursal eran pequeños caciques, pues quien más quien menos casi todo el mundo tenía una cuenta pendiente con el banco, les era fácil allegar votos a la candidatura «independiente» apadrinada por el Foro Democrático, que ponía las siglas. El banco prestaría dinero a sus empleados a bajo tipo de interés para financiar las campañas locales y el Foro se encargaría de una publicidad nacional y única para todas las candidaturas. Con ese despliegue se esperaban de dos mil a dos mil quinientos concejales, cincuenta o sesenta alcaldías de pequeños municipios por los propios medios y casi cincuenta más mediante coaliciones con otros partidos y la gobernación en tres diputaciones provinciales donde los votos de las candidaturas del Foro serían decisivos para establecer los órganos de gobierno.

«Todo podía ser», pensé mientras le escuchaba asombrado. La verdad es que el plan era moralmente perverso y políticamente deleznable, pero podía cuajar. Mi amigo recitaba desaforado las excelencias de la jugada y lo mucho que habían estudiado los distintos modelos de simulación respecto a la intención de voto posible.

–Mañana te mando por fax los datos de los dos primeros estudios de campo y así lo compruebas tú mismo. El plan es posible –Luis estaba pletórico y comenzaba a desgranar porcentajes y resultados estimados.

–Vale, vale –le corté–, pero, al final, ¿qué?

–Al final viene el éxito definitivo. La cuarta fase del plan.

–Tú mismo... –le incité.

–¿No te lo imaginas?

–Viniendo de ti y tus amigos me temo lo peor, seguro que cualquier barbaridad –bromeé.

–Pues sucede como con San Juan el Bautista, que anuncia la llegada del Mesías.

–No te pongas estupendo y explícate.

–Pues está bien claro: en las europeas se ha presentado el partido y el mensaje, en las municipales se consolida la representación y la implantación territorial en núcleos pequeños y todo ello ha servido de anuncio para el plato fuerte: las elecciones generales. Y allí se va a la presentación de candidaturas en todas las capitales de provincia y

Mario Conde se presenta por Madrid. Detrás de él irían Arturo Romaní por Zaragoza, José Luis Garro por Coruña y así sucesivamente. Tú podrías ir, si quisieras, por Granada, ¿qué te parece?

–Una locura, Luis. Una locura.

Ya estaba todo claro. Era una barbaridad, pero podía ser posible. El control del Banco y sus inversiones en medios de comunicación, la red territorial, los masones para rellenar listas y una fortuna detrás daban de sobra para entrar en política y más si los escándalos de cada día estaban menguando la credibilidad de los políticos al uso y el sistema bipartidario empezaba a erosionar su eficacia. La idea era peligrosamente atractiva, casi diabólica por lo tentadora. Era cierto, en alguna medida, el símil de Luis Sánchez: Punset, hombre ciertamente ingenuo y bien intencionado, abría la llegada del banquero, mucho más astuto y poderoso. Punset quería jugar en política como innovador, Mario Conde como dueño y señor, no era lo mismo.

No supe decir más. El caso es que le prometí a mi amigo pensar sobre el asunto y le despedí anunciándole que sabría de mí el lunes.

–Sí, que nuestro amigo socialista espera la respuesta.

–No te preocupes –le dije. Le acompañé hasta la calle y allí le despedí.

Todo iba encajando, sólo me faltaba localizar la verdadera función de Guido Marcone. ¿Quién era este hombre? ¿Quién estaba detrás?

El sábado pasó sin más episodio que ir al cine con mi mujer y los hijos y antes almorzar con mi padre que vino a eso de las doce. Yo estaba escribiendo en mi despacho y Charo había ido al club de tenis con los niños. No le comenté nada de este asunto a mi padre y ocupamos el rato del aperitivo en charlar de cosas banales.

El domingo pasé la mañana dándole vueltas a toda esta historia y repasé las notas que había preparado antes de la visita de Luis Sánchez. Añadí algunas líneas y guardé otra vez los papeles en mi carpeta personal. Después de almorzar me eché la siesta. Me desperté a eso de las cuatro y media y bajé a mi despacho. Cuando estaba comenzando a resumir unas cuantas notas biográficas de Juan de Escobedo para la novela que estaba trazando recibí una llamada de mi vecino Manolo Gómez.

–¿Invitas a café?

–Si aceptas descafeinado te puedes pasar cuando quieras –le invité.

Al rato estaba sentado en uno de los sillones de terciopelo rojo de mi sala de trabajo. Después de las obligadas cortesías y rodeos mi vecino entró en materia:

–He estado con Luis Sánchez Freire y me ha contado que te has unido a nosotros, me alegro sinceramente Juan.

–No tan deprisa Manolo, que me lo estoy pensando. Te avanzo, no obstante, que no creo que lo haga.

–¿Por qué?, si me permites la pregunta.

–No lo veo claro. La idea política no es mala, me atrae, pero no me gustan los personajes ni los modos.

–¿Eduardo?

–No, Manolo, por favor, Eduardo es un buen hombre. Me refiero y lo sabes, no te hagas el tonto, a tu amigo Mario y los suyos, a los italianos y a la tropa de Luis Salat para meter bulla. La armada Brancaleone, en pocas palabras. Eso de usar un banco como partido y los lazos más oscuros como alianzas no me parece legítimo.

–No se trata de legitimidad sino de eficacia. Las cosas tienen que cambiar de raíz, mira Italia.

–¿La «P-2»?

–No –dijo mi vecino cada vez más incómodo–, me refiero a la degradación de los viejos partidos. La «P-2» es una anécdota.

–¿Tu crees? No es anécdota que esa gente esté en el nudo de la corrupción y que los fascistas italianos se pongan ese mandil. La masonería no es un cenáculo de conspiradores ni debe ser un instrumento de ventaja, tú lo sabes.

–Pero convendrás conmigo que las cosas tienen que cambiar.

–Eso es cierto, pero no así.

Se hizo un silencio incómodo que aproveché para servirme el café.

–Tal vez tengas razón.

Y ahora fue él quien se sirvió un vaso de agua.

–Bueno, cambiando de tema. ¿Cuándo vas a escriturar la cesión del solar?

–No sé, Manolo. No he recibido aún acuse de recibo de mi comunicación a la Gran Logia y al Supremo Consejo. Si el martes no tengo noticias de ellos les instaré mediante requerimiento notarial.

–Les va a sentar fatal.

–Pues que lo lleven con paciencia. Y si en el plazo que les determine según procedimiento no comparecen a firmar una escritura de cesión de manera proindivisa, tal como está solicitado, instaré al consejo de gobierno para declarar la caducidad de la resolución por incomparecencia del peticionario.

–Eso va a ser peor. Ándate con cuidado.

–¿Por qué?

–Nunca sabes por donde te pueden salir– había un cierto tono de amenaza en eso.

–¿Me avisas o me previenes?

–Te prevengo, Juan. Por supuesto que te prevengo, sabes que siempre puedes contar conmigo para lo que haga falta.

–Te lo agradezco, vecino.

–¿Quieres que haga alguna gestión cerca de Salat o de Lusón?

–Tú mismo –le invité–. Yo no pienso mover ficha.

Y la conversación siguió por los lugares comunes de una buena educación. Era evidente que mi vecino no me contaba lo que sabía respecto a la operación Foro ni cual era su verdadera posición al respecto.

Hasta el martes las cosas fueron con normalidad. En la empresa empezamos a preparar los pliegos de condiciones para las próximas subastas de suelo y también a terminar los proyectos de unas instalaciones de electrificación del tendido ferroviario. Intencionadamente me abstuve de llamar al intermediario socialista y a Luis Sánchez respecto a la respuesta que de mí andaban esperando respecto a la extraña oferta del jueves pasado. Dejé pasar la mañana del martes y antes de salir al almuerzo, que por cierto ese día lo tenía con Ramón Akal, el editor entonces de mis libros, hice llamar a mi despacho a Bernardo Alemany, el abogado de la empresa. Le indiqué que preparara unos requerimientos que haríamos respectivamente a la Gran Logia y al Supremo Consejo instándoles a comparecer a la firma de la escritura de cesión de los terrenos.

–Redáctalo con cuidado, Bernardo, y avísales de las consecuencias que les acarreará su falta de comparecencia –ya le había explicado el plan respecto a ello–. Por favor, tenlo dispuesto para firmar en la notaría de Luis Garay, si le es posible, mañana a las diez. Ajústalo con Mariola –era la mujer del notario y el alma organizativa de la notaría. Y me fui a almorzar con mi editor. Precisamente esos días me traía con él el tradicional conflicto que todo autor tiene con su editor y que es un clásico de estas relaciones: el autor reclama más edición y promoción para su libro y el editor racanea cuanto puede sino está seguro del éxito en ventas. Alicia García, una buena amiga y además directora de una empresa de comunicación, me había pasado un dossier con un posible plan de promoción de la novela en los medios y aproveché el trayecto en el coche para repasarlo antes del almuerzo.

Esa tarde, mientras estaba escribiendo en el despacho de mi casa, me llamó Emilio Hernández Teruel. Quería saber cúal mi respuesta.

–¿No te ha llamado nadie?

–No Emilio, ni yo tampoco he descolgado el teléfono.

–Pues a mí me tiene frito Luis Sánchez, que dice que están esperando, que es urgente, que se hunde el mundo, ya sabes...

–Qué me vas a decir... Por cierto, Emilio, ¿tú le entiendes?

–¿A Luis?

–Sí, a Luis.

–Muchas veces no, pero no se lo digo porque entonces se explica más y aún se le entiende menos. Volviendo al asunto, Juan, ¿qué les contesto?

–Que no, Emilio, que no. Lo he pensado bien y prefiero quitarme de en medio. Ese asunto huele fatal y puede acabar todo como el rosario de la aurora.

–¿Te parece una mala oferta? ¿Querrías otras condiciones?

–No Emilio, no es eso. La oferta me parece excelente, es un reto profesional y una aventura preciosa, pero exclusivamente desde el estricto punto de vista empresarial.

–¿Entonces?

–El problema es el acompañamiento y la estrategia política que hay debajo y detrás. Es muy peligroso ese juego y no está el campo demasiado limpio por lo que se me alcanza. No obstante me gustaría hablar contigo de esto, pero personalmente, sin teléfonos.

–Como quieras Juan.

–¿Cuándo te viene bien?

Durante unos segundos oí por el auricular cómo pasaba las páginas de algo que debía ser su agenda.

–¿Te parece bien mañana a las diez en mi despacho?

–No puedo Emilio, tengo una firma en la notaría de Garay. ¿Te vale a las once?

–Mejor, entonces, a las doce y media.

–De acuerdo, allí estaré.

Me despedí de Emilio y seguí trabajando en las notas para la novela que estaba preparando. Por esos días estaba enfrascado en los escritos de fray José de Sigüenza en que relataba la muerte del rey Felipe II. Con esas notas estaba preparando un capítulo de introducción a la propiamente dicha trama de la novela. Era un capítulo de puesta en situación que me servía para ir presentando personajes mediante técnica de narración objetiva. Así me tiré hasta casi las dos de la mañana, tan enganchado estaba con las maneras de aquella muerte que se me pasó la cena. Con un vaso de leche me fui a la cama.

A la mañana siguiente acerqué a los niños al colegio, en Pozuelo, y después pasé por la notaría y firmé el requerimiento ante Luis Garay.

–No me digas que todavía existen –me dijo el notario cuando vió los destinatarios del requerimiento. Garay era un aragonés llanote y bondadoso que procuraba los servicios de notaría a nuestra empresa.

–Sí, Luis. Son pocos pero aún quedan algunos.

–Pero, ¿tienen cuernos y rabo? ¿Es verdad que matan niños? –dijo de broma.

–Todas las mañanas, Luis. Además te diré, y no lo difundas –le conté fingiendo una confidencia– que sí que es verdad que huelen a azufre, cuando han venido al despacho hay que ventilar después la oficina. Fíjate que uno se dejó el otro día en el baño un tridente pequeñito.

–¿Quieres que se lo lleve en persona?

–Tú verás. ¿Quieres conocerlos?

–Tiene su morbo, ¿no crees?

–Yo creo que no, pero tú sabrás –no pensaba contarle de mis relaciones con ellos y tampoco quería desilusionarle.

–Iré en persona –y se levantó recogiendo su pluma de firmas.

–Adiós, Luis. Y, gracias –me despedí dándole la mano.

–De nada, Juan. Recuerda que tenemos que cenar con las parientas el sábado.

–No se me ha olvidado, Luis.

Y se fue tan contento a otra salita donde le andaban esperando.

Cuando volví a mi despacho tenía una llamada de Luis Sánchez. Le dije a Marta que no le contestara y que si me volvía a llamar le dijera que no iría por la oficina en todo el día. Puse en orden los papeles de la mañana y asistí al comité de dirección que organizaba Fernando Urdán. A eso de las doce y cuarto me despedí de Fernando y le encomendé que continuara la sesión por mí. Miguel, el conductor, me estaba esperando abajo, en la Gran Vía, y antes de las doce y media estaba en el despacho de Emilio Hernández, la séptima planta de un edificio de oficinas en Serrano semiesquina a Goya.

Me recibió una secretaria rubia, alta y espléndida, que me pasó amablemente a una salita de espera.

–¿Desea tomar un café? –me preguntó. Tenía algo en su voz que más que un café yo creí que me ofrecía las delicias de un serrallo.

–No gracias, esperaré a don Emilio –y la rubia se dio la vuelta contoneando su uno ochenta subido a unos tacones de vértigo. Al darse la vuelta para cerrar la puerta de la salita se echó atrás la melena en un gesto provocador.

–Ahora le aviso.

Y ahí me dejó en mis ensoñaciones.

A los pocos minutos se abrió la puerta y donde yo esperaba a la majestuosa valquiria apareció una muchacha menuda y morena aún más atractiva que la recepcionista que se acercó a mí ofreciéndome la mano.

–Soy Carmen, la secretaria de don Emilio, ¿me acompaña?

Y así lo hice por un pasillo. La secretaria no mediría más de uno sesenta y usaría una talla treinta y seis. Vestía un modelo de chaqueta negra y falda ajustada, sin duda de Alfredo Villalba, recamado en dibujos de pedrería en las bocamangas. Llevaba el pelo a lo *garçon* fijado con gel alisando unos rizos naturales e iba dejando una fragancia a perfume de limón que adornaba más que los cuadros el largo pasillo. La muchacha era todo un espectáculo. Lo que me pareció un paseo larguísimo por placentero concluyó de repente delante de una puerta de caoba.

–Pase, don Juan, por favor.

–Gracias, señorita– y cuando me volví hacia la puerta, pasado el umbral, la muchacha había desaparecido.

Emilio se acercó a saludarme.

–Perdona la espera Manolo–. Al saludarme cual no fue mi sorpresa al ver que Emilio me daba el toque de reconocimiento en el grado de maestro, los cuatro dedos a la cara interior de la muñeca derecha. No pude evitarlo:

–¿Tú también eres masón? –le dije sorprendido. Era lo último que me esperaba.

–Sí, Juan. Como tú –me dijo tan tranquilo.

–¿De qué logia?, si me permite–. Estaba intrigadísimo.

–No estoy afiliado en España, Juan.

–¿En Italia?

–¡No! –y se rió a carcajadas–, y bien lo siento porque aquí, por lo que veo, está de moda y aquí, en Madrid, o eres de la «P-2» o no eres nadie. Estoy trabajando en una logia de Nueva York –me aclaró–. Voy mucho por asuntos de trabajo, además me inicié allí y aún conservo la afiliación a mi logia madre. Es mucho más tranquilo que los líos que os traéis por aquí.

–No me extraña –asentí un poco confundido. ¿Por qué Emilio, a quien no conocía apenas, se identificaba ante mí? ¿Estaba también él implicado en el proyecto? Como si me leyera el pensamiento me dijo:

–Juan, te aclaro que el otro día, en el despacho de Luis Sánchez, estaba presente únicamente por mi condición de asesor letrado de la Corporación Industrial y Financiera del Banco, no como masón. Luis no sabe de mi condición, ni siquiera Mario.

–Entonces...

–Espera, por favor, a que termine. Yo tengo el cometido, desde este despacho, de intervenir en los procesos de venta de la participación del Banco en alguna de sus sociedades y por eso me vistes allí. Si me he identificado ante ti en mi condición reservada es porque me veo en la obligación de participarte algunos asuntos de tu interés y ello bajo el compás.

Quería decir en secreto.

–¿Piensas aceptar la oferta que te han hecho? –continuó–. Como te he dicho por teléfono si es cuestión de condiciones económicas estoy facultado para convenirlas contigo si deseas que sean otras.

–No Emilio, no es eso. Es una cuestión de fondo. Ya te he dicho que el proyecto empresarial me parece atractivo, incluso me parece brillante el trasfondo político de la operación, hasta creo que es muy conveniente hoy una opción política de esa naturaleza que pretenda, sobre las demás cosas, cambiar las reglas de este juego. Pero hay algo que me rechina en los entresijos del alma, algo que me huele mal en todo esto. Creo que es perverso el instrumento que se está diseñando.

–Eso es lo que te quería oir –dijo Emilio mirándome a los ojos y dándome una palmada en el antebrazo–. No todo lo que uno cree que puede hacer se debe de hacer, hay unos límites.

–Los *landmarks.*

–Exactamente, los *landmarks*. Hay rayas que no se deben pasar sino es pagando un precio muy alto. Mira, Juan, creo que te debo contar una historia.

–Tu dirás.

–Hace seis años que yo me inicié en la masonería. Como te he dicho fue en Nueva York y después me afilié en Londres a «La Marca», ¿lo conoces?

–Sí, los Maestros Masones de La Marca. Yo también estoy afiliado en Londres.

–No lo sabía...

–Tampoco sabía yo que tú eras hermano.

–Sigo. Entonces no había masonería en España, y hoy sigue sin haberla, pese a los esfuerzos de Salat de montar su chiringuito con unos amigos. España no nos conoce y, lo peor, tampoco nos necesita dada la calidad y naturaleza de la presencia masónica española. Pese a eso, sin embargo, los lazos de solidaridad se siguen extendiendo a nuestros hermanos en España y como bien comprenderás no es lo mismo ser un grado treinta y tres en España, que serlo en Francia y, menos aún, en Estados Unidos. Sin embargo todos son hermanos del Capítulo, ¿correcto?

–Correcto– todavía no sabía a donde iba a ir a parar pero algo me iba barruntando.

–El caso es que cuando uno de nuestros hermanos españoles, joven, brillante, rico y ambicioso quiso salir de España para ampliar y dar sustancia a sus proyectos empresariales no dudó en usar de los lazos de solidaridad propios de su grado y más aún si, por su condición, gozaba de los parabienes de la jerarquía española. Comprenderás que así le resultó muy fácil a nuestro amigo, ya sabes de quien hablo, introducirse en circuitos de poder que de otra manera le hubieran sido inaccesibles.

–En Italia, ¿verdad?

–Sí, en Italia precisamente. Fíjate que es el sitio donde la masonería europea ha quedado más tocada de escándalos de corrupción y de crimen. Mafia, corrupción, masonería y muerte no estaban demasiado lejos en Italia. El pasaporte masónico era un excelente instrumento para sentar plaza en «*Tangentópolis*» y desde allí no era difícil prosperar en la aventura financiera. Durante estos años los «italianos», y permite el uso incorrecto del gentilicio, han tenido aquí su delegado para cuanto hiciera falta.

–¿Marcone?

–No, ese es un ayudante. Me refiero a Parretti, el financiero.

–Un enredador y un especulador –apunté yo.

–En efecto, pero no es el único, lo que pase es que da el cante y tiene mala pinta. Y así han ido las cosas. Nuestro amigo fue rico y volvió riquísimo. Después fue conocido y ahora es famoso. Hace tres años era un empresario y ahora se cree un mesías.

–Pero tú estás con él, ¿no?

–No, Juan. Yo estoy cerca de él. Nuestros hermanos americanos le han dicho que use de mis servicios sin darle más detalle del porqué y como él los necesita no ha puesto ninguna objeción.

–¿Vais a ayudarle?

–Le hemos ayudado, le hemos sostenido la ampliación de capital del Banco. Nuestros hermanos en Nueva York confiaron en él y en su pasaporte.

–Entonces estáis con él...

–No. Le hemos ayudado pero no le cubrimos. Nueva York no es Sicilia, es peor en algunas cosas pero hay límites que no se pueden traspasar. Nuestro amigo se ha equivocado.

–¿Por qué?

–Porque nos ha engañado. Pero permíteme que no entre en detalles. Sólo te diré que pintó allí un escenario que luego se ha comprobado que era falso.

–¿Incorrecto?

–No. Falso, pura y simplemente. Creyó que podía jugar con los hermanos de América como con los masones italianos.

–Y tú, ¿qué pintas en todo esto?

–Yo sólo miro y, después, informo donde procede.

La verdad es que era sorprendente la actitud del abogado. De una parte aparecía como uno más de los pretorianos del banquero, no en vano los dos eran abogados del Estado, y sin embargo su verdadero papel era todo lo contrario, el de un *controller*.

–¿Por qué te has descubierto?

–Para evitarte un lío. Sabemos que tu no estás en estas familias, sé de tus problemas con la orden pese al poco tiempo que llevas y he pedido autorización para enviarte un mensaje.

Yo estaba cada vez más extrañado. No me podía imaginar nada de esto.

–¿Y cuál es?

–Que te retires, Juan, que te salgas de este embrollo. Pero no ha hecho falta, te has dado cuenta tú sólo.

–¿Tan grave es?

–No te lo imaginas. Los servicios españoles tienen detectada esa operación desde hace meses. En Presidencia de Gobierno, mejor aún en Vicepresidencia, están marcando cada paso –ahora me percataba yo de tanto extraño camarero y de tanto ruido en el teléfono–. Las direcciones de los dos grandes partidos están al corriente de todas las maniobras y también ellos se han sindicado para depurar de sus filas a los que están conjurados. En lo que hace a la trama empresarial te diré que el Banco España y la Agencia Tributaria llevan meses tras los pasos del singular grupito y, por último, te diré que todo está a punto de saltar por los aires.

–Punset, ¿está en el ajo?

–Se lo huele, pero prefiere no preguntar, así no se entera. Ojos que no ven corazón que no siente.

–¿Y Luis Sánchez?

–Hasta las cejas, pero es inofensivo. No es más que un enredador con vocación trasnochada de carbonario. No es mala gente, más que malo es mentirosillo. No le pasará nada porque, aunque está en todas las salsas, no moja en ninguna.

–¿Y la orden?

–Esos no se enteran. Luis y tu amigo Manolo ponen cara de enseñados y dicen representar lo que no tienen y que, además, no existe. Lo que se dice unos farfollas.

–Entonces, ¿todo es un montaje?

–Sí, pero les podía haber salido bien. La han escacharrado desde el momento que el jefe de la tropa se creyó el rey del mambo y que estaba ahí por guapo y por méritos propios. Se le había olvidado cómo llegó allí y pensó que, desde tan arriba, podía poner nuevas reglas, sus reglas, a un juego tan viejo como el mundo. Las circunstancias jugaban a su favor, tenía el viento de popa, pero se ensoberbeció y nos engañó, y no es lo mismo engañar a tres políticos locales y a unos cuantos periodistas que a la Salomon o a la J.P. Morgan.

Yo estaba con los ojos a cuadros, algo de esto me imaginaba pero no pensé que todo estuviera tan amarrado.

–¿Avisarás a Luis?

–No hace falta. Se enterará por los periódicos.

–¿Debo de hacer algo, Emilio?

–No, nada. Tú estás bien como estás, tienes una buena reputación, nombre en tu oficio y la propuesta podía ser una tumba para ti. Sigue con tus cosas y olvídate del enredo. Alguna vez podrás contarlo y parecerá una novela, guárdalo hasta entonces, que pasen unos años.

–Por cierto, pon atención a las fechas.

–¿Por qué?

–Porque todo pasa cuando el sol lo dice: Solsticio de invierno, el sol lejano, el frío. El fin de las cosas y el comienzo de otras nuevas.

La conversación siguió con otro derrotero. Hernández Teruel me puso al corriente de la naturaleza debilísima de las conexiones de la familia masónica española con sus hermanos de fuera. Sólo un formal aspecto protocolario permitía decir que el grupo español era cofrade de la masonería internacional, tan al extremo que los ingleses, el Vaticano masónico, preferían protocolariamente la posición española ante la gibraltareña. Pero eso venía de antiguo, a estos efectos España nunca fue una verdadera potencia masónica tratada como una igual por sus hermanas. Nunca la masonería internacional había hecho nada por España. En el Convento de Viena humilló a nuestro país consintiendo la independencia masónica cubana, la del Consejo de Colón, en una declaración que implicaba, de facto, la cesión de la colonia a los intereses americanos. Siempre había sido así. En el treinta y seis permitieron que nos desangráramos en una guerra civil que las potencias, gobernadas en gran parte por masones, no sólo no evitaron sino que, en cierta medida, procuraron como laboratorio de intereses, armamentos y coaliciones que después explotarían en la Gran Guerra. Tampoco las democracias europeas, meta política de la influencia masónica después de la Guerra Mundial, hicieron nada contra la dictadura franquista, acabaron reconociendo al pequeño sátrapa que perseguía y encarcelaba a los pocos españoles que eran fieles a la acacia y a la orden de los Hijos de la Viuda.

Eran ya casi las dos cuando me despedí de Emilio y fue él mismo quien me acompañó hasta la puerta del bufete. Me fui a mi casa de Aravaca inmediatamente, quería poner orden en mi cabeza y repasar todos los acontecimientos de las últimas semanas. Desde el coche llamé a mi oficina por saber si había algo urgente.

–Juan –me dijo Marta– has tenido una llamada del Ministerio, de la Secretaría de Estado de Infraestructuras, que te pongas en contacto con ellos cuando puedas; otra del concejal de Urbanismo y cuatro de tu amigo Luis Sánchez Freire.

No contesté a ninguna. A las dos primeras porque sabía lo que querían, y no era urgente, y a las de Luis porque no me apetecía hablar ahora del asunto.

Después de almorzar con mi mujer bajé al despacho y retoqué las notas que había escrito antes de la visita de Luis Sánchez, saqué una copia con el scanner y las archivé en un documento de Word que encripté para guardarlo en la memoria del ordenador después de copiarlo en un disquete de seguridad. Pasé el resto de la tarde en recoger en un memorial todos los datos, fechas, citas y conversaciones, que había vivido al respecto de este asunto y, cuando creí haberlo terminado, procedí igual que con las notas. Me acordé entonces de los comentarios de Emilio: «Alguna vez podrás contarlo y parecerá una novela, guárdalo hasta entonces, que pasen unos años».

Esa noche salimos a cenar mi mujer y yo con Jaime Urdán, mi mejor amigo y socio, y Ana Tozzi, su mujer, y les conté la aventura omitiendo sólo el final, la referencia a una posible intervención de las administraciones y la llamada al solsticio de invierno. La verdad es que el asunto parecía increíble y me daba cuenta de ello conforme lo iba contando. Todo era un cúmulo de casualidades y de medias palabras, un sistema de azar que me había llevado a conocer de los entresijos de la operación política más extravagante de los últimos años. Estuvimos hasta casi las dos de la madrugada dando vueltas al asunto y nos despedimos contentos de haber salido de él antes que explotara. Esa noche dormí como un tronco. Al acostarme sentí que me había quitado un peso de encima; en el fondo, ni en los momentos de mayor ilusión al respecto de la nonata aventura, había dejado de sentir un comezón en el alma en el hueco que guardamos para la ambición y el orgullo, ese sordo malestar que sentimos siempre que sabemos que no estamos obrando bien.

A la mañana siguiente me levanté muy temprano, llovía copiosamente y hacía mucho frío. Al escuchar las noticias mientras me aseaba oí que un accidente de tráfico había colapsado la M-30 a la altura de la salida de la carretera de Extremadura. Entre la lluvia y el accidente se avecinaba un día en que el tráfico se iba a convertir en una pesadilla. A las ocho, después de desayunar y haber trabajado casi media hora en mi despacho me recogió el conductor y salimos hacia Madrid. Aproveché el trayecto, casi una hora, pese a habernos escapado de la M-30 bajando por la carretera de La Coruña hacia Moncloa, en leer la prensa del día y en escuchar los noticiarios de la radio. En casi todos los periódicos venía de una o de otra manera algún comentario sobre la posible entrada en política del famoso banquero. Precisamente estaba leyendo una columna de «El País» al hilo de ese supuesto cuando la radio me trajo la voz del interfecto, hablaba de la necesidad de una mayor participación de la «sociedad civil», un palabro que no se le caía de la boca desde unos meses atrás, en la vida política y de la conveniencia de convertir en eficaz, insistía el millonario, la gestión publica de los intereses colectivos. «Más mercado, menos gobierno», concluía el alevín de *leader* carismático. Le dije a Miguel que cambiara de frecuencia y pasara a la 2 de RNE donde estaban empezando los primeros compases de la «*Oda para el día de Santa Cecilia*» de Henry Purcell. Cuando terminaba el coro de Taverner de pasear por un acorde de diez medidas cerrando la composición llegaba a mi oficina de Gran Vía. Eran las diez y veinte de la mañana y la lluvia había arreciado.

Allí me estaba esperando Luis Sánchez Freire.

Le hice pasar a mi despacho y le ofrecí un café. Sabía a lo que venía, quería una respuesta. Resultaba evidente que Emilio Hernández no le había contado nada.

–Tu dirás, Luis... –le invité después de servirle la leche en la taza.

–¿Dónde te metes, Juan? Te he dejado un montón de llamadas aquí y también en el buzón del móvil.

–He estado muy liado –me justifiqué. Cosa que, en parte, era cierta. No quería desvelarle nada que no debiera y prefería enfrentar esta conversación con evasivas.

–Estamos esperando tu respuesta desde el lunes –me dijo en un tono recriminatorio. Realmente parecía disgustado y eso se le notaba por el enarque de cejas que le daba un aspecto de diablo de cuento, máxime porque se ponía colorado al enfadarse y entonces empezaba a sudar copiosamente. Tiró de pañuelo y comenzó a secarse–. No debes de hacer esperar –me conminaba.

–Pues aquí la tienes: no pienso seguir en este juego –le dije mirándole fijamente a los ojos–. Diles a los interesados que no me interesa comprar SOLARIS, que eso sería un fraude, y en lo que hace al Foro ya hablaré yo con Punset directamente.

Y encendí un cigarro y me quedé tan serio.

–No jodas, Juan...

–Pues, ya que lo dices, te haré caso durante unos días –le interrumpí de broma–, porque últimamente tengo bastante mal la espalda y con ese ejercicio se resiente la columna.

–Pero ¿qué ha pasado? –ahora el sudor le chorreaba por la frente. Estaba desconcertado.

–Pues que lo he pensado despacio, como te dije que haría, y he decido no seguir adelante. No me interesa el asunto.

–¿Por qué? –Luis se había levantado del sillón y me miraba desde arriba. La verdad es que estaba descompuesto.

–Son cosas mías y te ruego que me respetes la decisión. Tengo mis razones.

–¿Quieres otras condiciones? Entre Emilio y Marcone te pueden hacer una nueva oferta. Yo mismo podría hablar con el jefe de Marcone.

–¿Con Parretti? –le dije mientras me levantaba yo también y me quedaba mirándole a menos de un palmo de su cara.

Luis se quedó helado.

–¿Conoces a Parretti? ¿Cómo sabes que es el jefe de Marcone?

–No, no le conozco, ni lo pretendo. En este fin de semana he sabido cosas que me han ayudado a decidirme. Y te quiero aclarar algunas otras. La primera, cuando voy a Venecia, sucede que «sólo» –le remarqué la palabra– voy a Venecia y me pongo ciego de conciertos y de pasta y no voy a ningún otro sitio. Mi mujer y yo nos dedicamos a descansar allí unos días, ¿comprendes? La segunda, cuando voy a Ginebra voy «sólo» a esquiar con mis hijos y no a entrevistarme con ningún secretísimo miembro de vaya usted a saber qué. La tercera, no conozco a tus amigos Di Bernardo y Mosca, ni falta que me hace. La cuarta, tus compañeros de la orden me tienen hasta los mismísimos cojones y la quinta es que lo que hagan tus amigos guerristas me importa un carajo, yo dejé el carné en mil novecientos ochenta y cuatro y desde entonces me interesan como curiosidad científica.

–O sea que...

–Sí, que todo es un lío, que te has equivocado hasta el fondo y que yo no soy un secreto afiliado a las conspiraciones de tus amigos italianos, ni un submarino de los guerristas. Vamos, que te has imaginado lo que no es, aunque yo también te he inducido al error al no aclarártelo desde el principio. Te pido disculpas.

–Pero tú me habías dicho a mí que te interesaba SOLARIS... –protestó mi amigo.

–Si bien es cierto que me pudo tentar la idea de dirigir una gran compañía inmobiliaria he recapitulado sobre esa tentación y sé que no puedo hacerlo mediante un artificio como es el de fingir que es mío lo que no tengo y más aún si los recursos para ese fraude salen de un tipo tan discutible como el jefe de Marcone. Hoy no aceptaría de ellos ni siquiera un fichaje como directivo. ¡Esa gente apesta!

–¿Y el Foro? ¿También es un montaje inmoral?

–Sí Luis, y te diré porqué. En principio es una idea excelente y legítima, creo que Punset es un buen hombre y creo del mismo modo que los que hemos acudido a esa llamada somos gentes bienintencionadas dispuestos a ayudar a un proyecto que creo necesario. Todo iba bien hasta que me contaste el plan estratégico del proyecto. Desde la fase de las elecciones municipales todo se pervierte, no se puede uno afiliar a un Banco, ni creer que eso es un partido político, eso es una inmoralidad y un bastardeo de lo que pudo nacer bien pese a los gatuperios de tus amigos del PSOE y del PP y al dinero del banquero para las primeras elecciones, ¿lo entiendes?

Luis se quedó callado, había dejado de sudar. Se dio la vuelta y se quedó mirando por los ventanales que daban a Gran Vía. En ese momento la luz de un relámpago perfiló su silueta y, al poco, el retumbar del trueno rompió el silencio que había en la habitación. Yo volví a sentarme en los sillones del otro lado de la sala, cerca de un teléfono. Otro relámpago iluminó el despacho como si fuera un fogonazo. Luis se volvió hacia donde yo estaba:

–Es un mal presagio, ¿no crees? Justo en este momento. Parece como si hubieran estado guardados esperando tus palabras.

No le quise contestar, pero me di cuenta que él igualmente se había apercibido de lo equívoco e inconveniente del proyecto.

–En fin, Juan, tal vez tengas razón. En todo caso es tu decisión y debo respetarla. Yo también lo pensaré todo más despacio.

Me levanté otra vez, ahora con la mano derecha extendida. Luis la tomó y yo le di el toque de maestro, pese a su condición de aprendiz. Me miró sorprendido.

–¿Y eso?

–Acabas de subir en un momento un par de peldaños en la escalera de Samuel. Ahora –le dije sonriendo– no te caigas, que pesas mucho.

–Gracias, Juan –y me correspondió el toque de maestro–. Ahora me voy, que tengo que localizar a Patxi y darle la respuesta a Emilio

–Gracias a ti, Luis.

Cuando despedí a Luis en el ascensor eran casi las once en punto.

Le dije a Marta que convocara a Julio Torrente y al director técnico de los servicios, quería revisar el plan de obras y el calendario de pagos previstos. Llamé a Fernando para que se incorporara a la sesión pero me dijo su secretaria que había salido al Ayuntamiento a despachar un asunto con el departamento de expropiaciones. Le dije que convocara entonces a Bernardo Alemany, el abogado. A las once comenzó la reunión.

–Marta, no me pases llamadas hasta la una –le dije a mi secretaria.

A en punto de la una sonó el telefonillo interior.

–Juan –era Marta–, perdona que te moleste. Ya es la una y te quería decir que te han llamado lo menos seis veces de la Secretaria de la Gran Logia de España, de parte del señor Munté, ¿le conoces?

–Sí, ¿porqué?

–Porque ha pedido que le devuelvas la llamada cuando puedas, que es urgente.

–¿Ha dejado teléfono?

–Sí, uno de Barcelona. ¿Te pongo ahora?

–Sí, por favor –«Vaya prisas», me dije. Seguro que era algo que tenía que ver con el requerimiento notarial.

Localicé a Munté en la primera llamada. Me contó apenas le saludé que habían recibido el requerimiento notarial en la sede de Madrid y también en la de Barcelona, y sin mediar argumento comenzó a desproticar: que eso no eran formas, que los hermanos no se hablan a través de notario, que cómo se me ocurría emplazar al Gran Maestro y así un buen rato. Vamos, que estaban cabreadísimos. Y debía de ser más de lo que pudiera imaginar porque Munté era un hombre afabilísimo de propio y para que estuviera así debía de estar su jefe más caliente que un incendio en agosto.

–Además de quejarte –le dije aprovechando una pausa que hizo para respirar–, ¿tienes algo que decirme, José?

–Sí –ya estaba más sereno después de la pausa–. El Gran Maestro quiere verte.

–¿Cuándo?

–Esta noche.

–Yo no puedo ir hoy a Barcelona, dile que otro día.

–No, Juan. Luis baja a Madrid esta tarde y estará allí hasta pasado mañana. Dice que te invita a cenar en Madrid, que quiere hablar contigo despacio y fuera del taller y sin mandiles.

–Dile que estoy de acuerdo. Que señale hora y sitio.

–Todavía no lo sé.... Cuando hable con él te lo dejo a tu secretaria.

–Mejor di que me avisen en casa –y le dejé el teléfono particular– ¿Vendrás tú, José?

–No, Juan. El Gran Maestro quiere ir sólo.

–Entonces, te veré en Barcelona la próxima vez que vaya a la sede.

–Te estaremos esperando, ésta es tu casa.

–Gracias, Munté, un saludo fraternal – me despedí.

–Hasta pronto.

Esa tarde, a eso de las cinco, recibí una llamada en casa. Era de la Secretaría de la G:.L:.E:., me participaban que Luis Salat me esperaba a cenar en «Los Porches», un restaurante cercano al parque del Oeste, debajo de Moncloa, a las nueve y media de la noche. Me dijeron que vendría acompañado por el Gran Maestro Provincial de Castilla y por el Soberano Gran Comendador del Supremo Consejo del Grado 33, Samuel Pariente y Antonio Lusón. Pasé la tarde trabajando en mi novela y a eso de las ocho y media subí a mi habitación para cambiarme. Me duché y me vestí un traje azul oscuro con una camisa azul pálida dibujada a rayas color marino y una corbata de seda en tonos burdeos. Cuando ya estaba preparado baje otra vez a mi despacho y cogí una carpeta donde guardé unas fotocopias de todos los escritos cruzados entre mi empresa y la G:.L:.E:. y el Supremo Consejo del Grado 33 y el expediente administrativo de la cesión así como copia del requerimiento.

Me despedí de Charito que, como siempre, me recordó que me llevara la gabardina y después de darle un beso bajé al garaje a coger un coche. Eran ya las nueve y diez de la noche y la lluvia estaba amainando.

Salí de casa conduciendo el Jaguar azul. Los acordes de la guitarra *Ibanez «Electric Rainbow»* de Joe Satriani se deslizaban sobre la dorada tapicería del coche iniciando *Surfing with the alien* y sus brillantísimos punteos repicaban contra el ronco sonido del motor de doce cilindros. Me gustaba este automóvil, mi mueble de garaje preferido, que conducía en muy pocas ocasiones y que dormía largas temporadas estacionado con mi primer coche, un mini Morris de 1973 que conservaba en perfecto estado de marcha. Esta afición por los coches ingleses me venía de la adolescencia, cuando dibujaba con lapiceros de colores los modelos de Lyons y Heines montados sobre los míticos motores de Walter Hassan.

Al llegar al cruce con la N-II enfilé hacia la carretera de Castilla, camino del Puente de los Franceses, para subir hacia el parque del

Oeste. Era jueves 2 de noviembre, día de los Difuntos. En el asiento trasero de la berlina llevaba la carpeta azul con los documentos que me había preparado Fernando Urdán con las certificaciones de los acuerdos del consejo respecto a las peticiones de la Gran Logia y el Supremo Consejo del Grado 33. Cuando crucé el semáforo con el paseo de Camoens reduje la velocidad del coche mientras Satriani desgranaba el virtuoso inicio de *Midnight* y emboqué suavemente el largo morro del Jaguar hacia el aparcamiento subterráneo de Marqués de Urquijo. Pensé en dejar el coche allí y acercarme dando un paseo hasta el restaurante, tenía tiempo y preferí caminar por Rosales. Ya había dejado de llover.

Cuando salí a la calle aún conservaba en la mano izquierda el llavero de oro para el coche que mi mujer me había regalado el pasado jueves durante la cena de cumpleaños, y bajo el brazo derecho sujetaba la gabardina y una carpeta azul plastificada donde guardaba las copias de los documentos. Volvió a chispear aunque ahora muy débilmente. «Eso es bueno para un día de difuntos», pensé. Siempre me habían gustado los días lluviosos, «arrastran a una cierta melancolía que es buena para los recuerdos». Eran palabras de mi madre que volví a escuchar en mi interior cuando esa mañana, a la hora del almuerzo y antes de ir para casa, dejé un ramo de flores en su tumba silenciosa de la Almudena. Ahora, entre los ruidos de la calle, las campanas de la vecina iglesia de los claretianos en la esquina de Ferraz llamando a misa de difuntos me acompañaban a una entrevista que no me era nada agradable.

A las nueve y media en punto entraba en el restaurante. Dejé la gabardina en el guardarropa y el *maitre* me acompañó al salón. Al fondo, en una mesa redonda preparada para cuatro cubiertos me esperaba la plana mayor de la masonería española.

Sobre la mesa los magros restos de dos platos de jamón, uno de queso y otro de chistorra navarra, y lo terciado de la botella de rioja decían a las claras que era más de media hora, por lo menos, la que tan importantes mandiles llevaban gustando de la extremeña pitanza. Después de saludarnos con los muchos abrazos rituales con que los masones gustan de reconocerse me hicieron un hueco en la que, por las pintas, se prometía un remedo de la mesa de Epulón. Y no me equivoqué en el supuesto, que Salat pidió para sí unos callos de primero y una merluza de segundo, y Pariente, que de natural no baja de los cien kilos, le emuló con unas gambas al ajillo y una paletilla de cordero; Lusón, para no ser menos, no se quedó atrás y propuso para sí un revuelto de trigueros y un chuletón de buey acompañado de pimientos rojos. Para beber se decantaron por un reserva de Rioja, un Marqués del Puerto. Yo, sorprendido del saque de mis amigos, sólo reclamé una ensalada de lechuga y tomate, aderezada con aceite, limón y cominos, y una tortilla francesa, que nunca me ha gustado comer mientras negocio y esa cena se prometía tensa.

Tras unos cuantos lugares comunes sobre los cotilleos propios de una organización endogámica y que, la verdad sea dicha, me importaron bastante poco pero permitieron terminar los primeros platos, se pasó al tema principal según los camareros sirvieron los segundos: el dichoso asunto del templo masónico madrileño.

Al tema entró Salat el primero. Ciertamente el Gran Maestro era un hombre viejo, pero no por ello era confuso, y dejó su posición bien clara desde el principio, no pensaba aceptar la cesión que su gente había solicitado si ello comportaba un proindiviso con el Supremo Consejo.

–Ni yo –dijo Lusón con la boca llena mientras se peleaba con el chuletón, que casi se le escapa del plato–. Nosotros tampoco queremos el proindiviso.

Y al decir esto se le fueron los perdigones de la saliva a la pechera de Samuel Pariente que, callado, envolvía un trozo de pan con pimientos que había cogido del plato del Soberano Gran Comendador para llevárselo a la boca ensartado en el tenedor. El Maestro Provincial, imperturbable, se limitó a limpiarse la pechera con la servilleta y siguió preparándose sus envueltos de pimiento que ponía, muy ordenados, al lado derecho del plato como roja escolta de la pierna de cordero.

–Lo que tienes que hacer es dividir el terreno de oficio–. Me dijo y se quedó tan contento. La verdad es que Salat estaba acostumbrado a que se hiciera su voluntad sin discutirle, al menos en el marco de esa peculiar familia que era la masonería regular española.

–Estoy de acuerdo –dijo Lusón sin levantar la cabeza del plato–. A medias, dos solares iguales, uno para cada familia –y siguió con su chuletón.

–¡No! –le respondió secamente Salat–. Tres cuartas partes para la Gran Logia y una cuarta parte para el Supremo Consejo. No le hagas caso, Juan –me dijo tan fresco y se tragó un importante trozo de merluza.

–Aceptaría, como última concesión, dos tercios para la Gran Logia y un tercio para nosotros –dijo Lusón muy poco convencido de que pudiera prosperar su enmienda transaccional.

–Que no, Antonio, que no. No insistas, o lo tomas o lo dejas. Samuel –le dijo al Maestro Provincial– lléname la copa que se me ha acabado la pólvora roja.

Y el bueno de Samuel se puso a ello.

–Por cierto –dijo Salat, esta vez a mí– la cesión estará libre de impuestos y los gastos de transmisión irán por cuenta vuestra, ¿no es eso?

–Pues no, Luis. Los impuestos irán a vuestro cargo y los gastos de escritura y registro también, así hacemos todas las cesiones–. Y dejé el cubierto sobre el plato, no me apetecía la tortilla, la verdad es que la conversación me había quitado el poco apetito que tengo por las noches.

–Pues tendréis que cambiar las normas. Nosotros no vamos a pagar esos gastos.

–Pues lo siento mucho, pero no será de otra manera. –El ambiente se iba caldeando–. Además Luis, lamento decirte –proseguí cada vez más cabreado por la prepotencia del anciano– que la cesión se efectuará en los términos que está acordada en el consejo o no se hará. Si no estás de acuerdo, ni tú tampoco Antonio, recurrid o formulad la petición otra vez al consejo de la forma que estiméis oportuna –les dije mirándolos a los dos. Pariente no se daba por concernido en todo esto y seguía desmigando su barra de pan haciendo pelotitas que ponía alrededor de su plato. Pareciera que el asunto no iba con él.

–Si yo sí estoy de acuerdo, Juan. Son ellos los que no quieren –se excusó Lusón.

–A mí me da igual que sean unos o sean otros. U os ponéis de acuerdo o no hay cesión para nadie.

Era evidente que Salat, que no era estúpido, estaba forzando la situación por encima de lo razonable y ello tenía un objetivo, reventar la posible cesión. Primero buscó el enfrentamiento con Lusón, pero este no se atrevió a llevarle la contraria demasiado lejos y ahora quería reventar el asunto por vía de no aceptar la resolución ni los procedimientos. Yo estaba cada vez más indignado y, sin embargo, Luis seguía cenando tan tranquilo como si el asunto no fuera con él. Durante unos minutos, que se me hicieron larguísimos, los comensales se dedicaron en silencio al trasiego de la pitanza y la mesa era una pista de ruidos bucales que hacían a la deglución de tan servida cena. Cuando los platos casi brillaban fue Lusón, el jefe de los 33, quien recuperó el habla:

–Vamos a ver, Juan –usaba un tono conciliador que en semejante personaje sonaba más falso que un duro de plástico–. Supongamos que Luis y yo nos ponemos de acuerdo. Supongamos que Samuel se encarga, a través de la Gran Logia de Castilla, de allegar los fondos para los gastos de escritura y demás –a Pariente se le atragantó entonces el último bocado de su extinta paletilla de cordero y casi se ahoga, tanto que Salat tuvo que darle un par de fuertes palmadas en la espalda– que tú te encargas de que nos redacten el proyecto sin coste para la orden. Con todo eso resuelto, ¿quién nos financiaría la construcción de los edificios necesarios?

La verdad es que el señor Lusón o era un aprovechado con más desahogo que un sablista o era un estúpido con vocación de provocador.

–Mira, Antonio –le dije–, si Pariente se encargara de eso, que está por ver, y si yo me hiciera cargo de lo que tu quieres, que también está por ver, encima quieres que alguien os preste el dinero para construir el edificio, ¿es eso?

–No exactamente...

–Pues tu dirás..., porque financiar quiere decir prestar con interés después de pedir garantías.

–Tal vez me haya expresado mal. No he debido querer financiar sino.....

–Regalar, quiere decir regalar –intervino Salat que llevaba un rato callado peleándose con la merluza–. Di las cosas claras, Lusón.

–¡Eso, regalar! Muy bien, Luis –aplaudió el bergante–. Es que no me he expresado con propiedad. Perdona, Juan.

–No, si por mí como si se lo pides a Cáritas –le contesté–. Pero en todo caso te aclaro que ese no es problema mío.

–¿Cómo que no? –terció Salat muy serio.

–Como que no, que ese es problema vuestro y a mí no me metáis en el charco que bastante he hecho ya y a cada rato que os escucho más me arrepiento.

–Estás muy equivocado, Juan. En este asunto nos has metido tú desde el momento que has tramitado la petición y a ti te corresponde resolver los problemas por bien de la orden.

Yo estaba a punto de reventar ... y reventé:

–Mira, Luis. No me toquéis los cojones. Sois unos desahogados y así no hay quien juegue. Ni bien de la orden ni leches, no me tomes el pelo, que ya lo tengo con canas. Por lo que sea, y se me alcanza el por qué, te has propuesto que este asunto no prospere.

–¿Cómo te atreves? –dijo el viejo indignadísimo.

–Pues atreviéndome, Luis. Ahora no estamos en logia ni esto es una tenida. Resulta evidente que no quieres que este proyecto salga adelante y tú sabrás porqué, pero si quieres te digo por donde me da el aire que estás andando. ¿Te interesa o prefieres que me calle?

–¡No tengo nada que ocultar! –por primera vez respondió con ira, y ahora era verdad su enfado.

–¿Seguro? –Yo tenía una idea al respecto: Salat era contrario a desplazar la capital administrativa de la masonería regular española a Madrid. Eso sería, según su entender, ceder posiciones de una autoridad como la suya, más autocrática que moral. De otra parte esa operación había sido pieza principal en la oferta que Gómez Fernández hacía respecto a su candidatura como sustituto de Luis Salat como Gran Maestro y eso también le había llevado a enfrentarse, veladamente, a esa operación. Tampoco quería Salat que su instituto, la Gran Logia, pudiera equipararse bajo ninguna circunstancia al Supremo Consejo, según él un nido de radicales pese al seguidismo de su actual titular, una marioneta en sus manos.

–¡No tengo porqué darte explicaciones! –la verdad es que se iba calentando por momentos y entre el vino trasegado con los callos y la merluza con la que se despachó después, la cara se le estaba poniendo como un tomate. Pensé que podía darle un ataque allí mismo.

–Ni yo las necesito –le dije dando por zanjado el asunto.

En ese momento se acercó un camarero a retirar los platos del segundo y el *maitre* se dirigió a nosotros:

–¿Desean los señores algún postre?

–Nada para mí, Julián. A estos señores sírvales lo que le pidan y me manda mañana la cuenta a mi despacho –e hice el gesto de levantarme dejando la servilleta encima de la mesa.

–¿Te vas, Juan? –preguntó Pariente como si le sorprendiera.

–Sí, Samuel. No quiero violentar más esta cena de ustedes. Mejor que sigan con sus cosas sin mi presencia.

–Un momento – hora era Salat quien se levantaba también.

–Dime, Luis.

–¿Crees que esto se va a quedar así?– El viejo Gran Maestro había recuperado, al menos aparentemente, la calma.

–Por esta noche seguro que sí, porque yo me voy. Mañana, Dios dirá.

Recogí mis papeles que estaban en la carpeta que había dejado a la derecha de mis cubiertos.

–Señores –me despedí–, buenas noches. Para cualquier cosa que deseen ya saben donde me tienen.

Cuando iba a dejar la mesa, Luis Salat se me quedó mirando:

–No sabes los tiempos que vienen. Algo muy importante va a pasar en España y entonces te arrepentirás de esto. No le haces ninguna falta a la orden, tenemos amigos muy importantes que pronto darán una sorpresa.

–De eso no me cabe duda –le interrumpí–. Nadie es imprescindible, nadie –recalqué mirándole a los ojos. Sin duda, Luis sabía más de lo que había dicho.

–Señores –repetí–. ¡Buenas noches! –y salí hacia el paseo de Rosales dejando a Luis de pie delante de la mesa.

Salí a la calle. Lloviznaba. Me puse la gabardina sobre los hombros y me fui andando hacia el aparcamiento de Marqués de Urquijo. El frescor de las gotas sobre la cara me iba rebajando la tensión de la entrevista. Estaba ya todo dicho, sólo era cuestión de esperar acontecimientos.

Cuando me senté en el coche eran ya las once de la noche, en poco más de media hora habría llegado a casa. Necesitaba darme un baño para relajarme, no quería darle más vueltas a este asunto.

Al girar por Ferraz hacia Moncloa encendí la radio del coche, estaba sintonizada Onda Cero. En ese momento una tertulia política ocupaba la programación. Uno de los tertulianos especiaba el rumor de que el pasado día 28 de octubre se había celebrado una reunión en Moncloa, que se pretendió secreta, donde Aznar y su anfitrión, el presidente Felipe González, habían tratado al parecer de poner coto a los intentos del banquero masón de entrar en política por fuerza de las urnas. Se decía que los dos partidos habían acordado «bajar el diapasón» de sus enfrentamientos para evitar una mayor crispación en la vida política que diera alas a los intentos conspirativos del banquero. Una alianza en toda regla contra el intruso iluminado. El poder y la alternativa pactaban defender su finca del acoso de Mario Conde. Un instante después la directora daba la palabra a Alfonso Guerra que entraba por teléfono a una llamada de la periodista:

–El partido socialista –decía esa noche de Difuntos el todavía por entonces visecretario general del PSOE– debe reformular sus posiciones políticas para una mejor defensa de los intereses de los trabajadores y ello pasa por recuperar posiciones de izquierda hoy ciertamente preferidas en algunos sectores del propio partido.

Moví el dial y apagué la emisora, estaba harto. Prefería escuchar a Johnny Rivers y con su homenaje a John Lee Hooker me fui hacia Aravaca mientras los compases del *blues* se mezclaban con las farolas de la carretera de La Coruña de doce en doce.

Cuando llegué a casa y aparqué el Jaguar en el garaje fui directo al despacho. Guardé el expediente administrativo de la Gran Logia en la caja fuerte y subí al dormitorio. El día había terminado y sentí que me había quitado un gran peso de encima.

A la mañana siguiente era, felizmente, irradiado de la Gran Logia de España y del Supremo Consejo. Era el tres de Noviembre de mil novecientos noventa y tres, poco más de cincuenta días después, el 28 de Diciembre, día de los Santos Inocentes, el Banco de España ordenaba la intervención del BANESTO.

El solar reclamado por la G:.L:.E:. y el Supremo Consejo nunca fue cedido a la masonería por incomparecencia reiterada a la escritura. Fue sacado a subasta pública y adjudicado a una empresa inmobiliaria. Hoy se ha construido sobre él una residencia de ancianos.

Anexo al capítulo III

Acta de Constitución de la Primera Logia[1] en España (1728).

Nosotros, los abajo firmantes masones libres y aceptados, que actualmente residimos en Madrid y en otras ciudades del reino de España, nos tomamos la libertad de escribir esta carta, como nuestro deber nos obliga, para comunicar a nuestro respetable Gran Maestro, a su digno diputado, a los grandes vigilantes y a todas las Logias de masones, ahora constituidas en Inglaterra, que habiendo estado siempre muy deseosos de ver nuestra antigua sociedad propagada, sus verdaderos y virtuosos designios fomentados y que el Arte floreciera en cada ciudad a donde nuestros negocios nos han llamado, resolvimos por lo tanto difundirlo en este reino, donde quiera que pudiera hacerse de una manera legal.

Y como tuvimos algún tiempo la oportunidad de la presencia de Su Gracia el Duque de Wharton le pedimos constituir una Logia en esta ciudad. El cual atendiendo a nuestros ruegos accedió y realizó. Después de que nuestra Logia estuvo formada aceptamos e hicimos masones a tres personas que luego citamos; y justamente después se resolvió por unanimidad comunicar nuestras actas a nuestro Gran Maestro y a los Grandes oficiales de Inglaterra, a todo lo cual Su Gracia se somete él mismo enteramente, habiendo actuado en esta ocasión como Segundo Diputado.

Por lo tanto tenga Vd. la amabilidad de notificar a nuestro Gran Maestro, y a todas las Logias en general, en la próxima comunicación Trimestral, el contenido de esta carta, y esperamos el favor de ser inscritos en el Libro con el nombre de Logia de Madrid. Las reuniones están fijadas al presente para el primer domingo de cada mes,

[1] A la primera Logia española se la conoce por varios nombres, entre ellos el de «LA MATRITENSE» (nombre que pervive en la actualidad en una Logia bajo los auspicios de la Gran Logia de España) y el de «Las Tres Flores de Lys» por el nombre del Hotel de Lys, situado en el número 17 de la madrileña calle de San Bernardo, y donde se creó esa primera Logia. En 1725 se encuentran hospedados en ese hotel 4 ingleses: Richard, Thomas Hatton, Eldridge Dinsdale y Andrés Galloway, a los que se les unirá un quinto huésped llamado Charles de Labelle. Labelle, Richard y Hatton son masones y, deseosos de crear una nueva Logia, inician a los otros dos para así ser el mínimo número necesario para ello. La Logia de Madrid fue inscrita con el número 50, siendo la primera Logia extranjera en hacerlo.

y esperamos enviar para la próxima Comunicación Trimestral, que tendrá lugar alrededor del día de San Juan Bautista del presente año, una lista más larga de miembros de nuestra Logia, y una copia de los Estatutos tal y como los redactemos, de forma que sean más apropiados al país donde al presente nos encontramos, para la Unión entre todos nosotros y la Caridad hacia el pobre, como muy recomendada y ejercitada en nuestra Antigua Sociedad, sobre la cual, en general rogamos a Dios Todopoderoso derrame su preciosísimo favor y bendiciones.

Quedamos, Señor y muy Venerable Maestro, vuestros fidelísimos siervos.

Fechada en nuestra Logia de Madrid...

Índice